中国改革开放史料丛书

城市改革与发展

史育龙　王大伟　主编

中国工人出版社

“中国改革开放史料丛书”
编委会

总序

铭记改革开放历史
奋进新时代新征程

历史是一面镜子，也是一部教科书。重视历史，研究历史，借鉴历史，是中华几千年文明的一个优良传统。当代中国是历史中国的延续和发展，书写着中国人民和中华民族不懈奋斗的宏伟篇章。历史的无穷魅力在于包含了大量丰富的史料。史料是保存历史、记述历史、再现历史的基本素材和重要依据。重视历史的学习、研究和传承，必须重视史料的收集、整理、汇辑。

改革开放是中国人民和中华民族发展史上一次伟大革命，正是这场伟大革命推动了中国特色社会主义事业的伟大飞跃。1978 年底，中国共产党召开具有重大历史意义的十一届三中全会，开启了改革开放历史新时期。从那时以来，中国共产党带领全国人民以一往无前的进取精神和波澜壮阔的创新实践，谱写了壮丽史诗。改革开放 40 多年来，从农村到城市，从生产到投资、流通、分配、消费，从所有制结构到企业形式，从经济领域到生产关系和上层建筑的某些环节，都进行了系统和全面改革，成功实现了从高度集中的计划经济体制到充满活力的社会主义市场经济体制的伟大历史性转变；对外开放从建立经济特区到沿海、沿江、沿边，从东部到中西部地区，再到加入世界贸易组织，从大规模“引进来”到大踏步“走出去”，成功实现了从封闭半封闭到全方位开放的伟大历史性转变。我们在深化经济体制改革的同时，不断深化政治体制、文化体制、社会体制、生态文明体制改革和其他领域改革，不断推进国家治理体系和治理能力现代化。在改革开放推动下，我国经济和社会发展取得了举世瞩目的辉煌成就，实现了人民生活由温饱不足到小康宽裕的伟大历史性转变。事实雄辩地证明，改革开放是决定当代中国前途命运的关键一招，是当代中国发展进步的动力之源，是大踏步赶上时代前进步伐的重要法宝，为实现中华民族伟大复兴提供了充满新活力的体制保障和快速发展的物质条件，中华民族迎来了从站起来、富起来到强起来的伟大飞跃。

现在，我国在广袤大地上全面建成小康社会，正阔步迈向全面建设社会主义现代化国家的新征程。在庆祝中国共产党成立100周年大会上，习近平总书记强调，“以史为鉴，可以知兴替。我们要用历史映照现实、远观未来，从中国共产党的百年奋斗中看清楚过去我们为什么能够成功、弄明白未来我们怎样才能继续成功，从而在新的征程上更加坚定、更加自觉地牢记初心使命、开创美好未来”。改革开放以来的岁月将彪炳于中华民族发展的壮丽史册。40多年来，中国共产党从理论到实践的伟大创造，探索和积累的宝贵经验是党和人民弥足珍贵的精神财富，对于新时代坚持和发展中国特色社会主义有着极为重要的指导意义，应当倍加珍惜。

2022年，党的二十大召开。“中国改革开放史料丛书”的出版，为了铭记改革开放以来的光辉历史过程，收集、保存、传承40多年的宝贵历史资料，也为了以实际行动落实党中央关于加强改革开放史教育的部署要求，展示改革开放历史的史料价值。

这套丛书共有20卷。分别是:《中国社会主义市场经济体制形成与发展》《计划投资体制改革》《农业农村改革》《对外开放》《行政体制改革》《财政税收体制改革》《价格体制改革》《经济特区发展》《城市改革与发展》《国有企业改革》《金融体制改革》《教育体制改革》《收入分配改革》《科技体制改革》《外贸体制改革》《商品与要素市场改革》《就业体制改革》《社会保障体制改革》《民营经济发展》《改革开放大事记》，力求从不同领域、不同角度，全面、系统、客观记录我国改革开放40多年的历史进程，重点收录具有重要价值的史料，特别是历史文献、重要人物和事件、实物和口述史料，以期在服务全面深化改革开放事业、加强改革开放史研究和教育中提供参考、发挥作用。

这套丛书的各卷主编和参与者大多是相关领域知名的专家学者，也是我国改革开放的亲历者、见证者。丛书集结了他们长期亲历和研究我国改革开放的重要成果，凝聚了他们对改革开放伟大事业的深厚情怀和责任担当。中国工人出版社对这套丛书的出版给予了大力支持，集全社之力，不舍昼夜，为本书如期付梓出版不辞辛劳；中国（海南）改革发展研究院作为30多年如一日勇立改革开放潮头、以建言改革为己任的改革智库，为此书的策划、组织和出版作出了重要贡献，彰显出改革智库记录好、传播好改革开放历史的初心使命。我作为这套丛书的编委会主任，在此向为本套丛书付出艰辛努力的各位编委会成员、作者，对中国工人出版社的领导、编辑表示由衷的敬意和感谢！

这套丛书内容时间跨度大，涉及领域多，涵盖方面广，力图史料全面、翔实、准确，任务艰巨。由于时间较紧，难免有不足之处，恳请读者批评指正。

魏礼群

2024年3月

前言

党的十八大以来，习近平总书记在2013年召开的中央城镇化工作会议上明确指出，城镇化是现代化的必由之路。此后，在2015年召开的中央城市工作会议上，习近平总书记再次强调，城市是我国经济、政治、文化、社会等方面活动的中心，在党和国家工作全局中具有举足轻重的地位。2019年，习近平总书记在上海提出“人民城市人民建，人民城市为人民”重要理念，深刻回答了城市建设依靠谁、城市发展为了谁的根本问题，深刻回答了建设什么样的城市、怎样建设城市的重大命题。习近平总书记关于城市工作的重要论述，深刻揭示了中国特色社会主义城市发展规律，为探索中国城市现代化发展之路指明了方向。

改革开放以来，我国经历了世界历史上规模最大、速度最快的城镇化进程，城市发展波澜壮阔，取得了举世瞩目的成就。城市发展带动了整个经济社会发展，城市建设成为现代化建设的重要引擎。今天，行走在祖国大地，星罗棋布的城市，直观地展示了我国现代化建设的伟大成就；穿梭在城市街巷，面对川流的人群，听着不同的乡音，可以真切地感受到城市让生活更美好的宣言。在全面建设社会主义现代化国家新征程上，城市依然是引领发展的“火车头”。

穿越40余年的时代巨变，回眸壮阔恢宏的时代历程，中国改革与发展的壮丽史诗，镌刻着城市改革不断拓展深化的探索篇章。站在新起点，顺应新形势，回应新期待，我们要坚持以习近平新时代中国特色社会主义思想为指导，准确把握新发展阶段，完整准确全面贯彻新发展理念，加快构建新发展格局，推动高质量发展，不断推进城市治理体系和治理能力现代化，建设和谐宜居、富有活力、各具特色的现代化城市，更好满足人民群众对美好生活的期待。

本书旨在梳理改革开放以来城市发展重点领域改革历程，为下一步城市改革发展提供经验。内容上，全书以史料整理和事实叙述为主，间有部分评述。结构上，全书分为两个主体部分：第一部分是历程篇，包括总论以及城市户籍管理、城市土地制度改革、城市建设投融资体制、城市住房制度和城市建设与发展等五大领域，分别梳理了各项关键性制度变革的演变；第二部分是史料篇，主要从口述资料、政策法规、期刊摘要、著作介绍、重要文献索引和中国城市改革与发展大事记等方面，集录了相关历史资料。总论部分由中国城市和小城镇改革发展中心史育龙、王大伟撰写，城市户籍管理相关部分由中国城市和小城镇改革发展中心孔翠芳、王女英撰写，城市土地制度改革相关部分由中国城市和小城镇改革发展中心王大伟、龙玉清撰写，城市建设投融资体制相关部分由中国宏观经济研究院投资所刘立峰、李粉撰写，城市住房制度相关部分由中国宏观经济研究院投资所任荣荣、梁城城撰写，城市建设与发展相关部分由中国宏观经济研究院国土开发与地区经济研究所欧阳慧、李智、李沛霖撰写。全书由史育龙、王大伟统稿。

本书自 2021 年 6 月启动编写，至 2021 年底完成初稿，此后几经修改，终于能够与读者见面。在此，感谢中国工人出版社的大力支持，保障了该书得以顺利出版；感谢中国（海南）改革发展研究院，他们无私分享、统筹联络，大大丰富了该书的史料；感谢中国城市和小城镇改革发展中心、中国宏观经济研究院的同事和我们一起反复研讨、推敲斟酌。希望本书的出版，能够帮助有关方面更好地认识城市发展的来龙去脉，在回望与比较中看清改革开放以来中国城市发展进步的足迹，并以历史映照现实，更好地服务于推进中国城市现代化发展。

受编者水平所限，书中阐述难免有疏漏之处，敬请广大读者提出宝贵意见。

史育龙

2024 年 7 月 31 日

目录

第一部分
历程篇

第二部分
史料篇

CHINA'S REFORM AND OPENING UP

第一部分

历程篇

总 论

城市改革与发展的历程、特点与经验

▼

改革开放以来，我国城镇化成就举世瞩目，经历了世界历史上规模最大、速度最快的城镇化进程。1978 年，党的十一届三中全会开启了改革开放的大幕，确立了社会主义市场经济的改革方向，我国城镇化进入快速发展阶段，城镇化率从不足 18% 开始快速提高。到 2011 年末，我国常住人口城镇化率首次超过 50%。到 2021 年末，进一步提高到 64.7%，比 1978 年末提高 46.78 个百分点，年均提高 1.09 个百分点。随着城镇化进程的推进，工作和生活在城镇的人口比重反超农村，我国数千年来以农村人口为主的城乡人口结构发生转变，“城乡中国”逐步向“城市中国”转变。

一、从“城乡中国”到“城市中国”

改革开放以来，我国城市发展波澜壮阔。第一，城市数量显著增多。1978 年末，全国城市共有 193 个。改革开放后，我国城镇化建设进入快速通道，大中小城市和小城镇持续协调发展，城市数量迅速增加。2020 年，城市数量达 687 个。第二，城市人口规模明显扩大。全国城镇常住人口从 1.7 亿人增加到 9 亿人，城镇人口增加了7.3亿人。根据第七次人口普查，到2020年11月，我国拥有城区人口千万人以上的超大城市7座、500万人以上的特大城市14座。第三，城市占地面积大幅扩展。随着城市建设范围的不断扩大和行政区划的调整，全国城市区域快速拓展。从1981年至2020年，全国城市建成区面积从0.7万平方公里增加到6.1万平方公里，增加5.4万平方公里，增长近8倍。

改革开放以来，我国城市建设日新月异。一座座城市欣欣向荣，城市建筑从低矮瓦房变成高楼大厦，居住环境不断改善；城市交通向远方延伸，通行更加快速便捷；市政设施和公共服务设施不断完善，生活更加便利。生态环境建设不断加强，在城里也能“望得见山、看得见水”。人文城市建设深入推进，城市历史文化焕发出勃勃生机。这些看得见的变化，是我国改革开放以来城市建设的有力见证。

二、城市改革与发展的历程

改革开放以来，我国城市的发展经历了一场全面深刻的变革。其中，城市面貌“焕然一新”，这是看得见的变化。城市发展的制度变革“静水流深”，这是变化的动力所在。以下分别从城市户籍管理制度、城市土地制度改革、城市建设投融资体制、城市住房制度和城市建设与发展等五大领域，梳理城市改革发展的历程。

（一）城市户籍管理：从紧闭城门到人口自由有序流动

1978年12月，党的十一届三中全会召开，由此拉开了改革开放的序幕。随着改革开放的深入发展，特别是社会主义市场经济体制确立以后，以农民为主体的流动人口增多，在城乡一体化、城镇化和农民工市民化的背景下，国家开始了调整和逐步改革户籍制度的进程。主要经历四个阶段：

第一阶段：1978—1991年，城乡二元户籍制度开始松动。这一阶段，政府对人口流动的态度由“堵”转“疏”[①]，通过允许部分专技人员“农转非”、允许农民自带口粮进入小城镇务工经商、实行暂住证和身份证制度等，城乡二元割裂的制度安排被打破，开始出现一定程度的松动。

第二阶段：1992—2001年，小城镇户籍改革成为突破口。1992年，邓小平南方谈话和党的十四大召开确定了社会主义市场经济体制改革目标，我国的改革开放和市场经济发展进入一个崭新的时期。劳动力市场发育明显加快，形成了农村向城市、中西部地区向东部地区劳动力大规模流动转移的“民工潮”现象。到1992年，全国流动人口已接近1亿，人口流动性不断加强对户籍制度产生冲击[②]。这一阶段，政府开始承认、接受和鼓励流动，户籍改革呼声日益强烈并引起中央的高度重视，以小城镇为突破口，一系列阻碍劳动力流动的制度进一步改革调整。

第三阶段：2002—2011年，构建公共服务均等化制度。随着社会主义市场经济体系的逐步完善，农村劳动力进入城镇就业的一系列制度壁垒基本打通，并已经实现了大规模的转移就业，构建城

① 尤琳、陈世伟：《城乡一体化进程中的户籍制度改革研究》，《社会主义研究》，2015年06期。
② 宋福荣：《当代中国户籍制度改革若干问题研究》，武汉：武汉大学出版社，2020年版，第161页。

乡劳动力统一市场的阶段性目标已经基本实现。与此同时，农民工要求改善福利条件、缩小与城镇居民社会福利差距的呼声愈加强烈。这一阶段，政策重心从促进农村劳动力空间自由流动并构建城乡统一劳动力市场向构建基本公共服务均等化制度过渡。以大城市户籍政策改革启动，地方打破二元户籍登记制度、探索居住证制度试点为标志，以完善流动人口服务管理工作为工作重点，城乡二元分割体制进一步打破，户籍制度改革进入消除城乡户籍利益差别、弱化户籍与其他社会福利关系的阶段。

第四阶段：2012 年至今，新型城镇化进程下的户籍改革。2013 年召开的中央城镇化工作会议和之后发布的《国家新型城镇化规划（2014—2020 年）》确立了以人为核心的新型城镇化战略，户籍制度改革进入加速期。深化户籍制度改革、促进农业转移人口市民化成为推进新型城镇化的首要任务。在这一阶段，户籍制度改革全面落地，与之配套的居住证制度基本建立，以这两项改革为载体，城镇基本公共服务加快覆盖全部常住人口，成为城市户籍改革发展的主要特征。

（二）城市土地制度改革：从“无偿、无期限、无流动”到城乡统一建设用地市场

在改革开放的伟大进程中，城市土地制度的变迁发挥了重要的基础性作用。城市土地资源配置方式在改革大转折中驶入了市场化轨道，实现了由行政计划配置为主向市场配置为主的重大转变，土地市场走向全面规范发展的新阶段，有力支撑了改革开放和经济社会发展。从城市土地有偿使用初步探索，到有偿使用全面推行，到城市土地市场化配置持续深化，再到加快建立城乡统一建设用地市

场的改革发展历程。主要经历了四个阶段：

第一阶段：1978—1989年，我国开始城市土地有偿使用的初步探索，有偿、有限期、有流动的城市土地使用新制度从酝酿到诞生。在国民经济亟待复苏、外资企业跃跃欲试进入国内市场的势态下，“无偿、无限期、无流动”的计划配置与行政划拨用地制度亟待转变。从对中外合营企业征收场地使用费开始，继而推广到公有制企业，对它们征收城镇土地使用费，在深圳等城市进行了城镇土地使用权有偿出让的试点探索，并且《中华人民共和国宪法》《中华人民共和国土地管理法》先后修订，为土地有偿使用制度的确立和推行提供了基本的法律依据。

第二阶段：1990—2001年，城市土地有偿使用全面推行，多种有偿使用方式并存，制度体系不断建立。随着城市土地使用制度改革的实践，迫切需要对土地使用权有偿使用的各种方式、各个环节、各项工作提出规范性要求。在这一时期，我国城市土地有偿出让制度广泛推行并实现法制化，以限定行政划拨范围、实行多种有偿使用方式等，进一步完善土地有偿使用制度，并建立起一系列土地估价、土地储备、土地用途管制、土地利用规划等土地管理制度体系，为土地要素市场化改革提供了重要支撑。

第三阶段：2002—2011年，城市土地市场配置不断完善，经营性建设用地“招拍挂”制度全面推开，土地政策参与宏观调控体系初步建立。在这一时期，城市土地有偿供应的范围进一步扩大，供地方式更加规范化，从协议出让为主逐步全面转向实行“招拍挂”制度，土地政策参与宏观调控的架构体系初步建成。土地市场制度逐步建立和完善，市场机制在土地资源配置中发挥重要作用。

第四阶段：2012年以来，土地要素市场化配置改革纵深推进，全面提升土地配置效率，加快建立城乡统一的建设用地市场。党的十八大以来，在进一步加强耕地保护的基础上，城乡建设用地管理围绕全面提升土地要素配置效率和统一城乡建设用地市场两条业务主线推进改革，努力创新土地利用管理政策与机制，有力保障了经济社会持续健康发展。一方面，深化产业用地市场化配置改革，全面深化集约节约用地制度，以提升土地配置效率促进高质量发展。另一方面，推动形成城乡统一的建设用地市场，土地要素市场化配置改革向纵深推进。

（三）城市建设投融资体制：用好用活市场机制和公共资源

城市建设投融资是我国城市改革与发展的重要环节，推动了城镇规模扩张、体系优化和品质提升。城市建设投融资体制改革是城市改革的组成部分，是城市建设投融资的重要保障和动力源泉。我国城市建设投融资体制改革按照投资主体多元化、投资方式多样化、融资渠道和工具市场化、激励和约束机制规范化的进程推进。主要经历起步、转轨、扩张和规范四个阶段。

起步阶段：1978—1992 年，城市建设投融资开始探索市场化的方式和渠道。1978 年，我国经济发展进入了一个新的阶段，城市的重要地位被重新认识，协调工业建设和城市建设是这一阶段的主要内容，城市投融资的一系列改革主要是服务于这一发展目标。改革首先打破了原有“统收统支”的财政体制，基本建设资金由财政无偿拨款方式向有偿使用方式过渡。随着财政体制改革的深化，中央和地方政府之间的投资分工更加明确，政府投资项目分级分类管理和资金保障机制逐步建立，城市政府通过预算外渠道和财政信用方式进行的融资越来越多。

转轨阶段：1993—2003年，多渠道有效破解城市建设融资难题。1994年分税制改革明确了中央和地方的财政收入和支出责任，指出地方政府需承担地方统筹的基本建设支出，自此，地方政府成为城市建设的投资和融资主体。但是，分税制改革后地方政府收入支出缺口逐渐拉大，预算内资金无法满足快速增长的城市建设需要，如何破解城市建设资金难问题就成了这一阶段改革的主要内容。

扩张阶段：2004—2012年，向社会资本开放和实施“土地财政”成为动力源泉。在这一时期，随着城市建设用地有偿使用特别是“招拍挂”制度全面推开，投融资体制改革推进，创造出了一整套行之有效的方式方法，并开始在城市建设中系统推进。完全依靠财政资金提供城市服务显然不可行，实行市场化和民营化改革，就成为最佳途径之一。地方政府推动城市建设的冲动十分强烈，为根本解决城市建设的可持续性问题，土地财政演变成为城市政府投融资的基本模式。

规范阶段：2012年以来，在新与旧、破与立的转换过程中实现可持续发展。在这一时期，地方政府债务不断膨胀，中央政府监管趋于严格，并希望通过“开正门、关旁门”的方式，建立规范的地方政府融资渠道，拓展政府与社会资本合作方式，同时，约束地方政府的投融资行为，防范地方政府财政风险，形成良性循环的投资建设局面，持续推进基础设施和公共服务设施发展。

（四）城市住房制度：从福利分房到多元化供给、租购并举

住房问题既是民生问题也是发展问题，关系千家万户切身利

益，关系人民安居乐业，关系经济社会发展全局，关系社会和谐稳定。新中国成立以来，我国城市住房制度发展经历了从福利分房到多元化住房供给、租购并举住房制度建立的过程，住房保障体系和市场体系建设不断完善，住房保障能力不断增强，群众住房条件不断改善，人民生活的幸福感和获得感不断提升。主要经历四个阶段：

第一阶段：1978—1998 年，多元建房、提租增资：住房制度市场化改革的探索与实施。新中国成立以来在城市住房方面实行低租金制度，导致住房租金不断被压低，租不养房问题突出，住房困难问题未能得到有效解决。这一时期，住房制度改革成为经济体制改革中的重要部分，住房制度改革的目标是建设具有中国特色社会主义的住房商品化、社会化目标模式。我国的住房制度逐步朝着市场化方向进行改革，改革的内容大致可以分为三部分，一是住房制度改革的探索和试点，二是住房制度改革全面实施和综合配套，三是福利分房制度的终结。

第二阶段：1999—2006 年，加快建房、货币分配：住房市场体系的快速发展。为应对 1997 年亚洲金融危机，国家将扩大住房消费作为扩大内需的重要方面，进一步推动住房市场化改革。这段时期，住房制度也逐渐完善，住房市场体系快速发展，各方面都取得了明显成效。

第三阶段：2007—2016 年，加大保障、实施棚改：住房保障制度的不断完善。伴随房地产市场的快速发展，住房市场化程度明显上升，城市住宅建设持续快速发展，城市居民住房条件总体上有了较大改善。但城市住房保障制度不够完善，政策措施还不配套，部分城市低收入家庭住房还比较困难。2007 年以来，中央着力加大住房保障，大规模实施保障性安居工程，推进棚户区改造，逐步完善住房政策和供应体系。

第四阶段：2017 年以来，完善供给、“房住不炒”：多主体供给、多渠道保障、租购并举的住房制度。2017 年，党的十九大报告明确了新时代深化住房制度改革的方向，即“坚持房子是用来住的、不是用来炒的定位，加快建立多主体供给、多渠道保障、租购并举的住房制度，让全体人民住有所居。”在“房住不炒”定位下，房地产长效机制逐步建立，住房租赁市场加快培育和发展，住房市场体系和住房保障体系不断完善。

（五）城市建设与发展：从规模和数量扩张到高质量发展

改革开放以来，城市规模和数量大幅增加，发展质量不断提升，这得益于党的领导下我国城市发展方针、城市行政区划改革，以及开发区和新城新区建设政策与时俱进的优化调整。不断摸索大城市、中小城市与小城镇关系，迭代尝试撤县改市、撤县改区等行政区划调整策略，遵循规律培育开发区和新城新区增长极等具有鲜明时代特色的历程推动我国城市建设逐渐朝完善空间布局、优化资源配置的积极方向前进，有力有序支撑我国城市建设与发展实现从量变走向质变。主要经历四个阶段：

第一阶段：1978—1985 年，城市建制体系逐步形成并走向规范。改革开放初期，我国建制市设置仍较为模糊，经过不断探索和规范，最终基本确立建制市分类体系。在此期间，建制市数量快速增加，由 1978 年底的 193 个增加到 1985 年底的 324 个，增加 131 个。其中，1983 年是地级市与县级市增长爆发的重要节点。本阶段行政区划调整的主线有两条，一是以撤县设市的方式设立县级市，二是以撤地设市、地市合并、县（市）升格等方式设立地级市。

第二阶段：1986—2000年，城市数量快速扩张，市管县体制基本确立。1989年12月26日，《中华人民共和国城市规划法》颁布，以法律形式明确规定："国家实行严格控制大城市规模、合理发展中等城市和小城市的方针，促进生产力和人口的合理布局。"为了促进中小城市的发展和进一步落实市管县体制，本阶段城市行政区划调整以建制市数量快速扩张为主要特点。一方面，撤县设市快速推进，以1993年为关键节点；另一方面，撤地设市出现第二次高峰，以1999年为关键节点。

第三阶段：2001—2008年，撤县设区兴起，城市规模扩张加快。随着撤县设市的冻结和撤地设市的基本完成，我国城市数量趋于稳定增量开始逐渐减少。本阶段，撤县设区迎来第一次爆发，推动城市规模大幅扩张，并伴随着一定的区界重组。向外扩张以获取新的发展空间，进而调整功能布局、实现增量拓展成为中心城市最主要的需求，这与国家城市化战略的重大转变紧密契合。

第四阶段：2009年至今，撤县设市再启动，城市化进入新阶段。随着都市化进程的快速推进，越来越多的都市区开始着眼于发展品质和综合竞争力的培育，城市功能与内涵的提升开始超越简单的规模化成为追求的主题。2008年以来，都市区战略性空间调整的序幕，由以上海、天津、北京、重庆四个直辖市为代表的高层级区界重组拉开，同步进行的还有中心城区的高层级区划合并。此外，2014年前后，撤县设市逐步复苏，伴随撤县设区的第二次高潮，带来我国城市行政区划数量与规模的全面扩张。但在本阶段，民政部按照从严掌握，成熟一个、办理一个的原则把握审核节奏，因此，区划调整呈现更规范和平稳有序的特点。

三、城市改革与发展的特点

我国城市改革发展的历程，体现了我国资源禀赋、制度体制、发展历史的独有特点，体现了我们对城市发展规律的认识和把握，体现了城市发展和转型在经济社会发展中的关键作用。

一是体现了我国独特的资源禀赋特征。我国幅员辽阔，领土面积约 960 万平方千米，自然资源丰富多样，绝对数量甚是可观。同时，我国人口规模长期保持世界第一，人均资源占有量普遍低于世界平均水平。我国国土面积居世界第三位，但人均耕地面积不足世界平均水平的三分之一。中国淡水资源总量居世界第六位，但人均占有仅为世界平均水平的四分之一，缺水严重。城市发展伴随着农村人口向城市集聚、农业用地按相应规模转化为城市建设用地，人口和用地要匹配，城市经济社会发展要同资源环境承载能力相适应。中国城镇化是世界上最大规模的人口城镇化进程，人口基数庞大、农业人口占比较高、资源人均占有量不高、自然资源区域分布不平衡等独特的资源禀赋特征，成为城市发展的“家底”和“底色”，人口资源状况决定了我国城市发展必须注重紧凑集约和资源高效利用。城市发展中以集约节约用地为突出特点的土地管理制度、对大中小城市发展方向的调控、对城市发展空间格局的优化等，都是对我国资源特色的反映和适应。

二是体现了我国特有的制度文化特征。改革开放以来，城市化进程不仅经历了高速发展阶段，而且由于制度的差异性，使得我国在城市发展路径上拥有独特的制度文化特色。无论是人口迁徙，还是土地流转，或者是城市投融资、城市住房和城市建设模式，我国与世界上其他国家都有着重要区别。在我国城市化进程中，不同规模城市循序渐进、摸着石头过河，探索出具有中国特色的城市发展路径。例如，新中国成立后，我国实行城乡二元户籍分治制度，通过户籍将农民束缚在土地上，既有计划经济特色，也深受我国传统农业文明的影响。伴随着改革开放的步伐，户籍管理制度开始渐进式改革，逐步从限制农业人口流动转变为引导农业转移人口自由有序进城。独特的户籍制度安排，使我国既避免了大多数后发城镇化国家可能出现的“贫民窟”现象，也很好地享受了人口红利，支撑了城镇化发展和城市建设。

三是体现了我国对城市发展规律的把握与创新。城市是一个经济、社会和空间结合体，城市发展规律更多是经验性的，无法脱离具体的社会、文化、制度等背景。我国城市改革既遵循城市发展一般规律，又因时而异，因地制宜，进行了一系列制度创新。适应我国社会主要矛盾的变化，对不适应发展需要的制度体系进行及时调整，创新城镇化制度体系。例如，城市土地管理制度与时俱进，从城市土地有偿使用初步探索，到有偿使用全面推开，到城市土地市场化配置持续深化，再到加快建立城乡统一建设用地市场，实现了由行政计划配置为主向市场配置为主的重大转变，生动体现了我国对城市发展规律的把握与创新。

四是体现了城市改革发展在经济社会转型发展中的关键作用。城市是我国经济、政治、文化、社会等方面活动的中心，是各类要素资源最集中的地方，在我国经济社会发展中发挥着关键作用。城市建设与经济社会建设相辅相成，互相促进又互相制约。没有经济社会的发展，就没有城市的发展；而把城市建设好，对经济、文化、科技、社会发展又会起到巨大的推动作用。城市发展可以带动整个经济社会发展，城市建设成为现代化建设的重要引擎。城市发展大大增加了进城农业转移人口对工业产品的需求。城市发展带来了基础设施和公共服务设施的改善，使广大居民更充分便利地享受城市文明。城市发展不断促进人才集聚，催生和推动新经济新业态的发展，为经济发展注入新动力。

四、城市改革与发展的经验

改革开放以来，我国探索出一条中国特色新型城镇化道路，是我们党在城市建设领域开拓创新和积极探索的结果，积累了许多宝贵经验，为我国未来城镇发展提供重要借鉴，为世界城市化进程提供中国方案。

一是坚持自身特色与普遍规律有机结合。我国在推动城镇化和城市发展过程中，根据自身资源和制度文化特色，适时调整政策，不断建立和完善制度体系。同时，注重尊重城镇化发展普遍规律，发挥城市发展的集聚效应、规模效应，发挥城市在经济社会发展中的龙头带动作用。城市发展是一个自然的历史过程，有其自身规律。改革开放以来，我国根据不同时期经济社会发展形势变化，数次调整城市发展方针，实施了从控制大城市规模到大中小城市和小城镇协调发展的一系列改革探索。党的十八大以来，国家进一步强调以城市群为主体形态，推动大中小城市和小城镇协调发展，并以此构建和完善我国的城镇化战略格局。坚持自身特色与普遍规律的结合，确保我国城市改革发展朝着多样化、协调化和健康化方向前行。

二是坚持城乡发展和各类要素统筹谋划。城市是一个复杂系统，城市工作要树立系统思维，从构成城市诸多要素、结构、功能等方面入手推进。我国城市改革发展过程中，注重改革的协调性，坚持系统观念，不断完善改革的配套政策，紧紧围绕不同发展阶段经济社会发展的主要矛盾，加快“人”“地”“钱”等方面体制机制改革，统筹城乡一体化发展，缩小城乡差距，逐步破除各类要素市场化配置的障碍。注重城镇体系的疏密有致、分工协调，加强城市规划引领和空间管控，统筹行政区划改革，推动形成大中小城市特色鲜明、优势互补的发展格局。统筹谋划、系统改革、体制创新成为解决城市发展问题的不竭动力。

三是坚持有为政府和市场机制共同作用。城市从起源来讲就是人口密集、工商业汇聚的场所，其发展过程必然离不开有为政府治理和有效市场的共同作用。正确处理政府与市场的关系是经济体制改革的核心，也是推动城市改革与发展的重要抓手。在深化城市发展体制机制改革中，既要使市场在配置资源中起决定性作用，又要更好发挥政府作用。一方面，政府作用的更好发挥为中国城镇的发展提供了保障。政府逐步转变职能，释放了城市的市场活力，促进了城镇的经济繁荣；提供基础设施和公共服务，打破了城镇发展的瓶颈，加快了中国的城镇化进程。另一方面，充分发挥市场作用，形成了推动城镇发展强大而持久的驱动力。市场在城镇经济当中的资源配置作用不断加强，资源配置效率不断提高。在尊重市场规律的基础上，用改革激发市场活力，用政策引导市场预期，用规划明确投资方向，用法治规范市场行为，是我国城市发展成功的重要经验。

四是坚持基层探索和顶层设计互促共进。人口从农业部门向非农业部门转移，从农村向城市集聚，提高了劳动生产率，推动了城市经济增长和空间扩张，倒逼城市发展相关的制度创新、管理创新。面对庞大的城市人口，我国要构建城市发展制度体系，并没有现成的经验可学。我国按照城市发展规律，坚持渐进式改革，坚持顶层设计和基层创新相结合，为城市发展开拓了空间、增强了动力，避免了“过度城市化”“贫民窟”等问题。我国城市户籍制度、土地制度、投融资制度、住房制度和行政管理制度的改革，既坚持顶层设计，又鼓励基层创新，最大限度调动中央和地方两个积极性。党中央整体谋划做好顶层设计，部署开展各项政策试点，并将探索成熟的经验进行总结推广。城市从“干中学”，充分发挥群众的首创精神，进行了很多开创性探索。坚持顶层设计和基层创新相结合，不断完善制度体系，为城市健康有序发展提供了重要保障。

五是坚持立足发展与服务人民有机融合。城市的核心是人，关键是十二个字：衣食住行、生老病死、安居乐业。立足发展和服务人民有机融合，始终是我国做好城市工作的出发点和落脚点。改革开放以来，我国把城市建设作为经济发展的驱动器，通过有序引导人口流动，合理匹配城乡建设土地、资金等资源要素，保持了城市在经济发展中的主导作用，城市成为经济的主阵地、成为发展的火车头。另外，城市发展中高度注重发展成果由全体人民共享，始终坚持以人为本，逐步推进城乡基本公共服务均等化；通过完善城市治理体系，提高城市治理能力，改变粗放型管理方式，建设和谐宜居、富有活力、各具特色的现代化城市，满足城镇居民的需求，让人民群众在城市生活更方便、更舒心、更美好，实现了城市让生活更美好的目标。这也是城市活力和竞争力的根本源泉。

第一章

城市户籍管理：从紧闭城门到人口自由有序流动

▼

1978 年 12 月，党的十一届三中全会召开，由此拉开了改革开放的序幕。随着改革开放的深入发展，特别是社会主义市场经济体制确立以后，以农民为主体的流动人口增多，在城乡一体化、城镇化和农民工市民化的背景下，国家开始了调整和逐步改革户籍制度的进程。

第一节　城乡二元户籍制度开始松动

1978 年 12 月，党的十一届三中全会确立了改革开放的战略方向，此后城乡经济结构发生了深刻变化。一方面，农村家庭联产承包责任制的推广使得粮食产量大增，商品粮供应短缺的情况不复存在，农村劳动力也产生了大量的剩余，数亿农业劳动力需要就业机会；另一方面，乡镇工商业蓬勃兴起，市场经济的发展尤其是工业的发展对农村剩余劳动力形成了巨大的吸引力。在这一阶段，政府对人口流动的态度由“堵”转“疏”。[①] 通过允许部分专技人员“农转非”、允许农民自带口粮进城就业、实行暂住证和身份证制度等，过去城乡二元割裂的制度安排被打破，开始出现一定程度的松动。

一、调整“农转非”政策

从20世纪80年代开始，国家开始调整“农转非”政策。党的十一届三中全会以后，为了解决落实政策人员、返城知青和精简干部、职工的落户问题，国家有关部门制定了相应户籍政策，对若干特殊的“农转非”问题在政策上开了口子，并把“农转非”的控制目标，由不超过1.5‰调整为不超过2‰，农村人口迁入城市的通道开始放宽。1980年9月，公安部、粮食局和国家人事局联合发布《关于解决部分专业技术干部的农村家属迁往城镇由国家供应粮食问题的规定》（以下简称《规定》），《规定》指出凡是符合规定的高级专业技术干部（有重大发明创造，在科研、技术以及专业工作上有特殊贡献的），其配偶由农村迁往城镇落户时，不占公安部正常审批的控制比例。各地政府还制定了进一步放宽的政策。例如，湖南省中级职称者年龄35岁以上、工龄15年以上；江苏省特级教师和教龄满20年、中教五级以上小学三级以上的中小学公办教师，

① 尤琳、陈世伟：《城乡一体化进程中的户籍制度改革研究》，《社会主义研究》，2015年06期。

即符合迁移农村家属进城镇条件。[①]这是我国户籍管理政策的一次重要调整，"农转非"政策的执行上开始出现一定程度的松动。[②]

但随着改革的深入和经济的发展，"农转非"出现了过快增长的现象。随着"农转非"对象越来越多，中央认为对"农转非"缺乏统一规划和宏观管理，不少地区对"农转非"政策放得过宽，致使"农转非"人数增长过快，规模过大，超过了财政、粮食、就业以及城市基础设施等方面的承受能力，如继续发展下去，将会给国民经济带来更大的困难。1989 年 10 月，国务院发出《关于严格控制"农转非"过快增长的通知》，要求各地审批"农转非"必须严格控制在国家下达的"农转非"计划指标内，按照国家政策规定办理。符合国家政策规定没有指标的，暂缓办理，有指标不符合国家政策规定的，不予办理。[①]1990 年 7 月，国务院办公厅转发国家计委等部门《关于"农转非"政策管理工作分工意见报告的通知》，规定"对现行'农转非'政策的调整或制定新的'农转非'政策，一律报请国务院审定"[②]。

二、实施"自理口粮户口"制

改革开放以后，农村商品生产和商品交换迅速发展，乡镇工商

① 《关于照顾解决部分中小学公办教师和归侨、侨眷中的专业技术干部的农村家属户口迁移到城镇问题的通知》，《江苏教育》，1984 年 19 期。

② 李振京、张林山：《我国户籍制度改革问题研究》，济南：山东人民出版社，2014 年版，第 87 页。

① 《国务院关于严格控制"农转非"过快增长的通知》，中国政府网，2011 年 9 月 7 日。

② 《国务院办公厅转发国家计委等部门关于"农转非"政策管理工作分工意见报告的通知》，《中华人民共和国国务院公报》，1990 年 16 期。

业蓬勃兴起，越来越多的农民转向集镇和城市务工、经商。有一部分农民已不满足于单纯“离土不离乡”的生活方式，他们迫切希望能够进入城镇定居并成为城镇居民，要求解决城镇户口的问题变得日益迫切。1984 年 1 月，中共中央发出《关于一九八四年农村工作的通知》(以下简称《通知》)，指出越来越多的人脱离耕地经营，转入小工业和小集镇服务业是一个必然的历史性进步，农村工业适当集中于集镇，可以节省能源、交通、仓库、给水、排污等方面的投资，并带动文化教育和其他服务事业的发展，使集镇逐步建设成为农村区域性的经济文化中心。因此，《通知》决定各省、自治区、直辖市可选若干集镇进行试点，允许务工、经商、办服务业的农民自理口粮到集镇落户。这实质上是户籍制度松动的第一个信号，开始允许农村劳动力自由流动，也成为我国小城镇户籍制度改革的先声。

1984 年 10 月，国务院发出《关于农民进入集镇落户问题的通知》，要求凡申请到集镇务工、经商、办服务业的农民和家属，在集镇有固定住所、有经营能力，或在乡镇企事业单位长期务工的，公安部门应准予落常住户口，及时办理入户手续，发给《自理口粮户口簿》，统计为非农业人口；粮油部门要做好加价粮油的供应工作，可发给《加价粮油供应证》；地方政府要为他们建房、买房、租房提供方便，并把他们同集镇居民户一样纳入街道居民小组进行管理，使其享有同等权利，履行应尽义务。[①] 这是中国进行户籍制度改革的第一个规范性的政策规定，它首次放松对农村人口进入

① 《国务院关于农民进入集镇落户问题的通知》，《中华人民共和国国务院公报》，1984 年 26 期。

城市的限制，允许农民在小城镇落户定居。据统计，从 1984 年至 1986 年底不到三年的时间里，全国办理自理口粮户达到 1633828 户，总计 4542988 人，极大地促进了农村剩余劳动力的转移。① 东南沿海一些小城镇，正是依靠吸引农民进入而兴起的。例如，浙江温州市的龙港镇，就是以户籍制度的松动为契机，在短短的 10 年里，由一个数百人的穷渔村发展成为拥有 10 万人口的“农民城”。

自理口粮户口的实施政策是我国户籍政策一项重大突破，是我国经济体制改革，特别是农产品统购统销制度改革的直接结果。党的十三届三中全会以后，严格的统购统销制度逐渐有所放松。从 1979 年开始，粮食同构指标，在 1971 年确定的“一定五年不变”的基数上，每年核减 50 亿斤，同时增加进口粮食，让农民休养生息。从 1982 年开始，粮食征购、销售、调拨由省、自治区、直辖市包干，生产队、组、户在完成征购任务后，有权处理多余的粮食，国家除统购外，开展议价收购。1985 年起，粮食合同订购制度代替了统购派购制度。②

三、暂住证制度和身份证制度

随着改革开放的深入和经济的发展，流动人口急剧增加，社会治安问题也日益复杂。一户一本的《户口簿》难以满足人口管理的需要，人户分离日益严重、流动人口管理趋于失控。为了克服现行

① 王春雷：《新中国户籍制度产生的历史背景及发展演变》，《商业时代》，2013 年 03 期。
② 殷志静、郁奇虹：《中国户籍制度改革》，北京：中国政法大学出版社，1996 年版，第 13 页。

户籍制度以户为主进行登记的缺陷，更好地证明公民身份，便于公民进行社会活动，维护社会秩序，保障公民的合法权益，在全国范围内实行了居民身份证制度。

1983年5月，公安部向中共中央提交的题为《关于加强和改革公安工作的若干问题》的报告中提出，提请国家立法，实行公民证制度。在党中央、国务院决定实施居民身份证制度以后，公安部根据我国几十年来户口管理工作的实践，参照世界上一些国家实行身份证制度方面的经验，研究制定《中华人民共和国居民身份证试行条例》，并经国务院批准，于1984年4月公布，在北京首先进行了试点。1985年9月，六届全国人大常委会第十二次会议通过《中华人民共和国居民身份证条例》。1989年9月，公安部发布《临时身份证管理暂行规定》。至此，我国的居民身份证制度开始建立，成为人口管理现代化的基础。

1985年7月，公安部颁布《关于城镇暂住人口管理的暂行规定》(以下简称《暂行规定》)，决定对流动人口实行《暂住证》《寄住证》制度。《暂行规定》对暂住时间拟超过3个月的16周岁以上人员，可申领《暂住证》；对外来开店、办厂、从事建筑安装、联营运输、服务行业的暂住时间较长的人员，采取雇用单位和常住户口所在地主管部门管理相结合的办法，由这些单位的负责人登记造册，及时报送派出所或户籍办公室，登记为寄住户口，发给《寄住证》。[①]公民开始拥有在非户籍地长期居住的合法性。到1988年，与户籍制度相匹配的粮油和副食品价格逐步放开，各种票证逐步取

① 《公安部关于城镇暂住人口管理的暂行规定》，《中华人民共和国国务院公报》，1985年26期。

消，城市里长期暂住人口大量增加，但由于暂住人口不享受当地城市居民在住房、教育、社会保障等方面的福利待遇，成为城市内部的一种特殊群体。[①]

第二节　小城镇户籍改革成为突破口

1992 年，邓小平南方谈话和党的十四大召开确定了社会主义市场经济体制改革目标，我国的改革开放和市场经济发展进入一个崭新的时期。劳动力市场发育明显加快，一个重要的表现是，东南沿海劳动密集型的外向型经济以多种所有制形式共同推动着城市经济的快速发展，产生了对农村和中西部地区劳动力的巨大增量需求，由此形成了农村向城市、中西部地区向东部地区劳动力大规模流动转移的“民工潮”现象。到 1992 年，全国流动人口已接近 1 亿，人口流动性不断加强对户籍制度产生影响。[②]在这一阶段，我国开始承认、接受和鼓励流动，户籍改革呼声日益强烈并引起党中央的高度重视，以小城镇为突破口，一系列阻碍劳动力流动的制度进一步改革调整。

① 李振京、张林山:《我国户籍制度改革问题研究》，济南：山东人民出版社，2014 年版，第 88 页。

② 宋福荣:《当代中国户籍制度改革若干问题研究》，武汉：武汉大学出版社，2020 年版，第 161 页。

一、试行“当地有效城镇居民户口”制

1992年春天后，开始出现城镇非农业户口买卖风潮，并波及全国。尽管公安部于1992年5月发出《关于坚决制止公开出卖非农业户口的错误做法的紧急通知》，但禁止买卖城镇户口的禁令并没有遏制住这股强大的风潮。据估算，截至1993年底，全国大约有300万农民购买了城镇户口，城市政府收款约250亿元。[①]

1992年8月，公安部代拟《关于实行当地有效城镇居民户口制度的通知》（以下简称《通知》），试图解决要求进城落户农民过多与进城计划指标过少之间的矛盾。《通知》规定，对在城镇有稳定住所和职业，并要求在城镇定居的农村人口，实行当地有效城镇户口制度，允许他们以“蓝印户口”（由于户口簿印鉴为蓝色，故称作“蓝印户口”）形式在城镇入户，享受与城镇常住户口同等待遇。同年10月，广东、上海、浙江、山东、山西、河北、天津等十多个省市先后以省（市）政府名义下发通知，着手试行。然而，在实施过程中，不少地区自行出台征收城镇增容费等措施，使本来为了满足农民进城落户要求的“农转非”成为合法、合理、公开进行的户口买卖。与此同时，上海、深圳、厦门等一些沿海城市将蓝印户口作为吸引资金、搞活房地产市场的重要手段。[②]

① 刘贵山：《1949年以来中国户籍制度演变述评》，《天津行政学院学报》，2008年01期。

② 马瑞：《户籍制度改革的进程、现状及问题思考》，《集体经济》，2010年03期。

二、形成户籍制度改革的总体方案草案

20 世纪 90 年代，社会主义市场经济的改革总目标正式确立后，户籍制度逐渐被列入了我国改革的议事日程。1992 年底，国务院宣布自 1993 年 1 月 1 日起在全国放开粮油市场价格，停止粮票流通，户口与粮油挂钩的历史至此终结，“商品粮”失去了往日的价值。这既是城乡隔离体系变革中的重要一步，也为户籍制度的进一步改革创造了一个关键性条件。[①]

与此同时，社会各界要求改革户籍制度的呼声日益强烈。1992 年 3 月，九届全国人大五次会议上，32 名全国人大代表向大会提交了《关于改革“农转非”政策的议案》。该议案认为，与 1958 年户籍制度相配套的“农转非”政策存在着不利于打破二元经济结构等许多弊端，并建议全国人大责成有关部门尽快研究与调整现行“农转非”政策，修订户籍管理法规，起草新中国第一部《户籍法》。1993 年 3 月，八届全国人大一次会议上，几位全国人大代表分别向大会提交了题为《“二元化”的户口制度必须改革》《关于要求国家有关部门加强和完善户口管理工作》的议案，要求改革二元化的户籍管理制度，取消农业户口和非农业户口的划分。[②]

1992 年底，国务院成立了由办公厅牵头、公安部参加的国务院户籍制度改革文件起草小组，着手调查、研究与起草国务院户籍

---

① 俞德鹏：《城乡社会：从隔离走向开放——中国户籍制度与户籍法研究》，济南：山东人民出版社，2002 年版，第 376 页。

② 殷志静、郁奇虹：《中国户籍制度改革》，北京：中国政法大学出版社，1996 年版，第 55–59 页。

制度改革的总体方案。文件起草小组先后约请或走访了公安部、国家计委、财政部、中国人民银行、民政部、农业部、商业部、建设部等十几个部委，与有关人员进行了座谈。文件起草小组还到北京、广东、浙江、山东、河北、河南、四川、湖北、山西、黑龙江等省市，广泛征求地方意见。在此基础上，于1993年6月草拟出户籍制度改革总体方案，即《国务院关于户籍制度改革的决定（征求意见稿）》。

1993年9月13日，国务院召开研究户籍制度改革问题的会议。会议认为，户籍制度改革总体方案符合改革方向，是一个较好的方案，今后户籍制度改革要朝总体方案提出的目标迈进。但户籍制度改革内容多，难度大，牵涉面广，政策性强，每一步骤都应积极而稳妥地进行。会议决定，当前应该先搞小城镇户籍制度改革，先试点，后推开，大城市的户籍制度要保持相对稳定，要求公安部牵头尽快研究提出关于小城镇户籍制度改革方案。

三、小城镇户籍改革从试点到全面放开

以小城镇为核心的户籍制度改革逐步展开。1993年11月，党的十四届三中全会确定逐步改革小城镇户籍管理制度，允许农民进入小城镇务工经商、发展农村第三产业，促进农村剩余劳动力转移。1995年，在国家体改委和公安部等11个部委联合下发的《小城镇综合改革试点指导意见》中，明确提出要在试点小城镇进行户籍管理制度改革。1997年6月，国务院批转公安部《小城镇户籍管理制度改革试点方案和关于完善农村户籍管理制度意见的通知》（以下简称《通知》），按照这一新的政策，在小城镇已有合法稳定

的非农职业，或已有稳定生活来源，并且在有了合法固定的住所后，居住已满两年的农村户口人员，可以办理城镇常住户口。经批准在小城镇落户的农民，享有与当地原有居民同等的待遇。由此，小城镇户籍管理制度改革程序正式启动。《通知》规定，在小城镇已有合法稳定的非农职业或者已有稳定的生活来源，而且在有了合法固定住所后居住已满两年，从农村到小城镇务工或者兴办第二产业、第三产业的人员；小城镇的机关、团体、企业、事业单位聘用的管理人员、专业技术人员；在小城镇购买了商品房的或者已有合法自建房的居民，其共同居住的直系亲属可以办理城镇常住户口①。此次改革的范围限制在“县（县级市）城区的建成区和建制镇的建成区”，由省级政府根据城镇发展情况来选择试点，试点镇具备条件的农村人口可以办理城镇常住户口，由中央有关部门向下逐级实行指标控制。这次试点进行的改革对于户籍管理制度改革是一次重要的实践和突破。

2000年6月，中共中央、国务院出台《关于促进小城镇健康发展的若干意见》(以下简称《意见》)，规定对县级市市区及以下的城镇，只要有合法固定住所、稳定职业或生活来源的农民均可根据本人意愿转为城镇户口，并享受与城镇居民同等待遇。《意见》重申了1997年提出的落户范围和条件，但取消了居住满两年的限制。同时指出，落户者在子女入学、参军、就业等方面享受与城镇居民同等待遇，不得实行歧视性政策。而且对进镇落户的农民，可根据本人意愿，保留其承包土地的经营权，也允许依法有偿转

---

①《国务院批转公安部小城镇户籍管理制度改革试点方案和关于完善农村户籍管理制度意见的通知》，《中华人民共和国国务院公报》，1997年20期。

让。[①] 取消住满两年的限制，以及允许保留承包土地，是这一重要文件的两大突破。这项政策的颁布意味着户籍管理制度改革不只停留在小城镇层面，已开始涉及县级市。

2001 年 3 月，国务院批转公安部《关于推进小城镇户籍管理制度改革的意见》，强调已在小城镇办理的蓝印户口、地方城镇居民户口、自理口粮户口等，符合上述条件的，统一登记为城镇常住户口。[②] 明确了不再对小城镇常住户口实行计划指标管理，至此全国小城镇户籍管理制度改革全面开展。这条意见在全国范围内引起强烈反响，在此基础上，各地相继出台新的户籍登记和管理办法，户籍制度的改革步伐显著加快。同年 9 月，国务院办公厅转发《国务院西部开发办关于西部大开发若干政策措施的实施意见》，进一步将户籍制度改革范围放宽到西部地区的直辖市和副省级城市。这意味着西部地区所有城市的户籍改革已经没有政策上的障碍。[③]

① 《中共中央、国务院关于促进小城镇健康发展的若干意见（摘要）》，《中华人民共和国国务院公报》，2000 年 24 期。

② 《国务院批转公安部关于推进小城镇户籍管理制度改革意见的通知》，《中华人民共和国国务院公报》，2001 年 15 期。

③ 《国务院办公厅转发国务院西部开发办关于西部大开发若干政策措施实施意见的通知》，《中华人民共和国国务院公报》，2001 年 33 期。

第三节　公共服务均等化制度构建

随着社会主义市场经济体系的逐步完善，农村劳动力进入城镇就业的一系列制度壁垒基本打通，并已经实现了大规模的转移就业，构建城乡劳动力统一市场的阶段性目标已经基本实现。与此同时，农民工要求改善福利条件、缩小与城镇居民社会福利差距的呼声愈加强烈。在这一阶段，政策重心从促进农村劳动力空间自由流动并构建城乡统一劳动力市场向构建基本公共服务均等化制度过渡。以大城市户籍政策改革启动，地方打破二元户籍登记制度、探索居住证制度试点为标志，以完善流动人口服务管理工作为工作重点，城乡二元分割体制进一步打破，户籍制度改革进入消除城乡户籍利益差别、弱化户籍与其他社会福利关系的发展阶段。

一、大中城市户籍改革适当放宽

随着小城镇户籍制度的全面放开，大中城市户籍制度改革也从严格控制转为适当放宽。2003 年 12 月，中共中央、国务院印发《关于促进农民增加收入若干政策的意见》，提出推进大中城市户籍制度改革，放宽农民进城就业和定居的条件[①]，这是在国家政策文件中第一次提出进行大中城市户籍制度的改革。2006 年 1 月，国务院发布《关于解决农民工问题的若干意见》，提出深化户籍管理制度改革。逐步地、有条件地解决长期在城市就业和居住农民工

① 《中共中央、国务院关于促进农民增加收入若干政策的意见》，《中华人民共和国国务院公报》，2004 年 09 期。

的户籍问题。中小城市和小城镇要适当放宽农民工落户条件；大城市要积极稳妥地解决符合条件的农民工户籍问题[①]。

2011 年 2 月，国务院办公厅印发《关于积极稳妥推进户籍管理制度改革的通知》，明确“分类改革”原则，成为新一轮户改的核心精神。小城市和小城镇可以尽可能放开；在直辖市、副省级城市之外设区的中等城市，适当开放；北京、上海、广州等特大城市，要加强人口管理，但对常住居民，也要尽可能提供教育、医疗、社保等基本公共服务。[②]这是第一次从中央层面对分类改革的原则进行明确，同时，文件明确小城镇户籍制度改革全面展开，中等城市户籍改革正式纳入改革视野，以及大城市常住居民基本公共服务均等化的原则。

二、取消“农业户口”和“非农业户口”

由于现行的《户籍登记条例》是 1958 年颁布实施的，其中大部分内容已与实际情况脱节，不适应社会管理需要，各地相继取消了农业和非农业户口的划分。[③]2003 年 3 月 28 日，江苏省公安厅宣布，在全省范围内取消农业户口和非农业户口，对城乡居民实行统一的户口登记制度。2003 年 9 月 1 日起，安徽省芜湖市在全市范围内取消农业户口，统称“居民户口”，并对符合入户条件者当

① 《国务院关于解决农民工问题的若干意见》，《中华人民共和国农业部公报》，2006 年 04 期。
② 《国务院办公厅关于积极稳妥推进户籍管理制度改革的通知》，《中华人民共和国国务院公报》，2012 年 07 期。
③ 魏后凯：《加快户籍制度改革的思路和措施》，《中国发展观察》，2013 年 03 期。

场办结。2004年，成都市打破二元户籍登记制度，取消了“农业”和“非农业”户口的性质划分，统一为“居民户口”。此后，河北、辽宁、山东、广西、重庆等多省（自治区、直辖市）陆续取消农业户口和非农业户口的二元户口性质划分，统一了城乡户口登记制度，统称为居民户口。

2007年3月29日，全国治安管理工作会议上，公安部宣布将逐步取消城乡二元户口登记制度，截至3月底已有12个省（自治区、直辖市）取消了“农业户口”和“非农户口”的二元户口性质划分，统一了城乡户口登记制度，统称为居民户口。[①]与此同时，由国务院牵头，包括公安部、国家发改委、劳动保障部等14个部门积极协商户籍改革事宜。本次户籍制度深化改革的重点是拟取消农业、非农业户口的界限，探索建立城乡统一的户口登记管理制度，同时，以具有合法固定住所作为落户的基本条件，逐步放宽大中城市户口迁移的限制，引导人口的合理有序流动。[②]

三、地方居住证制度试点

用居住证制度取代暂住证制度成为新一轮户籍制度改革的过渡性手段，居住证制度率先在一些城市实施，用以管理和服务流动人口。[③]2004年10月，《上海市居住证暂行规定》开始实行，我国最

① 王海光：《2000年以来户籍制度改革的基本评估与政策分析——21世纪以来中国城镇化进程中的户籍制度改革问题研究之一》，《理论学刊》，2009年05期。

② 廖卫华：《公安部等14部委正协商户籍管理制度改革》，《成都商报》，2008年3月4日。

③ 李振京、张林山：《我国户籍制度改革问题研究》，济南：山东人民出版社，2014年版，第93页。

大的城市开外来人口居住证制度之先河。2005年2月，成都开始实行居住证制度。2006年5月，沈阳市实施居住证制度。此后，居住证制度在我国大中城市不断得到推广。2008年，深圳、长春、银川等实行居住证制度。2009年，无锡、太远、娄底、大连实行城市居住证制度改革。2010年5月，国务院批转国家发改委《关于2010年深化经济体制改革重点工作的意见》，提出进一步完善暂住人口登记制度，逐步在全国范围内实行居住证制度[①]。这是首次在国务院文件中提出在全国范围实行居住证制度。截至2012年12月，已出台了居住证管理方面相关法规或规范性文件的省、自治区、直辖市和较大的城市已达到39个。[②]

四、完善流动人口服务管理

2003年，国务院办公厅发出《关于做好农民进城务工就业管理和服务工作的通知》，提出加强对农民进城务工就业的管理和服务、取消对农民进城务工就业的不合理限制、切实解决拖欠和克扣农民工工资问题、改善农民工的生产生活条件、做好农民工培训工作、多渠道安排农民工子女就学等要求。[③]2003年，国务院办公厅转发教育部等部门《关于进一步做好进城务工就业农民子女义务教

① 《国务院批转发展改革委关于2010年深化经济体制改革重点工作意见的通知》，中国政府网，2010年5月31日。

② 陆杰华、李月：《居住证制度改革新政：演进，挑战与改革路径》，《国家行政学院学报》，2015年05期。

③ 《国务院办公厅关于做好农民进城务工就业管理和服务工作的通知》，《中华人民共和国国务院公报》，2003年05期。

育工作的意见》，提出对农民工子女收费与当地学生一视同仁，通过设立助学金、减免费用、免费提供教科书等方式，帮助困难农民工子女入学，加强对以接收进城务工就业农民子女为主的社会力量所办学校的扶持和管理[①]。2004年，党的十六届四中全会指出“今后要着力推进城乡公共服务均等化”。2006年，国务院印发《关于解决农民工问题的若干意见》，切实为农民工提供相关公共服务。[②]2007年，党的十七大提出加快建立覆盖城乡居民的社会保障体系，保障人民基本生活[③]。这些都为后续户籍制度改革剥离城市户籍的附加功能、统筹城乡户籍一体化奠定了政策基础。

第四节　新型城镇化进程下的户籍改革

以党的十八大及之后的中央城镇化工作会议《国家新型城镇化规划（2014—2020年）》等为标志，户籍制度改革进入加速期，农业转移人口市民化在一定程度上成为户籍制度改革的目标和代名词。着力推进以人为本的新型城镇化是新的历史时期户籍制度改革的主基调，推进城镇化的首要任务是促进有能力在城镇稳定就业和生活的常住人口有序实现市民化，深化户籍改革成为推进新型城镇

---

① 《国务院办公厅转发教育部等部门关于进一步做好进城务工就业农民子女义务教育工作意见的通知》，《中华人民共和国国务院公报》，2003年31期。

② 《国务院关于解决农民工问题的若干意见》，《中华人民共和国国务院公报》，2006年04期。

③ 胡锦涛：《高举中国特色社会主义伟大旗帜 为夺取全面建设小康社会新胜利而奋斗——在中国共产党第十七次全国代表大会上的报告》，北京：人民出版社，2007年版，第39页。

化的首要突破口。在这一阶段，户籍制度改革全面落地，与之配套的居住证制度基本建立，以这两项改革为载体，城镇基本公共服务加快覆盖全部常住人口，成为城市户籍改革发展的主要特征。

一、新型城镇化成为新时期户籍制度改革主基调

2012 年 10 月，党的十八大报告提出加快改革户籍制度，有序推进农业转移人口市民化，努力实现城镇基本公共服务常住人口全覆盖，农业转移人口市民化概念进入政府政策议程。2011 年 2 月，国务院办公厅对外公布《关于积极稳妥推进户籍管理制度改革的通知》，要求各地放宽外来人口在县城、设区市（不含直辖市、副省级城市和其他大城市）的落户限制，继续探索建立城乡统一的户口登记制度。落户条件明确为：有合法稳定职业满三年并有合法稳定住所（含租赁）同时按照国家规定参加社会保险达到一定年限的人员。同时，除了给予落户城镇的农民与当地城镇居民同等的权益，还要解决暂不具备落户条件的农民工在劳动报酬、子女上学、技能培训、公共卫生、住房租赁、社会保障、职业安全卫生等方面的问题。①

2013 年 11 月，党的十八届三中全会通过《中共中央关于全面深化改革若干重大问题的决定》，提出创新人口管理，加快户籍制度改革，全面放开建制镇和小城市落户限制，有序放开中等城市落户限制，合理确定大城市落户条件，严格控制特大城市人口规模。

① 《国务院办公厅关于积极稳妥推进户籍管理制度改革的通知》，《中华人民共和国国务院公报》，2012 年 07 期。

稳步推进城镇基本公共服务常住人口全覆盖，把进城落户农民完全纳入城镇住房和社会保障体系，在农村参加的养老保险和医疗保险规范接入城镇社保体系[①]。2014年3月，《国家新型城镇化规划（2014—2020年）》制定了农业转移人口的目标，到2020年努力实现1亿左右农业转移人口和其他常住人口在城镇落户。[②]

二、户籍制度改革全面落地

中央制定户籍制度改革路线图。2014年7月，国务院印发《关于进一步推进户籍制度改革的意见》（以下简称《意见》），明确了户籍制度改革路线及具体目标。《意见》提出到2020年，基本建立与全面建成小康社会相适应，有效支撑社会管理和公共服务，依法保障公民权利，以人为本、科学高效、规范有序的新型户籍制度，努力实现1亿左右农业转移人口和其他常住人口在城镇落户。《意见》还从建立差别化落户政策、统一户籍登记、建立居住证、保护农民土地权益，制定配套政策等方面为农民工落户城镇进行顶层设计，成为此后一个时期指导全国户籍制度改革的纲领性文件。[③]地方层面而言，2015年，各省（自治区、直辖市）也陆续出台了《关于进一步推进户籍制度改革的实施（若干）意见》（以下简称《实施（若干）意见》），截至2016年4月底，除北京市、西藏自治区

---

① 《中共中央关于全面深化改革若干重大问题的决定》，北京：人民出版社，2013年版，第25页。

② 《国家新型城镇化规划（2014—2020年）》，北京：人民出版社，2014年版，第72页。

③ 《国务院关于进一步推进户籍制度改革的意见》，北京：人民出版社，2014年版，第7页。

外，共29个省（区、市）给出了《实施（若干）意见》。[①]由此，我国正式开始了新一轮的户籍制度改革。

调整城市规模划分标准，为推进户籍制度改革扫清障碍。2014年10月，国务院印发《关于调整城市规模划分标准的通知》，调整了城市规模划分标准和城镇人口统计口径，推动实施差别化落户政策。[②]在此基础上，2016年2月，国务院印发《关于深入推进新型城镇化建设的若干意见》，提出加快落实户籍制度改革政策，全面实行居住证制度，推进城镇基本公共服务常住人口全覆盖，加快建立农业转移人口市民化激励机制，以此积极推进农业转移人口市民化。[③]

制定一系列工作方案，积极推动户籍制度改革政策落地。2016年9月，国务院办公厅印发《推动1亿非户籍人口在城市落户方案》，从拓宽落户渠道、制定配套政策、加强监测检查三个方面提出推进1亿非户籍人口在城镇落户的具体措施；通过"全面放开重点群体落户限制""调整完善超大城市和特大城市落户政策""调整完善大中城市落户政策"等进一步拓宽落户通道。[④]国家发改委、公安部等部门印发《关于督促落实1亿非户籍人口在城市落户重点工作任务的通知》，有针对性地提出确保重点群体便捷落户、提升农业转移人口就业能力、优化"人地钱挂钩"操作细则、增强教

---

① 魏后凯、盛光耀：《我国户籍制度改革的进展、障碍与推进思路》，《经济研究参考》，2015年03期。

② 《国务院关于调整城市规模划分标准的通知》，中国政府网，2014年11月20日。

③ 《国务院关于深入推进新型城镇化建设的若干意见》，北京：人民出版社，2016年版，第7页。

④ 《国务院办公厅关于印发推动1亿非户籍人口在城市落户方案的通知》，《中华人民共和国国务院公报》，2016年30期。

师编制灵活性等措施。2019 年 3 月，国家发改委印发《2019 年新型城镇化建设重点任务》，要求继续加大户籍制度改革力度，提出城区常住人口 100 万—300 万的Ⅱ型大城市要全面取消落户限制，城区常住人口 300 万—500 万的Ⅰ型大城市要全面放开放宽落户条件，有力推进了户籍制度改革的进程。①

各地出台户籍改革意见，积极探索户籍制度改革经验。在各部门、各地区的共同努力下，31 个省（自治区、直辖市）及新疆生产建设兵团已全部出台户籍制度改革方案或意见，建立了城乡统一的户口登记制度，各地取消了农业户口与非农户口的性质区分和由此衍生的蓝印户口类型，将之统一等级为居民户口。以户籍管理制度改革为重点，各地初步形成典型经验，如降低落户门槛出台差别化落户政策（安徽、重庆、湖北），完善积分落户制度（北上广深），拓宽特定领域农民工落户渠道（上海、广州），大学生落户零门槛（成都）等。由此，全国范围内的户籍制度改革政策框架基本建立，农业转移人口市民化的制度通道基本打通。

三、居住证制度全面建立

在全国建立居住证制度。2014 年 12 月，国务院在总结各地实践经验的基础上，制定了《居住证管理办法（征求意见稿）》，正式向社会公开征求意见。2015 年 11 月，国务院正式公布《居住证暂行条例》，决定从 2016 年 1 月 1 日起在全国建立居住证制度，推进

① 《发展改革委关于印发〈2019 年新型城镇化建设重点任务〉的通知》，中国政府网，2019 年 4 月 8 日。

城镇基本公共服务向常住人口全覆盖，居住证持有人可享有国家规定的六项公共服务和七项办事便利，并要求各地积极创造条件，逐步提高居住证持有人享有的公共服务水平。这标志着居住证制度已成为全国性的一项制度安排，成为我国户籍制度改革的重要举措。

居住证制度的地方实践。2014 年以来，各地通过逐步增加居住证的基本公共服务、简化积分入户等形式，推动居住证制度与落户城镇相衔接。到 2017 年，所有省份全部出台居住证实施办法，所有城市和县均已发放居住证，全国共发放居住证 5400 余万张。[①] 由此，以居住证为载体、与居住年限等条件相挂钩的城镇常住人口基本公共服务提供机制基本建立，户籍制度改革实现了新的突破和依托。居住证制度是城市管理的巨大进步，凸显了从管理型向服务型理念的转型。

各省提供的公共服务和便利范围均逐步扩大。在《居住证暂行条例》明确的公共服务和办事便利基础上，各地进一步增加居住证持有人可以享受的公共服务种类，一些地区居住证附带的公共服务项目超过 30 项，武汉达 106 项、深圳 61 项，居住证“含金量”不断提高。居住证办理程序大幅简化，人口管理信息化水平不断提高，杭州发行卡式居住证、推广使用电子居住证。

四、城镇基本公共服务加快向常住人口全覆盖

推进教育、住房、社会保障等在内的城镇基本公共服务均等

---

① 何立峰主编：《国家新型城镇化报告 2017》，北京：中国计划出版社，2018 年版，第 68 页。

化，是让农业转移人口进得来、住得下、能就业创业的重要保障。2014年9月，国务院印发《关于进一步做好为农民工服务工作的意见》，围绕有序推进农民工市民化的发展方向，明确了今后一个时期推进农业转移人口享受城镇基本公共服务均等化的指导思想、基本原则、总体目标和政策措施。[①] 2016年2月，国务院印发《关于深入推进新型城镇化建设的若干意见》，提出要推进城镇基本公共服务常住人口全覆盖。[②] 各地区、各有关部门也结合各自实际，出台和实施了有关农民工就业创业、子女教育、医疗卫生、住房保障、社会保障、文化生活等方面的相关实施意见和配套措施。

1．教育方面

2016年7月，国务院发布《关于统筹推进县域内城乡义务教育一体化改革发展的若干意见》，要求各地要按照城镇化规划和常住人口规模编制城镇义务教育学校布局规划，同步建设城镇学校，重点解决城镇大班额问题；要坚持以公办学校为主安排随迁子女就学，对于公办学校学位不足的可以通过政府购买服务方式安排在普惠性民办学校就读；"两免一补"资金和生均公用经费基准定额资金随学生流动可携带。[③] 通过保障进城农民工随迁子女义务教育推动教育均衡发展。2017年3月，教育部发布《高中阶段教育普及攻坚计划（2017—2020年）》，提出到2020年我国高中阶段教育毛入学率将要达到90%，将进城务工人员子女列入普及高中阶段教

① 《关于进一步做好为农民工服务工作的意见》，北京：人民出版社，2014年版，第7页。
② 《国务院关于深入推进新型城镇化建设的若干意见》，北京：人民出版社，2016年版，第7页。
③ 《国务院关于统筹推进县域内城乡义务教育一体化改革发展的若干意见》，《中华人民共和国国务院公报》，2016年21期。

育的攻坚重点。农民工子女义务教育后的升学考试办法不断完善。2019年，中央编办、教育部、财政部、人力资源社会保障部印发《关于进一步挖潜创新加强中小学教职工管理的指导意见》，进一步优化编制结构，多措并举增加教师总量，城乡义务教育学校教职工编制统筹配置机制和跨区域调整机制建立完善。

2．住房方面

2014年，住建部出台意见，要求各地进一步做好公共租赁住房和廉租住房并轨运行有关管理工作，并轨后公租房的对象，包括稳定就业的外来务工人员。2015年，国务院印发《关于做好2015年住房保障工作的通知》和《关于加快公共租赁住房分配入住的通知》，降低城镇稳定就业的农业转移人口申请公租房的门槛。各地积极通过加大资金投入、创新保障等形式给予农业转移人口更多的关注和支持。2016年5月，国务院办公厅印发《关于加快培育和发展住房租赁市场的若干意见》，公共租赁住房保障货币化等政策积极落实，全国大部分县市已将进城落户农民和稳定就业农民工纳入公租房保障。①2017年，住建部办公厅印发《关于完善公租房分配方式的通知》，通过定向配租等方式，加快解决外来务工人员享受公租房保障问题。农民工不断被纳入城镇住房保障体系。

3．就业服务方面

2014年、2015年、2018年人力资源社会保障部三次修订《就业服务与就业管理规定》，各地将流动人口逐步纳入失业登记范围。2014年，人力资源社会保障部发布《关于进一步完善就业失

---

①《国务院办公厅关于加快培育和发展住房租赁市场的若干意见》，《中华人民共和国国务院公报》，2016年18期。

业登记管理办法的通知》，放宽失业登记条件的有关规定，对符合失业登记条件的人员，不得以人户分离、户籍不在或没有档案等为由不予受理。2015 年 6 月，国务院办公厅印发《关于支持农民工等人员返乡创业的意见》，提出强化返乡农民工等人员创业培训工作，鼓励农村就地就近转移就业创业，并在政府简政放权，做好创业服务，在土地、资金、技术、培训等方面都做了详细布置。[①] 2016 年，教育部、全国总工会等部门印发《农民工学历与能力提升行动计划——“求学圆梦行动”实施方案》，推动全国近 300 所高校参与，学历继续教育招生总数逾 100 万人，非学历继续教育培训共 61 万人次。2019 年 5 月，国务院办公厅印发《职业技能提升行动方案（2019—2021 年）》，人力资源社会保障部牵头实施新生代农民工职业技能提升计划，多渠道扩大职业技能培训对农业转移人口的覆盖范围。通过开展农民工技能培训，完善就业失业登记制度，开展扶持农民工创业服务，稳定和扩大农民工就业创业，进一步建立健全城乡平等的就业制度，提升农民工的发展能力。

4．社会保障方面

通过加快跨地区养老保险关系转移接续，实现城乡养老保险制度统一。2014 年 2 月，国务院印发《关于建立统一的城乡居民基本养老保险制度的意见》，提出到“十二五”末要在全国基本实现新农保和城居保制度合并实施，并与职工基本养老保险制度相衔接。2014 年 2 月，人力资源社会保障部会同财政部印发《城乡养

① 《关于支持农民工等人员返乡创业的意见》，北京：人民出版社，2015 年版，第 17 页。

老保险制度衔接暂行办法》，所有县级行政区基本实现城乡居民养老保险制度名称、政策标准、管理服务、信息系统“四统一”的城乡居民基本养老保险制度，这为农民工提供了进城后顺利衔接社保关系的政策依据。2016 年 11 月，人力资源社会保障部印发《关于城镇企业职工基本养老保险关系转移接续若干问题的通知》，从制度上解决了参保人员跨地区流动就业养老保险权益转移接续问题。针对实施过程中出现的新情况、新问题，2019 年 9 月，人力资源社会保障部办公厅印发《关于职工基本养老保险关系转移接续有关问题的补充通知》。

通过城乡居民基本医疗保险制度整合，跨省异地就医住院费用直接结算加快推进。2014 年，人力资源社会保障部、财政部、卫计委联合印发《关于进一步做好基本医疗保险异地就医医疗费用结算工作的指导意见》，明确了下一步基本医疗保险异地就医医疗费用结算工作的目标任务和实现途径。2015 年，人力资源社会保障部等部门印发《关于做好进城落户农民参加基本医疗保险和关系转移接续工作的办法》，切实保障包括进城落户农民在内的各类参保人员的基本医保权益。2016 年 1 月，国务院印发《关于整合城乡居民基本医疗保险制度的意见》后，所有省份出台城乡居民基本医保制度整合方案，建立覆盖范围、筹资政策、保障待遇、医保目录、定点管理、基金管理“六统一”的城乡居民基本医疗保险制度。2016 年 12 月，人力资源社会保障部会同财政部印发《关于做好基本医疗保险跨省异地就医住院医疗费用直接结算工作的通知》以及一系列配套政策。2016 年 12 月，国家异地就医结算系统建设顺利完成并上线运行。

第二章
城市土地制度改革：从“无偿、无期限、无流动”到城乡统一建设用地市场

▼

在改革开放的伟大进程中，城市土地制度的变迁起了重大作用。城市土地资源配置方式在改革大转折中驶入了市场化轨道，实现了由行政计划配置为主向市场配置为主的重大转变，土地市场走向全面规范发展的新阶段，有力支撑了改革开放和经济社会发展。

第一节　城市土地有偿使用的初步探索

1978—1989 年，我国开始城市土地有偿使用的初步探索，有偿、有限期、有流动的城市土地使用新制度从酝酿到诞生。在国民经济亟待复苏、外资企业跃跃欲试进入国内市场的势态下，“无偿、无限期、无流动”的计划配置与行政划拨用地制度亟待转变。从对中外合营企业征收场地使用费开始，继而推广到公有制企业，对它们征收城镇土地使用费，在深圳等城市进行了城镇土地使用权有偿出让的试点探索，《中华人民共和国宪法》《中华人民共和国土

地管理法》先后修订，为土地有偿使用制度的确立和推行提供了基本的法律依据。

一、城市土地有偿使用的背景

改革开放以前，我国城镇国有土地实行的是单一行政划拨制度，国有土地的使用权以无偿划拨的方式供政府部门和国有企事业单位无限期使用。1954年，我国颁布的《中华人民共和国宪法》规定，任何组织或者个人不得侵占、买卖、出租或者以其他形式非法转让土地。禁止任何形式的土地转让行为，不允许转让、出租、抵押。这种无偿、无限期、无流动的土地使用制度客观上限制了土地资源的合理配置与有效利用，导致土地利用效率低，土地配置效益差，土地收益流失，隐形土地市场出现。因此，迫切要求进行改革。

二、中外合营企业场地使用费的征收

对无偿用地制度的最早“挑战”，是1979年7月《中华人民共和国中外合资企业经营法》对中外合营企业征收土地使用费的规定。由于中外合资企业是一种不同于公有制经济的特殊经济成分，其无偿使用国有土地的权利就受到了质疑，于是有偿使用被首次提了出来。《中华人民共和国中外合资企业经营法》规定，中国合营者的投资可包括为合营企业经营期间提供的场地使用权。如果场地使用未作为中国合营者投资的一部分，合营企业应向中国政府缴纳使用费。紧接着，1980年7月，国务院颁布《关于中外合营企业建设用地的暂行规定》，规定中外合营企业用地，不论新征用土地，还是利用原有企业的场地，都应计收场地使用费。对场地使用费的计算、水平、具体标准确定以及使用费的投资方式等都做了详细和具体的规定。这是城市土地使用制度改革的开始，但由于只限于中外合资企业，范围较小。

三、征收城镇土地使用费的试点

针对中外合资企业的土地有偿使用办法被提出后，迎合了国有企业“利改税”的需要，很快取得了扩散效应，一些专家和有关部门对土地有偿使用进行了研究。[①] 1980 年 10 月，国家建委召开全国城市规划工作会议，《会议纪要》提出了关于征收城镇土地使用费的方案：征收城镇土地使用费，是城镇建设和维护的一个固定资金来源。在城镇规划区范围内，对占有土地的单位和个人，均应按当年实际占地面积缴纳土地使用费。收费按地段，分等分级确定。对于不同的使用单位，收费标准也应有所不同。1982 年起，深圳、广州、抚顺等城市先后制定办法征收城镇土地使用费。1982 年 12 月，新修订的《中华人民共和国宪法》第十条明确规定：“城市的土地属于国家所有”，在基本产权制度上为城市土地有偿使用提供了依据。到 20 世纪 80 年代末，全国有上百个城市以不同形式收取土地使用费，但是，这种制度并没有触及制度的根本，土地还不能进入市场流通。

---

① 黄小虎：《新时期中国土地管理研究（上卷）》，北京：当代中国出版社，2006 年版，第 6 页。

四、城镇土地使用权有偿出让的试点

1986年，国家土地管理局成立，很快着手启动土地使用制度改革，部署了深圳、上海等城市的试点工作。1987年，深圳市率先实行国有土地有偿出让制度。9—12月，深圳市先后以协议、公开招标、拍卖3种不同方式，分别出让了3宗用期50年的土地使用权。其中12月1日首次公开拍卖一宗8588平方米地块50年的使用权，经44家企业多轮竞价，最终以高出底价2倍多的价格成交，[①]敲响拍卖土地使用权的"第一槌"。这是我国土地使用制度改革的根本性突破，标志着城镇土地使用开始进入市场经济，也标志着我国改革开放进入了新的历史时期。

1987年11月，国务院批准国家土地管理局等部门的报告，确定在深圳、上海、天津、广州、厦门、福州进行土地使用制度改革试点。试点城市按照土地所有权与使用权分离的原则，国家在保留土地所有权的前提下，通过拍卖、招标、协议等方式将土地使用权以一定的价格、年期及用途出让给使用者，出让后的土地可以转让、出租、抵押。

五、城市土地有偿使用制度建立

为了适应改革的需要，我国政府修改、颁布了相关法律法规，

---

① 丰西西、张丽红：《敲响土地使用权拍卖第一槌，开启土地开发管理新局面》，载中共广东省委党史研究室编著：《中共广东历史简明读本》，广州：广东省出版集团、广东人民出版社，2011年版，第19页。

使其与土地有偿出让衔接。1988 年 4 月，七届全国人大一次会议删除了《中华人民共和国宪法》第十条第四款中土地不得出租的条款，以国家根本大法的形式规定土地使用权可以依照法律的规定转让。同年 12 月，七届全国人大常委会第五次会议对《中华人民共和国土地管理法》也进行了相应的修改，明确规定国家依法实行国有土地有偿使用制度。1988 年 9 月，国务院颁布《中华人民共和国城镇土地使用税暂行条例》，将土地使用费改为土地使用税，规定在城市、县城、建制镇、工矿区范围内使用土地的单位和个人，为城镇土地使用税的纳税义务人。法律法规的修改和颁布对我国城镇土地使用制度改革实施规范化和法制化管理具有重要意义。

第二节　城市土地有偿使用全面推行

随着城市土地使用制度改革的实践，迫切需要对土地使用权有偿使用的各种方式、各个环节、各项工作提出规范性要求。1990 年至 2001 年，城市土地有偿使用全面推行。在这一时期，我国城市土地有偿出让制度广泛推行并实现法制化，以限定行政划拨范围、实行多种有偿使用方式等，进一步完善土地有偿使用制度，并建立起一系列土地估价、土地储备、土地用途管制、土地利用规划等土地管理制度体系，为土地要素市场化改革提供了重要支撑。

一、土地出让制度总体建立

1990 年 5 月，国务院发布《中华人民共和国城镇国有土地使用权出让和转让暂行条例》(以下简称《条例》)，改变了过去单一的行政划拨供地制度，初步打开了国有土地使用权有偿出让和转让的口子。《条例》对土地使用权出让、转让、出租、抵押、中止以及划拨土地使用权等问题做了明确规定，并明确规定土地使用权出让可以采用协议、招标和拍卖三种方式。据不完全统计，1987—1995 年，全国共出让国有土地使用权 27.6 万宗，总面积达 15.2 万公顷。全国依法出让的土地占新增建设用地供应总量的比例，由改革初期的 1%上升到 25%左右。到 1995 年底，全国累计收取土地出让金 2450 亿元，这些资金用于城市基础设施建设和土地开发，改善了投资环境，促进了经济发展。[①]

随着土地的市场化，土地资产的价值日益显现，“土地财政”逐步走向我国城镇化的历史舞台。这项政策的提出，初始想法是为了解决小城镇财政资金来源短缺问题，考虑是否可以通过土地出让收益作为预算外资金来源，支持小城镇的基础设施建设。1995 年，国家体改委等部门颁发的《关于小城镇综合改革试点指导意见》中第一次提出在小城镇可以通过探索“以地生财”，解决小城镇的基础设施建设资金短缺问题。湖南省浏阳市大瑶镇和原安徽省芜湖市大桥镇分别作为第一批和第二批小城镇综合改革试点，在改革试验中探索了“以地生财、以财建镇、以镇兴业”等做法。自此之后，在江浙、广东、福建、山东等沿海地区，依靠土地有偿使用解决城市和小城镇建设所需资金的做法迅速推开，这种做法既不依靠政府财政再分配，又不增加企业和农民负担，具有极强的生命

① 黄小虎:《新时期中国土地管理研究(上卷)》，北京：当代中国出版社，2006 年版，第 15 页。

力，开启了“土地财政”新时代。[①]

二、土地市场的失控与调控

在“以地生财”背景下，我国出现了以“开发区热”和“房地产热”为突出代表的土地市场过热现象。由于无偿划拨与有偿出让并存的土地供应“双轨制”，城市土地供应以无偿划拨形式为主，圈地后通过各种途径将土地推向市场炒作，便可以从中牟取暴利。[②]由此，全国各地开发区遍地开花，房地产投资大幅增长，土地市场秩序混乱，出现一股“圈地热”“炒地热”，土地投机盛行。其结果为大量耕地流失，国有资产流失严重。

为此，党中央、国务院出台一系列宏观调控措施，整顿金融秩序，清理整顿开发区和房地产市场，规范土地市场。1992 年，国家土地管理局下发《关于严格依法审批土地的紧急通知》，重申要严格依法审批土地，提出加强成片土地开发和地价管理。1993 年 4 月，国务院发布《关于严格审批和认真清理各类开发区的通知》，开始清理、整顿开发区。1993 年 6 月，国家土地管理局颁布《城镇土地估价规程》(试行)，对城镇地价的评估工作进行了规范，为土地出让价格的确定提供依据。自此基准地价的评估工作在全国迅速开展。1994 年 7 月，八届全国人大常委会第八次会议

① 中国城市和小城镇改革发展中心：《中国城镇化进程中的土地管理制度改革》，北京：社会科学文献出版社，2019 年版，第 25 页。
② 李建建、戴双兴：《中国城市土地使用制度改革 60 年回顾与展望》，《经济研究参考》，2009 年 63 期。

通过《中华人民共和国城市房地产管理法》，进一步将出让制度上升为法律，明确规定了划拨和出让供地的范围，并具体明确了国有土地使用权出让、地价评估、公布和土地市场交易制度。1995 年 6 月，国家土地管理局颁布《协议出让国有土地使用权最低价确定办法》，加强政府对出让国有土地使用权的宏观调控和制止一些地方竞相压低地价出让土地。通过宏观调控，房地产热和开发区热一定程度上得到了遏制。[①]

三、划拨用地改革加快推进

由于土地市场“双轨制”的存在，尽管土地出让已经扩展到全国，但其比例仍然非常有限，大量建设用地，尤其国企用地，仍以划拨方式供应。针对划拨土地使用权大量入市的现象，政府在进行土地隐形市场清理的基础上，进一步加强对划拨土地的规范管理，减少划拨用地比重，增加有偿使用比重。

1992 年 3 月，国家土地管理局颁布《划拨土地使用权管理暂行办法》，规定划拨土地使用者，不得转让、出租、抵押土地使用权。1994 年 7 月，《中华人民共和国城市房地产管理法》明确了划拨和出让供地的范围：除国家机关和军事用地、城市基础设施用地和公益用地、国家重点扶持的能源、交通、水利等项目用地可以采用划拨方式供应外，其他国有土地必须以出让等有偿方式供应。2001 年 10 月，国土资源部发布《划拨用地目录》，进一步细化了

① 陶晓龙：《土地政策与宏观调控——新时期土地市场政府干预理论与实践》，北京：中国环境出版社，2013 年版，第 13 页。

划拨与有偿的范围，对不符合划拨目录的建设用地，必须有偿使用。文件指出对国家重点扶持的能源、交通、水利等基础设施用地项目，可以以划拨方式提供使用权；对以营利为目的，非国家重点扶持的能源、交通、水利等基础设施用地项目，应当以有偿方式提供土地使用权；以划拨方式取得的土地使用权，因企业改制、土地使用权转让或者改变土地用途等不再符合本目录的，应当实行有偿使用。

此外，国有企业使用的划拨用地也进行了多种有偿使用方式的制度探索。为了支持国有企业改革，1998 年 2 月，国家土地管理局颁布《国有企业改革中划拨土地使用权管理暂行规定》，对国有企业实行公司制改造、组建企业集团、股份合作制改组、租赁经营和出售、兼并、合并、破产等改革中涉及的划拨土地使用权管理作出了较详细的规定。为进一步推行土地有偿使用制度，政府对国有企业使用的划拨用地进行了多种形式的出让制基础上的制度创新探索。一是通过补缴出让金，补办出让手续，转入出让制。二是实行租赁制，土地使用者与县级以上人民政府土地管理部门签订一定年期的土地租赁合同，并支付租金的行为。三是通过土地使用权作价出资或入股转让出让制，将一定时期的国有土地使用权出让金作价，作为国家的投资记作国家的股份。四是授权经营，国家将中央所属的全民所有企业占用的土地采用授权经营的形式，授权给全国国有总公司。

四、城市土地储备制度探索建立

当时，由于城市土地绝大部分已经分散在各个使用者手里，在城市存量土地盘活过程中，城市土地管理部门往往不能掌握土地供应权。为了增强政府对城市土地一级市场的调控能力，运用市场手段优化配置数量庞大的存量建设用地，提高城市土地资产的附加值和出让效益，经过理论界和实际部门的探索，一种适应垄断竞争型市场模式的城市土地市场运行机制——土地储备制度应运而生。

1996年，深圳市设立土地发展投资公司，后更名为土地投资开发中心；同年，上海开始探索建立土地收购储备中心；1997年杭州成立"杭州市土地储备中心"。经过试点城市的实践，土地储备的经验和成果得到各地政府和土地管理部门的认可，随后各地纷纷成立土地储备机构，推广这一新的土地供应方式。这些机构接受城市政府委托，通过征购、回收、置换、土地整理等方式，从分散的土地使用者手中将土地集中起来，并由政府或政府委托的机构组织进行土地整治与开发，在完成了房屋拆迁、土地平整等一系列前期开发工作后，再根据城市土地年度供应计划，有计划地分期分批将储备土地投入市场。2001年4月，国务院发布《关于加强国有土地资产管理的通知》，严格控制建设用地总量，切实规范土地市场管理秩序，防止国有土地资产流失，首次提出建立土地储备制度。截至2001年8月，全国有669个县市建立了土地储备制度，[①]成为地方政府调控土地市场的重要手段，其对优化城市存量土地资源配置，培育公开、公正、公平的土地市场，更好地实施土地利用总体规划和城市规划，实现城市经济和社会的可持续发展等诸方面都产生了积极的效果。

---

① 李建建、戴双兴:《中国城市土地使用制度改革60年回顾与展望》,《经济研究参考》，2009年63期。

五、城市土地管理制度体系进一步完善

1998年，国土资源部正式成立，《中华人民共和国土地管理法》经全面修改后颁布，土地管理体制进一步变革。这部法律有两个重要规定：一是确立“土地用途管制制度”，国家编制土地利用总体规划，规定土地用途，控制建设用地总量，对年度建设用地指标实行审批；二是明确规定“土地使用权可以依法转让”与“国家依法实行国有土地有偿使用制度”，为土地市场的发展提供了法律保障。任何单位和个人进行建设，需要使用土地的，必须依法申请使用国有土地。国家以土地所有者的身份，由市县级人民政府作为代表，将国有土地使用权在一定年限内以协议、招标、拍卖方式出让给土地使用者，土地使用者则按照出让合同的约定向国家支付土地使用权出让金。同年12月，国务院发布《中华人民共和国土地管理法实施条例》，进一步明确规定国有土地有偿使用方式包括出让、租赁、作价出资或者入股。

此后，城市国有土地的有偿使用比重逐步提升、划拨用地的比重相应下降，而地方政府也刻意压低工业用地价格，并通过低价供地来进一步加大招商引资和基础设施建设力度，以此获得大量土地出让收入的同时，还有效推动了城市化进程，并同步增加了城市化过程中的税收。

第三节　城市土地市场配置不断完善

城市土地有偿使用制度体系逐步建立和完善奠定了土地市场的基础。2002—2011年，城市土地市场配置不断完善，土地市场走向规范化。在这一时期，城市土地有偿供应的范围进一步扩大，供地方式更加规范化，从协议出让为主逐步全面转向实行“招拍挂”制度，土地政策参与宏观调控的架构体系初步建成。土地市场制度逐步建立和完善，市场机制在土地资源配置中发挥重要作用。

一、从协议出让为主到全面推行经营性用地

尽管土地出让范围不断扩大，取得了积极效果，但出让方式基本以协议出让为主，而且各地为了招商引资，往往压低地价，甚至零地价招商。招标、拍卖的出让方式受到严重抑制，协议出让信息不透明，地价确定随意性大、缺乏市场竞争，协议出让占比高达80%，真正实行“招拍挂”的不到20%，与市场经济体制改革的方向不符。[①]这些情况表明，改革仍不到位，土地市场制度还不健全。针对经营性土地大量通过协议出让方式获取使用权带来的问题，经营性土地使用权招标拍卖制度成为当时呼声很高的改革方向。为此，2001年4月国务院下发《关于加强国有土地资产管理的通知》，提出为体现市场经济原则，确保土地使用权交易的公开、公平和公正，各地要大力推行土地使用权招标、拍卖。第一次

① 黄小虎：《新时期中国土地管理研究（上卷）》，北京：当代中国出版社，2006年版，第28页。

明确具体界定了国有土地招标、拍卖的范围，向经营性用地协议出让亮起了“红灯”。

2002年我国开始推行土地“招拍挂”制度，真正将土地出让推进市场化大潮。2002年5月，国土资源部印发《招标拍卖挂牌出让国有土地使用权规定》，明确规定商业、旅游、娱乐和商业住宅等各类经营性用地必须以招标、拍卖或者挂牌方式出让。该规定第一次明确了经营性用地必须实行“招拍挂”出让，第一次对“招拍挂”出让的原则、范围、程序、法律责任进行了系统规定，确立了市场配置土地资源的制度。这对于健全土地市场规则，建立公开、公平、公正的资源性资产配置新机制具有重要意义，被业界称为“第二次土地革命”。

同时，为进一步规范协议出让国有土地使用权，2003年6月，国务院发布《协议出让国有土地使用权规定》，规定不符合招标、拍卖、挂牌出让条件的国有土地，方可协议出让；并要求协议出让也必须公开和引入市场竞争机制，采用协议方式租赁国有土地使用权的参照该规定执行。2004年3月，国土资源部和监察部联合下发通知，要求2004年8月31日后，各地不得再以历史遗留问题为由，不执行经营性土地一律公开竞价出让的规定，这一规定也被称为“8·31”大限。

这些文件和规定对土地市场建设的推动作用显而易见。1999年，全国只有广东、浙江、江苏等省全面建立招标、拍卖制度，到2003年底，全国所有省（区、市）以及90%的市、县，都建立了这项制度。经营性土地使用权“招拍挂”出让土地面积，由2000

年的 5%以下上升到 2003 年的 30%左右。[①]

“招拍挂”制度在商业、旅游、娱乐和商品住宅等经营性用地出让突破后，几乎不停顿地延展到工业用地的出让。2004 年 10 月，国务院发布《关于深化改革严格土地管理的决定》，提出禁止非法压低地价招商，工业用地也要创造条件逐步实行招标、拍卖、挂牌出让。2006 年 8 月，国务院下发《关于加强土地调控有关问题的通知》，明确规定工业用地必须采用招标、拍卖、挂牌方式出让，其出让价格不得低于公布的最低价标准。

2007 年 3 月，《中华人民共和国物权法》全面肯定了经营性土地使用权的招标、拍卖、挂牌出让制度，并对土地“招拍挂”范围进行了明确规定：工业、商业、旅游、娱乐和商品住宅等经营性用地以及同一土地有两个以上意向用地者的，应当采取招标、拍卖等公开竞价的方式出让。此规定从法律的高度确立了国有建设用地使用权招标拍卖等公开竞价方式出让的市场配置制度。同年 9 月，国土资源部颁布修订后的《招标拍卖挂牌出让国有建设用地使用权规定》，将工业用地纳入招标拍卖挂牌出让的范围，结束了 2007 年以前工业用地多以协议、划拨方式出让的历史。

这一系列法律法规的出台，进一步扩大了市场机制在土地资源配置中的作用，更充分体现了公开、公平、公正的市场经济原则，为城市土地制度市场化改革起了积极的推动作用，促使城市土地使用制度改革向纵深发展。在这一时期，土地出让金快速增长，极大地增加了地方财政收入。据初步统计，全国“招拍挂”出让土

① 胡存智：《城乡土地管理制度改革新论——首届城乡土地管理制度改革滨海新区高层论坛文集》，北京：中国大地出版社，2009 年版，第 63–64 页。

地的面积和价款从 2001 年的 0.66 万公顷、492 亿元，提高到 2011 年的 30.47 万公顷、30200 亿元，分别提高了约 45 倍和 60 倍，国有土地出让收入占地方财政收入之比从 17%提高到 64%，2010 年曾经达到 69%。政府通过将土地用于房地产开发可以获得高额的土地出让金为城市建设融资，依靠土地出让的城市经营模式逐渐形成。[①]

二、土地政策参与宏观调控体系初步建立

从 1998 年开始，我国出现新一轮地方政府主导的投资热，各地兴办各类开发区和圈地现象又有上升之势，土地市场秩序出现混乱局面。据统计，全国年度建设占用耕地总量由 1999 年的 20.5 万公顷，下降到了 2001 年的 16.4 万公顷。1999 年以后，国土资源部组织了三次全国范围内的土地市场治理整顿工作。但土地市场秩序现状仍然令人担忧，土地违法犯罪案件没有得到遏制。

对发展和规范土地市场、加强土地管理工作高度重视，中央领导多次作出重要指示。从 2003 年起，针对国家经济运行中出现的突出矛盾和问题，党中央、国务院作出加强和改善宏观调控的重大决策，突出强调要把好土地和信贷两个“闸门”，要求在全国开展土地市场秩序治理整顿活动，清理各类开发区。2003 年 2 月，监察部和国土资源部决定在全国开展经营性土地使用权招标、拍卖、挂牌出让情况执法监察，对各类违规设立的开发区进行了全方位清理整改。据统计，全国共清理出各类开发区 6866 个，规划面

① 刘守英：《土地制度与中国发展》，北京：中国人民大学出版社，2018 年版，第 13 页。

积 3.86 万平方公里，已建成 1.03 万平方公里。已核减各类开发区 4813 个，占原有开发区总数的 70.1%；压缩规划面积 2.49 万平方公里，占原有规划面积的 64.5%。[①]

2004 年，土地成为中央政府调控经济的重要手段被确定下来。2004 年 3 月，在中央人口资源环境工作座谈会上，正式确立了运用土地政策参与国民经济宏观调控的重要手段。2004 年《政府工作报告》中，明确提出当前宏观调控的主要措施之一就是依法加强用地管理，要求“继续清理开发区，整顿规范土地市场”。2004 年 4 月，国务院办公厅发布《关于深入开展土地市场治理整顿严格土地管理的紧急通知》，明确了在治理整顿的半年期间的“三个暂停”。2004 年 10 月，国务院作出《关于深化改革严格土地管理的决定》，2006 年 8 月，国务院下发《关于加强土地调控有关问题的通知》，针对当时宏观经济形势和土地管理中存在的问题，就综合运用经济、法律和行政手段加强土地调控作用做出一系列规定。2008 年 10 月，国务院印发《全国土地利用总体规划纲要（2006—2020 年）》，强调土地利用总体规划是实施最严格土地管理的纲领性文件，是落实土地宏观调控、规划城乡建设的重要依据。自此，我国土地政策参与宏观调控的架构体系初步建成。

三、优化城乡建设用地结构的探索

21 世纪初以后，城镇化的发展带动了城市房地产的发展，土

① 黄小虎：《新时期中国土地管理研究（上卷）》，北京：当代中国出版社，2006 年版，第 34 页。

地出让金已经成为城市政府最大的可支配收入来源。因此获得土地指标已经成为地方政府最重要的发展手段。因此，地方政府急需增加土地指标供应，特别是县以下城镇政府的呼声十分强烈。2007年前后，各地在如何挖掘土地供应量上进行了积极的探索。囿于国家的耕地保护政策，每年对城镇建设用地的需求量远远超出了新增建设用地指标的下达计划，但是无法继续通过新增指标来低价征用耕地以满足城镇建设需求。

为破解增加建设用地供应量和耕地保护之间的矛盾，我国不断探索城乡建设用地增减挂钩的办法，盘活农村集体建设用地流转。即通过城镇建设用地增加和农村集体建设用地减少挂钩的方式，获取超出建设用地下达指标范畴的用地机会。2004年10月，国务院印发《关于深化改革严格土地管理的决定》，提出鼓励农村建设用地整理，城镇建设用地增加要与农村建设用地减少相挂钩。这是国家层面的文件中第一次提及“增减挂钩”。2005年10月，国土资源部开始部署城乡建设用地增减挂钩试点工作，制定《关于规范城镇建设用地增加与农村建设用地减少相挂钩试点工作的意见》。2006年4月，山东、天津、江苏、湖北、四川五省市被列为城乡建设用地增减挂钩第一批试点，正式开展增减挂钩。首批试点共设立挂钩项目183个，周转指标7.38万亩。[①]在地方试点的基础上，2008年6月，国土资源部发布《城乡建设用地增减挂钩试点管理办法》，将前期试点地区经验进一步推广至全国，明确了增减挂钩的基本内涵、适用原则和具体实施办法，为各试点地区实际工作的

① 中国城市和小城镇改革发展中心：《中国城镇化进程中的土地管理制度改革》，北京：社会科学文献出版社，2019年版，第50页。

开展提供了制度依据。其中，以成都“拆院并院”、重庆“地票”和天津“宅基地换房”为代表的地方改革试验在全国各地全面推广，其实质就是如何在近郊区和远郊区通过集体建设用地与城镇建设用地的置换，突破传统的用地指标的限制。

成都推行的城乡建设用地增减挂钩项目为“拆院并院”，专门针对农民宅基地和其他农村建设用地整治后流转。“拆院并院”模式是指，依据土地利用总体规划，将拟复垦、整理为耕地的集体建设用地（即拆旧地块）和拟用于城镇建设的地块（即建新地块）共同组成拆旧建新项目区，通过拆旧建新和土地复垦、整理，最终实现项目区内建设用地总量不增加，耕地面积不减少、质量不降低，用地布局更合理的土地整理工作。该模式赋予了集体土地应有的占有、使用、收益、处分的权能，逐步实现城乡土地“同地同权”。到 2009 年底，全市已被批准实施挂钩试点项目 43 个，挂钩周转指标 23438 亩。

与成都集中居住做法类似，天津市通过对本市小城镇和村庄现状分析发现，村庄人均建设用地远超国家规范中的人均用地标准，村规模小、用地浪费，大有潜力可挖。在此背景下，“宅基地换房”从 2005 年下半年开始在天津实施，并首批提出“三镇两村”试点。所谓“宅基地换房”办法，即高水平规划适于产业聚集和百姓聚居的新型小城镇，农民以其宅基地按规定标准无偿换取小城镇中的住宅，农民迁入小城镇居住后，其原有的宅基地统一整理复耕，实现耕地占补平衡，农民集中居住集约出来的集体建设用地出让，收入用以平衡小城镇建设资金。截至 2009 年 4 月 13 日，天津市已有 272 个村庄开展“宅基地换房”，预期节约土地 4540 公顷，相当于原来 272 个村庄占地面积的三分之二。全国有 8 个省市正在试点“宅基地换房”，例如，2009 年北京就开始学习借鉴天津的经验，在平谷和大兴的两个镇进行“宅基地换房”试点工作。

2008 年 12 月 4 日，重庆农村土地交易所正式挂牌成立，推出“地票”交易制度*，为农村集体建设用地流转，为城乡建设用地发展权的大范围、远距离转移和交易提供平台。相比于成都实践，重庆的“地票”本质是一种标准化了的可交易凭证，使得挂钩指标超出了县级行政区域范围，能够在全市范围内进行建设用地复垦指标的市场配置。截至 2015 年底，自“地票”制度运行以来，重庆市累计交易“地票”16.58 万亩、332.42 亿元；累计质押“地票”8354 亩、贷款 12.23 亿元；累计落地使用 11.54 万亩。成交均价稳定在 20 万元/亩左右。①

* “地票”模式是指，包括农村宅基地及其附属设施用地、乡镇企业用地、农村公共设施和农村公益事业用地等农村集体建设用地，经过复垦并经土地管理部门严格验收后产生的指标，以票据的形式通过重庆农村土地交易所在全市范围内公开拍卖。“地票”购买者包括土地储备机构、园区建设单位、民营企业、国有企业、自然人。

土地增减挂钩政策出台的初衷是通过打破城乡建设用地的界限，提高建设用地的利用效率，而回避了耕地占用的矛盾，解决城镇化建设用地供给不足的问题。但实践中还是具有一定程度的改革思路。② 一是开通了城乡建设用地市场，虽然是在补偿的名义下进行，但是补偿的标准远远高出了对耕地占用的补偿。二是调动了农村集体经济组织参与城市开发的积极性。三是远郊区农民可以通过增减挂钩纳入城镇化进程。四是土地交易形式的多元化，为未来进一步推进城乡用地统一市场的建立奠定了基础。

---

① 涂圣伟：《中国农村土地金融发展的机理与风险》，《宏观经济研究》，2016 年 06 期。

② 中国城市和小城镇改革发展中心：《中国城镇化进程中的土地管理制度改革》，北京：社会科学文献出版社，2019 年版，第 51–52 页。

第四节　土地要素市场化配置改革纵深推进

在当时土地制度下，城乡土地“二元”特征显著，农村集体经营性建设用地入市不平等、土地资源要素利用效率不高、土地征收制度不完善等问题仍然继续存在，与社会经济发展不相适应的问题日益显现。[①] 党的十八大以来，以习近平同志为核心的党中央更加坚定地推进深化改革与坚持社会主义道路，以土地制度改革为抓手，着力破解城乡二元结构困局，城市土地制度改革进入城乡融合发展的新阶段。[②] 2012 年至今，我国土地管理工作以新发展理念为引领，以供给侧结构性改革为动力，围绕全面提升土地配置效率和城乡统一建设用地市场建设两条业务主线深化改革，努力创新土地利用管理政策与机制，有力保障了经济社会持续健康发展。一方面，深化产业用地市场化配置改革，全面深化集约节约用地制度，以提升土地配置效率促进高质量发展。另一方面，推动形成城乡统一的建设用地市场，土地要素市场化配置改革向纵深推进。

一、深化产业用地市场化配置改革

党的十八大以来，我国经济发展进入新常态，重大的趋势性变化映射到国土资源领域，突出表现为土地需求结构的变化。主要表

① 连平、马泓：《“十四五”改革的重要任务：土地制度市场化改革》，《中国房地产金融》，2020 年 11 期。

② 浦绍仙、金莲：《新中国成立 70 多年来土地制度改革与土地市场演进分析》，《国土资源情报》，2022 年 03 期。

现在：工业用地供需矛盾突出，用地配置和产业布局失调。[①]产能过剩的制造业项目供地偏多，高新技术产业、先进制造业以及物流仓储、研发、文化、旅游、健康等新兴产业用地供应偏少，固然与粗放型经济发展方式有关，但也与土地要素供应结构不合理造成低效供给有关。因此，产业用地政策*改革成为供给侧结构性改革的重要任务。此外，我国工业用地市场化配置还存在供地方式单一、流转机制不畅等问题。

* 产业用地政策是指国务院、国土资源部针对特定行业，如养老服务产业、物流产业、光伏发电产业以及其他“双创”涉及的产业而制定的专项用地政策（不包括房地产业），初步统计近60项。

为完善工业用地市场化配置，提高工业用地利用效率，2014年12月，国家发改委、国土资源部联合印发《关于开展深化工业用地市场化配置改革试点工作的通知》，选择辽宁省阜新市、浙江省嘉兴市、安徽省芜湖市和广西壮族自治区梧州市4个市开展深化工业用地市场化配置改革试点，以探索健全工业用地多途径多方式市场供应体系、多主体供应工业用地市场流转体系、工业用地租价均衡、居住与工业用地比价合理的价格体系等为主要内容，推动工业用地存量优化、增量提质，促进资源配置效益最大化和效率最优化。

各地积极探索工业用地市场化配置的办法。在土地用途管理上，不少地方综合运用各种措施降低实体经济企业用地成本，积极支持过剩产能行业企业盘活利用存量土地转型发展，通过改革完善国有土地有偿使用制度，支持公共服务、基础设施投资发展。[②]在供地方式上，探索了先租后让、租让结合、弹性年期出让、配套建

① 利平、任士伟：《工业用地市场化配置改革路径与存在问题》，《浙江国土资源》，2018年08期。
② 李倩：《土地利用管理：聚焦主线 服务大局》，《国土资源》，2017年10期。

设等新方式，推进和扩展了土地租赁和作价出资（入股）供应方式的应用。例如，上海市统筹实施产业用地政策与存量用地盘活政策，协助实体企业向新产业新业态转型发展。2016年3月印发《关于盘活存量工业用地的实施办法》，着力细化用地分类，以差别化供地方式和引导性地价管理保障新产业新业态发展，实行“弹性年期出让+有条件续期”的工业用地供应政策，降低用地成本，在自贸区开展综合用地试点，提高科研服务设施配建比例，促进土地用途兼容复合利用。重庆市大足区注重强化企业用地服务、助推民间投资健康发展的相关举措，在国务院大督查中受到通报表扬。江苏省重保优供、分级保障，建立重大产业支持政策和产业用地差别化供应机制，重点保障“一带一路”建设、长江经济带建设等国家战略落地见效。

在地方试点基础上，国家陆续出台了一系列支持新经济、新产业、新业态、新模式发展的用地政策文件，包括及时供给产业用地政策、调整供地结构、创新供地方式，提高供地质量和效率，土地供给对需求变化的适应性和灵活性不断增强。2015年9月18日，国土资源部、发展改革委、科技部、工业和信息化部、住建部和商务部联合发布《关于支持新产业新业态发展促进大众创业万众创新用地的意见》；同年12月，国土资源部又联合住建部、国家旅游局出台了《关于支持旅游业发展用地政策的意见》，建立了新产业新业态用途管理制度，创新了旅游业用地分类管理制度。2016年，国土资源部编制并发布《产业用地政策实施工作指引》，系统梳理了当前实施的各项新型产业发展用地政策，包括按原地类管理、优先安排计划指标、优先安排供应计划、合理确定土地用途、差别化选择使用方式和供应方式、开展配套建设、设立地役权、落实过渡期政策、调整出让底价设定方式、引导依法使用集体建设用地等；同时，详细解释了各种政策工具及其法律依据、概念内涵、适用情形、注意事项等，为新产业用地提供了“政策工具包”和使用说明书。2019年，自然资源部又更新发布了《产业用地政策实施工作指引（2019年版）》，在上一版的基础上梳理了近年来的各项产业用地政策并补充更新了近两年的最新规定。同时，专门设置了“土地供应基本规定”章节，依据法律法规规定梳理了对国有建设用地使用权划拨、出让、改变土地用途等的管理要求，便于市场主体准确把握产业用地政策。这些政策创新在实践中不同程度地发挥了积极作用。

二、全面深化土地集约节约用地制度

随着经济社会的快速发展，建设用地的需求量不断加大，国家对新增建设用地规模实行总量控制，建设用地供需矛盾日益突出；同时，粗放利用和浪费土地的现象也比较严重，土地节约集约利用水平亟待提高。在国务院有关部门严控城市边界和大城市开发度趋于饱和的情况下，存量土地的改造和提升成为未来特大城市发展的重中之重。党的十八大报告提出，要节约集约利用资源，推动资源利用方式根本转变。党的十九大报告提出，推进资源全面节约和循环利用。节约集约用地成为我国经济社会发展的必然选择，并且是必须长期坚持的根本方针。

2012年以后，国家出台了一系列政策文件，并不断进行修正，节约集约用地制度逐渐建立和完善。宏观层面，以落实单位GDP建设用地下降目标为抓手，加强规划和计划管控，严格控制建设用地总规模，提升土地利用强度。中观层面，启动全国城市建设用地节约集约利用评价，开展节约集约模范县（市）创建活动、开发区土地集约利用评价等工作。微观层面，土地使用标准体系日渐完善。

在2008年国务院下发《关于促进节约集约用地的通知》的基础上，2012年3月，国土资源部印发《关于大力推进节约集约用地制度建设的意见》，要求各地按照“规划管控、计划调节、标准控制、市场配置、政策鼓励、监测监管、考核评价、共同责任”的框架体系，重点建立健全节约集约用地制度。2012年6月，国土资源部修订《闲置土地处置办法》，规定对未动工开发满两年的土地实行无偿收回。2014年5月，国土资源部印发《节约集约利用土地规定》，充分借鉴和吸收地方成功经验，对土地节约集约利用的制度进行归纳和优化。2019年7月，自然资源部修订《节约集约利用土地规定》，把自然资源部组建以来土地节约集约利用方面成功的实践做法上升为规章，强力施行增量必须要和盘活存量挂钩的机制，引导、督促地方政府2018年、2019年消化处置2015年、2016年以前的批而未供以及闲置土地近900万亩，相当于2019年全国新增建设用地量的1.8倍，这取得了积极成效。自此，我国最严格的节约用地制度框架基本建立，通过建设用地总量和强度双控、城乡建设用地增减挂钩、低效用地再开发等方式，实现城市土地供需结构和效率的不断提升和优化。

许多地方也结合实际、因地制宜，以盘活存量土地、提高城市用地配置效率为重点，进行了低效用地再开发等方面的试点探索。2013年2月28日，国土资源部印发《开展城镇低效用地再开发试点指导意见》，按照“全面探索、局部试点、封闭运行、结果可控”

的要求，在上海、江苏等 10 个省市开展了城镇低效用地再开发利用试点。2016 年，国务院印发《关于深入推进新型城镇化建设的若干意见》，在总结各地试点经验基础上，对进一步完善土地利用机制提出明确要求，要把城市低效土地用好，旧厂房、旧城镇、旧村庄改造以后给城镇化提供用地空间[①]。

经过近十年的实践探索，涌现出了一批节约集约利用土地的好模式和好经验。广东省以“三旧”改造为重点，积极进行城市用地二次开发，促进土地内涵挖潜，提升集约化用地水平；上海市提出实现新增建设用地零增长甚至负增长，新一轮到 2020 年的规划仍将 3226 平方公里作为“终极规模”予以锁定，[②]以提高土地资源综合利用效率为核心，切实将节约集约用地放在了首位；江苏省从“空间优化”“五量调节”“综合整治”等方面探索实践，提出努力实现节地水平和产出效益的“双提升”目标；浙江省实施“亩产倍增”计划，开展“腾笼换鸟”“机器换人”“空间换地”“电商换市”等“四换工程”，扶持发展高科技、高附加值、能耗污染少的产品、企业和产业，进一步优化国土空间开发格局，优化配置土地资源，减少了对土地资源的依赖；山东省对省内东、中、西部工业项目投资强度和税收提出分类要求，从 2014 年起利用 5 年时间全面掌握全省城市建设用地节约集约利用现状、潜力规模、空间分布与变化趋势；天津、安徽等地以地控税、以税节地取得新成效；湖南长沙在推进城乡一体化过程中，节地型城市建设取得阶段性成

---

① 《国务院关于深入推进新型城镇化建设的若干意见》，北京：人民出版社，2016 年版，第 7 页。

② 叶锋：《上海打出土地管理“组合拳”》，《上海证券报》，2014 年 3 月 3 日。

果；福建泉州探索土地使用权和经营权两权分离机制，高效盘活低效老厂区存量地。[①]

在这一时期，“城市更新”成为促进节约集约用地的重要手段，即对城区内功能偏离需求、利用效率低下、环境品质不高的存量用地进行挖潜提效，将存量片区打造为人民高品质生活的空间。[②]例如，广东推动旧城镇、旧厂房、旧村庄“三旧”改造，截至 2020 年共实施“三旧”改造 92.6 万亩，[③]有力改善了城市面貌和居住环境，提升了居民生活品质；浙江主要是推动旧住宅区、旧厂区、城中村改造和违章建筑拆除的“三改一拆”，2019 年分别完成城中村改造整治 671 个、旧住宅区改造 53.39 万户、旧厂区改造 2143 个，总建筑面积达 23 万亩；[④]江苏扬州主要是推动老城区、老小区、老宿舍、老宅子、老街巷、老市场、老庄台、老厂区“八老”改造。

2021 年 3 月，十三届全国人大四次会议表决通过《关于国民经济和社会发展第十四个五年规划和 2035 年远景目标纲要的决议》，“实施城市更新行动”首次列入五年规划。同年 11 月，住建部印发《关于开展第一批城市更新试点工作的通知》，确立北京、厦门、景德镇等 21 个城市（区）作为首批试点城市，进一步探索城市更新可持续模式以及配套制度政策，盘活存量用地。

---

① 李倩：《土地利用管理：聚焦主线 服务大局》，《国土资源》，2017 年 10 期。
② 吴越涛：《有序推进城市更新的思路与举措》，《宏观经济管理》，2020 年 09 期。
③ 朱紫强、冯善书：《打造城市更新样本 广东“旧改”加速跑》，《南方日报》，2021 年 8 月 22 日。
④《2019 年浙江“三改一拆”成绩单发布》，浙江省自然资源厅网站，2020 年 1 月 19 日。

三、加快建立城乡统一的建设用地市场

在当前法律框架下，城市土地属于国家所有，农村土地属于农民集体所有；国家为了公共利益的需要，可以依法对农村土地实行征收或征用并给予补偿。这种二元的土地制度为高速工业化和城市化作出了重大贡献，但制度的缺陷也造成城乡土地市场的分割、城乡土地权益不平等和土地利益矛盾加剧等问题。[①]在经济发展到一定阶段后，城乡两个土地市场在事实上和法律上的相互连接已成为不可回避的现实。2008 年，党的十七届三中全会指出，目前我国总体已经进入以工促农、以城带乡，着力破解城乡二元结构、形成城乡经济社会发展一体化新格局的重要阶段；并提出要逐步建立城乡统一的建设用地市场。

2013 年 11 月，党的十八届三中全会通过《中共中央关于全面深化改革若干重大问题的决定》，明确规定建立城乡统一的建设用地市场。在符合规划和用途管制前提下，允许农村集体经营性建设用地出让、租赁、入股，实行与国有土地同等入市、同权同价。其具体要求就是：实行统一的城乡建设用地管理制度，在统一的土地规划管制下，遵循统一的招拍挂、交易许可管制等市场交易规则，不论是集体建设用地还是国有建设用地，都应该在统一有形的土地市场进行交易。只要土地使用性质相同，土地使用权的市场开放范围就应当一致，国有土地使用权和集体土地使用权的待遇平等，实现集体建设用地与国有建设用地“同地、同权、同价”，构建城乡

① 刘守英：《中国的二元土地权利制度与土地市场残缺——对现行政策、法律与地方创新的回顾与评论》，《经济研究参考》，2008 年 31 期。

一体的建设用地市场。

2014 年 12 月，中共中央办公厅、国务院办公厅印发《关于农村土地征收、集体经营性建设用地入市、宅基地制度改革试点工作的意见》(以下简称《意见》)，标志着改革进入试点阶段。针对农村集体经营性建设用地权能不完整，不能同等入市、同权同价和交易规则亟待健全等问题，《意见》指出，集体经营性建设用地制度改革的基本思路：允许土地利用总体规划和城乡规划确定为工矿仓储、商服等经营性用途的存量农村集体建设用地，与国有建设用地享有同等权利，在符合规划、用途管制和依法取得的前提下，可以出让、租赁、入股，完善入市交易规则、服务监管制度和土地增值收益的合理分配机制。最终建立同权同价、流转顺畅、收益共享的农村集体经营性建设用地入市制度。

2015 年 2 月，十二届全国人大常委会第十三次会议决定，授权国务院在北京市大兴区等 33 个试点县（市、区）行政区域，暂时停止实施《中华人民共和国土地管理法》第四十三条和第六十三条、《中华人民共和国城市房地产管理法》第九条关于集体建设用地使用权不得出让等的规定，明确在符合规划、用途管制和依法取得的前提下，允许存量农村集体经营性建设用地使用权出让、租赁、入股，实行与国有建设用地使用权同等入市、同权同价。2015 年 9 月，作为全国农村集体经营性建设用地入市改革试点县（市、区）之一，在浙江省德清县公共资源交易中心举行的村级集体土地拍卖会上，德清县洛舍镇砂村村的 20 亩村级集体土地 40 年使用权拍出了 1150 万元的价格，成功出让，率先敲响了农村集体经营性建设用地使用权入市“第一槌”。

各改革试点地区积极响应、主动作为，已经形成了相对成熟和完善的规则体系，改革成效非常显著。自开展集体经营性建设用地入市改革试点以来，截至 2018 年底，33 个试点地区共计入市地块 1 万余宗，面积 9 万余亩，总价款约 257 亿元，收取调节金 28.6 亿元，办理集体经营性建设用地抵押贷款 228 宗、38.6 亿元。数据表明，试点地方对集体经营性建设用地入市的探索取得了突出成效，有力地证明了此项改革的正确性。2019 年 5 月，中共中央、国务院印发《关于建立健全城乡融合发展体制机制和政策体系的意见》，指出到 2022 年基本建成城乡统一建设用地市场；到 2035 年，城乡统一建设用地市场全面形成。

在全面总结土地征收、集体经营性建设用地入市、宅基地制度改革试点等经验的基础上，国务院提请全国人大常委会对《中华人民共和国土地管理法》进行修改完善。《中华人民共和国土地管理法》继 1988 年第一次修正、1998 年全面修订和 2004 年第三次修正之后经历第四次修改。2019 年 8 月，十三届全国人大常委会第十二次会议通过新修订的《中华人民共和国土地管理法》，并于 2020 年 1 月 1 日起正式实施。主要包含七大要点：一是改革土地征收制度，二是集体经营性建设用地入市，三是宅基地管理制度改革，四是为国土空间规划制度改革创新预留法律空间，五是明确国土空间规划体系作为各类自然资源开发、保护、建设的依据，六是将基本农田提升为“永久”基本农田，七是强化土地督察制度。明确以缩小土地征收范围、允许集体经营性建设用地入市为标志，以“扩权赋能”为基本取向的农村土地制度改革取得重大突破。

新修订的《中华人民共和国土地管理法》最大的亮点就在于破除集体经营性建设用地入市的法律障碍。它取消了多年来集体建设用地不能直接进入市场流转的二元体制，打破政府对土地一级市场的垄断，为城乡一体化发展扫除了制度性的障碍，使农民的土地财产权益受到了极大程度的保障。新修订的《中华人民共和国土地管理法》充分总结改革试点成功经验，首次从上位法明确允许农村集体经营性建设用地入市。2021 年 7 月，国务院公布新修订的《土地管理法实施条例》，其中第三十七条至第四十三条进一步明确集体经营性建设用地入市交易规则，对相关配套制度、文件、操作规范等进行调整、修改和细化。

四、持续深化土地要素市场化配置改革

2017 年 1 月，国土资源部印发《关于完善建设用地使用权转让、出租、抵押二级市场的试点方案》，试点地区涉及 34 个市县试点建设用地使用权转让、出租和抵押。2019 年 7 月，国务院办公厅印发《关于完善建设用地使用权转让、出租、抵押二级市场的指导意见》，土地二级市场进入规范发展新阶段。

2020 年，我国正式进入全面深化土地要素市场化配置改革新元年。同年 3 月，国务院发布《关于授权和委托用地审批权的决定》，要求在严格保护耕地、节约集约用地的前提下，进一步深化“放管服”改革，改革土地管理制度，赋予省级人民政府更大用地自主权。此后，中共中央、国务院先后出台《关于构建更加完善的要素市场化配置体制机制的意见》《关于新时代加快完善社会主义市场经济体制的意见》，均把土地要素市场化配置放在显著位置。10 月，党的十九届五中全会提出，在“十四五”时期经济社会发展主要目标之一便是产权制度改革和要素市场化配置改革取得重大进展，土地要素市场化改革成为经济体制改革重要任务。2021 年 1

月，《建设高标准市场体系行动方案》发布，指出要从“深化土地管理制度改革”“完善建设用地市场体系”“开展土地指标跨区域交易试点”等方面推动经营性土地要素市场化配置，释放出新时代深化土地要素市场化配置改革的强烈信号。

当前推进土地要素市场化改革，体现了党中央高瞻远瞩、总揽全局的战略谋划和坚持问题导向、全面深化改革的务实精神。具体实践中改革内容主要包括以下 5 个方面：一是深化简政放权，激发市场活力；二是构建城乡统一建设用地市场，打破城乡二元壁垒；三是实施跨省指标交易，打破市场化交易地域界限；四是深化产业用地市场化配置改革，助推实体经济发展；五是盘活存量建设用地，提高用地整体效率和效益。可以预见，在未来很长的一段时间内，随着我国社会主义市场经济的不断发展和现代市场体系的逐步完善，土地制度必将仍会处于不断的探索及变革过程中。

第三章
城市建设投融资体制：用好用活市场机制和公共资源

▼

城市建设投融资是我国城市改革与发展的重要环节，推动了城镇规模扩张、体系优化和品质提升。城市建设投融资体制改革是城市改革的组成部分，是城市建设投融资的重要保障和动力源泉。我国城市建设投融资体制改革按照投资主体多元化、投资方式多样化、融资渠道和工具市场化、激励和约束机制规范化的进程推进，大致可以划分为以下几个阶段。

第一节　城镇建设投融资开始探索市场化的方式和渠道

1978 年，我国经济发展进入了一个新的阶段，城市的重要地位被重新认识，协调工业建设和城市建设是这一阶段的主要内容，城市投融资的一系列改革主要是服务于这一发展目标。改革首先打破了原有“统收统支”的财政体制，基本建设资金由财政无偿拨款方式向有偿使用方式过渡。随着财政体制改革的深化，中央和地方政府之间的投资分工更加明确，政府投资项目分级分类管理和资金保障机制逐步建立，城市政府通过预算外渠道和财政信用方式进行的融资越来越多。

一、开启城市建设融资的市场化探索

党的十一届三中全会确立了全党的工作重点转移到社会主义现代化建设上来，1979年4月，中共中央召开工作会议，针对国民经济比例严重失调的情况，提出“调整、改革、整顿、提高”的八字方针，决定用三年时间，认真搞好调整，目的是“按经济规律办事、讲究经济效率”。受这一方针的指导，加强投资管理、提高投资效益成为当时城市建设投融资工作重点。改革率先从建设资金管理开始。1979年8月，国务院批准国家计委、国家建委、财政部《关于基本建设投资试行贷款办法的报告》及《基本建设贷款试行条例》，决定在基本建设领域试行“拨改贷”，并在北京、上海、广东三个省市开始试点。1985年在城市建设项目中全面推行，对于学校、医院等非生产性建设项目以及还款能力差的经营性项目，实行还款豁免（1986年又恢复为财政拨款）。“拨改贷”在资金提供者和资金使用者之间建立起了一种新型的经济关系，迈出了我国城市建设投融资市场化改革的重要一步。

实施“拨改贷”后，银行信贷资金在基本建设领域的使用得到快速发展。1979年，中国人民建设银行利用存款对辽阳化纤厂发放了一笔金额为3400万元的基本建设贷款，开出了银行利用存款发放基本建设贷款的第一单。随后，中国人民银行（1984年分设的中国工商银行）、中国农业银行和中国银行等金融机构，也都按照国家的投资计划和信贷计划陆续发放小额零星的基本建设贷款和部分开发性生产建设贷款。银行信贷资金的介入，打破了基本建设不能使用贷款的禁区，拉开了我国城市建设市场化融资的序幕。中央不断下放基本建设责任和权限，中央政府和地方政府投资分工逐渐明确，地方政府成为城市建设中的投资和融资责任主体。1987年5月，国务院发布《关于加强城市建设工作的通知》，明确提出城市建设资金主要靠地方财力解决，国家给予必要支持，并提出市政设施要逐步实行有偿使用，对于用贷款建设的大型桥梁、隧道、渡口，可采取征收车辆通过费的办法来偿还贷款，这一规定开辟了城市基础设施“贷款建设、收费还贷”的路子，扩大了银行信贷资金参与城市建设的范围。在这一时期，地方性银行机构大量设立，加上已广泛存在的国有专业银行分支机构，使得银行迅速成为地方政府的“钱袋子”，银行信贷资金成为城市建设的重要资金来源。

这一时期，信托、债券、股票、外资等融资渠道也有一定发展。1979年10月，中国国际信托投资公司成立后，许多地方开办了自己的信托机构，主要负责为地方政府融资。1982年底，国内信托机构已达620家，其中大部分为地方政府所办。1986年开始发行企业债，一些地方政府为筹集路桥建设资金发行了地方债券。1990年、1991年上海证券交易所和深圳证券交易所相继成立，有部分城市基础设施企业开始发行股票融资。1986年10月，国务院发布《关于鼓励外商投资的规定》，鼓励外国投资者在中国境内举办中外合资经营企业、中外合作经营企业和外资企业，但更多利用外资为城市建设融资的多是经济特区和沿海城市。

在投融资主体上也开始了市场化的探索。1984年9月，国务院发布《关于改革建筑业和基本建设管理体制若干问题的暂行规定》，提出建立城市综合开发公司，对城市土地、房屋实施综合开发。有条件的城市和大型工矿区要逐步建立若干个这一类的开发公司，实行独立经营，自负盈亏。1988年7月，国务院发布《关于印发投资管理体制近期改革方案的通知》，明确在中央一级成立能源、交通、原材料、机电轻纺、农业、林业六大专业投资公司，负责管理和经营本行业中央投资的经营性项目。随后，地方政府也构建了一批服务地方建设的区域性投资公司。这些综合开发公司和投资公司，专门向银行贷款为城市建设融资，构成地方政府融资平台的最初形式。[①] 此外，在“以小城镇为主”“人民城镇人民建”等一系列思想指导下，某些地区以农村集体或个人力量为主体的造城运动，体现了这一时期城市建设投融资创新的地方智慧。如，有“中国农民第一城”之称的浙江龙港镇和“中国农民第二城”的上海红庙镇，即产生于这一时期。

二、财政融资渠道不断发展和扩大

为解决城市建设资金不足的问题，从1979年起，在47个城市试行从上年工商利润中提取5%作为城市维护和建设资金，主要用于城市的给水、排水、道路、桥梁、防洪、市内公共交通、煤气、环境卫生、园林绿化以及直接为城市维护和建设服务的城建企业。城市维护费用由1963年的三项*扩大为四项。1980年，国家建委提出“综合开发城市”的建设方针，要求无论是工业还是民用项目，必须进行市政公共设施配套建设，其费用由开发单位垫付，

* 分别为大中城市工商业附加税、公用事业附加税、房地产税，统一划归市财政，用于城市的公共事业、公共设施和房屋维修保养支出。

① 邹晓峰：《中国地方投融资平台的变迁历程和主要经验》，《全国商情（理论研究）》，2012年21期。

通过向用户收费进行补偿。1985年，全国113个城市试行收取市政公用设施配套费和城市公用设施增容费。同年2月，国务院颁布《中华人民共和国城市维护建设税暂行条例》，取消按工商利润5%提取城市维护费的做法，改征城市维护建设税。城市维护建设税与公用事业附加一起，构成了20世纪80年代后期和90年代城市财政建设资金的主要来源。1986年2月，国务院批准《关于加强城市集中供热管理工作的报告》，提出包括地方自筹、受益单位自筹、使用部分城市维护建设税、国家给予部分节能投资四种方式解决集中供热建设资金。1992年5月，国务院办公厅转发国家环保局、建设部《关于进一步加强城市环境综合整治工作若干意见》，提出地方人民政府应按照“谁开发谁保护，谁破坏谁恢复，谁利用谁补偿”和“谁污染、谁治理”的方针，开辟各种资金渠道，以利于环境的综合整治。同年7月，国务院批转建设部等部门《关于解决我国城市生活垃圾问题的几点意见》，提出多渠道筹措资金解决城市生活垃圾无害化处理。

在这一时期，财政资金来源还有一个重要的创新，即征收土地使用费。1982年，深圳开始征收城市土地使用费，1984年，抚顺、广州试行征收土地使用费，1988年，国务院决定在全国城镇普遍实行收取土地使用费（税）。同年，土地使用权的出让写入《中华人民共和国宪法》和《中华人民共和国土地管理法（修正案）》，城市可以依法出让土地使用权。1989年5月，国务院印发《关于加强国有土地使用权有偿出让收入管理的通知》，规定土地使用权有偿出让收入，40%上缴中央财政，60%留归地方财政，主要用于城市建设和土地开发，专款专用。城市政府开始利用土地筹集建设资金。为了规避土地收益上缴中央的规定，各地探索出以“实物地租”筹集城市建设资金的方式，即通过城市房地产综合开发，“以路带房、以房补路”等方式建设城市道路、公共配套设施等。总体而言，土地使用权有偿转让不仅为城市建设开辟了新的融资渠道，也拉开了中国特色城市建设融资模式的序幕。

三、探索用经济的办法进行投资管理

20 世纪 70 年代中后期，城市投资的正常程序和管理受到严重冲击，许多已建立的规章制度被破坏，不按程序办事在很多项目中非常普遍。因此，通过恢复整顿和破旧立新式的管理改革，提高投资效率成为这一阶段的重要任务之一。

1978 年 4 月，国家计委、国家建委、财政部联合发布《关于试行加强基本建设管理的几项规定》《关于基本建设程序的若干规定》《关于基本建设项目和大中型划分标准的规定》《关于加强自筹基本建设管理的规定》《关于基本建设投资和各项费用划分的规定》等文件，同年 9 月又颁布《关于加强基本建设概、预、决算管理工作的几项规定》。以上文件的颁布实施系统全面地规范和完善了基本建设投资管理程序，使基本建设工作重新步入正轨。1979 年 4 月，中共中央、国务院批转国家建委《关于改进当前基本建设工作的若干意见》，改进的重点之一就是整顿基本建设管理，改革基本建设管理体制和管理方法。

首先，借鉴国际先进的管理经验规范建设前期工作的程序、内容和工作深度，并开始推进建设领域的市场化进程。1980 年实施“三同时”制度，即防止污染和其他公害的设施必须与主体工程同时设计，同时施工，同时投产。1982 年开始编制建设项目前期工作计划，内容包括可行性报告、设计任务书和初步设计，同时开始实行工程招投标制度。1983 年将可行性论证纳入项目决策程序。1984 年，将国家审批的大中型项目审批程序由五道手续简化为项目建议书、设计任务书两道手续。1982 年，国家成立中国国际工程咨询有限公司，地方也陆续成立工程咨询公司，负责审议项目设计任务书（可行性研究报告），将原有政府部门承担的职能市场化。1988 年 11 月，建设部颁布了《关于开展建设监理试点工作的若干意见》，决定在北京、上海、天津、南京、宁波、沈阳、哈尔滨、深圳八市以及水电和公路项目开始实行建设监理，投资项目监理制由此起步。

其次，增强了投资的责任约束。1980 年开始试行投资责任包干制，建设单位等有关方面对国家计划确定的建设项目，按建设规模、投资总额、建设工期、工程质量和材料消耗形成综合生产能力包干，投资参与各方的责、权、利开始明确。1983 年又在勘察设计单位推行技术经济承包责任制。1984 年，建立工程承包公司，专门组织交通等生产性项目的建设。1992 年 11 月，国家计委颁布《关于建设项目实行业主责任制的暂行规定》，并在 64 个国有大中型项目中实行项目业主责任制试点，由此形成了我国建设项目管理“四制”（项目法人责任制、投招标制、监理制、合同制）中项目法人责任制的雏形。

经过这一阶段的渐进式改革，城市建设资金来源多元化的格局形成。中央政府资金在城市维护建设中的比重逐渐下降，1980 年为 23.97%，1992 年已下降至 3.41%；地方政府资金占比由 1980 年的 76.03%提高至 1992 年的 86.52%；国内贷款以及利用外资从无到有，逐年增加（见表 1）。然而，这一阶段的改革仍旧是探索性的、局部的，在其他方面的改革尚不明晰和确定的情况下，也产生了一系列问题。一是城市建设资金需求大，资金来源有限，这使得地方政府千方百计地开辟资金来源，预算外资金规模迅速扩大。1985—1992 年，地方预算外资金规模从 1530 亿元增至 3855 亿元，年均增长 15.8%。预算外资金弥补城市建设资金缺口，但是其造成的资金混乱等问题也不容忽视。二是一些地方政府追求局部、短期效益，往往将资金投向时间短、见效快、收益高的行业，而关系全局和长远利益的基础建设项目却资金欠缺。三是缺乏严格的监管程序和机制，盲目投资、投资效率低下的情况仍普遍存在。

表 1　城市维护建设资金来源比重（单位：%）

年份	地方政府资金	中央政府资金	国内贷款	利用外资	自筹资金
1980	76.03	23.97			
1981	81.00	19.00			
1982	83.71	16.29			
1983	80.03	19.97			
1984	79.50	20.50			
1985	83.51	12.27			4.23
1986	88.17	9.59	2.19	0.05	
1987	86.91	9.28	3.76	0.05	
1988	89.87	5.67	4.11	0.35	
1989	92.04	4.99	2.42	0.55	
1990	89.44	5.18	4.20	1.17	
1991	83.60	3.75	8.62	4.03	
1992	86.52	3.41	8.20	1.87	

数据来源：根据《中国城市建设统计年鉴2018》统计数据计算。

注：地方政府资金包括地方财政拨款、城市维护建设税、城镇公用事业附加、水资源费和其他收入。

第二节　多渠道有效破解城市建设融资难题

1994 年分税制改革明确了中央和地方的财政收入和支出责任，指出地方政府需承担地方统筹的基本建设支出，自此，地方政府成为城市建设的投资和融资主体。但是，分税制改革后地方政府收入支出缺口逐渐拉大，预算内资金无法满足快速增长的城市建设需要，如何破解城市建设资金难问题就成了这一阶段改革的主要内容。

一、城投公司成为城市建设的新主体

这一时期的两项改革大大限制了城市政府从外部获取资金的能力。一是国有银行改革。1993 年 12 月，国务院发布《关于金融体制改革的决定》，提出建立在国务院领导下，独立执行货币政策的中央银行宏观调控体系，建立政策性金融和商业性金融分离，以国有商业银行为主体、多种金融机构并存的金融组织体系，把国家专业银行办成真正的国有商业银行。1995 年 7 月，《中华人民共和国商业银行法》明确商业银行以效益性、安全性、流动性为经营原则，实行自主经营、自担风险、自负盈亏、自我约束。1997 年，建立国有商业银行法人体制，加强了总行的信贷集中和资金调度，削弱了县分行权力，上收了县支行的信贷决策权。以上改革提高了商业银行的独立性，削弱了地方政府对银行机构的控制，以往靠银行大规模获取城市建设资金的渠道明显变窄。二是预算管理改革。1994 年 3 月，《中华人民共和国预算法》规定地方政府不得发行地方政府债券，不得出现预算赤字；1995 年 6 月，《中华人民共和国担保法》规定地方政府不得向银行等金融机构提供贷款担保；1996年6月,《贷款通则》规定商业银行借款人只能是法人、其他经济组织、个体工商户和自然人。三部法规的相继出台，将城市政府从金融市场直接获取资金的渠道切断。面对城市建设提速带来的资金需求增加与分税制改革带来的财政收入缩小的矛盾，城市政府迫切需要借助投融资体制创新开辟新的资金渠道。

1992年7月，上海市成立了城市建设投资开发总公司，负责城市建设资金的筹措、使用和管理，开了城投公司主导城市建设的先河。1993年1月，党的十四届三中全会通过《中共中央关于建立社会主义市场经济体制若干问题的决定》，将基础设施建设投资的主体由地方政府变为公司，为城投公司的发展提供了政策基础。建立城投公司，绕过《中华人民共和国担保法》和《贷款通则》的规定向银行融资成了城市政府获取外部融资的新渠道。这一时期，城投公司的数量还不多，融资规模也不大，且以银行贷款为主。1997年，亚洲金融危机爆发，为扩大内需，我国实施扩张财政投资的政策。在此背景下，地方城投公司大量产生，通过政府注资、银行贷款、企业举债、吸引社会资本等多种形式，全方位筹措城市建设资金，成为城市建设的融资主体。由于此时的城投公司承担了更多的融资职责，也因此成为真正意义上的地方政府融资平台。

1998年下半年，全国城镇停止住房实物分配，实行住房分配货币化，这一改革激活了我国房地产市场，土地需求不断增长。2002年开始的土地“招拍挂”制度更是给土地市场注入了一针强心剂，再加上2003年将房地产作为国民经济支柱产业的政策导向，土地迅速由资源变成城市政府手中的优质资本，除了通过卖地筹集城建资金，地方政府还将土地资产注入融资平台公司，我国城市建设的“土地融资”模式由此开启。

二、多元化融资取得较大进展

在这一时期，我国城镇化进入快速发展阶段，尤其是基础设施需求增加，政府借鉴发达国家的成熟经验，积极探索适合我国国情的城市建设投融资模式，推动了多元化融资发展。

国家开发银行成为城市信贷融资的主力军。为落实《国务院关于金融体制改革的决定》将商业贷款和政策性贷款分离的要求，1994 年成立国家开发银行（以下简称“国开行”），负责国家政策性贷款，重点支持基础设施、基础产业、支柱产业发展。国开行的这一服务范围与地方政府投资事权高度契合，迅速替代国有商业银行成为城建融资的主力军。1998 年 8 月，国开行与安徽省芜湖市签订了第一份金融合作协议，以项目打捆、政府指定融资平台为统借统还借款法人的模式，为芜湖城市基础设施项目提供 10.8 亿元贷款。此后，国开行提出“依托政府信用，发展开发性金融业务”，很多城市都获得了国开行的打捆贷款。

在这一时期，信托业快速发展，成为城市政府筹集资金的另一个重要途径。地方信托机构开办的最初目的就是为地方政府融资，[①] 由于有地方政府的支持、保护和信誉担保，在国内外开展业务十分便利。更重要的是，信托企业的资金来源主要是中国人民银

① 北京大学中国经济研究中心发展战略研究组：《地方政府的职能和融资渠道——广信事件案例分析》，《管理世界》，1999 年 05 期。

行的信贷资金和同业拆借，以及中国人民银行允许的信托和委托存款。地方政府通过自己的信托企业向外地其他信托企业、专业银行进行同业拆借，或者吸引他们直接向本地投资、贷款，从而在一定程度上绕开了中国人民银行的信贷规模控制。因此，信托业发展很快，由于地方信托企业在很大程度上只是地方政府的行政附属物，投资活动往往体现的是地方政府的意志，其存在的弊端也日渐暴露，中国人民银行对其进行了多次整顿，但并未阻止其快速发展。直到 1998 年 10 月，国内第二大信托企业中国广东省国际信托公司发生债务危机，最终导致破产清算，在国内外引起轩然大波，相应的监管制度才加紧出台。2001 年 1 月，中国人民银行颁布《信托投资公司管理办法》。同年 4 月，第九届全国人大常委会通过《中华人民共和国信托法》，并于同年 10 月正式实施。2002 年 6 月，中国人民银行又颁布了《信托投资公司资金信托管理暂行办法》，至此，由《信托法》《信托投资公司管理办法》和《信托投资公司资金信托管理暂行办法》组成的“一法两规”全面建成，我国信托业进入规范化发展阶段。2002 年，总规模 5.5 亿元的“上海外环隧道项目资金信托计划”推出后获得极大成功，之后，很多基础设施项目通过资金信托计划获得融资。

1993 年 4 月，国务院发布《股票发行与交易管理暂行条例》，积极推进资本市场的改革和发展，扩大了城市建设直接融资渠道。1993 年，以上海原水股份有限公司股票在上海证券交易所发行上市为标志，城市基础设施企业利用股票市场融资进入了高潮，大量基础设施企业通过发行股票募集资金。1996 年，城市基础设施企业发行股票融资 2 亿多元，到 2000 年，这一数字已增加至 24.6 亿元。

在这一时期，民间资本参与城市建设受到重视。1993 年 11

月，党的十四届三中全会通过《关于建立社会主义市场经济体制若干问题的决定》，提出基础性项目和公益性项目建设要广泛吸收社会各界资金。1994年3月，国务院印发《90年代国家产业政策纲要》，提出鼓励和引导社会各方面资金参与基础设施建设。1997年9月，党的十五大将非公有制经济的地位由公有制经济的补充提高至我国社会主义市场经济的重要组成部分，为民间资本进一步扩大投资奠定了思想基础。随后，许多省、自治区、直辖市发布了鼓励与促进民间投资发展的文件，提出了拓宽投资范围、降低投资门槛、优惠投资政策、保护投资者权益等一系列举措。2001年12月，国家计委印发《关于促进和引导民间投资的若干意见》，规定除了国家有特殊要求的，凡是对外资开放的领域，均鼓励和允许民间资本进入，要求改革价格机制，积极引导民间资本进入城市基础设施建设领域。2002年9月，国家计委、建设部、国家环境保护总局印发《关于推进城市污水、垃圾处理产业化发展的意见》，鼓励各类所有制经济积极参与投资和经营城市污水、垃圾处理。2002年11月，党的十六大进一步明确放宽国内民间资本的市场准入领域。同年12月，建设部印发《关于加快市政公用行业市场化进程的意见》，提出开放市政公用行业投资建设、运营、作业市场，建立政府特许经营制度。接着河北、北京、深圳等地陆续出台了各自的市政公用事业特许经营办法。在这些政策引导下，民间资本通过各种形式开始踊跃参与城市建设。

1998年后，城市建设还增加了一条新的资金渠道，即建设国债。为有效应对亚洲金融危机，1998年开始发行长期建设国债，支持包括城市基础设施在内的基础设施建设。其中，1998年发行1000亿元，364亿元用于城市基础设施和城市环保，占三分之一。

截至2004年底，共发行长期建设国债9100亿元，累计实际安排国债项目资金8643亿元，其中，城市基础设施建设1317亿元，占比15%。[①]这部分资金弥补了长期以来城市基础设施和环保建设资金的不足，撬动了几倍于国债资金的银行贷款和社会资金。

另外，伴随20世纪90年代后期城市管理权限的下放和城市建设潮的兴起，经营城市理念开始得到城市政府的认可，部分城市率先开始了有益的探索。例如，长春市以“吸引外资为主、多元投资并举”的方针建设开发区；邯郸市授权城投公司利用国有资金融资；浏阳市通过出售土地、道路经营权、桥梁冠名权等方式筹措城市建设资金。

三、投资项目管理进入科学化轨道

在这一时期，项目管理的科学化和现代化水平不断提高。为了建立投资责任约束机制，规范项目法人行为，1996年4月，国家计委印发《关于实行建设项目法人责任制的暂行规定》，要求所有国有单位经营性基本建设大中型项目在建设阶段必须组建项目法人，由项目法人对项目的策划、资金筹措、建设实施，生产经营、债务偿还和资产的保值增值，实行全过程负责。1999年2月，国务院办公厅发布《关于加强基础设施工程质量管理的通知》，进一步扩大了实施项目法人责任制的范围，由国有大中型经营性项目扩大到除军事工程等特殊情况外的所有基础设施项目。1996年

① 贾康：《1998年以来：从积极的财政政策到稳健的财政政策及公共财政制度建设》，《铜陵学院学报》，2008年01期。

8 月，国务院发布《关于固定资产投资项目试行资本金制度的通知》，决定从 1996 年开始，对各种经营性投资项目，包括国有单位的基本建设、技术改造、房地产开发项目和集体投资项目，试行资本金制度，投资项目必须首先落实资本金才能进行建设。1999 年 8 月，九届全国人大常委会第十一次会议通过《中华人民共和国招标投标法》，规定大型基础设施、公用事业等关系社会公共利益、公众安全的项目的勘察、设计、施工、监理以及与工程建设有关的重要设备、材料等的采购，必须进行招标。

为了促进项目决策更加科学，1994 年 4 月，国家计委颁布《工程咨询业管理暂行办法》，对工程咨询业的发展和管理进行了规范。1999 年 12 月，建设部制定《工程造价咨询单位管理办法》，将工程造价单位的资质分为甲、乙两级。2002 年 10 月九届全国人大常委会第三十次会议通过《中华人民共和国环境影响评价法》将环境影响评价纳入建设项目前期手续，建设单位根据项目对环境的影响程度，编制环境影响报告书、环境影响报告表或者填报环境影响登记表。自此，投资项目管理的基本框架初步建立，项目建设的科学性不断提高。

经过这一阶段的改革，城市建设投融资初步形成了投资主体多元化、资金来源多渠道、投资方式多样化、项目建设市场化的新格局。但资金问题依然是城市建设面临的主要问题。资金短缺表面的原因是融资渠道不畅，根本原因是城市投融资体制改革滞后。对症下药，加快改革进程，拓宽融资渠道成为下一阶段城市建设投融资改革的重点。

第三节　向社会资本松绑和实施“土地财政”

在这一时期，我国城市投融资体制已经形成一整套改革思路，创造出了一整套行之有效的方式方法，并开始在城市建设中系统推进。完全依靠财政资金提供城市服务显然不可行，实行市场化和民营化改革，就成为最佳途径之一。地方政府推动城市建设的冲动十分强烈，为根本解决城市建设的可持续性问题，土地财政演变成为城市政府投融资的基本模式。

一、积极为社会资本松绑成为改革的突破口

2004 年 7 月，国务院发布《关于投资体制改革的决定》(以下简称《决定》)，这是 1988 年投资体制改革方案后的又一次重大改革举措，放宽、放活成为本次改革的着力点，为城市投融资体制指明了方向。《决定》提出政府投资的方向主要是加强公益性和公共基础设施建设，保护和改善生态环境等。放宽社会资本的投资领域，允许社会资本进入法律法规未禁入的基础设施、公用事业及其他行业和领域。逐步理顺公共产品价格，通过注入资本金、贷款贴息、税收优惠等措施，鼓励和引导社会资本以独资、合资、合作、联营、项目融资等方式，参与经营性的公益事业、基础设施项目建设。在严格防范风险的前提下，改革企业债券发行管理制度，扩大企业债券发行规模，增加企业债券品种。以实施和落实《决定》为核心，国家发改委和相关部门先后出台了一系列的行政法规和管理规定，全面、系统地推进投资体制改革进程。

2004 年 3 月，建设部颁布《市政公用事业特许经营管理办法》

（以下简称《办法》），这是市政公用行业“打破垄断，开放市场”的一份重要文件，对实施特许经营的若干行为做出了比较明确的规定。《办法》规定特许经营的范围，即城市供水、供气、供热、公共交通、污水处理、垃圾处理等行业。这些行业市场化程度相对比较高，经营性比较强，一般可以通过市场机制得到补偿；能够通过特许经营的方式，达到投资主体多元化和提高运行效率的目的。《办法》规定企业参加特许经营权的竞标必须具备哪些条件，开放市政公用行业市场，鼓励外资、民营资本进入，允许跨行业、跨地区参与经营，但要防止单纯以资本运作为目的。《办法》规范特许经营双方的权利和责任。政府作为特许经营权的授予者和社会管理者，对特许经营企业具有监督管理的权力和责任，同时有为企业提供服务，创造公平竞争环境、良好的经营环境的责任。

2005 年 2 月，国务院出台《关于鼓励支持和引导个体私营等非公有制经济发展的若干意见》，即民间投资“非公 36 条”，提出着力消除影响非公有制经济发展的体制性障碍，确立平等的市场主体地位，明确提出了此后一个时期鼓励、支持和引导非公有制经济发展的总体要求。允许非公有资本进入电力、电信、铁路、民航、石油等垄断行业和领域，进一步引入市场竞争机制。支持非公有资本积极参与城镇供水、供气、供热、公共交通、污水垃圾处理等市政公用事业和基础设施的投资、建设与运营，在规范转让行为的前提下，具备条件的公用事业和基础设施项目，可向非公有制企业转让产权或经营权，鼓励非公有制企业参与市政公用企业、事业单位的产权制度和经营方式改革。

2010 年 5 月，国务院发布《关于鼓励和引导民间投资健康发展的若干意见》（以下简称《意见》），即民间投资“新 36 条”，被认为是改革开放以来国务院出台的第一份专门针对民间投资发展、管理和调控的综合性政策文件。《意见》提出要鼓励和引导民间资本进入基础产业和基础设施领域、市政公用事业和政策性住房建设领域、社会事业领域、金融服务领域、商贸流通领域、国防科技工业领域。《意见》要求清理和修改不利于民间投资发展的法规政策规定，切实保护民间投资的合法权益，培育和维护平等竞争的投资环境。《意见》对破除、拆除民间投资发展中存在的“玻璃门”“弹簧门”等现象，鼓励民间资本进入相关行业和领域具有一定的针对性和可操作性。

“新 36 条”出台后，国家部委推出了多个实施细则，许多省市也出台了相应的配套政策措施。但是，政策的真正落地却并不乐观，在城市建设领域，民营企业的准入仍然是一个长期存在的问题。国有企业占据了行业内绝大多数的资源，对于行业内有竞争关系的民营企业造成阻碍。即使在一些放开准入门槛的领域，民间投资者参与投资也存在各种“玻璃门”“弹簧门”“旋转门”，要么到处碰壁，要么被迫退出，要么虽然进入项目招标流程，却又被一些特殊条款而拒之门外。行政管制、行政垄断加剧了企业的不公平竞争，破坏了市场的最优化配置，限制了民营资本的参与度和市场活力。公私合作项目为民企参与基础设施、公用服务投资提供一个机会；但是，从签约项目的主体类型看，国企占了绝大部分，真正的民企参与程度较低。

二、政府融资模式创新提供重要资金保障

在这一时期，各类政府性投资公司作为政府授权基础设施和公

共服务建设与经营的机构，地方政府以财政性资金注入、土地收益、国有资产存量以及赋予特许经营权等方式进行扶持，代替政府行使投融资职能，成为经济建设的平台和载体。以政府信用为背景的银行贷款成为地方政府主要融资渠道。各金融机构纷纷加大与政府的信用合作，建立政府授信平台，开展政府授信贷款、财政垫付性贷款等业务，在地方政府承诺，地方人大同意纳入地方财政预算确保还本付息的前提下，建立银政合作关系。特别是许多省市政府与国开行签订“银行和政府合作框架协议”，将地方市政、交通、环保等建设项目打捆纳入银政合作框架内，这无疑给地方政府注入了一针强心剂。

融资平台是城市政府投融资体系的关键环节和重要枢纽，是地方政府在现有制度框架下为满足融资需求所采取的创新举措，它在推动城镇建设、促进产业发展、繁荣社会事业、缩小城乡差距等方面发挥着十分重要的作用。通过构建融资平台筹集资金，有效地弥补了地方政府在城市投资与建设中的资金缺口，缓解了城市基础设施的供求矛盾。根据审计署的审计结果，截至 2013 年 6 月，由融资平台举借的债务合计 7 万亿元，占全部地方政府债务的 39%，成为地方政府债务的主要组成部分。地方政府授权或委托融资平台整合城市资源，把政府组织协调优势和负责城市建设的融资平台的市场化融资优势结合起来，通过财政杠杆作用配置城市资源，把政府资产和城市可利用资源移交融资平台管理和运营，实现城市资源资本化运作，解决了基础设施建设融资难题。融资平台的出现从根本上改变了政府资金投入方式。所有的政府建设项目，都以项目公司的方式实行市场化运作，改变了传统经济体制下财政直接投资的模式。

重庆市在融资平台体制创新方面走在了全国的前列。从2002年底开始，重庆整合了各类分散的政府资源，组建并壮大了水务控股、城投公司、高发公司、交旅集团、地产集团、渝富公司、开投公司、水投公司这八大政府建设性投资集团。重庆“八大投”的做法曾引发全国关注，被称为融资平台的“重庆模式”。主要内容包括以下特征。从主体来看，“重庆模式”的主角是一批公司化、集团化、专业化和规模化的政府建设性投资企业。从融资方面来看，“重庆模式”改变了传统体制下财政拨款的单一融资方式，探索出了五大资本金注入方式，并利用各种融资工具以市场化的运作方式进行融资。从投资方面来看，“重庆模式”突破了传统体制下政府“多位一体”的模式，实现了投资、建设、运营、使用的职能分离模式。从风险管理来看，该模式构建了“三个不担保”和“三个平衡”的防范机制。[①]

2008年9月，美国金融危机爆发。2008年11月，面对急剧恶化的国际金融形势，国务院常务会议宣布实施“积极的财政政策和适度宽松的货币政策”应对危机。2009年3月，中国人民银行与中国银监会联合发布《关于进一步加强信贷结构调整促进国民经济平稳较快发展的指导意见》，提出支持有条件的地方政府组建投融资平台，发行企业债、中期票据等融资工具，拓宽中央政府投资项目的配套资金融资渠道[②]。2009年10月，财政部发布《关于加快落

① 谢世清：《城市基础设施的投融资体制创新：“重庆模式”》，《国际经济评论》，2009年78期。

② 《人民银行 银监会关于进一步加强信贷结构调整促进国民经济平稳较快发展的指导意见》，《中华人民共和国国务院公报》，2009年17期。

实中央扩大内需投资项目地方配套资金等有关问题的通知》，明确地方政府配套资金可利用政府融资平台通过市场机制筹措。地方政府投融资平台有了中央政府的支持，短短一年多时间，平台数量快速增长，债务规模快速扩张。据统计，仅 2009 年，地方政府融资平台新增债务即达到 3 万亿~4 万亿元，债务增幅同比高达 60%以上。县级政府融资平台大量增加，到 2009 年底，基本上全国每个县都有一个甚至多个融资平台。[①]

2009 年，我国首次允许地方政府发行 2000 亿元人民币债券。发行地方政府债券主要是为了解决 4 万亿元投资刺激计划中新增中央投资地方配套资金困难的问题。考虑到中央公益性投资项目向中西部重点倾斜，而中西部地区政府财力普遍较为薄弱，因此，中西部地区分配到的债券规模较大。地方政府债券收入全额纳入省级财政预算管理，市、县级政府使用债券收入的，由省级财政转贷，纳入市、县级财政预算。地方政府债券到期后，由中央财政统一代办偿还。地方财政要及时向中央财政上缴地方政府债券本息、发行费等资金。对于未按时上缴的，中央财政将根据逾期情况计算罚息，并在办理中央与地方财政结算时如数扣缴。尽管这与地方政府自主发债还有一定距离，但是，毕竟是地方政府融资方式的有益探索。2009—2011 年，全国人大每年批准的地方政府债规模均为 2000 亿元。[②] 2012—2013 年，地方债规模分别增至 2500 亿元和 3500 亿元。2011 年，上海、浙江、广东、深圳四省（市）地方政府实施自行发债试点，合计 229 亿元。自行发债是介于中央代发地方政府债

① 刘立峰：《地方政府投融资及其可持续性》，北京：中国发展出版社，2015 年版，第 173 页。
② 刘立峰：《地方政府投融资及其可持续性》，北京：中国发展出版社，2015 年版，第 76 页。

与地方自主发债之间的一种过渡方式，具体是指试点省市在国务院批准的发债规模限额内，自行组织发行本省市政府债券的发债机制。

地方政府还通过其他融资工具的创新继续拓宽融资渠道。第一，城投债发行快速扩容。2009—2011 年，城投债发行量分别达到 1530 亿元、2970 亿元和 3644 亿元。2012 年城投债发行出现井喷，达到 1.26 万亿元，2013 年的发行规模也超过 1 万亿元。由于 2012 年、2013 年城投债规模迅速扩张，2014 年迎来接近 3500 亿元的兑付高峰。第二，银行委托贷款增长迅速。2010—2011 年，委托贷款的增加额都超过了 1 万亿元，2013 年，委托贷款规模达到 2.5 万亿元的历史高点，2015 年以后有所下降，其中许多直接贷给了地方政府融资平台。第三，信托投资大幅增长。信托资产从 2004 年底的 1635 亿元增长 68 倍，达到 2013 年底的 10.9 万亿元。截至 2013 年底，信托对政府主导的基础产业配置比例为 26%，达到 2.8 万亿元。第四，银行理财产品规模快速增大。从 2009 年底的 1.7 万亿元激增至 2012 年底的 7.1 万亿元。[①] 这些金融产品很多是满足城市政府的融资需求。

地方政府大规模投融资在促进城市基础设施建设的同时，也造成了融资平台负债规模迅速膨胀，中央监管政策的松紧变化反映出对风险认识的悄然变化。2010 年开始，地方政府融资平台的债务问题已经引起了国家决策层的高度关注。2010 年 6 月，国务院发布《关于加强地方政府融资平台公司管理有关问题的通知》，对地

---

① 刘立峰：《地方政府投融资及其可持续性》，北京：中国发展出版社，2015 年版，第 79 页。

方政府融资平台公司加强了监督管理，使政府融资平台在数量与融资规模上加速膨胀的趋势得到抑制，进一步规范了政府融资平台的运行。这个文件也首次书面定义了什么是地方政府融资平台公司，即“指由地方政府及其部门和机构等通过财政拨款或注入土地、股权等资产设立，承担政府投资项目融资功能，并拥有独立法人资格的经济实体”①。2010 年 7 月，财政部等部委联合发布《关于贯彻国务院关于加强地方政府融资平台公司管理有关问题的通知相关事项的通知》，提出抓紧清理核实并妥善处理融资平台公司债务，并划分了新旧债务时间点即 2010 年 6 月 30 日；对融资平台公司进行清理规范；制止地方政府违规担保承诺行为。2010 年 7 月至年底，中国银监会平均每月出台一份文件，加强对地方政府融资平台贷款风险管理。2011—2013 年，中国银监会每年都会发布一份文件继续加强对地方政府融资平台贷款风险管控。

这一阶段的改革，国家开发银行的开发性金融发挥了重要的作用，引导地方政府融资平台，利用城市经营性土地的“招拍挂”方式，形成了土地财政推动城市投融资增长的巨大动力，实现了城市基础设施的加速完善，城市公共服务质量的迅速提升。与此同时，城市政府融资不规范、债务融资规模膨胀等问题也不断暴露出来。

---

①《关于加强地方政府融资平台公司管理有关问题的通知》，中国政府网，2010 年 6 月 13 日。

第四节　在新与旧、破与立的转换过程中实现可持续发展

在这一时期，地方政府债务不断膨胀，中央政府监管趋于严格，并希望通过“开正门、关旁门”的方式，建立规范的地方政府融资渠道，拓展政府与社会资本合作方式，同时，约束地方政府的投融资行为，防范地方政府财政风险，形成良性循环的投资建设局面，持续推进基础设施和公共服务设施发展。

一、拓宽正规债务融资渠道

规范地方政府融资行为、形成债务风险约束机制成为这一阶段城市建设投融资的主要政策基调。财政部在地方政府独立发债的制度设计方面迈出了重要步伐。2014 年 5 月，财政部印发《2014 年地方政府债券自发自还试点办法》，试点自发自还地方政府债券的地区包括上海、浙江、广东、深圳、江苏、山东、北京、青岛、宁夏、江西等 10 个省（区、市），涵盖了东中西部地区，发行总额为 1092 亿元，其余地区的地方债仍由财政部代发代还。与原有模式相比，新模式实现了多方面的突破：首先，地方政府债券首次以地方政府信用资质为基础，由地方政府自主发行和偿还；其次，地方政府债券期限由以前的 3 年、5 年、7 年拉长至 5 年、7 年、10 年；最后，试点首次要求地方政府债券进行信用评级，并公开披露发债主体的经济、财政状况，以及债务数据。开展地方政府债券自发自还试点，有利于消除偿债主体不清晰问题，进一步强化市场约束，控制和化解地方债务风险，探索建立地方债券市场并推动其健康发展。

2014年8月，十二届人大第十次会议通过修订后的《中华人民共和国预算法》，明确赋予地方政府适度举债权。《中华人民共和国预算法》第三十五条规定，经国务院批准的省、自治区、直辖市的预算中必需的建设投资的部分资金，可以在国务院确定的限额内，通过发行地方政府债券举借债务的方式筹措。举借债务的规模，由国务院报全国人民代表大会或者全国人民代表大会常务委员会批准。同年9月，国务院印发《关于加强地方政府性债务管理的意见》(以下简称《意见》)，提出赋予地方政府依法适度举债权限。经国务院批准，省、自治区、直辖市政府可以适度举借债务，市县级政府确需举借债务的由省、自治区、直辖市政府代为举借。地方政府举债采取政府债券方式。没有收益的公益性事业发展确需政府举借一般债务的，由地方政府发行一般债券融资，主要以一般公共预算收入偿还。有一定收益的公益性事业发展确需政府举借专项债务的，由地方政府通过发行专项债券融资，以对应的政府性基金或专项收入偿还。这就为城市政府债务融资的规范化发展打开了窗口。

自《意见》发布后，地方政府债务沿“开正门，堵偏门”的方向发展，地方政府资金来源越来越依赖于“开正门”，以公开透明的形式举债。截至2020年末，全国地方政府债券存量规模为25.6万亿元，为全市场存量规模最大的债券品种。2020年，全国地方政府债券发行中新增债券45525亿元，总占比65%，其中一般债券新增9506亿元，发行专项债券新增36019亿元。发行地方政府再融资债券18913亿元，总占比35%。[①] 项目收益专项债券是最具

① 刘立峰：《地方政府投融资及其可持续性》，北京：中国发展出版社，2015年版，第75页。

创新活力的地方债品种，通过调节债券资金投向，可以引导资金向基建领域和民生短板倾斜，目前已成为稳定基建投资和补齐短板、发挥基建托底经济增长作用的重要着力点。截至 2019 年 8 月末，存量项目收益专项债券共 1178 只，规模 3.14 万亿元，项目类型包括土地储备、棚户区改造、收费公路等 14 类，以土地储备和棚户区改造项目为主。[①] 2018 年 5 月，财政部首次提出发行再融资债券，再融资债券使得地方政府能够以时间换空间，延长地方债的偿付期限，缓解偿债压力。

国家发改委的《新型城镇化建设重点任务》也强调以更加可持续的方式重建城市投融资体制，构建多种资源组合、规范透明的中长期资本供给机制。要统筹安排财政资金投入、政府投资、地方政府债券发行，加大对符合规划和产业政策的城市补短板项目的支持力度。大力盘活存量优质资产，回收资金补充地方财力。综合运用多种货币政策工具，引导开发性政策性金融机构结合各自职能定位和业务范围加大支持力度，鼓励商业性金融机构适度扩大信贷投放，引导保险资金发挥长期投资优势。支持符合条件企业发行企业债券，用于新型城镇化建设项目、城乡融合典型项目、特色小镇和特色小城镇建设项目等。鼓励开发性政策性金融机构按照市场化原则和职能定位，对投资运营上述项目的企业进行综合授信，加大中长期贷款投放规模和力度。

---

① 刘立峰：《地方政府投融资及其可持续性》，北京：中国发展出版社，2015 年版，第 75–76 页。

二、促进政府与社会资本合作

为了缓解地方政府财政压力和债务风险，中央政府大力倡导通过政府和社会资本合作（PPP）方式，引导社会资本进入公共投资领域。2014 年 9 月，财政部发布《关于推广运用政府和社会资本合作模式有关问题的通知》，提出推广运用政府和社会资本合作模式，要做好制度设计和政策安排。2014 年 11 月，财政部印发《政府和社会资本合作模式操作指南（试行）》，用于规范政府、社会资本和其他参与方开展政府和社会资本合作项目的识别、准备、采购、执行和移交等活动。2014 年 11 月，国务院印发《关于创新重点领域投融资机制鼓励社会投资的指导意见》，提出在公共服务、资源环境、生态建设、基础设施等重点领域进一步创新投融资机制，充分发挥社会资本特别是民间资本的积极作用。2014 年 12 月，国家发改委发布《关于开展政府和社会资本合作的指导意见》，提出实施PPP的基本原则、项目范围及模式、工作机制和规范管理方法。

2015 年 4 月，国家发改委等六部门发布《基础设施和公用事业特许经营管理办法》，以鼓励和引导社会资本参与基础设施和公用事业建设运营，提高公共服务质量和效率，保护特许经营者合法权益，保障社会公共利益和公共安全，促进经济社会持续健康发展。办法适用于能源、交通运输、水利、环境保护、市政工程等基础设施和公用事业等广泛领域的特许经营活动。2016 年 7 月，中共中央、国务院印发《关于深化投融资体制改革的意见》，鼓励政府和社会资本合作，提出各地区各部门可以根据需要和财力状况，通过特许经营、政府购买服务等方式，在交通、环保、医疗、养老等领域采取单个项目、组合项目、连片开发等多种形式，扩大公共产品和服务供给。要合理把握价格、土地、金融等方面的政策支持力度，稳定项目预期收益。要发挥工程咨询、金融、财务、法律等方面专业机构作用，提高项目决策的科学性、项目管理的专业性和项目实施的有效性。

在这期间，国家发改委、财政部和其他部委分别从各自分工管理角度，陆续出台了几十项关于政府与社会资本合作的政策文件，对推动PPP取得实效发挥了重要作用。2014 年到 2021 年 6 月末，财政部PPP项目管理库入库项目累计在库项目 10126 个、投资额 15.7 万亿元。累计签约落地项目 7422 个、投资额 12.1 万亿元，落地率 73.3%。累计开工建设项目 4514 个、投资额 7 万亿元，落地项目开工率 60.8%。为保障PPP项目顺利推进，2016 年 3 月，中国政企合作投资基金股份有限公司正式成立，作为社会资本方参与PPP项目投资，通过股权、债权、担保等方式，为纳入国民经济和社会发展规划、基础设施和公共服务领域专项规划以及党中央、国务院确定的其他重大项目中的PPP项目提供融资支持。截至 2021 年 7 月底，中国PPP基金累计已决策项目 156 个，涉及项目总投资超 13000 亿元，覆盖了全国 28 个省（自治区、直辖市）的 100 多个地市。

各地社会资本参与市政基础设施建设取得重大进展。以江苏为例，2015 年，全省 81 家城市公共供水企业中 29 家实行市场化运作，190 多座县以上城市污水处理厂中近 100 家实行市场化运作，115 家管道燃气企业中有 86 家由民间资本控股，民间投资还参与投资海绵城市、地下综合管廊、轨道交通、公共停车场等市政基础项目。在能源领域，全省 50%以上的加油站、45%以上的加气站、

60%以上的储油库、70%以上的光伏电站，均由民间资本独资或参股建设。在通信领域，南京、南通等城市设立财政专项资金，通过政府购买服务等方式，支持民营企业开展免费Wi–Fi建设。[①] 2021年8月，广州市发改委牵头制定《广州市轨道交通项目建设投融资方案（2021—2023年）》，此后三年，全市轨道交通项目67个，资金总需求达3141亿元，年均投资超1000亿元，将采用PPP模式、“股权投资+施工总承包”模式等创新投融资手段，撬动更多社会资本参与到广州市轨道交通建设中，同时推进基础设施不动产信托基金建设，盘活存量资产作为筹资来源有益补充。

三、防范城市建设中的债务风险

2014年8月，修订后的《中华人民共和国预算法》在为地方政府举债“开正门”的同时，也设置了若干安全阀来“堵偏门”，从以下几个方面确立了地方政府举债的基本规则。一是举债主体，规定只能是经国务院批准的省级政府；二是限制用途，要求只能是用于公益性资本支出，不得用于经常性支出；三是债务规模，实行债券发行限额管理，不能超额发行；四是还债能力，应当有偿还计划和稳定的资金来源；五是控制风险，国务院建立地方政府债务风险评估和预警机制、应急处置机制以及责任追究制度。这从法律上解决了地方政府债务怎么借、怎么管、怎么还的问题，有利于把地方政府融资引导到阳光下，建立起规范合理的地方政府举债融

① 陈建清、何善炜：《深化城市基础设施投融资体制改革的思考》，《唯实》，2016年10期。

资机制。

2014 年 9 月，国务院印发《关于加强地方政府性债务管理的意见》(以下简称《意见》) 对地方政府融资机制和债务管理作出明确要求，为实现建立规范的地方政府举债融资机制的目标，提出了两个主要措施，即规模控制和预算管理、控制和化解债务风险。为了控制和化解地方政府性债务风险，《意见》提出要建立风险预警机制、建立风险应急处置机制、严肃财经纪律。为了实行对地方政府债务的规模控制，2015 年 12 月，财政部发布《关于对地方政府债务实行限额管理的实施意见》，具体指导如何实施规模控制，要求合理确定地方政府债务总限额，并逐级下达分地区地方政府债务限额。关于建立风险应急处置机制，2016 年 10 月，国务院办公厅印发《地方政府性债务风险应急处置预案》，按照债务风险事件的性质、影响范围和危害程度等情况，把地方政府性债务风险事件划分为特大、重大、较大、一般四个等级，并针对不同等级给出了对应的应急处置措施。

2017 年 4 月，财政部等六部委发布《关于进一步规范地方政府举债融资行为的通知》(以下简称《通知》)，重申要加强融资平台公司融资管理，推动平台公司尽快转型为市场化运营的国有企业，依法合规开展市场化融资。地方政府及其所属部门不得干预平台公司日常运营和市场化融资。《通知》提出，地方政府不得将公益性资产、储备土地注入平台公司，不得承诺将储备土地预期出让收入作为平台公司偿债资金来源。金融机构为融资平台公司等企业提供融资时，不得要求或接受地方政府及其所属部门以担保函、承诺函、安慰函等任何形式提供担保。按照上述文件严格执行，融资平台原有的债务融资途径大多失效了。

2017年5月，财政部发布《关于坚决制止地方以政府购买服务名义违法违规融资的通知》（以下简称《通知》），提出严格按照规定范围实施政府购买服务，严格规范政府购买服务预算管理，严禁利用或虚构政府购买服务合同违法违规融资。《通知》通过“负面清单”的方式，限定了政府购买服务的范围，重点将“工程设施建设”类排除在外，严禁将铁路、公路、机场等基础设施建设，土地前期开发，农田水利等建设工程作为政府购买服务项目。按照《通知》负面清单严格执行，也在很大程度上堵死了地方政府通过政府购买服务举债融资的渠道，这对融资平台参与政府公益性项目建设的影响很大。

长期以来，我国资产管理业务快速发展，在满足居民和企业投融资需求、改善社会融资结构等方面发挥了积极作用，但也存在部分业务发展不规范、多层嵌套、刚性兑付、规避金融监管和宏观调控等问题。为规范金融机构资产管理业务，统一同类资产管理产品监管标准，有效防控金融风险，更好地服务实体经济，2018年4月，中央金融管理部门印发《关于规范金融机构资产管理业务的指导意见》（以下简称《指导意见》）。《指导意见》主要规定包括：严格非标准化债权类资产投资要求，禁止资金池，防范影子银行风险和流动性风险；坚持产品和投资者匹配原则，加强投资者适当性管理，强化金融机构的勤勉尽责和信息披露义务；分类统一负债和分级杠杆要求，消除多层嵌套，抑制通道业务；明确资产管理业务不得承诺保本保收益，打破刚性兑付。这些严厉措施对依赖非标融资渠道的政府融资平台产生重大影响，再融资渠道将进一步收窄。也迫使融资平台加快转型升级，从城市的建设者向城市的运营管理者转变，加快产业链整合，发挥协同效应，促进多元化发展。

2018年3月，中共中央办公厅印发《关于人大预算审查监督重点向支出预算和政策拓展的指导意见》，明确提出积极稳妥化解累积的地方政府债务风险，坚决遏制隐性债务增量，决不允许新增各类隐性债务。2018年4月，中国人民银行等部门联合发布《关于加强非金融企业投资金融机构监管的指导意见》，规范非金融企业投资金融机构行为，强化对非金融企业投资金融机构的监管，有效防范风险传递，促进非金融企业与金融机构良性互动发展。2018年8月，国务院发布《关于防范化解地方政府隐性债务风险的意见》，要求地方政府通过“统筹资金、偿还一批；债务置换、展期一批；项目运营、消化一批；引入资本、转换一批”等方式在5至10年内化解地方政府隐性债务风险。2018年9月，中共中央办公厅、国务院办公厅印发《关于加强国有企业资产负债约束的指导意见》，提出对严重资不抵债失去清偿能力的融资平台，依法实施破产重整或清算。2021年4月，国务院发布《关于进一步深化预算管理制度改革的意见》，提出把防范化解地方政府隐性债务风险作为重要的政治纪律和政治规矩，坚决遏制隐性债务增量，妥善处置和化解隐性债务存量。清理规范地方融资平台公司，对失去清偿能力的要依法实施破产重整或清算。

城市政府债务管理取得了积极成效。截至2020年底，我国地方政府债显性债务率为97.2%，低于国际通行100%~120%的警戒线；显性负债率为25.3%，低于国际通用的60%风险警戒线，风险总体可控。

通过这一阶段的改革，符合法律规范的城市建设债务融资模式建立起来了，PPP经历了过热到降温的过程，盲目生长的城镇建设投融资模式受到了严格的监管，城市政府的财政风险和金融机构的金融风险得到控制，城镇建设投融资增长速度虽然受到了一定的影响，但是，却为城镇化的高质量发展创造了更可持续的制度环境。

第五节　城市建设投融资的经验与启示

一、政府主导和政策强力推动

我国的城镇建设投融资是在政府的主导和强力推动下进行的。随着我国经济的繁荣发展，财政收入大幅增长，政府掌握的土地等公共资源价值不断上涨，资本市场稳步发展，市场功能日趋深化，融资工具逐步完善，为城市基础设施融资渠道拓宽发挥了重要作用。中央政府通过区域和空间规划以及对地方的财政转移支付引导城市投融资，而主要的职责由城市政府承担。地方政府不仅在规划层面实施严格的管理与控制，使得基础设施建设充分反映政府的意志；而且，地方政府也是城镇建设的主要出资者。在城市基础设施资金来源中，中央财政拨款所占比例由2001年的5%下降到2018年的1.4%，地方财政拨款比例则由17.9%提高到30%，[①]尽管城市政府并不直接从事城镇的投资、融资和建设活动，而是由地方政府融资平台代理完成；但是，在相当长的时期里融资平台并非真正意义上的、符合风险收益一体化要求的投融资主体，项目的决策、融资、建设、经营和管理仍然由城市政府决定。

① 国家统计局：《中国城市建设统计年鉴2018》，北京：中国统计出版社，2018年版，第17页。

二、有效开发利用城市公共资源

充分利用土地等国有资源为城市投融资提供帮助，是我国城镇化取得成功的重要方法。《中华人民共和国土地管理法》规定，从事非农业建设使用土地的，必须使用国有土地或者征为国有的原集体土地，也就是说集体土地要想转为建设用地，必须经过地方政府征用为国有土地的环节。直到2020年1月，新修订的《中华人民共和国土地管理法》才删去了“从事非农业建设使用土地的，必须征用为国有土地”的规定。这意味着在很长一段时间，城市政府在土地征用环节处于垄断地位。而在土地出让环节，一般是开发企业从政府部门购得国有土地，然后进行开发并对外销售，也是城市政府垄断的。这种土地征用和出让制度给城市政府带来了实实在在的好处，可以通过低价收储和高价出让将级差地租的主要部分留在自己手中，用于完善基础设施、提供公共服务和建设工业园区。其他公共资源，例如，户外广告经营、出租车经营等权力也掌握在城市政府手中，均通过拍卖的方式获取收益，并用于城市建设。

三、构建比较完善的融资模式

城市政府组建各式各样的融资平台公司，并以财政性资金注入、国有资产注资、土地收益以及赋予特许经营权等方式进行扶持，代替政府行使投融资职能，承担政府项目投资、融资和建设任务。国家开发银行及国有商业银行对城市政府进行大额授信，发放打捆贷款，建立起紧密的银政合作关系。地方政府对融资平台有着直接的财政投入，与此同时，对今后的财政投入有一个承诺，即承诺对未来无偿还能力的项目进行拨款。这样就容易获得商业银行的认可和支持。由于直接投入和未来承诺都是以土地财政为基础的，随着土地收益的不断增加，注入融资平台的资本金规模也不断扩大，这从根本上增加了融资平台的资本实力。基本融资模式还在地方政府和商业银行之间构建起了风险控制机制，有利于加强对政府投资的有效监督和管理，提高了政府的投资效率。

四、不断创新融资方式和工具

城市建设的投融资过程也是城市政府的体制创新过程。城市政府除了增加地方财政拨款，稳定传统城建资金来源以外，还针对不同城市基础设施的特点，积极探索新型融资方式。针对准公益性及经营性投资项目，设计市场化的金融资本与工商资本联动投入机制。对于公益性及部分准公益性项目，通过中央预算内投资予以适当支持，还可通过安排地方政府专项债券进行建设。在公共交通、医疗、城市水务等对设备资金需求较大的建设领域，推广运用融资租赁方式筹集建设资金。鼓励保险资金参与具有稳定收益的城市基础设施项目建设。运用股权出让、资产证券化、不动产信托基金等多种方式，盘活城市优质资产和资源，增加城市建设资金来源，扩大地方政府投资能力。

五、形成投资主体多元化的格局

为鼓励民间资本参与城镇基础设施建设，2001 年 12 月，国家计委发布《关于印发促进和引导民间投资的若干意见》，在市场准入、优惠政策、参与形式、配套政策方面作了原则性的规定。2005年2月，国务院发布《关于鼓励支持和引导个体私营等非公有制经济发展的若干意见》，要求放宽非公有制经济市场准入。2010年5月，国务院印发《关于鼓励和引导民间投资健康发展的若干意见》，支持民间资本进入城市供水、供气、供热、污水和垃圾处理、公共交通、城市园林绿化等领域。投融资体制改革的稳步推进，有效地推动了城市建设投融资领域的市场开放。国有、集体以及非公有制经济在城市建设投融资中的作用日益突出。目前，城市建设投融资领域拥有中外合资、中外合作、股份制、股份合作制及民营企业等多种所有制企业。

六、逐步完善政府调控和管理体制

政府通过城市规划对城市用地规模、结构、性质和功能进行严格的控制与监管，使得城市建设投融资按照政府规划的要求有序进行。全面推行的城市土地储备制度，从根本上解决这些问题，更好地发挥城市土地资源的作用，使土地资源由低效利用转为高效利用。政府对城镇基础设施的宏观调控，由过去单一的行政手段发展到综合运用经济、法律和必要的行政手段，进行以间接调控方式为主的有效调控。政府通过灵活运用投资补助、贴息、价格等多种手段，引导社会投资，优化投资结构。对公益性城市基础设施项目逐步推行代建制，即由政府或其授权机构选择专业化的项目管理单位，负责项目的前期和建设阶段的实施管理工作，严格控制项目投资、质量和工期，竣工验收后交付给使用单位或管理单位。城建基础设施项目的勘察设计、施工、监理都实行了招投标制度，在一定程度上节约了成本、减少了腐败发生。

七、不断强化投融资风险约束机制

城市投融资体制改革过程也是投融资风险约束机制建立的过程，其根本目标就是要在控制城市建设债务风险的同时，促进城镇化的可持续发展。即要剥离融资平台的政府融资功能，将融资平台业务与地方政府切割；推动地方政府融资以银行贷款融资为主转向以债券和股权融资为主；弱化土地财政的融资能力，减少地方政府对土地财政的依赖；提升PPP的地位和作用，分担政府的投资责任；促进隐性的地方政府债务显性化，降低地方政府债务风险。未来还将加大预算收入统筹力度，增强财政保障能力。加强政府预算约束和绩效管理，优化支出结构，提高使用效率，推进财政支出标准化。根据项目预算管理等要求，将全生命周期内对财政支出的影响纳入中期财政规划。健全土地出让金等政府性基金预算管理。建立健全规范的政府举债融资机制，将政府举债融资全面纳入预算监管，加强对政府平台公司全口径债务管理和动态监控，合理处置和化解存量债务，防范化解隐性债务风险。

第四章
城市住房制度：从福利分房到多元化供给、租购并举

▼

住房问题既是民生问题也是发展问题，关系千家万户切身利益，关系人民安居乐业，关系经济社会发展全局，关系社会和谐稳定。新中国成立以来，我国城市住房制度发展经历了从福利分房到多元化住房供给、租购并举住房制度建立的过程，住房保障体系和住房市场体系建设不断完善，住房保障能力不断增强，群众住房条件不断改善，百姓生活的幸福感和获得感不断提升。

第一节　住房制度市场化改革的探索与实施

新中国成立以来实行低租金制度，租不养房问题突出，住房困难问题未能得到有效解决。从 1978 年到 1998 年，住房制度改革成为经济体制改革中的重要部分。住房制度改革的目标是建设具有中国特色社会主义的住房商品化、社会化模式。我国的住房制度逐步朝着市场化方向进行改革，改革的内容大致可以分为三个阶段，一是住房制度改革的探索和试点，二是住房制度改革的全面实施和综合配套，三是福利分房制度终结。

一、住房制度改革的探索与试点

在住房制度改革全面推进之前，实施了两项重要的政策，一个是公有住房出售试点，另一个是"提租补贴"。[①]

1．公有住房出售试点

1978年9月，国务院颁布《关于自筹资金建设住房的通知》，决定在多个城市实施住房制度改革试点，准许个人拥有自有产权的住宅。1979年，选择在西安、南宁、柳州、梧州等四个城市，将政府新建公房以成本价格出售给职工。

1980年1月，《红旗》杂志发表《怎样使住宅问题解决得快些》，论证住宅属于商品，引发社会围绕着福利分房是否应该坚持的问题进行了激烈争论。[②] 1980年4月，邓小平在《关于建筑业和住宅问题的谈话》上公开发表了对解决住宅问题的重要意见，首次提出了个人可以建房，新旧公有住房均可以向职工出售的观点。此观点涉及传统住房制度改革的诸多问题，包括市场化改革模式，住房金融及住房保障等重要问题，为住房制度改革目标、内容和配套政策指明了方向。同年6月，国家批准并公布了关于住宅商品化政策。

住房制度改革的目标模式确定之后，进一步明确了住房出售方案，采用试点的方式进行探索，并逐步扩大试点范围。1982年，国家设计了"三三制"补贴出售新建住房方案，即个人、政府和企

---

① 李宏、闫坤如：《新中国成立70年城镇住房制度的嬗变与启示》，《广西社会科学》，2019年08期。

② 徐寿松：《中国房地产大事记（1949—2008年）》，《瞭望》，2008年09期。

业各承担住房费用的三分之一，一次性付清房款可以享受20%的折扣优惠，还可以选择20年内分期付款。1982年，郑州、常州、四平、沙市开展试点。1984年，进一步将试点扩大至北京、上海、天津。此后试点范围进一步扩大，截至1985年底，全国27个省（自治区、直辖市）中的160个城市和300个县进行了试点，出售公房达1093万平方米。[①] 总的来看，出售公有住房作为住房制度改革的一项重要举措，对于加快住房制度改革、建立住房新制度、实现住房水平向小康迈进，具有重要的意义。

2．提租补贴

1986年2月，国务院成立住房制度改革领导小组，并召开了第一次住房制度改革会议。主要确定三方面的工作内容：一是研究设计总体改革方案，二是修改住房改革试点方案，三是对三分之二补贴出售公房的办法，原则上不再实行，防止降价出售公房。同年7月，住房制度改革领导小组召开会议讨论了两个思路方案，即提租增资方案和提租明贴方案，因为认识不统一对两个方案做了进一步论证。同年10月，国务院明确了两个重要问题，一是住公房的职工参与租金改革，采取“提租发券”（发住房券）的方式，二是发券系数按工资总额的20%~25%范围内测定。同年11月，国务院办公厅转发烟台、唐山、蚌埠、常州、江门共5个城市住房制度改革试点工作会议纪要，明确“提租发券”，先从“空转”起步，逐步转换到“实转”，使改革最大限度减轻财政、企业和个人的负担。试点基本上取得了成功，为全国住房改革提供了思路。1987

① 高尚全、储传亨：《中国城镇住房制度改革全书》，北京：中国计划出版社，1996年版，第1164页。

年 12 月，国务院住房制度改革领导小组提出住房制度改革进度要适当加快，制定在全国分期分批实行住房制度改革的计划。

二、住房制度改革的全面实施与综合配套

1. 加快推进住房制度改革工作

1988 年 2 月，国务院批准转发住房制度改革领导小组《关于在全国城镇分期分批推行住房制度改革的实施方案》，这是国务院颁发的全面指导城市住房制度改革的重要文件。同月，国务院办公厅转发住房制度改革领导小组《关于鼓励职工购买公有旧住房的意见》。1988 年 10 月，国务院住房制度改革领导小组对房改工作提出了 25 条意见，并明确要在坚持《国务院关于在全国城镇分期分批推行住房制度改革的实施方案》基础上，加速房改工作的展开，配套、完善整改方案。

1991 年 6 月，国务院印发《关于继续积极稳妥进行城镇住房制度改革的通知》，指出要进一步完善住房制度改革的有关政策和措施，按照国家、集体和个人共同负担的原则，积极稳妥，因地制宜，方式多样地继续推行住房制度改革。1991 年 10 月，国务院办公厅下发了《关于全面进行城镇住房制度改革的意见》（以下简称《意见》），《意见》要求在 1992 年至 1993 年在全国范围内全面实施住房制度改革。

2. 全面推进住房制度综合配套改革

第一是多层次的住房供应体系。1993 年 9 月，国务院住房制度改革领导小组召开会议，研究起草《关于加快城镇住房制度改革的决定（草稿）》。此后，对该文件进行了多次讨论修改。1994 年

7月，国务院印发《关于深化城镇住房制度改革的决定》，提出把住房建设投资由国家、单位统包的体制改变为国家、单位、个人三者合理负担的体制；把各单位建设、分配、维修、管理住房的体制改变为社会化、专业化运行的体制；把住房实物福利分配的方式改变为以按劳分配为主的货币工资分配方式；建立以中低收入家庭为对象、具有社会保障性质的经济适用住房供应体系和以高收入家庭为对象的商品房供应体系。至1997年，全国经济适用房投资达到185.5亿元，占当年房地产投资总量的6.0%，同时房地产开发企业发展到了2.1万余家，商品房销售额达到1533.7亿元。

第二是建立住房公积金制度。1991年，上海市借鉴新加坡经验，在房改政策首次引入了住房公积金制度。之后各地结合实际，建立了符合当地要求的住房公积金制度，截至1993年底，全国104个地级市建立了住房公积金制度。1994年，国务院发布《关于深化城镇住房制度改革的决定》，提出全面推行住房公积金制度；同年，国务院出台《建立住房公积金制度的暂行规定》，推动建立起全面的住房公积金制度，明确所有党政机关、群众团体、事业单位和企业的固定职工、劳动合同制职工以及三资企业中方员工，均应缴纳住房公积金。至1996年底，全国住房公积金累计缴存额达到600多亿元，部分城市缴存率达到85%以上。[①]

第三是建立土地有偿使用制度。土地有偿使用制度方面，国家明确了土地使用权可以依法有偿出售和转让。1982年，深圳率先在全国范围内开征城市土地使用费。1984年，国务院明确对土地

---

① 侯淅珉等：《为有广厦千万间——中国城镇住房制度的重大突破》，桂林：广西师范大学出版社，1998年版，第54–55页。

使用权进行有偿转让和出售。1987 年，深圳首次在全国范围内举行土地拍卖活动。

第四是初步建立住房信贷体系。1987 年 9 月，国务院发出《研究烟台、蚌埠市住房储蓄银行组建问题的会议纪要》，指出住房制度改革要和金融体制改革紧密结合。同时，同意在烟台和蚌埠两个城市试点建立住房储蓄银行。在《国务院关于深化城镇住房制度改革的决定》中，明确提出发展住房金融和住房保险，建立政策性和商业性并存的住房信贷体系。随后，中国人民银行相继印发《政策性住房信贷款业务发展暂行规定》《商业银行自营性住房贷款管理暂行规定》等文件，加强对政策性住房信贷业务的管理，加大对住房贷款支持力度，推进城镇住房制度改革。这些制度奠定了房地产金融政策的制度基础，为房地产业的发展奠定了良好的金融环境。

第五是推动房地产市场发展。《国务院关于深化城镇住房制度改革的决定》指出，建立规范化的房地产交易市场和发展社会化的房屋维修、管理市场，逐步实现住房资金投入产出的良性循环，促进房地产业和相关产业的发展。

第六是建立起住房预售制度。改革开放早期，我国住房金融发展滞后，除银行贷款外，几乎没有其他房地产开发融资渠道，而且房地产开发企业规模都比较小，资金积累相对不足。为了降低房地产项目的融资成本，深圳率先借鉴香港经验，试点实行了商品房预售制度，该制度在 1994 年颁布的《中华人民共和国城市房地产管理法》中予以了明确。

同时，1994 年 7 月，国务院发布《关于深化城镇住房制度改革的决定》，指出近期的任务是全面推行住房公积金制度，积极推进租金改革，稳步出售公有住房，大力发展房地产交易市场和社会化的房屋维修、市场管理，加快经济适用住房建设，到21世纪末初步建立起新的城镇住房制度，使城镇居民住房达到小康水平。[①]

3．探索建立住房保障机制制度

1992—1993年，《政府工作报告》对住房保障进行部署。1992年3月，《政府工作报告》中指出，住房和社会保障制度的改革要迈出较大步伐。进行这些方面的改革，人民群众既是受益者，也要承担相应的义务，难度比较大，但经过之前的试点，已经逐渐为广大群众理解和接受。由于各地经济发展水平不同，进行这些改革是国家职能提出统一的方针，各地因地制宜地制定具体政策，不搞“一刀切”。[②] 1993年《政府工作报告》中指出，大力推进社会保障和城镇住房制度改革，要逐步形成适应我国现阶段生产力水平的社会保障体系，加快住房制度改革步伐，逐步实现城镇住房商品化，推行国家、单位、个人合理负担的住房建设投资体制，加快城镇住房建设，结合价格、住房和医疗制度改革，把一部分福利性补贴纳入工资，实现收入货币化，增加收入的透明度[③]。

1994—1995年，国家推动“安居工程”建设。“安居工程”即按成本价优先出售给无房户、危房户和住房困难户，后来又演变为经济适用房，是具有社会保障性质的政策性商品房。1994年7月，党中央召开会议研究“安居工程”的有关问题，强调“安居工程”的改革目标和示范性要与住房制度改革相结合，会议决定

① 《国务院关于深化城镇住房制度改革的决定》，中国政府网，2010年11月15日。

② 高尚全、储传亨：《中国城镇住房制度改革全书》，北京：中国计划出版社，1996年版，第1172页。

③ 高尚全、储传亨：《中国城镇住房制度改革全书》，北京：中国计划出版社，1996年版，第1173页。

1995年“安居工程”计划安排2000万平方米，所需200亿元资金，由国家和地方按4∶6的比例进行筹措。1995年2月，为深化住房制度改革，实施国家安居工程，国务院住房制度改革领导小组召开部署国家安居工程电话会议，对实施安居工程的初定城市和单位进行综合考核。1995年4月，国务院住房制度改革领导小组会同相关部门，提出国家“安居工程”第一批38个实施城市。同年5月，对第二批实施城市进行审核，经审核认为19个城市已具备实施安居工程的条件，同时建议增补11个城市作为第三批实施城市。

三、福利分房制度终结

1994年开始，我国开始全面推进住房市场化、商品化、社会化，这也标志着福利分房制度逐步走向终结。1994年12月，《城镇经济适用房建设管理办法》明确了经济适用房的概念，鼓励企业、居民参与建设住宅投资，推进建立具有社会保障性质的经济适用住房供应体系。为了发展市场化租赁，加强城市房屋租赁管理，维护房地产市场秩序，保障房屋租赁当事人的合法权益，建设部印发《城市房屋租赁管理办法》，并于1995年6月正式实行。

1997年，党的十五大报告明确提出，按照建立社会主义市场经济体制的要求，大力推进住房体制改革，1998年开始，中国住房制度改革进入了全面推进的阶段，这一年是中国房地产划时代的一年。1998年，国务院召开第4次全国住房制度改革工作会议，决定停止住房实物分配，实行住房货币化分配。1998年7月，国务院下发《关于进一步深化城镇住房制度改革加快住房建设的通知》(以下简称《通知》)，提出深化城镇住房制度改革的指导思想与目标，并要求1998年下半年开始停止住房实物分配，逐步实行住房分配货币化。《通知》的出台在我国住房制度改革史上具有重要的里程碑意义，它宣告着福利分房制度的终结，新的住房制度正式开始。[①]尽管取消了福利分房制度，但是在《通知》中提出了针对中低收入阶层的住房保障制度，即经济适用房和廉租房，其中廉租房也在该文件中首次提出。

四、住房制度改革取得成效

总的来看，这一阶段城镇住宅建设稳步发展，城镇居民居住条件有了较大改善，1998年城市人均建筑面积为18.7平方米，是1978年的2.79倍。据统计，“八五”期间，全国完成城市住宅建设投资8543亿元，竣工住宅10.5亿平方米，住宅竣工面积比“七五”期间增长67%，城镇中有近四分之一的居民在“八五”期间迁入新居。1995年，城镇居民人均住房面积达到7.9平方米，城镇住房成套率约为55%，5年内共解决近500万户城市住房困难户的住房问题。[②]1995年，“安居工程”在59个城市正式启动，绝大多数实施城市按国务院的要求扎扎实实开展了工作，取得了很好的经验，特别是哈尔滨、长春、福州、烟台、徐州等城市效果更为显著。住房合作社、集资建房也有很快发展，拓宽吸纳社会资金进行

① 高波等：《我国城市住房制度改革研究——变迁、绩效与创新》，北京：经济科学出版社，2017年版，第35页。
② 侯淅珉等：《为有广厦千万间——中国城镇住房制度的重大突破》，桂林：广西师范大学出版社，1998年版，第58–61页。

住宅建设的路子，加大个人投资建设住宅的比重。这些举措，既促进了中低收入家庭住房问题的加快解决，也促使住房建设早日进入良性循环，取得了良好的社会效益。

第二节　住房市场体系的快速发展

为应对1997年亚洲金融危机，我国把扩大住房消费作为扩大内需的重要方面，进一步推动住房市场化改革。1998—2006年，住房制度也逐渐完善，住房市场体系快速发展，各方面都取得明显成效。

一、住房供给主体的市场化和专业化

1998年7月，国务院印发《关于进一步深化城镇住房制度改革加快住房建设的通知》(以下简称《通知》)，提出深化城镇住房制度改革的指导思想：稳步推进住房商品化、社会化，逐步建立适应社会主义市场经济体制和我国国情的城镇住房新制度；加快住房建设，促使住宅业成为新的经济增长点，不断满足城镇居民日益增长的住房需求。并且，明确建立的住房体系是“以经济适用住房为主的多层次城镇住房供应体系”。根据《通知》，住房内容主要有三部分：廉租房、经济适用房和商品住房，其中，廉租住房对应的是最低收入家庭，租赁由政府或单位负责；经济适用住房对应的是中低收入家庭；商品住房对应的是其他收入高的家庭。2000年2

月，国务院新闻发布会宣布，住房实物分配在全国已经停止。[①]在供应结构上，明确新建住房结构比例，提出在“十一五”时期，要重点发展普通商品住房，凡新审批、新开工的商品住房建设，套型建筑面积90平方米以下住房（含经济适用住房）面积所占比重，必须达到开发建设总面积的70%以上，该条政策也称作“70/90”政策。

在这一时期，房地产市场体系朝着市场化、专业化方向发展。一是供给主体和从业人员快速增长。一方面，房地产开发企业数量快速增加，从1997年的2.13万个，增长到2003年的3.71万个；2004年房地产开发企业井喷式增长，达到5.92万个，至2006年稳定在5.87万个。另一方面，房地产从业人数也快速增长，1997年房地产开发企业平均从业人数为68.32万人，2001年突破100万人，达到106.23万人，2006年增长至160.10万人。

二是房地产市场供需快速增加。从需求端来看，1998年我国商品房销售面积约1.22亿平方米，至2006年增长至6.19亿平方米，增长了约4.07倍；从供给端来看，1999年商品房竣工面积约2.14亿平方米，其中住宅竣工面积占75.7%，至2006年增长至5.58亿平方米，其中住宅竣工面积占77.5%。从居住水平来看，这段时间城镇居民居住条件明显改善，人均建筑面积从1998年的18.66平方米，增加到了2006年的27.10平方米。此外，2004年，城镇住房成套率达到82.44%；2005年城镇住房套户比达到

① 易成栋等:《中国城镇住房制度改革的效果——总体改善、阶层分化以及对房屋普查、人口普查等数据的实证分析》,《中国房地产》，2018年15期。

0.85：1。[①]

三是房地产市场快速壮大。在这一时期，房地产快速成长为支柱产业。一方面，从投资角度看，房地产开发投资逐年增长，并在2000年后占固定资产投资比重稳定在20%以上，2006年占比达到20.78%。另一方面，从增加值来看，房地产业增加值从2006年约3428亿元，至2006年突破1万亿元，达到10321亿元；房地产业增加值占GDP比例保持在4%以上并逐年上升。

与此同时，我国经济适用房投资和供给快速增加。我国经济适用房是从1997年开始供给，其中1997—2001年是经济适用房快速发展时期，经济适用房新开工面积占住宅开工面积连续三年超过20%。2003年之后，我国相继出台一系列政策文件，经济适用房的新开工面积从2005年开始迅速回升，在住宅新开工面积中的占比也有所提高。1999—2006年，供给的经济适用房为380多万套。

二、住房金融制度建立和发展

为了推动房地产市场发展，加快住房消费，1998—1999年间我国住房金融制度得以建立健全。1998年4月，中国人民银行出台《关于加大住房信贷投入支持住房建设与消费的通知》（以下简称《通知》），提出着力促进城镇住房制度改革，把住宅业培育为新的经济增长点，进一步加大住房信贷投入，支持住房建设和消费。《通知》对个人房贷和房地产商贷款设置了较低的门槛，对于

① 陈钊等：《安得广厦千万间：中国城镇住房体制市场化改革的回顾与展望》，《世界经济文汇》，2008年01期。

借款人，只要借款人符合贷款条件，商业银行均可在资产负债比例要求的范围内发放住房贷款；对于房地产商，对新开工的普通住房项目，只要开发商自有资金达到30%，住房确有销路，商业银行均可发放住房建设贷款。

1998年5月，中国人民银行颁布《个人住房贷款管理办法》，为规范住房抵押贷款市场的发展提供了法律依据，从贷款对象和条件、贷款程序、贷款期限与利率、抵押、质押和保证、房屋保险、借款合同的变更和终止、抵押物或质物的处分等多个方面对住房贷款进行了全面的规定。《个人住房贷款管理办法》的施行，标志着我国开始采取住房信贷政策，各项制度也使得我国住房消费贷款在之后数十年维持快速增长。1999年2月，中国人民银行印发《关于开展个人消费信贷的指导意见》，将住房贷款与房价款比例从70%提高到80%，鼓励商业银行提供全方位的优质金融服务。为进一步推进住房制度改革，促进住房消费，带动经济增长，中国人民银行决定调整个人住房贷款期限和利率。同年9月，中国人民银行印发《关于调整个人住房贷款期限和利率的通知》，提出延长个人住房贷款期限，最长期限由现行20年延长到30年；降低个人住房贷款利率水平，住房贷款利率由现行按法定贷款利率减档执行改为“5年以下（含5年）按年利率5.31%执行，5年以上按年利率5.58%执行”，个人住房贷款利率仍实行一年一定。

随着住房金融制度的建立和发展，住房金融业务快速发展。从1998年开始，个人住房贷款占个人消费贷款的比重，始终维持在75%以上。个人住房按揭贷款在1996年仅有426亿元，到

2006年增长到了1.99万亿元，10年间增长了52倍。[①]截至2006年底，金融机构房地产贷款金额为3.68万亿元，占全部贷款金额的16.33%。

三、房地产市场成为住房获取主要渠道

1．加强房地产市场销售管理

2001年4月，建设部发布《商品房销售管理办法》(以下简称《办法》)，规范商品房销售行为，保障商品房交易双方当事人的合法权益。《办法》对销售条件、广告与合同、销售代理、交付和法律责任等几个方面进行了规定。《办法》指出，商品房销售包括商品房现售和商品房预售，明确商品房预售实行预售许可制度，奠定了房地产之后数十年高速增长的基础。《办法》的出台有三个重要支撑作用的法律法规：

一是《城市商品房预售管理办法》。为加快发展房地产市场，1994年，我国借鉴香港房地产开发的经验，在商品房销售方面引入了预售制度，制定《城市商品房预售管理办法》，并于1995年1月1日起施行。

二是《城市房地产开发经营管理条例》。《城市房地产开发经营管理条例》是为了规范房地产开发经营行为，加强对城市房地产开发经营活动的监督管理，促进和保障房地产业的健康发展。

三是《中华人民共和国城市房地产管理法》。《中华人民共和

① 陈钊等：《安得广厦千万间：中国城镇住房体制市场化改革的回顾与展望》，《世界经济文汇》，2008年01期。

国城市房地产管理法》是一部专门规范房地产市场的法律，从房地产开发用地、房地产开发、房地产交易、房地产权属登记管理和法律责任等5个方面对房地产开发至交易全流程进行规定和规范。

2．多次对房地产市场进行调控

1998年住房制度改革后的几年里，我国房地产市场发展较快，百姓的居住条件得到了极大改善，但也存在一些问题。为了应对房地产市场初期发展存在的问题，国家层面多次出台政策，加强对房地产市场调控。2003年3月，中国人民银行印发《关于进一步加强房地产信贷业务管理的通知》，对房地产信贷业务进行收紧；同年8月，国务院印发《关于促进房地产市场持续健康发展的通知》，指出房地产业关联度高、带动力强，已经成为国民经济的支柱产业。2004年8月，中国银监会印发《商业银行房地产贷款风险管理指引》，明确规定土地储备、房地产开发和个人贷款风险管理。2005年5月，国务院办公厅转发建设部等部门《关于做好稳定住房价格工作意见的通知》，提出房地产业是国民经济支柱产业，并从规划、土地、财税、信贷、消费、住房保障、市场秩序和市场监测等八个方面对稳定住房价格提出了相关意见，该政策也被称作“国八条”；2006年5月，国务院办公厅转发建设部等部门《关于调整住房供应结构稳定住房价格意见的通知》，提出要针对房地产业发展中存在的问题，进一步加强市场引导和调控，要把调整住房供应结构、控制住房价格过快上涨纳入经济社会发展工作的目标责任制，促进房地产业健康发展，对稳定住房市场价格提出了六个方面共十五条意见。

此外，我国还加强了土地市场方面调控，土地招拍挂制度在这一阶段建立并规范。2002年5月，国土资源部发布《招标拍卖挂牌出让国有土地使用权规定》，指出商业、旅游、娱乐和商品住宅等各类经营性用地，必须以招标、拍卖或者挂牌方式出让（即招拍挂制度）。2004年，国土资源部、监察部联合印发《关于继续开展经营性土地使用权招标拍卖挂牌出让情况执法监察工作的通知》，提出2004年8月31日后，不得再以历史遗留问题为由采用协议方式出让经营性土地使用权，该规定被称作“8·31”大限。

3．二手房市场的逐步发展

随着住房存量的增加和居民住房消费升级，一些存量房以二手房的形式进入市场流通，这对于增强存量房的流动性、发挥住房市场的过滤机制、满足不同群体住房需求具有积极作用。2003年8月，国务院印发《关于促进房地产市场持续健康发展的通知》。提出“搞活住房二级市场”，主要包括鼓励发展二手房市场和房屋租赁市场。以上海市为例，在1999年之前，上海市二手房成交面积每年低于500万平方米，其中1988—1991年每年低于20万平方米，直到1997年，成交面积才突破100万平方米，达到162万平方米。1998年住房制度改革以后，上海市二手房成交面积快速增长，成交面积由1998年的315万平方米迅速增长至2006年的1707万平方米，其中二手住宅成交面积由198万平方米增长至1375万平方米。

第三节　住房保障制度的不断完善

伴随房地产市场的快速发展，住房市场化程度明显上升，城市住宅建设持续快速发展，城市居民住房条件总体上有了较大改善。

但城市住房保障制度不够完善，政策措施还不配套，部分城市低收入家庭住房还比较困难。2007 年以后，以国务院发布的《关于解决城市低收入家庭住房困难的若干意见》为标志，党中央着力加大住房保障，大规模实施保障性安居工程，推进棚户区改造，逐步完善住房政策和供应体系。

一、健全完善住房保障制度

2007 年 8 月，国务院发布《关于解决城市低收入家庭住房困难的若干意见》，明确提出“以城市低收入家庭为对象，进一步建立健全城市廉租住房制度，改进和规范经济适用住房制度，加大棚户区、旧住宅区改造力度，力争到‘十一五’期末，使低收入家庭住房条件得到明显改善，农民工等其他城市住房困难群体的居住条件得到逐步改善”的总体要求。[①]这成为城镇住房保障加快发展里程碑式的标志。此后，一系列健全完善城镇住房保障制度的政策文件相继出台。

2007 年 11 月，住建部等九部门联合发布《廉租住房保障办法》，从保障方式、保障资金及房屋来源、申请与核准、监督管理、法律责任等方面，促进廉租住房制度建设，逐步解决城市低收入家庭的住房困难问题。2007 年 11 月，住建部等七部门联合发布新的《经济适用住房管理办法》，从优惠和支持政策、建设管理、价格管理、准入和退出管理、单位集资合作建房、监督管理等方

① 《国务院关于解决城市低收入家庭住房困难的若干意见》，中国政府网，2008 年 3 月 28 日。

面，改进和规范经济适用住房制度。2009年12月，住建部等五部门联合出台《关于推进城市和国有工矿棚户区改造工作的指导意见》，提出力争从2009年开始，结合开展保障性住房建设，用5年左右时间基本完成集中成片城市和国有工矿棚户区改造，有条件的地区争取用3年时间基本完成，特别应加快国有工矿棚户区改造，使棚户区群众的居住条件得到明显改善。2010年4月，住建部印发《关于加强经济适用住房管理有关问题的通知》，严格建设和准入管理，强化使用过程的监督，加强上市交易管理，规定经济适用住房购房人在取得完全产权以前，只能用于自住，不得出售、出租、闲置、出借，也不得擅自改变住房用途。随着廉租住房、经济适用住房建设和棚户区改造力度的逐步加大，城市低收入家庭的住房条件得到较大改善。但是，由于有的地区住房保障政策覆盖范围比较小，部分大中城市商品住房价格较高、上涨过快、可供出租的小户型住房供应不足等原因，一些中等偏下收入住房困难家庭无力通过市场租赁或购买住房的问题比较突出。为此，2010年6月，住建部等七部门联合发布《关于加快发展公共租赁住房的指导意见》，完善住房供应体系，培育住房租赁市场，满足城市中等偏下收入家庭基本住房需求，同时，引导城镇居民合理住房消费，调整房地产市场供应结构。

2012年11月，党的十八大报告明确提出，要建立市场配置和政府保障相结合的住房制度，加强保障性住房建设和管理，满足困难家庭基本需求。2013年10月30日，习近平总书记在主持中央政治局第十次集体学习时强调，“加快推进住房保障和供应体系建设，是满足群众基本住房需求、实现全体人民住有所居目标的重要任务，是促进社会公平正义、保证人民群众共享改革发展成果的必然要求”[1]。保障性住房建设和制度完善，是这一阶段住房制度的重心。

二、大规模建设保障性安居工程

2008 年 12 月，国务院办公厅出台《关于促进房地产市场健康发展的若干意见》，关于进一步扩大内需、促进经济平稳较快增长，其中第一项就是加快保障性安居工程建设，提出争取用 3 年时间基本解决城市低收入住房困难家庭住房及棚户区改造问题。到 2011 年底，基本解决 747 万户现有城市低收入住房困难家庭的住房问题，基本解决 240 万户现有林区、垦区、煤矿等棚户区居民住房的搬迁维修改造问题。2009—2011 年，全国平均每年新增 130 万套经济适用住房[2]。2009 年 7 月，经国务院同意，成立了由住建部牵头，国家发改委、财政部、民政部等十多个部门参加的保障性安居工程协调小组，贯彻落实党中央、国务院关于加快保障性安居工程建设的决策部署。2010 年 10 月，财政部、国家发改委、住建部印发《关于保障性安居工程资金使用管理有关问题的通知》，落实财政、金融、税收等支持政策。

保障性安居工程是“十二五”时期保障和改善民生的标志性工程。2011 年 3 月，《国民经济和社会发展第十二个五年规划纲要》提出“‘十二五’时期全国城镇保障性安居工程建设 3600 万套”

① 《习近平强调：加快推进住房保障和供应体系建设》，中国政府网，2013 年 10 月 30 日。
② 《国务院办公厅关于促进房地产市场健康发展的若干意见》，中国政府网，2008 年 12 月 23 日。

的约束性指标。为加快保障性安居工程建设，加强质量管理，确保工程质量，2011 年 5 月，住建部印发《关于加强保障性安居工程质量管理的通知》。2011 年 9 月，国务院办公厅印发《关于保障性安居工程建设和管理的指导意见》，适应工业化、城镇化快速发展的要求，深入贯彻落实科学发展观，把住房保障作为政府公共服务的重要内容，建立健全中国特色的城镇住房保障体系，合理确定住房保障范围、保障方式和保障标准，完善住房保障支持政策，逐步形成可持续的保障性安居工程投资、建设、运营和管理机制。到“十二五”期末，全国保障性住房覆盖面达到20%左右，力争使城镇中等偏下和低收入家庭住房困难问题得到基本解决，新就业职工住房困难问题得到有效缓解，外来务工人员居住条件得到明显改善的总体要求，明确了保障性安居工程建设的内容为重点发展公共租赁住房，根据实际情况继续安排经济适用住房和限价商品住房建设，加快实施各类棚户区改造，加大农村危房改造力度。从实际执行情况看，全国保障性安居工程新开工 4000 万套，完成“十二五”规划目标。

三、实施棚户区改造计划

棚户区改造是体现以人民为中心发展思想的重大民生工程，是推动新型城镇化的重要举措。2008 年以后，各地区、各有关部门将棚户区改造纳入城镇保障性安居工程，大规模推进实施。为进一步加大棚户区改造力度，让更多困难群众的住房条件早日得到改善，2013 年 7 月，国务院出台《关于加快棚户区改造工作的意见》，提出“2013 年至 2017 年改造各类棚户区 1000 万户，使居民住房条件明显改善，基础设施和公共服务设施建设水平不断提高”的总体要求，其中，城市棚户区改造、国有工矿棚户区改造、国有林区棚户区改造、国有垦区危房改造的目标任务分别为800万户、90万户、30万户、80万户，并明确资金筹措、用地保障、税费减免、安置补偿等方面的支持政策。[①]

为有效解决棚户区改造实践中存在的规划布局不合理、配套建设跟不上、项目前期工作慢等困难和问题，2014年7月，国务院办公厅印发《关于进一步加强棚户区改造工作的通知》，要求各地区要在摸清底数的基础上，抓紧编制完善2015—2017年棚户区改造规划，将包括中央企业在内的国有企业棚户区纳入改造规划，重点安排资源枯竭型城市、独立工矿区和三线企业集中地区棚户区改造，优先改造连片规模较大、住房条件困难、安全隐患严重、群众要求迫切的棚户区。截至2014年底，全国共改造各类棚户区住房2080万套、农村危房1565万户，其中2013—2014年改造各类棚户区住房820万套、农村危房532万户，有效改善了困难群众的住房条件，发挥了带动消费、扩大投资的积极作用，促进了社会和谐稳定。但与党中央、国务院确定的改造约1亿人居住的城镇棚户区和城中村的目标相比，任务仍然十分艰巨，特别是待改造的棚户区多为基础差、改造难度大的地块，在创新融资机制、完善配套基础设施等方面还存在不少困难和问题，同时，加快农村危房改造的要求十分迫切。为此，2015年6月，国务院印发《关于进一步做好城镇棚户区和城乡危房改造及配套基础设施建设有关工作的意

① 《国务院关于加快棚户区改造工作的意见》，中国政府网，2013年7月12日。

见》，制定城镇棚户区和城乡危房改造及配套基础设施建设三年计划。提出2015—2017年，改造包括城市危房、城中村在内的各类棚户区住房1800万套，农村危房1060万户的工作目标，加大改造建设力度，创新融资体制机制，加强组织领导。

2017年5月，国务院常务会议确定，实施2018—2020年3年棚改攻坚计划，再改造各类棚户区1500万套，加大中央财政补助和金融、用地等支持，以改革创新的举措、坚持不懈的韧劲啃下“硬骨头”，兑现改造约1亿人居住的城镇棚户区和城中村的承诺。从实际执行情况看，2015—2018年是棚户区改造力度最大的四年，每年改造超过600万套。

第四节　多主体供给、多渠道保障、租购并举的住房制度

2017年10月，党的十九大报告明确新时代深化住房制度改革的方向，即“坚持房子是用来住的、不是用来炒的定位，加快建立多主体供给、多渠道保障、租购并举的住房制度，让全体人民住有所居”。2017年以来，在“房住不炒”定位下，房地产长效机制逐步建立，住房租赁市场加快培育和发展，住房市场体系和住房保障体系不断完善。

一、党的十九大明确深化住房制度改革方向

2017年10月，党的十九大报告提出，按照兜底线、织密网、

建机制的要求，全面建成覆盖全民、城乡统筹、权责清晰、保障适度、可持续的多层次社会保障体系，住房制度建设是加强社会保障体系建设的一项内容。坚持房子是用来住的、不是用来炒的定位，加快建立多主体供给、多渠道保障、租购并举的住房制度，让全体人民住有所居。“房住不炒”的定位和租购并举的住房制度建设，为新时代深化住房制度改革指明了方向。加快建立住房制度和房地产长效机制，成为深化住房制度改革的主要内容。

2017 年 12 月，中央经济工作会议将“加快建立多主体供给、多渠道保障、租购并举的住房制度”作为一项重要工作，提出要发展住房租赁市场特别是长期租赁，保护租赁利益相关方合法权益，支持专业化、机构化住房租赁企业发展。完善促进房地产市场平稳健康发展的长效机制，保持房地产市场调控政策连续性和稳定性，分清中央和地方事权，实行差别化调控。2017 年 12 月，全国住房城乡建设工作会议中，将“深化住房制度改革，加快建立多主体供给、多渠道保障、租购并举的住房制度”和“抓好房地产市场分类调控，促进房地产市场平稳健康发展”作为两项重点工作，并提出“坚持房子是用来住的、不是用来炒的定位，完善促进房地产市场平稳健康发展的长效机制”。2018 年 12 月，中央经济工作会议提出要构建房地产市场健康发展长效机制，坚持房子是用来住的、不是用来炒的定位，因城施策、分类指导，夯实城市政府主体责任，完善住房市场体系和住房保障体系。之后，稳地价、稳房价、稳预期的房地产长效管理调控机制逐步建立。

2019 年 7 月，中央政治局会议首次提出不将房地产作为短期刺激经济的手段。2020 年 12 月，中央经济工作会议将解决好大城市住房突出问题作为重点任务之一，明确要高度重视保障性租赁住房建设，加快完善长租房政策，逐步使租购住房在享受公共服务上具有同等权利，规范发展长租房市场。住房租赁市场的培育和发展成为住房制度建设的重要内容。

二、补齐住房租赁短板、构建租购并举的住房制度

住房租赁市场是房地产市场体系的重要组成部分，也是满足居民多元化住房需求的必要内容。实行购租并举，培育和发展住房租赁市场，是深化住房制度改革的重要内容，是实现城镇居民住有所居目标的重要途径。长期以来我国住房租赁市场发展的滞后一直是房地产市场健康发展的短板。2015 年以来，中央层面出台了一系列支持和鼓励住房租赁市场发展的政策文件，从发展目标、发展渠道，到具体的支持政策、管理条例和城市试点，住房租赁市场的发展被提到空前重要的位置。

2015 年 1 月，住建部印发《关于加快培育和发展住房租赁市场的指导意见》，明确提出“发挥市场在资源配置中的决定性作用和更好发挥政府作用，积极推进租赁服务平台建设，大力发展住房租赁经营机构，完善公共租赁住房制度，拓宽融资渠道，推动房地产开发企业转型升级，用 3 年时间，基本形成渠道多元、总量平衡、结构合理、服务规范、制度健全的住房租赁市场”的总体要求。[①] 同月，住建部、财政部、中国人民银行印发《关于放宽提取住房公积金支付房租条件的通知》，明确租房提取条件，规范

① 《住房城乡建设部关于加快培育和发展住房租赁市场的指导意见》，中国政府网，2015 年 1 月 14 日。

租房提取金额，简化租房提取要件，提高提取审核效率。2016 年 2 月，国务院出台《关于深入推进新型城镇化建设的若干意见》，在完善城镇住房制度部分明确提出加快发展专业化住房租赁市场，注重培育专业化市场主体，包括引导企业投资购房用于租赁经营、支持房地产企业调整资产配置持有住房用于租赁经营、引导住房租赁企业和房地产开发企业经营新建租赁住房以及支持专业企业、物业服务企业等通过租赁或购买社会闲置住房开展租赁经营等方面。2016 年 5 月，国务院办公厅出台《关于加快培育和发展住房租赁市场的若干意见》，提出“以建立租购并举的住房制度为主要方向，健全以市场配置为主、政府提供基本保障的住房租赁体系”的总体要求，成为培育和发展住房租赁市场的纲领性文件。加快培育和发展住房租赁市场，成为构建租购并举住房制度的基础和关键。

2017 年 7 月，住建部等九部委出台《关于人口净流入的大中城市加快发展住房租赁市场的通知》，并选取广州、深圳、南京、杭州、厦门、武汉、成都、沈阳、合肥、郑州、佛山、肇庆等 12 个城市首批开展住房租赁试点。2017 年 8 月，国土部、住建部联合发布《利用集体建设用地建设租赁住房试点方案》，确定第一批在北京、上海、沈阳、南京、杭州、合肥、厦门、郑州、武汉、广州、佛山、肇庆、成都等 13 个城市开展利用集体建设用地建设租赁住房试点，完善利用集体建设用地建设租赁住房规则，形成一批可复制、可推广的改革成果，为构建城乡统一的建设用地市场提供支撑。2020 年 9 月，住建部就《住房租赁条例（征求意见稿）》向社会公开征求意见，从立法层面对住房租赁市场发展进行规范。住房租赁市场将在实践探索中逐步形成市场规则明晰、政府监管有力、权益保障充分的住房租赁法规制度体系，个人出租房市场管理将日趋规范。

三、完善住房市场体系和住房保障体系

2021 年 3 月，《中华人民共和国国民经济和社会发展第十四个五年规划和 2035 年远景目标纲要》提出“完善住房市场体系和住房保障体系”的住房政策方向，其目标是在“房住不炒”定位下，加快建立多主体供给、多渠道保障、租购并举的住房制度，让全体人民住有所居、职住平衡。在完善住房市场体系方面，提出坚持因地制宜、多措并举，夯实城市政府主体责任，稳定地价、房价和预期。建立住房和土地联动机制，加强房地产金融调控，发挥住房税收调节作用，支持合理自住需求，遏制投资投机性需求。加快培育和发展住房租赁市场，有效盘活存量住房资源，有力有序扩大城市租赁住房供给，完善长租房政策，逐步使租购住房在享受公共服务上具有同等权利。加快住房租赁法规建设，加强租赁市场监管，保障承租人和出租人合法权益，侧重于房地产调整政策的完善和住房租赁市场的培育和发展。在完善住房保障体系方面，提出要有效增加保障性住房供给，完善住房保障基础性制度和支持政策。以人口流入多、房价高的城市为重点，扩大保障性租赁住房供给，着力解决困难群体和新市民住房问题。单列租赁住房用地计划，探索利用集体建设用地和企事业单位自有闲置土地建设租赁住房，支持将非住宅房屋改建为保障性租赁住房。完善土地出让收入分配机制，加大财税、金融支持力度。因地制宜发展共有产权住房。处理好基本保障和非基本保障的关系，完善住房保障方式，健全保障对象、准入门槛、退出管理等政策。改革完善住房公积金制度，健全缴存、

使用、管理和运行机制，侧重于住房保障基础性制度和支持政策的完善以及保障性住房的供给。

2021 年 6 月，国务院办公厅出台《关于加快发展保障性租赁住房的意见》（以下简称《意见》），提出完善以公租房、保障性租赁住房和共有产权住房为主体的住房保障体系，首次从国家层面明确了以“三房”为主的住房保障体系，并要求各地加快发展保障性租赁住房，缓解住房租赁市场结构性供给不足，促进对大城市住房突出问题的解决。保障性租赁住房主要解决符合条件的新市民、青年人等群体的住房困难问题，以建筑面积不超过 70 平方米的小户型为主，租金低于同地段同品质市场租赁住房租金，准入和退出的具体条件、小户型的具体面积由城市人民政府按照保基本的原则合理确定。同时，《意见》明确发展保障性租赁住房的支持政策，包括进一步完善土地支持政策、简化审批流程、给予中央补助资金支持、降低税费负担、执行民用水电气价格、进一步加强金融支持六个方面，有助于突破租赁住房发展中的土地端与金融端约束。同月，国家发展改革委发出《关于进一步做好基础设施领域不动产投资信托基金（REITs）试点工作的通知》，将保障性租赁住房纳入基础设施REITs试点范围。

2021 年 11 月，住建部在总结部分地方加快发展保障性租赁住房的经验做法的基础上，发布《发展保障性租赁住房可复制可推广经验清单（第一批）》。从地方政府高度重视，科学确定“十四五”发展目标，支持利用集体经营性建设用地建设保障性租赁住房，支持利用企事业单位自有闲置土地建设保障性租赁住房，提高产业园区中工业项目配套用地面积占比上限、提高部分主要用于建设宿舍型保障性租赁住房，支持利用非居住存量土地和房屋建设保障性租赁住房，适当利用新供应国有建设用地建设保障性租赁住房，成立保障性租赁住房工作领导小组、建立部门联审机制，加强与国家开发银行、中国建设银行等银行业金融机构的对接，合理确定准入条件、简化申请审核流程，坚持小户型、低租金，将各类政策支持的租赁住房纳入保障性租赁住房规范管理等方面总结了上海、北京、广州、深圳、杭州、合肥、厦门、福州、武汉、长沙、重庆、成都、西安、昆明等城市的经验做法。保障性租赁住房将成为人口净流入大城市住房保障体系的重要内容，也将成为解决大城市住房突出问题的重要抓手。

第五章

城市建设与发展：从规模和数量扩张到高质量发展

▼

改革开放以来，我国经济高速增长，国家面貌焕然一新，一批批现代化城市破土而出，蓬勃发展。在此历史进程中，城市规模和数量大幅增加，发展质量不断提升，这得益于党的领导下我国城市发展方针、城市行政区划改革，以及开发区和新城新区建设政策与时俱进的优化调整。不断摸索大城市、中小城市与小城镇的关系，迭代尝试撤县改市、撤县改区等行政区划调整策略，遵循规律培育开发区和新城新区增长极等具有鲜明时代特色的历程，推动我国城市建设逐渐朝完善空间布局、优化资源配置的积极方向前进，有力有序地支撑我国城市建设与发展实现从量变走向质变。

第一节　城市发展方针

城市发展方针是指导城市持续健康发展、把握城市发展大局与方向的总体纲领。城市发展的阶段性规律决定了城市发展方针是随着城市发展阶段的变化而调整的。改革开放以来，我国根据不同时期经济社会发展形势变化，数次调整城市发展方针，实施了从控制大城市规模到大中小城市和小城镇协调发展的一系列改革探索，确保了我国城市化道路在曲折演变中总体朝着多样化、协调化和健康化方向发展。

一、控制大城市规模的城市发展方针

（一）20 世纪 80 年代控制大城市规模方针的提出与演进

改革开放初期，受计划经济时期城市建设思想影响，同时为缓解生育高峰、知识青年返城等因素叠加导致的就业压力和防控部分城市基础设施严重欠账、住房严重短缺、环境污染不断加重等问题，我国采取了控制大城市规模的城市发展方针。

1978 年 3 月，国务院在北京召开了第三次全国城市工作会议，党中央批准印发《关于加强城市建设工作的意见》，指出城市在国民经济发展中的重要地位和作用，要求城市适应国民经济发展的需要，并明确提出了“控制大城市规模，多搞小城镇”的城市发展方针。

1980 年 10 月，国家建委在北京召开了全国城市规划工作会议。同年 12 月，国务院批转《全国城市规划工作会议纪要》，明确指出控制大城市规模，合理发展中等城市，积极发展小城市，是我国城市发展的基本方针[①]。

1989 年 12 月，七届全国人大常委会第十一次会议通过我国城市建设及规划领域首部法律《中华人民共和国城市规划法》，首次

① 《国务院批转全国城市规划工作会议纪要》，《中华人民共和国国务院公报》，1980 年 20 期。

以法律的形式明确了控制大城市规模的城市发展方针。《中华人民共和国城市规划法》将城市发展方针从原先的“控制大城市规模”调整为“严格控制大城市规模”，明确规定国家实行严格控制大城市规模、合理发展中等城市和小城市的方针，促进生产力和人口的合理布局。[①]这次修改的城市发展方针，就控制城市规模而言，可以说是最严厉的。

在20世纪80年代控制大城市规模的方针指导下，我国小城镇进入快速发展时期，农业劳动力向乡镇企业快速转移，农民工外出务工以“离土不离乡”“进厂不进城”为主。尤其在1984年至1988年，由农村向乡镇转移的劳动力数量累计高达5566万，农村地区非农业劳动力人口比重快速从8.8%提高到21.5%，中国的建制镇数量也从6211个增加至10609个，短期内迅速增加了4398个。[②]

（二）20世纪90年代对控制大城市规模方针的调整

进入20世纪90年代，以1992年邓小平南方谈话为标志，我国经济体制改革进入新的历史时期，加快由计划经济转变为社会主义市场经济。随着大城市在经济社会发展中的地位及作用日益凸显，国家对大城市的规模经济效应有了更加客观正确的认识。

在这一时期，我国虽然仍执行严格控制大城市规模的城市发展方针，但部分学者认为这个时期实际执行“开发区建设拉动大城市

---

① 《中华人民共和国城市规划法》，《中华人民共和国国务院公报》，1989年26期。

② 刘秉镰、朱俊丰：《新中国70年城镇化发展：历程、问题与展望》，《经济与管理研究》，2019年11期。

发展”的城市发展方针。[1]从相关政策文件对城市发展方针的调整看，1993年11月，党的十四届三中全会通过《中共中央关于建立社会主义市场经济体制若干问题的决定》，提出要重点建设开发区与大城市，指出继续推进经济特区、沿海开放城市、沿海开放地带，以及沿边、沿江和内陆中心城市的对外开放，充分发挥开放地区的辐射和带动作用[2]。1994年3月，《中国21世纪议程》发布，其中对城市发展方针进行调整，指出“适当控制大城市增长过快的势头，发展大城市的卫星城；积极适当发展中小城市；大力发展小城镇”[3]。1996年，《中华人民共和国国民经济和社会发展“九五”计划和2010年远景目标纲要》提出，统筹规划城乡建设，严格控制城乡建设用地，加强城乡建设法制化管理。逐步形成大中小城市和城镇规模适度、布局和结构合理的城镇体系[4]。

从控制大城市规模发展方针的效果看，虽然在计划经济时代，通过严格的户籍制度、粮食供应制度等行政手段控制农村人口进入城市，特别是进入大城市，“（严格）控制大城市规模”的城市发展方针起到了一定的作用。但是在计划经济体制向社会主义市场经济体制转变的过程中，大城市，尤其是东部沿海地区的中心城市，得到了较快发展，“（严格）控制大城市规模”城市发展方针的作

① 方创琳：《中国城市发展方针的演变调整与城市规模新格局》，《地理研究》，2014年04期。

② 刘秉镰、朱俊丰：《新中国70年城镇化发展：历程、问题与展望》，《经济与管理研究》，2019年11期。

③《中国21世纪议程》，《国土资源》，2002年11期。

④《中华人民共和国国民经济和社会发展“九五”计划和2010年远景目标纲要》，《中华人民共和国国务院公报》，1996年07期。

用十分有限，逐渐失去了指导城市发展的意义。[①]

二、大中小城市和小城镇协调发展的城市发展方针

（一）大中小城市和小城镇协调发展的城市发展方针逐步确立

进入21世纪，工业化、城镇化进程加快。然而，在这个过程中受城乡二元结构等深层次体制因素影响，城镇化也暴露出诸多问题。例如：城乡差距、区域差距以及不同群体之间的收入差距逐渐扩大；大城市“城市病”问题日益突出；小城镇人口及产业集聚能力不足，对周边农村辐射带动作用不强，部分地方出现盲目扩张、盲目增加的态势等。在此背景下，我国在2000年之后，开始强调“大中小城市和小城镇协调发展”的思路，城市发展方针也逐步从以往的“控制大城市”转变为强调大城市的辐射带动作用。

2001年3月，九届全国人大四次会议通过《中华人民共和国国民经济和社会发展第十个五年计划纲要》，明确指出走符合我国国情、大中小城市和小城镇协调发展的多样化城镇化道路，逐步形成合理的城镇体系[②]。2002年11月，党的十六大报告也重申了这一发展方针，提出要逐步提高城镇化水平，坚持大中小城市和小城镇协调发展，走中国特色的城镇化道路。

① 李秉仁：《我国城市发展方针政策对城市化的影响和作用》，《城市发展研究》，2008年02期。
② 《中华人民共和国国民经济和社会发展第十个五年计划纲要》，《中华人民共和国国务院公报》，2001年12期。

2006年3月，十届全国人大四次会议通过《中华人民共和国国民经济和社会发展第十一个五年规划纲要》，明确提出要坚持大中小城市和小城镇协调发展，提高城镇综合承载能力，按照循序渐进、节约土地、集约发展、合理布局的原则，积极稳妥地推进城镇化，逐步改变城乡二元结构[①]。2007年10月，党的十七大报告再次明确提出，走中国特色城镇化道路，按照统筹城乡、布局合理、节约土地、功能完善、以大带小的原则，促进大中小城市和小城镇协调发展。

2007年10月，十届全国人大常委会第三十次会议通过《中华人民共和国城乡规划法》，其中删除了围绕“控制大城市规模”和“发展中小城市、小城镇”提出的城市发展方针，这标志着我国城市规模政策从根本上实现了从“严格控制”到“协调发展”的战略性转变。

2008年10月，党的十七届三中全会通过《中共中央关于推进农村改革发展若干重大问题的决定》，提出坚持走中国特色城镇化道路，发挥好大中城市对农村的辐射带动作用，依法赋予经济发展快、人口吸纳能力强的小城镇相应行政管理权限，促进大中小城市和小城镇协调发展。

（二）城市群开始作为推进城镇化的主体形态

在协调发展思路的指导下，城市群作为推进城镇化的主体形态和实现“大中小城市和小城镇协调发展”方针的重要举措，逐步得

① 《中华人民共和国国民经济和社会发展第十一个五年规划纲要》，《中华人民共和国国务院公报》，2006年12期。

到重视。2001年，《中华人民共和国国民经济和社会发展第十个五年计划纲要》首次提出“城镇密集区”的概念，明确指出有重点地发展小城镇，积极发展中小城市，完善区域性中心城市功能，发挥大城市的辐射带动作用，引导城镇密集区有序发展。防止盲目扩大城市规模。2006年，《中华人民共和国国民经济和社会发展第十一个五年规划纲要》提出，要把城市群作为推进城镇化的主体形态，逐步形成以沿海及京广京哈线为纵轴，长江及陇海线为横轴，若干城市群为主体，其他城市和小城镇点状分布，永久耕地和生态功能区相间隔，高效协调可持续的城镇化空间格局。同时，对已形成城市群发展格局的区域、具备城市群发展条件的区域、不具备城市群发展条件的区域分别作出了战略部署。2007年，党的十七大报告明确提出，以增强综合承载能力为重点，以特大城市为依托，形成辐射作用大的城市群，培育新的经济增长极[①]。

上述关于城市发展和城镇化空间格局的重要论述，虽然没有明确称其为我国的城市发展方针，但实际上是对半个世纪以来我国城市发展和城镇化经验总结的基础上，提出的方针政策。这些论述明确了城市发展和城镇化要与国民经济发展相适应。其中，最本质的变化，是对城市的发展不再强调控制规模，而是强调发挥大城市的辐射带动作用，逐步形成合理的城镇体系，走出一条符合我国国情、大中小城市和小城镇协调发展的城镇化道路。同时，进一步提出要把城市群作为推进城镇化的主体形态，并确立了特大城市及大

① 胡锦涛:《高举中国特色社会主义伟大旗帜 为夺取全面建设小康社会新胜利而奋斗——在中国共产党第十七次全国代表大会上的报告》，北京：人民出版社，2007年版，第25页。

城市在城市群建设中的核心地位。

三、迈向以城市群为主体的城镇化空间格局

（一）以城市群为主体的城镇化空间格局基本形成

党的十八大以来，在延续“大中小城市和小城镇协调发展”的城市发展方针的基础上，国家政策文件中进一步强调了以城市群为主体形态，推动大中小城市和小城镇协调发展，并以此构建和完善我国的城镇化战略格局。

2011 年，《中华人民共和国国民经济和社会发展第十二个五年规划纲要》指出，逐步形成辐射作用大的城市群，促进大中小城市和小城镇协调发展，以陆桥通道、沿长江通道为两条横轴，以沿海、京哈京广、包昆通道为三条纵轴，以轴线上若干城市群为依托、其他城市化地区和城市为重要组成部分形成“两横三纵”的城市化战略格局。[①] 2013 年，中央城镇化工作会议明确指出，根据资源环境承载能力构建科学合理的城镇化宏观布局，把城市群作为主体形态，促进大中小城市和小城镇合理分工、功能互补、协同发展。2014 年 3 月，《国家新型城镇化规划（2014—2020 年）》明确将“以城市群为主体形态，推动大中小城市和小城镇协调发展”作为规划编制指导思想之一。2015 年，中央城市工作会议明确要求以城市群为主体形态，科学规划城市空间布局，实现紧凑集约、高效绿色发展。

---

① 《中华人民共和国国民经济和社会发展第十二个五年规划纲要》，北京：人民出版社，2011 年版，第 58-59 页。

2016 年，《中华人民共和国国民经济和社会发展第十三个五年规划纲要》提出要加快构建大中小城市和小城镇合理分布、协调发展的“两横三纵”城市化战略格局。2017 年 10 月，党的十九大报告再次明确提出要以城市群为主体构建大中小城市和小城镇协调发展的城镇格局。

“十四五”时期，在延续以城市群为主体，促进大中小城市和小城镇协调发展的方针的基础上，提出了建设现代化都市圈的战略举措。都市圈是促进城市群建设的关键一环。2019 年，国家发改委印发《关于培育发展现代化都市圈的指导意见》，提出都市圈是城市群内部以超大特大城市或辐射带动功能强的大城市为中心、以 1 小时通勤圈为基本范围的城镇化空间形态；培育发展一批现代化都市圈，为城市群高质量发展、经济转型升级提供重要支撑①。2021 年，《中华人民共和国国民经济和社会发展第十四个五年规划和 2035 年远景目标纲要》明确提出发展壮大城市群和都市圈，分类引导大中小城市发展方向和建设重点，形成疏密有致、分工协作、功能完善的城镇化空间格局，以促进城市群发展为抓手，全面形成“两横三纵”城镇化战略格局②。

（二）分类引导不同地区城市群一体化发展

我国各地情况千差万别，需要根据不同地区经济社会发展实

① 《国家发展改革委关于培育发展现代化都市圈的指导意见》，国家发改委网站，2019 年 2 月 21 日。

② 《中华人民共和国国民经济和社会发展第十四个五年规划和 2035 年远景目标纲要》，北京：人民出版社，2021 年版，第 79 页。

际，分类引导不同地区城市群发展。《中华人民共和国国民经济和社会发展第十二个五年规划纲要》提出，在东部地区逐步打造更具国际竞争力的城市群，在中西部有条件的地区培育壮大若干城市群。2014 年，《国家新型城镇化规划（2014—2020 年）》对不同地区城市群发展方向和重点进一步作了详细部署。

《中华人民共和国国民经济和社会发展第十三个五年规划纲要》明确了我国“19+2”的城市群格局，提出优化提升东部地区城市群，建设京津冀、长三角、珠三角世界级城市群，提升山东半岛、海峡西岸城市群开放竞争水平。培育中西部地区城市群，发展壮大东北地区、中原地区、长江中游、成渝地区、关中平原城市群，规划引导北部湾、山西中部、呼包鄂榆、黔中、滇中、兰州—西宁、宁夏沿黄、天山北坡城市群发展，形成更多支撑区域发展的增长极。促进以拉萨为中心、以喀什为中心的城市圈发展①。

《中华人民共和国国民经济和社会发展第十四个五年规划和 2035 年远景目标纲要》对我国城市群发展格局进一步作了优化调整。一是由“粤闽浙沿海城市群”替换了“十三五”时期的“海峡西岸城市群”；二是进一步突出了成渝和长江中游城市群的战略地位。提出要“优化提升京津冀、长三角、珠三角、成渝、长江中游等城市群，发展壮大山东半岛、粤闽浙沿海、中原、关中平原、北部湾等城市群，培育发展哈长、辽中南、山西中部、黔中、滇中、

---

①《中华人民共和国国民经济和社会发展第十三个五年规划纲要》，北京：人民出版社，2016 年版，第 57 页。

呼包鄂榆、兰州—西宁、宁夏沿黄、天山北坡等城市群”①。

“十三五”规划纲要提出的“19+2”城市群格局已基本形成。城市群已经成为我国新型城镇化的主体形态和引领全国经济增长、促进区域协调发展、参与国际竞争合作的重要平台。“十三五”时期，城市群集聚人口和经济作用持续显现，19 个城市群承载了我国 78%左右的人口、贡献了近 90%的国内生产总值。京津冀、长三角、珠三角、成渝、长江中游五大城市群，以约 10%的国土面积集聚了全国 40%左右的人口，创造了超过 55%的国内生产总值。② 城市群一体化协调发展机制和成本共担、利益共享机制不断健全，基础设施协调布局、产业分工协作、公共服务共享、生态共建环境共治等重点领域一体化水平不断提高。

（三）分类促进大中小城市和小城镇协调发展

针对我国城镇化过程中出现的部分特大城市主城区人口压力偏大，中小城市集聚，产业和人口不足，小城镇数量多、规模小、服务功能弱等问题，相关文件对促进大中小城市和小城镇协调发展的方向路径作了详细部署。

2013 年，中央城镇化工作会议要求强化城市之间的产业协作和创新合作，指出各城市要结合资源禀赋和区位优势，明确主导产业和特色产业，强化大中小城市和小城镇产业协作协同，逐步形成

① 《中华人民共和国国民经济和社会发展第十四个五年规划和 2035 年远景目标纲要》，北京：人民出版社，2021 年版，第 79 页。
② 《学习贯彻习近平新时代中国特色社会主义经济思想 做好“十四五”规划编制和发展改革工作丛书》编写组：《推进以人为核心的新型城镇化》，北京：中国市场出版社、中国计划出版社，2020 年版，第 93 页。

横向错位发展、纵向分工协作的发展格局。要加强创新合作机制建设，构建开放高效的创新资源共享网络，以协同创新牵引城市协同发展。

2014 年，《国家新型城镇化规划（2014—2020 年）》根据不同类型城市资源环境承载能力、要素禀赋和比较优势，以促进各类城市协调发展为目标，针对中心城市、中小城市、小城镇制定了差异化发展策略，促进了大中小城市和小城镇协调发展。[①]

《中华人民共和国国民经济和社会发展第十四个五年规划和2035 年远景目标纲要》进一步阐述了优化提升超大特大城市中心城区功能、完善大中城市宜居宜业功能、推进以县城为重要载体的城镇化建设等方面的重点任务。其中，超大特大城市要统筹兼顾经济、生活、生态、安全等多元需要，转变城市开发建设方式，加强城市治理中的风险防控，促进高质量、可持续发展；大中城市要充分利用综合成本相对较低的优势，主动承接超大特大城市产业转移和功能疏解，夯实实体经济发展基础；县城要加快补短板强弱项，推进公共服务、环境卫生、市政公用、产业配套等设施提级扩能，增强综合承载能力和治理能力；同时要稳步有序推动符合条件的特大镇设市，因地制宜发展小城镇，促进特色小镇规范健康发展。

（四）都市圈建设加快推进

虽然我国“19+2”城市群格局基本形成，但城市群内部经济社会联系还比较弱，核心城市和周边一体化发展的要求已经越来越迫

---

① 《国家新型城镇化规划（2014—2020 年）》，中国政府网，2014 年 3 月 17 日。

切。都市圈是城市群的基础形态，是以大城市为核心、与周边具有紧密人口和经济关联的中小城市共同组成的一体化地域空间组织，是在我国城镇化格局中具有枢纽地位的重要一环。

国家和地方对培育建设现代化都市圈的逐渐重视，建设步伐明显提速。2019 年 2 月，国家发改委印发《关于培育发展现代化都市圈的指导意见》，明确了都市圈的内涵定义以及都市圈培育建设中基础设施一体化、城市间产业分工协作、统一开放市场建设、公共服务共建共享、生态环境共保共治、城乡融合发展、一体化发展机制构建等方面的重点任务。2020 年 12 月，国务院办公厅转发国家发展改革委等单位《关于推动都市圈市域（郊）铁路加快发展意见》，对进一步增强都市圈市域（郊）铁路运营供给能力、提高服务水平作了明确部署。

根据统计，全国有 25 个省共计提出要培育建设 36 个都市圈，以 4.5%的国土面积承载了全国约 32.1%的常住人口，创造了约 51.6%的生产总值，正在成为提升中心城市综合承载能力、发挥辐射带动作用、破解“大城市病”、引领城市群一体化发展的有效抓手。

第二节　行政区划改革

行政区划是国家治理体系的重要一环，具有行政管理和社会经济管理的双重属性，直接关系到区域发展、城市空间结构等诸多方面的利益权衡分配。新中国成立以来，尤其是改革开放以后，为适应经济和社会的发展需要，我国城市行政区划在宏观体制和微观建制上大胆探索创新，对提高各级行政管理效能、促进生产要素流动、优化资源配置、完善城乡空间结构、推进城镇化进程产生了一定的积极作用，但也遗留了一定的历史问题。

改革开放后，我国省级行政区划调整仅有两次，即1988年海南从广东省分离建省，及1997年重庆从四川省分离出来设立直辖市，城市行政区划调整集中在地级市、市辖区、县级市层面。地级及以下行政区划的频繁调整与我国城镇化水平快速提升相互促进，城市发展方针为区划调整指明了方向，区划调整则为城市发展带来关键动力，本质上是空间生产关系不断适应并引领空间生产力发展。改革开放后我国城市行政区划的调整历程可以分为以下四个阶段。

一、1978—1985年：城市建制体系逐步形成并走向规范

（一）改革背景

改革开放初期，我国建制市设置仍较为模糊，1978—1985年是不断探索和规范，最终基本确立建制市分类体系的阶段。在此期间，建制市数量快速增加，由1978年底的193个增加到1985年底的324个，增加131个。其中，1983年是地级市与县级市增长爆发的重要节点。

本阶段行政区划调整的主线有两条，一是以撤县设市的方式设立县级市，二是以撤地设市、地市合并、县（市）升格等方式设立地级市。

撤县设市的热潮根植于以小城市为发展重点的时代背景。在经济高速增长和城乡户籍分隔的背景下，1978年，国务院召开第三

次全国城市工作会议，颁布《关于加强城市建设工作的意见》，提出“控制大城市规模，多搞小城镇”的战略性方针；1980年，国务院在《全国城市规划工作会议纪要》中正式提出了“控制大城市规模，合理发展中等城市，积极发展小城市”的城市发展方针。撤县设市符合发展小城市的顶层设计，一经启动就得以迅速推进落实。

设立地级市的热潮则是基于市管县体制改革的时代背景。改革开放之初，随着经济社会的发展和经济体制改革的不断深入，城乡经济发展之间的矛盾越来越突出，城乡分割、生产重复、流通堵塞、多头领导、互相牵制等问题日趋严重。急需找到促进经济发展的新动力、新方式。发挥城市的经济中心作用，实行市管县体制，以市带县，成为当时的一个可行的选择。市管县体制，即通过地级市对城区和所辖县（市）进行统一管理。相比于原来的“省—地级市、县（市）”两级地区管理体制，市管县体制呈“省—地级市—县（市）”三级权力结构。从微观角度看，实行市管县体制，主要是为了协调城乡发展，以城市带动农村；而从宏观角度看，实行市管县体制，发挥城市的经济中心作用，主要是为了适应和促进改革开放后中国经济发展形势，即农业经济向工业经济的转型。

在计划经济向市场经济转轨时期，通过推行市管县体制，借助行政的力量改变行政区以适应经济区的发展要求，整合了行政区和经济区之间的矛盾，扩大了经济区范围，有效缓解了社会转型初期行政区和经济区的磨合阵痛，对经济和社会的发展起到了促进作用。市领导县后，行政区的经济范围迅速扩大，有力推动市场体系发育不成熟的条件下生产要素在行政区范围内的优化组合，使城乡、市县的优势得以互补，经济效益明显提高。

（二）政策演变

1978年，浙江省将吴兴县的湖州镇、嘉兴县的嘉兴镇、绍兴县的绍兴镇、金华县的金华镇和衢县的衢州镇改为市，即切块设市，但此后市县矛盾突出。为此，浙江省申请将5县与5市合并，1981年国务院批准了浙江省的请求，撤销吴兴、嘉兴、绍兴、金华、衢县，其行政区域并入湖州、嘉兴、绍兴、金华、衢州等5个县级市，同时指出“五个县都改市带有试验性质”。

1982年，中共中央、国务院充分肯定辽宁省在经济发达地区实行市管县体制的经验，发出《关于改革地区体制，实行市管县的通知》，并批准江苏全省实行市管县体制，全国各省、自治区都扩大了试点。

1983年，江苏省苏州地区下辖的常熟县改设为市，标志着第一个真正意义上的县级市诞生。同年，民政部、劳动人事部在实地调查摸底的基础上，在上报国务院的《关于地市机构改革中的几个重要问题的请示报告》中肯定了撤县设市模式，并提出了县改市的具体标准。由此以后，撤县改市成为设市的主要模式。该年度全国有31个县改为县级市，撤县设市政策一经启动就迅速进入了第一个高峰期。报告中首次使用地级市和县级市表述，同年国务院在有关行政区划调整的批复中正式使用地级市和县级市表述，地级市和县级市概念从此正式确立。

与此同时，中共中央、国务院下发《关于地市州党政机关机构改革若干问题的通知》，要求“积极试行地、市合并”，提出通过地市合并扩大大中城市郊区、切块设市、县市（镇）合并、县（市）升格、把周围的一个或两三个县划归市领导（即划县入市）及其他适当办法来实行市领导县体制。此后，市管县体制实施范围逐步扩大，并向西部地区和部分欠发达省份转移。因此，全国掀起了设立地级市的浪潮，促成了 1983 年地级市数量增长及撤地设市、地市合并、县（市）升格的第一次高峰。

1985 年 1 月，国务院发布《关于行政区划管理的规定》，明确各级行政区划调整的审批权限，并将市辖区设置的审批权收归国务院。该文件的发布标志着我国行政建制体系的规范化确立，第一个探索阶段到此结束。

二、1986—2000 年：城市数量快速扩张，市管县体制基本确立

（一）改革背景

1989 年 12 月，七届全国人大常委会第十一次会议通过《中华人民共和国城市规划法》，以法律形式明确规定，国家实行严格控制大城市规模、合理发展中等城市和小城市的方针，促进生产力和人口的合理布局。①

为了促进中小城市的发展和进一步落实市管县体制，本阶段城市行政区划调整以建制市数量快速扩张为主要特点。一方面，撤县设市快速推进，以 1993 年为关键节点；另一方面，撤地设市出现第二次高峰，以 1999 年为关键节点。

但是，城市数量的快速扩张带来了诸多问题，尤其是撤县设市

① 《中华人民共和国城市规划法》，《中华人民共和国国务院公报》，1989 年 26 期。

后期的急进和冒进，造成了“假性城市化”、权力寻租等一系列负面效应。

（二）政策演变

1986 年 4 月，国务院批转民政部《关于调整设市标准和市领导县条件报告的通知》（以下简称《通知》），首次明确了撤县设市在人口规模、经济规模两方面的指标，具体分为：总人口 50 万以下的县，县人民政府驻地所在镇的非农业人口 10 万以上，常住人口中农业人口不超过 40%，年国民生产总值 3 亿元以上，可以撤县设市；总人口 50 万以上的县，县人民政府所在镇的非农业人口一般在 12 万以上，年国民生产总值 4 亿元以上，也可撤县设市。此外，《通知》规定，非农业人口 6 万以上，年国民生产总值 2 亿元以上，已成为该地经济中心的镇，可以设市；市区非农业人口 25 万以上，年国民生产总值 10 亿元以上的中等城市，可以实行市领导县的体制；同时对民族地区、边远地区的城镇及具有特殊经济政治军事文化地位的城镇放宽“切块设市”的标准。此次公布的设立标准不高、批复程序不难，客观上导致更多的县拥有了设市资格，进一步加快了设置县级市的进程。1983—1986 年，是撤县设市的第一波高潮。

1993 年 5 月，国务院批转民政部《关于调整设市标准的报告》，首次对地级市与县级市的设置标准做出区分。相比于 1986 年的县级市设市标准，此次标准有明显提高，并且新增了工业产值比重、工业总产值、第三产业比重、地方财政人均收入、财政总收入及城市公共基础设施完善程度等指标，共 6 类 13 项。但是，全国仍有大量县满足条件，且因政策按照人口密度实施不同指标，客观上使得中西部的县相较过去更容易达到设市标准，“设市热”再度兴起，进入井喷期。1993 年、1994 年，全国撤县设市的数量连续两年达到历史最高纪录，均为 53 个。

1993 年，《政府工作报告》还明确提出“地和地级市并存一地的，原则上要合并”的要求，在 1993 年地级市设立标准明确的基础上，地级市数量开始稳步增长。撤地设市和地市合并高潮随着市管县体制的落实拉开大幕。到 1997 年，我国东部沿海大部分地区已经完成了撤地设市工作。

然而，由于把关不严等，撤县设市出现侵占耕地、“假性城镇化”等问题。1994 年 10 月，党中央发函各级政府暂缓撤县设市，但未能有效遏制“设市热”。1997 年 4 月，中共中央、国务院下发《关于进一步加强土地管理切实保护耕地的通知》，出于保护耕地的目的，要求冻结县改市的审批，“县改市”工作正式被冻结。1997 年，湖北省汉川县改设为汉川市是本阶段最后一例撤县设市。截至 1998 年底，我国县级市数量达 437 个，其中近 350 个为县改市。

1999 年 1 月，中共中央、国务院印发《关于地方政府机构改革的意见》，指出要调整地区建制，减少行政层次，避免重复设置。与地级市并存一地的地区，实行地市合并；与县级市并存一地的地区、所在市（县）达到设立地级市标准的，撤销地区建制，设立地级市，实行市领导县体制；其余地区建制也要逐步撤销，原地区所辖县改由附近地级市领导或省直辖，县级市由省委托市代管。同年 11 月，民政部下发《关于调整地区建制有关问题的通知》，将地改市的标准由“市区从事非农业的人口 25 万人以上”调整为“地区所在的县级市从事非农业的人口不低于 15 万人”，适当放宽了撤地设市时设立地级市的标准。由此促成了以中西部地区为主的撤地设市及地级市数量增长的第二次高峰，尤其是2000年，撤地设市数量高达20个。

三、2001—2008年：撤县设区兴起，城市规模扩张加快

（一）改革背景

随着撤县设市的冻结和撤地设市的基本完成，我国城市数量趋于稳定并开始逐渐减少。本阶段，撤县设区迎来第一次爆发，推动城市规模大幅扩张，并伴随着一定的区界重组。向外扩张以获取新的发展空间，进而调整功能布局、实现增量拓展成为中心城市最主要的需求，这与国家城市化战略的重大转变紧密契合。

我国经济发展和城市化实际进程并没有按照20世纪八九十年代的“控制大城市规模，合理发展中等城市，积极发展小城市”的战略框架演进，乡镇经济和小城镇建设只在一些地区取得了进展。一方面，市管县体制保驾护航的中小城市发展战略在广大内陆地区没有发挥应有的效果；另一方面，要素不断集聚推动中心城市成为区域经济增长极，但国家层面长期抑制大城市发展的政策导向导致中心城市的空间和治理矛盾重重。

因此，进入21世纪后，我国城市化战略进行了比较重大的调整。《中华人民共和国国民经济和社会发展第十个五年计划纲要》提出，“不失时机地实施城镇化战略”，首次将城镇化提升到国家战略高度，并指出有重点地发展小城镇，积极发展中小城市，完善区域性中心城市功能，发挥大城市的辐射带动作用，引导城镇密集

区有序发展，淡化了以往限制城市规模增长的城镇化方针，对大城市，从“控制”改为“完善”和“发挥”，对中等城市，从“合理发展”改为“积极发展”。2002年，党的十六大提出，要逐步提高城镇化水平，坚持大中小城市和小城镇协调发展，走中国特色城镇化道路。这一方针在“十一五”和“十二五”期间得到了延续，《中华人民共和国国民经济和社会发展第十一个五年规划纲要》明确提出，坚持大中小城市和小城镇协调发展，提高城镇综合承载能力，按照循序渐进、节约土地、集约发展、合理布局的原则，积极稳妥地推进城镇化，逐步改变城乡二元结构。《中华人民共和国国民经济和社会发展第十二个五年规划纲要》进一步提出，按照统筹规划、合理布局、完善功能、以大带小的原则，遵循城市发展客观规律，以大城市为依托，以中小城市为重点，逐步形成辐射作用大的城市群，促进大中小城市和小城镇协调发展。

在新的城市发展战略的指导下，各地中心城市的空间需求普遍膨胀，空间建设规模急速扩张。在原有“城区”规模普遍偏小、大量市县同城的情况下，撤县（市）设区便成为整合资源、拓展中心城市发展空间和扩大城市规模的“必由之路”。此时，一定的区界重组伴随着撤县设区发生。这是因为撤县设区不是简单的吞并，而是旨在通过空间与治理的重组，释放都市区的发展潜力。在实践中，随着中心城市空间的急剧扩大，开始出现空间利用不集约、空间整体品质下降、政府公共服务供给能力下降等问题，因此，都市区需要通过一定的区界重组进行治理结构的调整和重塑，以满足现实需求。

（二）政策演变

1997年撤县设市冻结后，随着分税制改革的进一步深化，中央与地方政府间的财政分配关系进一步调整，地方政府的财政收入来源日渐趋紧，市辖区相较于县（市）能够更直接地充实市级财政的来源，并在城市化的进程中进一步为“土地财政”提供资金支持，使得“撤县设区”作为“撤县设市”的替代性方案为广大中心城市所接受。

面对大城市急待发展与扩张的冲动，撤县设区在2000年左右迎来了第一波小高潮，在随后的三年里，撤县设区数量呈现爆发式增长态势，直至2003年回落走低。本轮撤县设区主要集中于中国经济发达、城镇化水平较高的地区，尤以长三角、珠三角地区最为集中。

2008年1月，国务院发布《关于促进节约集约用地的通知》，这是我国第一部专门针对节约集约用地的规范性文件。同年10月，党的十七届三中全会通过《中共中央关于推进农村改革发展若干重大问题的决定》，提出在坚持最严格的耕地保护制度的同时，要实行最严格的节约用地制度，从严控制城乡建设用地总规模。随着节约用地、节约资源、环境生态友好的城市化发展方针政策深入推进，城市大规模扩张的发展方式在一定程度上被优化城市功能布局、提升城市产业结构等集约型发展方式所取代。

此外，本阶段大批中心城市撤县设区后，发现市、区之间的磨合往往缓慢而艰难。这是为了撤并工作的顺利开展，被撤县（市）往往得以保留原县级政区的大部分权限，如规划权、项目审批权、财政权、人事权等，造成市—区间管理体制不顺，难以完全实现撤县设区的预期目标和区域协调发展的初衷。因此，在快速推进了几年之后，2008 年前后，撤县设区的进程显著放缓，平均每年已不到 3 例，区界重组则逐渐成为行政区划调整的新趋势。

四、2009 年至今：撤县设市再启动，城市化进入新阶段

（一）改革背景

2011 年是我国城市化发展史上具有里程碑意义的一年，我国城市化率首次超过 50%，这标志着数千年来以农村人口为主的城乡人口结构发生逆转，我国已进入以城市社会为主的新的成长发展阶段。

随着都市化进程的快速推进，越来越多的都市区开始着眼于发展品质和综合竞争力的培育，城市功能与内涵的提升开始超越简单的规模成为追求的主题。2008 年以来的都市区战略性空间调整的序幕，由以上海、天津、北京、重庆四大直辖市为代表的高层级区界重组拉开，包括上海浦东新区的扩容、重庆两江新区的设立以及沈阳大浑南的构建等。同步进行的还有中心城区的高层级区划合并，例如北京市撤销东城区、崇文区，设立新的东城区，撤销西城区、宣武区，设立新的西城区；上海市黄浦区、卢湾区合并设立新的黄浦区等，随后苏州、青岛、南京等也纷纷效仿。新一轮的区界重组层级更高，方式更多样，对于完善城市治理结构、提升城市竞争力发挥了积极作用，城市也由此从大规模扩张逐渐转变为优化城市功能布局、提升城市产业结构等集约型发展方式。

此外，自 1997 年撤县设市政策冻结以来，虽然有过个别成功案例，但更多的申请县处在漫长的筹备和等待中。2014 年前后，

撤县设市逐步复苏，伴随撤县设区的第二次高潮，带来我国城市行政区划数量与规模的全面扩张。但在本阶段，民政部按照从严掌握，成熟一个、办理一个的原则把握审核节奏，因此，区划调整呈现更规范和平稳有序的特点。

（二）政策演变

2010年，云南省蒙自县、文山县获批撤县设市，意味着撤县设市政策冻结状态开始有所松动。2013年，民政部批准吉林扶余和云南弥勒两县改为县级市，停滞多年之久的设立县级市开始恢复。

2013年10月，党的十八届三中全会通过《中共中央关于全面深化改革若干重大问题的决定》，指出要优化行政区划设置、完善设市标准、严格审批程序，具备行政区划调整条件的县可有序改市。这是时隔多年后，党的中央文件首次重新提到县改市。

2014年，中共中央、国务院印发《国家新型城镇化规划（2014—2020年）》，提出对具备行政区划调整条件的县可有序改市，把有条件的县城和重点镇发展成为中小城市；对吸纳人口多、经济实力强的镇，可赋予同人口和经济规模相适应的管理权。此时，我国逐步批复了一些县进行撤县设市，但数量较少。撤县（市）设区则出现井喷式的新高潮，主要发生在一些层级不高或者经济相对欠发达地区的都市区。如山东省、四川省等地区的城市。这些城市通过撤县（市）设区实现都市区扩容的动机与2000年的第一个高峰基本一致，只是由于自身发展水平和阶段的限制而相对滞后。

2016年2月，国务院发布《深入推进新型城镇化建设的若干意见》，提出完善设市标准和市辖区设置标准，规范审核审批程序，加快启动相关工作，将具备条件的县和特大镇有序设置为市。

2016年5月，民政部出台《设立县级市标准》和《设立县级市申报审核程序》，所有符合标准的县均可按照标准和程序申请，意味着撤县设市正式解冻，进入全面复苏时期。新标准共计21项，涉及常住人口、经济产业、资源环境与基础设施、公共服务四大类指标。此次新标准主要有五大亮点。一是定量与定性指标相结合，共有16项定量指标和5项定性指标。二是按不同地区制定各自的设市标准，在人口密度基础上，按东部地区、中部和东北地区、西部地区分别设立人口和经济指标。三是增加相对水平考核，不仅考核指标绝对量，还要将相关指标在本省所辖县中进行排序，且不得低于全国平均水平。四是丰富并优化基础设施指标，包括污水处理率、生活垃圾无害化处理率、社区综合服务设施覆盖率、家庭宽带接入率、建成区绿地、平均路网、道路面积、应急避难场所、公共交通网络、市政公用和安全设施等。五是引入资源环境、基本公共服务等新指标，要求城市用地和布局需符合土地利用规划，实现城镇低保、公共就业服务全覆盖，并且在教育、医疗、养老、文化和体育等方面都需达到相应指标。程序上则要求2016年及以前已提交但未批复的撤县设市申报全部作废，必须按照新的标准重新提交材料。

2018年3月，国家发改委发出《关于实施2018年推进新型城镇化建设重点任务的通知》，指出要加快培育新生中小城市，继续开展撤县设市，稳步推进撤县（市）设区，以及“落实非县级政府驻地特大镇设市”。

2020年4月，国家发改委发布《2020年新型城镇化建设和城乡融合发展重点任务》，继续提出优化行政区划设置，统筹新生城市培育，有序推进“县改市”等。

第三节　城市开发区和新城新区建设

开发区和新城新区是我国改革开放后最重要的经济发展载体和制度创新实践之一，对改善投资环境、引导产业集聚、发展开放型经济发挥了不可替代的作用，有效拓展了城市产业空间，优化了城市空间布局，增强了城市对外开放和科技创新功能，已成为所在城市和地区的重要增长极。

一、开发区和新城新区的建设历程

（一）国家级经济技术开发区

1．发展历程

改革开放初期，面对国内资本短缺、技术落后、人才不足、管理体制与国际市场环境脱节等问题，以 1984 年为起点，我国探索设立了一批经济技术开发区，通过实施“三为主、一致力”方针，即以发展工业为主、利用外资为主、出口创汇为主、致力于发展高新技术产业，迅速形成了外向型经济增长极。

1978 年，广东省向党中央提出，可以利用其毗邻港澳、华侨众多的优势，在沿海某个城市划出一块地方，设立类似于国外的自由贸易区或出口加工区的特殊区域，实行有别于其他地区的特殊政策，以促进经济发展。该建议得到了党中央的肯定。1980 年，党中央正式批准成立深圳、珠海、汕头和厦门等四个经济特区。

1984 年 2 月，邓小平视察经济特区时，肯定了建立经济特区的政策和特区建设成就，并提出“除现在的特区之外，可以考虑再开放几个港口城市，如大连、青岛。这些地方不叫特区，但可以实行特区的某些政策”[①]。同年5月，中共中央、国务院批转《沿海部分城市座谈会纪要》，提出进一步开放天津、上海、大连、秦皇岛、烟台、青岛、连云港、南通、宁波、温州、福州、广州、湛江和北海十四个沿海港口城市；这几个城市，有些可以划定一个有明确地域界限的区域，兴办新的经济技术开发区。根据中央决策，20世纪80年代末，我国首批十四个经济技术开发区相继设立，且全部位于东部沿海港口城市。

随着国家对外开放逐渐由沿海向内地推进，国家级经济技术开发区的设置也呈现从东部地区逐渐向中部地区再向西部地区推进的过程。20世纪90年代初，温州等第二批经济开发区获批，虽然获批的经开区区位仍以东部地区为主，但内地省份开始有所涉及。1993年，分别在安徽、湖北、重庆设立了芜湖经济技术开发区、武汉经济技术开发区、重庆经济技术开发区。1999年，党中央作出了西部大开发的重大战略决策。为了落实这一战略，外经贸部等发布《关于当前进一步鼓励外商投资意见的通知》，允许中西部各省、自治区、直辖市在其省会或首府城市选择一个已建成的开发区，申办国家级经济技术开发区。2000年前后，合肥等10多个省级经济开发区获批升级为国家级经济技术开发区。截至2018年底，国家级经济技术开发区达到219个，其中东部111个，中部66个，西部42个。[②]

① 邓小平：《办好经济特区，增加对外开放城市》，《邓小平文选》（第三卷），北京：人民出版社，1993年版，第52页。

② 武敏、彭小雷、叶成康、王宏远、王新峰、刘继华：《国家治理视角下我国新城新区发展历程研究》，《城市规划学刊》，2020年06期。

2．改革举措

国家级经济技术开发区是我国对外开放地区的重要组成部分，它们大多位于各省、自治区、直辖市的省会等中心城市，在沿海开放城市和其他开放城市郊区划定 3~5 平方公里的小块区域，集中力量建设完善基础设施，创建符合国际水准的投资环境，形成吸引利用外商投资的良好环境，引进与老市区产业结构调整紧密结合的先进技术，提高开发区所在城市的对外开放功能和实力，成为所在城市及周边地区发展对外经济贸易的重点区域。

国家级经济技术开发区根据国家相关外资产业政策对国外直接投资企业的鼓励类项目实行税收减免、优惠，提供工业用地和其他一些优惠政策，吸引各种资金和实体投资办厂、办公司。1984 年 11 月，国务院发布《关于经济特区和沿海 14 个港口城市减征、免征企业所得税和工商统一税的暂行规定》，其中对沿海 14 个港口城市的经济技术开发区予以企业所得税、地方所得税等减免优惠。《中华人民共和国外商投资企业和外国企业所得税法实施细则》对外资企业提供了税收优惠政策。

（二）国家级高新技术产业开发区

1．发展历程

20 世纪 80 年代中期，为紧跟世界科技革命与高新技术发展大潮，国家有关部门就对国外高技术园区进行了调研，并着手制定促进高新技术产业发展的相关政策。1984 年，国家科委向党中央提交《关于迎接新技术革命的对策报告》，明确提出要研究、制定新技术园区和企业孵化器的优惠政策；1985 年，国家科委提出试办高新技术产业开发区的想法。1985 年 3 月，中共中央发布《关于科学技术体制改革的决定》，提出在全国选择若干智力资源密集的地区，采取特殊政策，逐步形成具有不同特色的新兴产业开发区。

1988 年 5 月，在北京中关村电子一条街的基础上，国务院批准《北京市新技术产业开发试验区暂行条例》，决定以中关村为中心，在北京市海淀区划出 100 平方千米左右的区域，建立外向型、开放型的新技术产业开发试验区。这个“试验区”就是现在的“中关村科技园区”，同时也是首个国家级高新区。

同年 8 月，经国务院批准，以推动高新技术成果商品化、产业化和国际化为宗旨的“火炬计划”开始实施，其中建设和发展高新技术产业开发区是火炬计划的重要内容之一。为了继续推进“火炬计划”的实施，办好高新技术开发区，加快高新技术产业的发展，1991 年 3 月，国务院发布《关于批准国家高新技术产业开发区和有关政策规定的通知》，提出在当时各地已经建立的地方高新区中认定 21 个为国家级高新区；其中，位于经济开发区、经济特区内的上海漕河泾新兴技术开发区、大连市高新技术产业园区、深圳科技工业园区、厦门火炬高技术产业开发区、海南国际科技工业园等 5 个园区，也被确定为国家级高新区。在“火炬计划”推动下，全国各地区纷纷结合当地条件和特点，积极创办高新区。截至 2018 年底，国家级高新区总数达到 156 个。

2．改革举措

在国家级高新区设立初期，我国同时发布了相配套的优惠“政策套餐”，如 1991 年国务院批准国家科委制定的《国家高新技术产业开发区高新技术企业认定条件和办法》《国家高新技术产业开发区若干政策的暂行规定》和国家税务总局制定的《国家高新技术产业开发区税收政策的规定》。其中，《国家高新技术产业开发区若干政策的暂行规定》在进出口货物的关税优惠、便利进出口业务、资金信贷支持等方面，明确了对认定的高新技术企业的支持政策；《国家高新技术产业开发区税收政策的规定》为高新技术产业开发区内被认定的高新技术企业提供了税收优惠政策。

（三）其他开放导向型开发区

1988 年，国务院发布《关于加快和深化对外贸易体制改革若干问题的规定》《关于沿海地区发展外向型经济的若干补充规定》等重要文件，要求实行“两头在外、大进大出”；除了继续给予沿海地区诸多优惠政策外，还提出了要在沿海开放区域设立各类以对外贸易为目标的开发区。据《中国开发区审核公告目录》(2018 年版）统计，我国共设立国家级海关特殊监管区域 135 家，主要包括国家级出口加工区、国家级保税区、国家级保税港区、国家级综合保税区、国家级边境/跨境经济合作区等类型。

1. 国家级出口加工区

改革开放以后，我国加工贸易发展迅猛。但由于加工贸易分散经营，遍地开花，导致管理难度加大。为促进加工贸易发展，规范加工贸易管理，将加工贸易从分散型向相对集中型转变，鼓励扩大外贸出口，2000 年 4 月，国务院正式批准设立由海关监管的出口加工区。国家级出口加工区是国家划定或开辟的专门制造、加工、装配出口商品的特殊工业区。一般选址经济相对发达、交通运输和对外贸易方便、劳动力资源充足、城市发展基础较好的地区，多设置于沿海港口或国家边境附近，大多处于已建成的经济特区和经济技术开发区内，面积不超过 3 平方公里，实行“境内关外”管理模式。我国首批批准进行试点的有 15 个出口加工区。至 2017 年底，共有国家级出口加工区 63 家，如河北秦皇岛出口加工区、内蒙古呼和浩特出口加工区、辽宁大连出口加工区、上海漕河泾出口加工区、广州出口加工区、广东深圳出口加工区等。

2．国家级保税区

为了使投资环境不受国内经济政策和传统经济体制的影响，保税区成为另一种发展外向型经济的开发区。国家级保税区又称为保税仓库区，是有一定范围的封闭式综合性对外开放区域，具有明显的界限，建立完善的隔离措施，区内没有居民，产品100%出口，是经国务院批准的开展国际贸易和保税业务的区域。保税区的建立有利于发展对外贸易、转口贸易、过境贸易、出口加工、仓储运输、分类包装和各类服务业，促进对外贸易发展，可更有效利用外资，引进先进技术和管理经验，扩大出口创汇，在更大范围和更深层次加快与国际市场的接轨。1990 年 6 月，国务院批准设立首个国家级保税区“上海外高桥保税区”，集自由贸易、出口加工、物流仓储及保税商品展示交易等多种经济功能于一体，促进沿海地区开放。截至 2017 年底，国家级保税区共有 12 家，包括上海外高桥保税区、天津港保税区、大连保税区、张家港保税区、宁波保税区、福建福州保税区、厦门象屿保税区、广州保税区、广东福田保税区、广东珠海保税区、汕头经济特区保税区、喀什综合保税区等。

3．国家级保税港区

国家级保税港区是国务院批准，设立在国家对外开放的口岸港区和与之相连的特定区域内，具有口岸、物流、加工等功能的海关特殊监管区域。保税港区享受保税区、出口加工区、保税物流园区相关的税收和外汇管理政策，其功能具体包括仓储物流，对外贸易，国际采购，分销和配送，国际中转，检测和售后服务维修，商品展示，研发、加工、制造，港口作业等 9 项。2005 年 6 月，国务院设立第一家国家级保税港区——上海洋山保税港区。截至 2017 年底，国家级保税港区共有 14 家，包括天津东疆保税港区、大连大窑湾保税港区、上海洋山保税港区、江苏省张家港保税区、宁波梅山保税港区、福州保税港区、厦门海沧保税港区、青岛前湾保税港区、烟台保税港区、广州南沙保税港区、深圳前海湾保税港区、广西钦州保税港区、海南洋浦保税港区、重庆两路寸滩保税港区等。

4．国家级综合保税区

国家级综合保税区是设立在内陆地区的具有保税港区功能的海关特殊监管区域，由海关参照有关规定对综合保税区进行管理，执行保税港区的税收和外汇政策，是国家开放金融、贸易、投资、服务、运输等领域的试验区和先行区，集保税区、出口加工区、保税物流区、港口的功能于一身，可以发展国际中转、配送、采购、转口贸易和出口加工等业务。2006 年 12 月，国务院设立第一家国家级综合保税区——苏州工业园综合保税区。2015 年，国务院决定将符合条件的出口加工区、保税港区等类型的海关特殊监管区域逐步整合为综合保税区，对新设海关特殊监管区域统一命名为综合保税区。截至 2017 年底，全国共有综合保税区 54 家，如北京天竺综合保税区、天津滨海新区综合保税区、上海浦东机场综合保税区、唐山曹妃甸综合保税区等。

5．国家级边境 / 跨境经济合作区

国家级边境/跨境经济合作区是我国沿边开放城市发展边境贸易和加工出口的区域。沿边开放是中西部地区对外开放的重要内容。自 1992 年至 2017 年底，经国务院批准的国家级边境或跨境经济合作区有 19 个，分布在辽宁、吉林、黑龙江、内蒙古、云南、广西、新疆等 7 个沿边省（区），包括满洲里边境经济合作区、二连浩特边境经济合作区、丹东边境经济合作区、珲春边境经济合作区、和龙边境经济合作区、绥芬河边境经济合作区、黑河边境经济合作区、东兴边境经济合作区、凭祥边境经济合作区、临沧边境经济合作区、河口边境经济合作区、中国老挝磨憨—磨丁经济合作区、畹町边境经济合作区、瑞丽边境经济合作区、博乐边境经济合作区、伊宁边境经济合作区、中哈霍尔果斯国际边境合作中心、塔城边境经济合作区、吉木乃边境经济合作区。

同时，其他若干具有特殊对外开放职能的开发区也陆续出现。例如，1989 年我国开始在福建省设立台商投资区——福州台商投资区，主要面向来自中国台湾地区的商贸投资，旨在推动海峡两岸经贸合作与交流。1990 年国务院宣布开发浦东，并在浦东设立首个国家级金融开发区"陆家嘴金融贸易区"，以推进上海国际金融中心建设。此外，1992 年由国务院批准的首批 12 家国家级旅游度假区，定位为"以接待海外游客为主的综合性旅游区"，享受开发区的外向型优惠政策，也列入国家级开发区序列。

（四）国家级新区

国家级新区是由国务院批准设立，以相关行政区、特殊功能区为基础，承担国家重大发展和改革开放战略任务的综合功能区。国家级新区建设与我国区域经济战略布局的现实需求密切相关，其发展大致经历了三个阶段。1992 年设立的上海浦东新区以及 2006 年设立的天津滨海新区是两个时代重要国家战略的空间载体，与 20

世纪 80 年代的经济特区功能较为接近，主要承担经济发展的职能和使命，二者在引领全国对外开放、参与全球竞争方面发挥了国家级增长极的示范作用。此后的 2010—2013 年，随着我国发展战略从“东部率先”转向“四大板块”均衡发展，早期国家级新区的成功经验得以复制，先后产生了两江新区、兰州新区、舟山群岛新区和南沙新区等四个国家级新区，国家级新区在继承和强化经济发展使命的同时，其功能内涵逐步延展，职能与定位也越来越多元化，分别成为所在中心城市转型升级、引领城市群发展的重要引擎。2014 年以来，国家级新区开始进入密集批复期，西咸新区、赣江新区等一批国家级新区获批，集中体现了国家强调区域协调发展的战略意图。2017 年 4 月，党中央、国务院批复设立河北雄安新区，进一步强调了国家级新区在贯彻落实新发展理念、实现政策机制的改革与创新方面的地位及作用。

至此，国家级新区的总量达到 19 个，其中东部地区 8 个，中西部地区 8 个，东北地区 3 个，均衡分布于我国主要中心城市。同时，国家级新区的增长极作用不断彰显，上海浦东、天津滨海、重庆两江、大连金普、长春等新区对所在省（市）地区生产总值的贡献率超过 10%，其中，上海浦东新区和天津滨海新区的地区生产总值占全市比重超过 30%。

国家级新区的发展目标、功能定位等由国务院统一进行规划和审批，相关特殊优惠政策和权限由国务院直接批复，重点承担落实国家重大改革发展任务和创新体制机制的试验示范作用。自 1992 年浦东新区设立以来，《关于促进国家级新区健康发展的指导意见》《关于支持国家级新区深化改革创新加快推动高质量发展的指导意见》等多部政策文件出台，积极支持国家级新区的建设发展，在吸引外资、企业准入、产业结构调整、财政税收、外贸出口、技术创新、土地规划、人才引进、环境保护等方面，出台了大量的优惠政策、支持政策，并允许开发区开展相关方面的政策试点、政策创新。

二、开发区和新城新区的整改和规范发展

（一）开发区建设热潮

沿海城市开发区的早期实践和成功具有很强的示范效应，“开发区热”迅速波及全国；不仅国家级和省级开发区的数量快速增加、空间大幅拓展，还一度出现了市级、县级开发区。总体来看，开发区规划建设经历了3次高潮。

一是1992年邓小平南方谈话催生的开发区发展与规划高潮。掀起了对外开放和引进外资的热潮，开发区模式伴随着国家全面开放的步伐在全国范围内普及，进入了快速发展期。

二是1998年的亚洲金融危机和土地财政催生开发区扩张和规划建设高潮。1998年的亚洲金融危机带来了开发区外贸发展形势的变化，外贸和外资受挫后，开发区因1994年国家分税制改革的推行而开始实施依靠土地资源的滚动开发和分税制，使地方政府的土地财政依赖问题进一步显化及加剧，加之开发区之间招商引资竞争的加剧，进一步加速了开发区土地的扩张。同时，此时适逢我国改革开放以后城市规划修编新周期的来临，由此带来了开发区规划建设的第二次高潮。

三是21世纪初期“入世”带来的开发区发展与建设高潮。2001年我国加入世界贸易组织后，出现了新一轮省级开发区设立和开发区升级高潮，而外贸形势的变化促使原有开发区提出“二次

创业”和转型发展的要求，加上许多开发区的扩区和管理体制的变化，以及所在城市为扩大规模对开发区提出新要求，由此带来了开发区规划建设的第三次高潮。

然而，尽管开发区的数量、规模和类型在飞速增长，并在推动国家和地方经济发展方面取得了显著成就，但地方开发区设立的乱象却开始涌现，造成土地资源浪费严重。根据统计，在经历 20 世纪 90 年代和 21 世纪初的“开发区热”后，全国各类开发区数量达到 6866 个，规划面积达到 3.86 万平方千米，超过了当时全国城镇建设用地面积。几乎所有城市都规划建设了开发区，很多城市拥有多个开发区。[①] 1992 年“开发区热”时，各级地方政府竞相圈地开办开发区，导致全国绝大多数省建设用地和耕地占用指标大大突破预期。1984—1996 年，国家经济技术开发区总共闲置土地约 90 平方千米，平均闲置率为 31.8%。[②]

（二）开发区整顿和规范管理

20 世纪 90 年代和 21 世纪初期一些地方出现的“开发区热”，导致开发区盲目扩张，带来土地资源浪费、超出实际需要和经济承受能力等诸多问题。随后，国家开展了多轮开发区清理和整改工作，并相继出台各类关于开发区的管理办法，加强对开发区的规范管理。

---

① 郑国:《中国开发区发展与城市空间重构：意义与历程》,《现代城市研究》，2011 年 05 期。

② 杨东峰、刘正莹:《中国 30 年来新区发展历程回顾与机制探析》,《国际城市规划》，2017 年 02 期。

1993年4月，国务院发布《关于严格审批和认真清理各类开发区的通知》，对开发区开展第一轮整改，明确国家级开发区的审批权限在国务院，省、自治区、直辖市级人民政府拥有少量批准设立省级开发区的权限，而省、自治区、直辖市以下各级人民政府无任何级别开发区的审批权限。规定设立开发区实行国务院和省、自治区、直辖市人民政府两级审批制度。省、自治区、直辖市以下各级人民政府不得审批设立各类开发区；对未经国务院或省、自治区、直辖市人民政府批准而自行兴办的各类开发区，各地要进行一次认真的检查清理。这是首次在全国层面启动开发区整顿。此后，国务院还收紧对国家级开发区的审批，如1994—1997年间仅批复北京经济技术开发区、苏州工业园区等少数经开区。虽然1993年第一轮开发区的清理和整改，规范了开发区的审批权限，但由于后续政策的监管力度不足，地方政府设立其他类型的新城新区，导致该政策的执行并未对新城新区形成持续性的管控作用。

2003—2007年，我国开展了第二轮开发区整改工作，陆续出台了多个整顿、清理、规范开发区的政策。2003年7月，国务院办公厅发布《关于暂停审批各类开发区的紧急通知》（以下简称《通知》），再次开展了对各类开发区的整顿，指出改革开放以来，我国先后兴办了一批经济技术开发区、高新技术产业开发区、出口加工区和保税区，对发展外向型经济、推动体制和技术创新、增加就业等发挥了重要作用。但有些地方也出现了不顾实际条件，盲目设立和扩建名目繁多的各类开发区，造成大量圈占耕地和违法出让、转让国有土地的现象，严重损害了农民利益和国家利益，要求各省、自治区、直辖市人民政府和国务院有关部门，一律暂停审批新设立和扩建各类开发区。国家级开发区确需扩建的，须报国务院审批。到2006年底，经过清理整顿、规划审核、设立审核及落实四至范围等工作，全国各类开发区由6866个核减至1568个，规划面积由3.86万平方千米核减至9949平方千米。[①]2007年3月，国家发改委、国土资源部、建设部联合发布《中国开发区审核公告目录》(2006年版)，不但公告了经审核认定的开发区名单，同时也界定了开发区的类型。

2012年，针对一些地方出现的以工业园区、产业园、集中区等名义违规设立开发区、随意圈占土地、扩大开发区面积、擅自出台优惠政策、低水平重复建设的苗头和倾向，国务院开展了各类开发区的第三轮整改工作。多个部委联合开展大规模的清理整改工作，并逐步出台更具针对性、操作性更强的管理政策，对于新城新区的批复设立、规划建设、管理监管等提出了系统的规范性文件。2012年12月，国家发改委、国土资源部、住建部联合发布《关于开展各类开发区清理整改前期工作的通知》，明确各类开发区清理整改的范围和工作安排。

2018年2月，国家发改委、科技部、国土资源部、住建部、商务部、海关总署联合发布《中国开发区审核公告目录》(2018年版)，明确国家、省级开发区共2543家，其中国家级552家，省级1991家；相比2006年版《中国开发区审核公告目录》增加了975个开发区。整改后国家加强开发区和新城新区对于科技创新、制造升级、体制改革等方面的引导和规范，从批复设立各类开发区转变为在既有开发区基础上叠加政策区、示范区，从而扩大新城新

① 赵民、王启轩:《我国“开发区”的缘起、演进及新时代的治理策略探讨》,《城市规划学刊》, 2021年06期。

区、开发区的示范效应，多个引导和规范类的文件，更加明确限定了各类新城新区内鼓励和禁止的行为。

在开展开发区清理整顿的同时，中央政府还加强了开发区的制度建设。1995 年，建设部出台《开发区规划管理办法》(以下简称《办法》)，对开发区规划与城市规划的关系、开发区规划层次等进行了规范。《办法》明确要求，开发区规划应当纳入城市总体规划中，并依法实施规划管理。开发区必须依法编制开发区规划，同时提出开发区规划可以按照开发区总体规划阶段和开发区详细规划阶段进行编制。在城市规划区以外的开发区，参照本办法执行。各地也纷纷出台相应的开发区规划管理办法，如《上海市工业区规划编制技术要求》《北京经济技术开发区条例》《山东省开发区规划管理办法》等，促使我国开发区规划在城市规划框架下逐步迈入规范发展的阶段。2003 年 9 月，建设部发布《关于进一步加强与规范各类开发区规划建设管理的通知》，指出要强化开发区的规划管理工作，应按照城市总体规划，组织编制开发区总体规划、控制性详细规划，还应编制开发区国有土地使用权出让规划和年度计划。2008 年，《中华人民共和国城乡规划法》第三十条提出，在城市总体规划、镇总体规划确定的建设用地范围以外，不得设立各类开发区和城市新区。同期国土资源部门开展的开发区土地集约利用评估工作要求，开发区规划必须与城市规划和土地利用规划进一步衔接。

在土地管理和扩区审批方面，2003 年 7 月，国务院办公厅发布《关于清理整顿各类开发区加强建设用地管理的通知》。此外，针对开发区的扩建需求，2007 年，商务部等部门印发《国家级经济技术开发区扩建审批原则和审批程序》，明确申请扩建开发区必须符合环评、产值、税收等方面的要求。

在考核评价方面，为合理引导开发区的健康发展，2005年，商务部发布《中国国家级经济技术开发区发展报告》，对2004年54个国家级经开区的发展情况和投资环境作了综合评价。2008年，科技部颁布《国家高新区评价指标体系》，以启动高新区的考核评价工作。2016年，国务院办公厅发布《关于完善国家级经济技术开发区考核制度促进创新驱动发展的指导意见》，强调要完善考核体系，并对经开区的准入、考核、退出等机制作了若干规定。同年，商务部出台《国家级经济技术开发区综合发展水平评价办法》，要求围绕产业基础、科技创新、区域带动、生态环保、行政效能等五大方面，完善经开区的综合发展水平评价体系。此外，2020年，海关总署会同国务院相关部门研究制定《综合保税区发展绩效评估办法（试行）》，并启动了对综保区的发展绩效评估工作。

三、迈向深化改革和转型创新的开发区和新城新区

党的十八大以来，随着我国经济发展进入转型期，一系列关于加快开发区转型升级、实现创新驱动发展的政策文件陆续出台。

各类开发区的统筹分类指导方面，2017年1月，国务院办公厅印发《关于促进开发区改革和创新发展的若干意见》（以下简称《意见》），围绕优化开发区形态和布局、加快开发区转型升级、全面深化开发区体制改革、完善开发区土地利用机制、完善开发区管理制度等方面做出了全面部署。这也是我国第一个关于各类开发区的总体指导文件，对开发区的功能定位做出明确要求。根据《意见》，各类开发区的功能定位明确为“新型工业化发展的引领区、高水平营商环境的示范区、大众创业万众创新的集聚区、开放型经

济和体制创新的先行区”。同时，《意见》对国家级和省级开发区的发展方向也作了明确表述：国家级开发区应“建设具有国际竞争力的高水平园区，打造具有国际影响力的园区品牌”；省级开发区应“成为区域经济增长极，带动区域经济结构优化升级”[①]。

国家级经济技术开发区深化改革和转型创新方面，2014 年 10 月，国务院办公厅印发《关于促进国家级经济技术开发区转型升级创新发展的若干意见》，明确要求要建设成为带动地区经济发展和实施区域发展战略的重要载体，成为构建开放型经济新体制和培育吸引外资新优势的排头兵，成为科技创新驱动和绿色集约发展的示范区，同时围绕国家级经济技术开发区的发展定位、体制机制创新、开放型经济发展作出全面部署。[②] 2019 年，国务院印发《关于推进国家级经济技术开发区创新提升打造改革开放新高地的意见》，明确提出要着力推进国家级经开区开放创新、科技创新、制度创新，提升对外合作水平、提升经济发展质量，打造改革开放新高地，围绕提升开放型经济质量、赋予更大改革自主权、打造现代产业体系、完善对内对外合作平台功能、加强要素保障和资源集约利用等方面作出全面部署。[③]

国家级高新技术产业开发区深化改革和转型创新方面，2020 年 7 月，国务院印发《关于促进国家高新技术产业开发区高质量发

---

① 《国务院办公厅关于促进开发区改革和创新发展的若干意见》，《中华人民共和国国务院公报》，2017 年 06 期。

② 《国务院办公厅关于促进国家级经济技术开发区转型升级创新发展的若干意见》，中国政府网，2014 年 11 月 21 日。

③ 《国务院关于推进国家级经济技术开发区创新提升打造改革开放新高地的意见》，《中华人民共和国国务院公报》，2019 年 16 期。

展的若干意见》（以下简称《意见》），围绕提升自主创新能力、激发企业创新发展活力、推进产业迈向中高端、加大开放创新力度、营造高质量发展环境、加强分类指导和组织管理等方面作出全面部署。《意见》明确提出，要继续坚持发展高科技、实现产业化方向，以深化体制机制改革和营造良好创新创业生态为抓手，以培育发展具有国际竞争力的企业和产业为重点，以科技创新为核心，着力提升自主创新能力，围绕产业链部署创新链，围绕创新链布局产业链，培育发展新动能，提升产业发展现代化水平，将国家高新区建设成为创新驱动发展示范区和高质量发展先行区。到 2025 年，攻克一批支撑产业和区域发展的关键核心技术，形成一批自主可控、国际领先的产品，涌现一批具有国际竞争力的创新型企业和产业集群。

与此同时，为了深化改革和应对内外部发展的新挑战，国家在开发区基础上鼓励推广自由贸易试验区、国家自主创新示范区等的试点政策，促使开发区的改革开放功能不断拓展。2019 年 5 月，国务院印发《关于推进国家级经济技术开发区创新提升打造改革开放新高地的意见》，提出国家级经开区按程序开展符合其发展方向的自贸试验区相关改革试点①；2020 年 7 月，国务院印发《关于促进国家高新技术产业开发区高质量发展的若干意见》，提出鼓励有条件的地方整合国家高新区资源，打造国家自主创新示范区，在更高层次探索创新驱动发展新路径②。

① 《关于推进国家级经济技术开发区创新提升打造改革开放新高地的意见》，《中华人民共和国国务院公报》，2019 年 16 期。
② 《关于促进国家高新技术产业开发区高质量发展的若干意见》，《中华人民共和国国务院公报》，2020 年 21 期。

主要参考资料

1. 殷志静、郁奇虹. 中国户籍制度改革[M]. 北京：中国政法大学出版社，1996.
2. 高尚全、储传亨. 中国城镇住房制度改革全书[M]. 北京：中国计划出版社，1996.
3. 侯淅珉. 为有广厦千万间——中国城镇住房制度的重大突破[M]. 桂林：广西师范大学出版社，1998.
4. 俞德鹏. 城乡社会：从隔离走向开放——中国户籍制度与户籍法研究[M]. 济南：山东人民出版社，2002.
5. 许崇德. 中华人民共和国宪法史[M]. 福州：福建人民出版社，2003.
6. 黄小虎. 新时期中国土地管理研究（上卷）[M]. 北京：当代中国出版社，2006.
7. 张琦、曲波. 怎样让人人住有所居——如何理解住房制度改革[M]. 北京：人民出版社，2008.
8. 陶晓龙. 土地政策与宏观调控——新时期土地市场政府干预理论与实践[M]. 北京：中国环境出版社，2013.
9. 李振京、张林山. 我国户籍制度改革问题研究[M]. 济南：山东人民出版社，2014.
10. 徐绍史. 国家新型城镇化报告 2015[M]. 北京：中国计划出版社，2016.
11. 高波. 我国城市住房制度改革研究——变迁、绩效与创新[M]. 北京：经济科学出版社，2017.
12. 何立峰. 国家新型城镇化报告 2017[M]. 北京：中国计划出

版社，2018.

13. 刘守英. 土地制度与中国发展[M]. 北京：中国人民大学出版社，2018.

14. 国家发展改革委宏观经济研究院国土开发与地区经济研究所. 新型城镇化：中国经济增长和社会变革的动力[M]. 北京：人民出版社，2018.

15. 易成栋. 中国城镇住房制度改革的效果——总体改善、阶层分化以及对房屋普查、人口普查等数据的实证分析[J]. 中国房地产，2018（15）.

16. 任荣荣. 住房租与买：理论决定与现实选择[M]. 北京：社会科学文献出版社，2019.

17. 中国城市和小城镇改革发展中心. 中国城镇化进程中的土地管理制度改革[M]. 北京：社会科学文献出版社，2019.

18. 宋福荣. 当代中国户籍制度改革若干问题研究[M]. 武汉：武汉大学出版社，2020.

19. 徐湘平. 探索经营城市促进城市发展[J]. 城市开发，1999（11）.

20. 赵新平、周一星. 改革以来中国城市化道路及城市化理论研究述评[J]. 中国社会科学，2002（02）.

21. 李秉仁. 关于我国城市发展方针的回顾与思考[J]. 城市发展研究，2002（03）.

22. 董志凯. 新中国城市建设方针的演变[J]. 城乡建设，2002（06）.

23. 邹树彬. 行政区划改革：焦点、态势及走向[J]. 社会科学研究，2007（04）.

24. 徐寿松. 中国房地产大事记（1949—2008年）[J]. 瞭望，2008（09）.

25. 贾康. 1998年以来：从积极的财政政策到稳健的财政政策及公共财政制度建设[J]. 铜陵学院学报，2008（01）.

26. 刘守英. 中国的二元土地权利制度与土地市场残缺——对现行政策、法律与地方创新的回顾与评论[J]. 经济研究参考，2008（31）.

27. 谢世清. 城市基础设施的投融资体制创新："重庆模式"[J]. 国际经济评论，2009（04）.

28. 董志凯. 新中国六十年城市建设方针的演变[J]. 中国城市经济，2009（10）.

29. 李建建、戴双兴. 中国城市土地使用制度改革60年回顾与展望[J]. 经济研究参考，2009（63）.

30. 马瑞. 户籍制度改革的进程、现状及问题思考[J]. 集体经济，2010（03）.

31. 张艳. 国家经开区与高新区的政策渊源探究及反思[J]. 城市规划学刊，2011（03）.

32. 郑国. 中国开发区发展与城市空间重构：意义与历程[J]. 现代城市研究，2011（05）.

33. 叶敏. 增长驱动、城市化战略与市管县体制变迁[J]. 公共管理学报，2012（02）.

34. 邹晓峰. 中国地方投融资平台的变迁历程和主要经验[J]. 全国商情（理论研究），2012（21）.

35. 彭小辉、史清华. 城乡二元户籍的历史沿革、改革路径与启示[J]. 现代经济探讨，2013（08）.

36. 王春雷. 新中国户籍制度产生的历史背景及发展演变[J]. 商业时代，2013（03）.
37. 方创琳. 中国城市发展方针的演变调整与城市规模新格局[J]. 地理研究，2014（04）.
38. 任致远. 关于城市发展方针和规模标准问题的看法[J]. 城市发展研究，2014（09）.
39. 陆杰华、李月. 居住证制度改革新政：演进，挑战与改革路径[J]. 国家行政学院学报，2015（05）.
40. 魏后凯、盛光耀. 我国户籍制度改革的进展、障碍与推进思路[J]. 经济研究参考，2015（03）.
41. 尤琳、陈世伟. 城乡一体化进程中的户籍制度改革研究[J]. 社会主义研究，2015（06）.
42. 王兴平、顾惠. 我国开发区规划 30 年——面向全球化、市场化的城乡规划探索[J]. 规划师，2015（02）.
43. 冯奎. 中国新城新区转型发展趋势研究[J]. 经济纵横，2015（04）.
44. 罗震东、汪鑫、耿磊. 中国都市区行政区划调整——城镇化加速期以来的阶段与特征[J]. 城市规划，2015（02）.
45. 陈建清、何善炜. 深化城市基础设施投融资体制改革的思考[J]. 唯实，2016（10）.
46. 杨东峰、刘正莹. 中国 30 年来新区发展历程回顾与机制探析[J]. 国际城市规划，2017（02）.
47. 金浩然、刘盛和、戚伟. 基于新标准的中国城市规模等级结构演变研究[J]. 城市规划，2017（08）.
48. 李倩. 土地利用管理：聚焦主线 服务大局[J]. 国土资源，

2017（10）.

49. 顾朝林、俞滨洋、张悦、邵磊、唐燕、林文棋、严瑞河、翟炜、王飞、辛修昌、陈恺、陈明玉、袁周、吴京燕. 新时代全国城镇体系规划研究[J]. 城市与区域规划研究，2017（04）.

50. 方创琳. 改革开放40年来中国城镇化与城市群取得的重要进展与展望[J]. 经济地理，2018（09）.

51. 苏红键、魏后凯. 改革开放40年中国城镇化历程、启示与展望[J]. 改革，2018（11）.

52. 王永生. 激发土地要素功能 建设城乡统一市场——我国土地管理改革40年回顾[J]. 南方国土资源，2018（11）.

53. 肖金成、刘保奎. 改革开放40年中国城镇化回顾与展望[J]. 宏观经济研究，2018（12）.

54. 陈科霖. 中国撤县设区40年：回顾与思考[J]. 地方治理研究，2019（01）.

55. 韩云、陈迪宇、王政、张金萍、邓浪舟、邹杏仪. 改革开放40年城镇化的历程、经验与展望[J]. 宏观经济管理，2019（02）.

56. 张茜、王兴平. 改革开放40年来中国开发区政策演变特征研究[J]. 城市规划学刊，2019（02）.

57. 赵军洁、范毅. 改革开放以来户籍制度改革的历史考察和现实观照[J]. 经济学家，2019（03）.

58. 李宏、闫坤如. 新中国成立70年城镇住房制度的嬗变与启示[J]. 广西社会科学，2019（08）.

59. 刘秉镰、朱俊丰. 新中国70年城镇化发展：历程、问题与展望[J]. 经济与管理研究，2019（11）.

60. 李一飞、王开泳. 改革开放以来我国建制市的分类演进过程与规律分析[J]. 经济地理，2019（11）.

61. 李丹阳、汪勇. 新中国70年来户籍制度改革的演变历程、逻辑与趋向[J]. 中国人民公安大学学报（社会科学版），2020（03）.

62. 王敬尧、丁亮. 撤镇设市：经济发达镇有效治理的逻辑[J]. 中国行政管理，2020（03）.

63. 武敏、彭小雷、叶成康、王宏远、王新峰、刘继华. 国家治理视角下我国新城新区发展历程研究[J]. 城市规划学刊，2020（06）.

64. 吴越涛. 有序推进城市更新的思路与举措[J]. 宏观经济管理，2020（09）.

65. 连平、马泓. "十四五"改革的重要任务：土地制度市场化改革[J]. 中国房地产金融，2020（11）.

66. 赵民、王启轩. 我国"开发区"的缘起、演进及新时代的治理策略探讨[J]. 城市规划学刊，2021（06）.

67. 浦绍仙、金莲. 新中国成立70多年来土地制度改革与土地市场演进分析[J]. 国土资源情报，2022（03）.

CHINA'S REFORM AND OPENING UP

第二部分

史料篇

口述资料

▼

李　铁：我亲历的城镇化改革政策制定过程[1]

初提小城镇发展

1992年，杜润生与中国国土经济学会在新华社组织召开了一个关于小城镇发展的座谈会。座谈会上提出并讨论了小城镇发展的问题，比如：是不是应该走农村城镇化的道路来解决农村问题？中国的小城镇发展是不是应该有它独特的发展路径？

当时国务院有关部门如国家计委、住建部等都派代表参加了这个座谈会。我作为国家体改委农村司的官员也参加了这个会议。可以说，这次座谈会非常重要，促进了国家体改委在农村工作研究上的思路转变。因为当时的国家体改委更多的还是注重宏观层面上的经济体制改革，如国企改革、城市综合改革、流通体制改革等，对于农村的关注度明显不够，涉及城乡关系的重大制度问题等仍是空白，如户籍管理体制的改革。当时的国务院领导认为，户籍管理体

---

① 迟福林主编：《口述改革历史（下）》，广州：广东经济出版社，2019年版，第308–318页。

制改革会影响到大量的农村人口进入城市，担心引发两个问题：一是农产品供应是否能够保障供给，会不会影响农业的发展；二是害怕农村搞小城镇会到处盖房子，侵占耕地。已经出现的“村村点火、处处冒烟”对农业也产生了一些所谓的负面影响。当时的小城镇发展确实已经形成了一定的规模。因为 20 世纪 80 年代乡镇企业在沿海发达省份所占工业比重都是“七分天下”，比如广东、浙江、福建、山东，还有江苏，这五个省 70%的产值是在县以下创造的。由于乡镇企业的发展，农民可以带口粮进镇，促进了小城镇的发展。乡镇企业带动小城镇发展已经成为当时中国农村城镇化非常重要的特色。现在到广东、浙江看到的大多数特色小城镇，基本都是那时候奠定的基础。

所以 1992 年提出小城镇发展问题的时候，国家各部委都非常重视，国家体改委牵头报了课题，国家计委、财政部、民政部也都纷纷申报了课题。1993 年，在农村司领导的主持下，我向当时的国家体改委马凯报了六个课题，包括土地、税费改革、农产品流通、小城镇等课题，结果他就在小城镇课题上画了一个圈儿。之后，在马凯的支持和亲自协调下，开展了以国家体改委为主导的小城镇综合改革工作。

在这之前我们对城镇化问题是回避的。为什么呢？第一，之前我们对农产品的供给和轻工业产品的供给问题始终有一种担忧：一旦城镇化发展快了，农民大量进城，怎么解决他们的就业、物资供应以及粮食等方面的需求？这个问题长时间困扰着我们高层决策。所以，即使 20 世纪 80 年代改革开放取得了很大成功，但当时的农产品供给还是有波动。从决策层面看，对中国的城市到底能容纳多少人口，农产品能不能保证极大地丰富供应，心里一直没底。第二，农民进城以后，会对城市带来什么样的变化，会不会成为城市的负担？城市的公共服务和基础设施能否容纳得了更多的进城人口，例如医疗和教育资源是否充足等，这也是决策层面担忧的问题。第三，虽然我们整个工业发展的速度够快，但如果我们把有限的财政大量用到城市建设方面的话，会不会导致投资的浪费？

《小城镇综合改革试点指导意见》颁布

1995 年，在马凯的协调推动下，我们联合国家计委、财政部、国家科委、住建部等 11 个国务院有关部委，颁布了《小城镇综合改革试点指导意见》，这个文件是针对当时农村经济发展的形势，就怎样深化农村改革、推进城镇化而提出的。我记得当年马凯在主持讨论小城镇问题的时候提出了“减少农民才能富裕农民”的观点，这也是当时国家体改委推进小城镇发展非常重要的出发点。当时我们城镇化率很低，只有 26%，全国 12 亿人口，如果 70%~80%的人都在农村，人均 1 亩多地，怎么能增加农民收入，更不用说改善农村的生活状况。1 亩多地种粮食，年收入 500 多元，1 户平均五六亩地，年收入才几千元，无法解决农民致富的问题，更谈不上促进农村的发展。根据全国各地乡镇企业带动小城镇发展的现状，马凯提出，只有把农民从土地上彻底转移出去，才能从根本上解决农村的发展问题。

减少农民，增加农村人均占有资源的供给。如果城镇化率提高到 50%，农民减少一半，人均耕地就会增加一倍，农民在农业上的收入必然会增加。

增加对农产品的商品需求。农民都进城了，农民就会加大对农产品商品化的需求。20 世纪 90 年代农产品的商品率很低，只有

20%左右，商品率低导致农产品价格也低，对城市的供应也会受到限制。农产品供给结构单一，品质也上不去。如果使农民转移到城镇，加大城镇化比重，改变城乡人口结构，就会使农产品商品化速度大幅提高，农产品供给结构将发生深层次改变，刺激农业种植业的多样化，丰富农产品的供给形式，农产品价格也会提高。同时因为农村人均占有资源增加了，农民的收入也会增加。

促进城乡的人口流动。最重要的是解决农村非农就业人口的去向问题。当初提出小城镇问题，也是根据中国的现实情况来考虑：农民进城是进入大城市还是到小城镇？当时的大城市对户籍制度管得很严，不仅限制农村人口，也限制城市间的人口流动，农民不可能大规模进入大城市。我们测算了一下，当时 5 万个乡镇，如果 1 个乡镇解决 1 万人的居住问题，就解决了 5 亿农民的居住问题。所以我们提出通过建设小城镇，吸收大量低收入、受教育程度较低的农民，发展中小企业、乡镇企业，这是当时比较符合现实的通过小城镇发展为中小城市推进城镇化的一条思路。

在城乡矛盾并不是特别突出的小城镇推进城镇化，改革的风险较小。虽然提出了农村城镇化道路，但这个问题在政策上是一个限制非常严格的禁区，谁也不敢提城镇化，“户改”* “土改”**都是禁区。所以我们不好把它上升到各级城市政策层面。但在小城镇问题上可能容易松动，原因有以下几个方面：首先，对大城市利益触动有限。城市的农产品和轻工业品的供应还没有明确的保障，户籍人口有很多福利。如果农民进入特大城市和中心城市，可能会在整个社会稳定和利益结构上产生一些矛盾，但是选择小城镇就避免了这些问题。其次，农民进入小城镇后，实际上和周边的农村还有天然的联系。这里是政府行政管理的薄弱环节，也是最容易取得政策突

* 户籍制度改革。

** 土地制度改革。

破的地方。特别是户籍制度改革，在小城镇率先进行改革，不会产生较大的利益冲突，也不会影响到社会的稳定。总结以往的改革经验，寻找体制上比较薄弱的环节进行突破，是我们抓住小城镇“牛鼻子”进行城镇化改革的初衷。

1995 年国家体改委等 11 个部委制定的《小城镇综合改革试点指导意见》，确实在这方面取得了根本性突破，大概有以下几个方面：

第一，第一次提出了户籍管理制度改革，力争在这些小城镇试点，率先进行户籍制度改革。当然这事在高层还有不同意见，但是在小城镇进行改革，至少在试点层面上可以放开。

第二，在土地管理的基础上进行改革，主要是提出了“以地生财”，由此引发的土地财政至少影响了中国 20 年。1995 年，我们选择的“以地生财”试点是湖南浏阳的大瑶镇，因为小城镇建设没有资金来源。经过与国家土地管理局商量和协调后，在大瑶镇进行试点所实行的政策是：小城镇可以通过集体建设用地的出让，用于解决城镇基础设施建设资金投入问题。到 1996 年又在安徽芜湖大桥镇进行了“以地生财”改革试点。在这两个镇试点的基础上，逐步推进到所有大中型城市。现在，土地财政已经成为各级城镇政府基础设施建设最重要的资金来源。

第三，行政管理体制改革。当时我们提出能不能给小城镇放权。我们研究了中国的城市管理体制，它是等级化的管理体制，管理权限自上而下缩减。涉及小城镇管理体制的问题出现在哪里呢？就是上级政府把当年乡镇企业所创造的大量税收大多集中到县以上的城市去了。从 20 世纪 80 年代县改市、地改市以后，管理体制的等级化越来越强，在乡镇企业基础上发展的小城镇，资源逐渐上移，后果就是县级市、地级市发展很快，县以下的小城镇虽然有活力但是财政资源不足。许多特大镇创造的税收可以占全县的半壁江山，但是能留在镇一级用于小城镇建设的微乎其微，这是小城镇发展非常滞后的重要原因。

在这种背景下，我们提出小城镇改革要针对这些最有活力的特大镇或者经济发展的强镇，要“还权于镇”。举个例子，当年浙江的一些镇，都是十来万人口，财政收入十几个亿，甚至超过了某些北方的地级市。如果能缓解小城镇财政资金的压力，给小城镇放权，激发小城镇的活力，对推进农村城镇化、农村人口转移，促进中小城市发展，带动整个中国经济的发展具有很大的价值。当时我们在全国选择了57个试点镇，进行了涉及户籍、土地，特别是行政管理体制中的机构设置等方面的改革。比如建立镇一级财政金库，在镇一级建立公安分局、规划局等。我们要求上级地方政府在行政上进行配套，试点进展较好的镇，“一把手”建议提到县一级，有利于协调县级各部门的关系。在一些省份，这些小城镇试点的改革都得到了省级政府的支持。例如，浙江省专门派省长助理下到温州的龙港镇，负责落实小城镇的改革试点政策。还有财政超收返还，土地出让收入全留给小城镇使用，也在镇上设立了金库，而且相应地进行了机构改革。但是实施大概3年以后，因为影响到县级政府的利益，当初提出的这些政策以3年试验期满为由，大多退回去了。这些小城镇在试点改革上的探索，为后来中央出台的一系列政策积累了经验，并为之后的文件出台，特别是为将近20年后制定中国的新型城镇化政策奠定了非常好的实践基础。

两个重要文件的出台

1995 年至 1998 年，关于城镇化的认识发生了变化。

第一件事情是 1997 年的亚洲经济危机，对中国经济产生了影响。在这时候宏观政策研究领域提出的问题就是怎样拉动内需。我们与当时的国家计委从不同层面提出了报告，重点就是城镇化可以拉动内需、带动消费增长，这使得 20 世纪 90 年代后期中央对城镇化问题有了新的认识。

第二件事情是 1998 年长江发洪水，需要解决移民问题。朱镕基去长江考察，提出在湖北、安徽等长江流域受灾较严重的省份可以推行“移民建镇”。“移民建镇”就是把移民资金集中起来用于建设小城镇，让受到洪水影响的灾区农民去那里生活。当时实施的效果还不错，小城镇建得很漂亮，灾民住进去很高兴，灾区灾民问题得到了有效解决，回避了原来在农村由于土地占用造成的矛盾。“移民建镇”的提出，标志着决策层首次在小城镇问题上有所松动。1998 年抗洪救灾以后，党的十五届三中全会公报上第一次提出了“小城镇，大战略”，把我们这些年关于小城镇的研究成果写入了党中央全会公报上，直接影响了未来全国城镇化进程，城镇化改革从“小城镇，大战略”中开始逐步突破。

1998 年国家体改委也由于机构改革发生了变化。国家体改委与国务院特区办合并成立国务院体改办，原来的 16 个司、局变成 6 个司、局，农村司被撤销了，成立了小城镇改革发展中心。我从主持农村司工作的副司长转成了小城镇改革发展中心主任，组建了一个团队，专门从事小城镇、农村政策和城镇化政策研究，并继续推动小城镇综合改革试点工作。

1998 年党的十五届三中全会提出“小城镇，大战略”之后，按照中央领导要求，当时国务院副秘书长马凯和中央财经领导小组办公室副主任段应碧把起草《中共中央 国务院关于促进小城镇健康发展的若干意见》（以下简称《意见》）的任务交给了国务院体改办。当时在国务院体改办副主任邵秉仁的牵头协调下，包括中财办陈锡文在内的很多领导同志都参与了这个文件的讨论和起草。国务院体改办则由我们小城镇改革发展中心和产业司来负责具体协调和文件的起草工作。经过一年的充分酝酿和讨论以及起草工作，《意见》最后以中共中央、国务院的名义颁发了。

《意见》里提出的很多改革措施，虽然在当时的认识上还有较大的分歧，还要与相关部门协调，但是对后来的涉及城镇化改革政策的制定都产生了明显的、积极的效果。比如《意见》里明确提出县级市以下进行户籍管理制度改革，放开农民进城的户口管理制度限制。公安部根据《意见》，在 2001 年制定了《关于推进小城镇户籍管理制度改革的意见》。一年多的时间里，有一千多万人由农村户口转成了城镇户口。

此外，《意见》中还提出了投资体制改革，允许民资、外资参与城镇基础设施建设，这在之前也是严格禁止的。这个文件颁布以后，经贸委、商务部之前的一些政策就相应取消了。所以说《意见》的影响是很大的，可以说它是中国城镇化历史上最重要的一个文件。

在关于小城镇的文件颁布之后，我们同时起草了另一个重要的研究报告，即《小城镇发展与城镇化进程》。这是由国务院体改办向中央政治局直接就城镇化问题提出的第一个重要报告。当时由中财办委托国务院体改办和国家计委同时分别起草的。国务院体改办又把起草这个报告的任务交给了小城镇改革发展中心和产业司。报告起草之后，由国务院体改办副主任邵秉仁向中央政治局进行了汇报。由于在城镇化问题认识上取得了共识，党的十六大第一次把城镇化问题写进了报告中，那一段的标题是“全面繁荣农村经济，加快城镇化进程”，把城镇化问题和农村经济繁荣、发展和农村改革连在一起。

随着时间的演变，我们的认识也在逐渐深化。当我们合并到国家发改委之后，感觉到，从农村的角度去谈小城镇，实际上对政策作用的影响有限。因为从中国城镇的管理体制上看，小城镇是最低一级政府，农村、农业以及农民问题虽然一直得到重视，但在地方政府的层面上，特别是由于中国行政管理体制的特点，上级城市管理下级城镇，城市管理农村，只有从城市发展的角度去谈城镇化问题、谈农民进城给城市带来的活力问题，从城市的公共服务和市场化服务问题出发，才有可能得到城市政府的支持。从这个角度出发，考虑到我们的决策系统更多地偏重于城市，忽略了下级城镇和农村，所以我们后来也在逐步调整关于城镇化政策的研究角度，深入城市的视角看待城镇化问题、看待农民进城问题。

我们直接参与、牵头起草的另一个文件是关于农民工的。当时的国务院体改办把这个文件的起草工作交办给小城镇改革发展中心，经过一年的时间，最终形成《国务院办公厅关于做好农民进城务工就业管理和服务工作的通知》。这个文件对中国整个城镇化的进程来说，是一个里程碑式的文件。这个文件里面明确提出了农民工在城市中应该享受和城里人同等的公共服务待遇，而且很多历史遗留的关于对农民工包括所有外来人口受歧视的问题在这个文件里基本都得到解决：

第一，采取一系列措施，确保农民工的工资不被拖欠。

第二，取消各种收费。当时收费问题很突出，农民工进城打工要交很多费，办暂住证要交费，办劳务证要交费，上学要收费，计划生育要交费等，我们在起草文件的时候，把所有相关的收费项目全部取消了。

第三，彻底取消对外来人口的强制遣返。从 1949 年以后强制遣返盲流的政策一直执行到 2003 年，成了一个顽政。这次我们不仅取消了强制遣返，而且把所有的遣返站，全部转变为农民工的服务救助站。这项政策很重要。

第四，农民工子女免费享受义务教育。

第五，完善社保缴费，农村户口享受和城市户口同等的待遇。那时候农民工的社保缴纳率不到 10%，这个文件颁发以后，社保缴纳率有了提高。到 2013 年，农民工的社保缴纳率达到了 20%。

此外，这个文件还提出了对农民工进行各类培训，提高农民工素质。

我们起草的这个文件在城镇化进程历史上，应该说具有划时代意义，为农民工在城市的就业和服务以及发展奠定了非常重要的基础。

推动新型城镇化

2003 年，国务院机构改革之后，国务院体改办被撤销并入国家发改委。在进入国家发改委初始的这 5 年时间，我们做的最重要的两项工作：一是继续坚持推进小城镇综合改革试点工作；二是推进了城镇国有建设用地和农村集体建设用地增减挂钩政策的实施。

城镇化真正进入中央政策的主渠道是在 2012 年，当年中央提出“通过新型城镇化拉动内需”。我们全程参与了推动新型城镇化发展的过程，例如城镇化规划的起草和编制，改革思路的提出以及后来的试点指导和相关的国际合作。相对于过去几十年的进展，户籍管理制度改革已经在中西部地区和三四线城市取得了较大的进展。我们在中部地区省份调查的时候，当地政府介绍，现在不是让不让农民进城的问题，而是农民想不想进城落户的问题。当然，在人口流入地区和超大城市对户籍的管理反而更加严格了。所以，全面放开户籍管理已经涉及更深层次的利益结构调整。土地管理制度改革的进展还是比较缓慢的，目前已有的“增减挂钩”政策继续延伸，在个别试点或者城市也进行了集体建设用地入市的探索，但还是停留在试验阶段。从 2012 年开始推进的新型城镇化政策通过规划的形式颁布，虽然涉及的政策内容很多，但是贯彻落实还是存在着较大的问题。

纵观改革开放 40 年，中国的城镇化有了明显的发展和变化。比如北京从 1000 多万人口增长到 2000 多万人口，城镇化率从 17%增长到现在的 58.53%，城镇人口净增加了 3 亿多。城市也发生了巨大的变化，千万人口以上的城市超过 6 个，设市城市 658 个，城区人口 5 万以上的各类较大规模的城镇 1500 多个。这些都是城镇化的实质性进展。但是，户籍人口城镇化率与常住人口城镇化率还有 16 个百分点的差距，城乡要素流通的市场还没有完全被打开，土地管理制度改革和城镇行政管理体制改革举步维艰，城市自身发展过度依赖土地财政和房地产，还没有实现真正的实体经济转型。在人口流入地区的各级城镇距离真正解决农民长期居住和公共服务的均等化等问题，达到拉动内需、促进公平、提高资源配置效率这三个总的目标，还有比较大的差距。

透过今天城镇化的进程，可以看到我们当年在其中的心血和付出。曾经国家体改委主要的改革内容是：国企改革、城市综合改革、金融改革、社保制度改革、财政体制改革等。我们在很多方面都取得了较大的进展。可是涉及城镇化的改革，涉及城乡要素流通的改革，涉及一些农村领域的改革，也是发端于国家体改委，最终也成为中央的重要战略决策。

未来中国涉及全体国民福祉的改革战略之一应该是城镇化。城镇化可以激活农村的改革，彻底地通过减少农民、富裕农民而使“三农”问题从根本上得到解决。城镇化可以拉动内需，促进宏观经济增长，改善人民生活水平。城镇化在当前信息产业、互联网、人工智能的技术变革影响下，又增加了创新和智慧的内容。而基于科技发生的变革和共享模式的创新，也在另一个层面上自动地推进了社会的变革。

王先进：土地管理三大制度改革回顾及期待①

记者：1986 年前我国土地管理形势是怎样的?

王先进：从新中国成立到 1986 年，我国一直没有专门的土地管理法律和管理机构。城市土地国家所有，用地由政府划拨，谁用谁管；农村土地集体所有，集体用集体管。全国各级政府没有专门土地管理部门。

随着改革的推进，一些新情况出现了。私营企业发展要用地，农民富裕了要盖房，出现了大量乱占乱用土地的现象。再一个，农民承包土地后，认为种粮不来钱，开始挖鱼塘、栽果树，农业产业结构调整导致耕地大面积减少。1984 年开始，农村土地由农业部管，城镇土地由建设部管，两家相互协调。

记者：当时为什么要成立国家土地管理局?

王先进：成立国家土地管理局是大势所趋。1985 年，由于两部门分管难以协调，农业部最早给中央打报告，建议成立一个专管土地的国务院直属机构，同时也提出制定土地管理法律。后来，一些专家学者也开始给中央写信，建议成立专门的机构管土地。

有件事促使中央下了决心。农村实行土地承包后，粮食连年丰收，1984 年达到最高峰，但在 1985 年产量突然下滑。1985 年全国农业工作会议上，我在题为《防止粮食生产萎缩的几点建议》的发言中谈到，包产到户释放出巨大的生产能力，加上那几年气候条件

① 《土地管理三大制度改革回顾及期待——访原国家土地管理局第一任局长王先进》，《中国国土资源报》，2008 年 12 月 5 日。

好，粮食连年丰收。但包产到户以后，政府对农业投资和农业生产资料企业补贴减少，当时粮价也比较低，极大地挫伤了农民的生产积极性。1985 年，我国净减少耕地 1500 多万亩，是新中国成立以来耕地减少最多的一年。

耕地问题关系到粮食问题，粮食问题关系到国家安全问题。1986 年 3 月 21 日，《中共中央、国务院关于加强土地管理、制止乱占耕地的通知》下发；作为组织保证，决定成立国家土地管理局；6 月 25 日，《土地管理法》颁布实施。这是我国土地管理战线上三件大事，标志着我国现代土地管理制度建立起来了。人们说："土地管理的春天来了！"

记者：作为国家土地管理局第一任局长，您在上任之初有什么感想？首先要做的是什么？

王先进：我是 1986 年 7 月 27 日到的北京，8 月 1 日正式挂牌办公。当时局里只有三十几个人、一部电话、三部车，一年总经费 500 万元，除去房租，所剩无几，还搬过三次"家"。机关食堂是"白菜豆腐汤"，是国家直属机关的"最贫困户"。但同时它是全国土地的最大"管家"。

既然让我管全国土地，我就要对党中央、国务院负责，对全国人民负责。刚就任时，我对土地管理一无所知。怎么办？学。这是我的第一项任务。当时我住在吉林省办事处，每天晚上捧着一本人民大学出的书看到很晚，就这样学了一个月，才知道"地籍管理""规划管理"是怎么回事。一个多月后，在全国土地管理局长会议上，我自己写会议讲话稿，大家都说"这个局长没讲外行话"。

国家土地管理局刚成立时，既要组建各级管理机构，又要狠刹各地违法用地之风。我一方面下文件要求成立各级土地管理局，另一方面将抓《土地管理法》宣传和抓违法检查结合起来。一正一反，在当时发挥出很大效应。

记者：面对国内土地管理和利用局面，您认为最棘手的问题是什么？

王先进：土地管理机构建立起来了，怎样做到彻头彻尾的统一管理，非常难。这是我在国家土地管理局碰到的最难办的事，也是我一生中最难办的事。

国家土地管理局成立不到半年，争论就出现了。当时有关部门向中央写了份报告，认为土地还是城乡分开管好。有的领导还做了批示，传到各地后，以往改名为“房产管理局”的机构又恢复成“房地产管理局”。这是多大的压力！

过了不久，某部领导找我协商，提出城市土地归他们管，农村集体土地和建制镇土地归国家土地管理局管，仿佛是作了“让步”。他还说，如果我们不同意，就报国务院领导决定。我的回答是“依法办事”。

同年12月，在全国城市建设会议上，有的部门公开提出城乡土地应分管，并且要将会议情况向中央汇报。我得到消息后，连夜写了份报告。第二天的国务院会上，我在发言时，派人将有关材料散发给与会领导。发言结束后，提出分管的部门领导一言不发。

在1988年国务院各部门重新制定“三定”方案时，关于土地实行城乡统管，也遇到了不少曲折。国务院责成一位领导同志对此问题进行研究。我预料他会提出城乡土地分管的意见，但中央编制委员会不同意，最后国务院批准了国家土地管理局的“三定”方案，城乡土地还是统一管理。

尽管如此，土地统管的阻力还是很大。一个典型的例子是，国家土地管理局和有关部门起草的《城镇土地出让转让条例》，早在1988年7月就获得了国务院常务会议原则通过，可直到1990年5月才颁布。

几年下来，大家都知道国家土地管理局的王先进在这个问题上是个不折不扣的“强硬派”。我并不是“强硬派”。土地统一管理，是个法律问题、土地管理体制问题、关系全国土地统一管理机构存亡的问题，在基本原则上，我不能退让。在这个问题上，我们坚持下来了，最终稳定了土地城乡统一管理体制。但也要看到，彻底做到统一管理并不容易，还需继续努力。这件事说明，改革是对权力、对利益的调整，是一个破旧立新的过程。新制度建立初期，旧制度惯性还在持续，肯定会有阻力，这是普遍规律。

记者：在有关土地统管还是分管的争论中，房地关系是个重要问题，您是怎样理解的？

王先进：当时人们对土地没有资产的观念，但对房子很看重，认为房地不可分，地要跟房走，所以管房就要管地。有些人甚至认为土地增值是因为房子的关系，这都是为土地分管制造理由。房政和地政到底如何分工和配合，至今解决得不够好。现在“房地产”成为流行词，“房产问题”叫“房地产问题”，“房产市场”叫“房地产市场”，“房价”叫“房地产价格”，很少见到“地产市场”这个词。

我认为房政和地政应该统一管理，通过管地权来管房权。地权、房权统一登记，分别发证，中国台湾地区就是这样做的。实在不能统一，也应在一处办公，各自办理登记，以方便群众。

记者：您如何评价城镇土地使用制度改革?

王先进：我在2008年8月1日《中国国土资源报》上发表了一篇署名文章，专门谈城镇土地使用制度改革。概括来讲，这项改革是成功的。

一是建立了一个符合中国国情的崭新的城镇土地使用制度。我国实行社会主义市场经济体制。城镇土地使用制度改革既保持了土地公有制，体现了社会主义制度，又把土地使用权作为商品和资产出让转让出去，这不仅符合市场经济规律，而且土地使用权可以抵押、出租，相比于行政划拨，权利实现了自由，对土地所有者和使用者都是有利的。

二是从理论上讲，这一制度既正确认识和坚持了马克思主义地租理论，又丰富和发展了马克思主义地租理论。马克思主义认为，社会主义实行土地公有制，但不取消地租。实行土地有偿使用制度，是对马克思主义地租理论认识的回归。同时，在马克思主义理论中，土地不是商品。而我们的改革将土地使用权从所有权中分离出来，出让出去，收取若干年地租，把土地使用权商品化。这就在坚持马克思主义地租理论的基础上，根据我国实情进行了丰富和发展。

三是城镇土地使用制度改革为社会主义市场经济体制奠定了牢固的基础，极大地推动了我国改革开放。土地制度是一个国家、一个社会的基本制度。没有土地出让转让制度，房产的商品化就难以实现，引进外资就有困难，不能实现土地优化配置和企业发展。土地不能流动的障碍一扫除，改革开放就顺利开展起来。

记者：有遗憾吗？

王先进：有。耕地保护制度已经建立起来了，但没有达到预期目标。这里有两个国土资源系统难以解决的矛盾。首先是全局利益与地方利益的矛盾。二十多年实践证明，对保护耕地，特别是划定永久基本农田保护区，多数地方领导干部是持有不同认识的。这里有如何认识和处理全局利益与局部利益、长远利益与眼前利益的关系问题。但更深层次的根源，涉及分灶吃饭的财政体制和选拔领导干部的标准、机制问题，还有低标准的补偿征地制度问题。

我国现在的财政体制是分灶吃饭，谁的财政收入多，谁的日子就好过。于是，各地拼命争项目、争投资，扩大财政收入。这就要占地，我国实行的又是低补偿的征地制度，征地有利可图。于是就拼命征地，发展地产经济，出现了“土地财政”。我们选拔干部的硬标准是GDP、财政收入，这就更影响领导干部对耕地保护的积极性。

其次是城市建设用地思路与保护耕地思路的矛盾。改革开放以来，特别是十多年来，城乡建设用地扩张势头迅猛。据 2007 年统计，城乡建设用地已达到 4.9 亿亩，还不包括农业生产中的建设用地。据有的专家说，世界公认的合理的城市发展用地弹性系数为 1.12，而我国是 2.28，是世界合理水平的 2 倍多。据有的专家调查，我国城市建设用地中，低效率用地占 40%，闲置土地占 5%。乡村建设用地中这两个比率还要高。这与我们选择工业化、城镇化的道路有关。城乡建设用地遍地开花，像有人所形容的“处处是城镇，处处是农村，抬头看大楼，夹缝看农业”。这样做的好处是经济发展快，能够促进就业；留下的是城镇、工业布局不合理，土地低效利用，环境严重污染，保护耕地无路可退，建设用地已处于“疑无路”的境地。

记者：您对目前土地管理工作有何寄语？

王先进：目前土地管理形势大好，党中央、国务院对土地管理高度重视，国土资源管理队伍高度努力。但同时任务也很艰巨：我们已经走到耕地红线边沿，要固防坚守；城乡建设用地已经走到“疑无路”的地步，必须在建设用地中开辟新路；城镇地产市场尚未整顿规范好，乡村建设用地市场又要建立，需要认真地研究落实；国务院及地方各级政府决定筹巨资扩内需，既要保证土地需求，又要防止再次掀起滥占土地风潮。任务艰巨，情况复杂，需要脚踏实地，勇敢地探索前进！

邹玉川：土地管理制度的生命力[①]

记者：有人说，中国改革开放走过了30年历程，但中国土地管理制度改革的历程却没有那么长。因为从1986年国家土地管理局成立至今，只有22年。您怎么看这一点？

邹玉川：国家土地管理制度的改革是中国政治、经济体制改革的一个重要组成部分。国家土地行政机关的设立是我们土地管理制度改革的一个里程碑，但它是在之前我国土地制度的其他一些改革的基础上诞生的。比如，实行农村土地家庭联产承包责任制，就是我国农地使用制度的一项重大改革。我们国有土地的有偿使用制度，也不能说没有从这项制度上得到启迪。所以，不能将土地管理制度的改革与国家土地制度的基础性改革剥离开来。

另外，土地管理制度改革，是在我们国家20世纪70年代后期政治体制与经济体制改革的大背景下提出来的，离开这个大背景，单独谈一项改革也是不可能的。像《宪法》《土地管理法》的修改等，都不是某一个政府部门可以办得到的。所以我认为，我们土地管理制度的改革是中国整个改革开放的一个重要组成部分，它的改革历程不应该以国家土地管理行政机构的改革来作简单划分。

记者：您认为中国土地管理制度的改革历程中，意义重大、影响深远的改革有哪些？您如何评价其意义？

邹玉川：最重大、最基本的改革应该是使用制度的改革，也就

---

① 《土地管理制度的生命力——原国家土地管理局局长邹玉川访谈录》，《中国国土资源报》，2008年12月15日。

是将城市建设用地所有权与使用权分开、其使用权出让从无偿走向有偿的改革。

我觉得这项改革的重大意义是真正实践了我们社会主义条件下的市场经济。社会主义的核心概念是公有制，而没有实行土地有偿使用制度改革以前，国家的所有权没有在经济利益上得到体现。把土地所有权与使用权分离，让使用权走向市场，更能体现土地所有权的权能，有利于巩固公有制。在市场经济条件下，公有制不体现在经济权利上，其意义等于零。

改革开放以后最能体现巩固公有制、巩固社会主义基础的是自然资源，其中最主要的是土地。我们这项改革的重大意义就在于：

第一，它表明我们国家在搞社会主义市场经济。

第二，它对我国自然资源进入市场进行了非常有意义的尝试。而且我们的尝试很成功，中央也很重视。党的十四大就明确提出要使市场对自然资源的配置起基础性作用。可以说，土地使用制度改革在某种程度上证实了市场配置资源的作用，为中央决策提供了一些实践经验。

第三，土地的有偿使用给我们的经济发展积累了相当可观的资金或者说资本，对经济建设发挥了相当大的作用。这个不能简单地说成是我们改革以后占得多了，卖得多了。想一想：如果我们还像原来那样无偿用地，土地占用情况会比改革前严重得多。所以我们必须承认，有偿使用对土地使用者起到了一定的经济约束作用。

记者：从 1987 年 3 月任刚成立半年的原国家土地管理局副局长，到 1993 年任局长，您在任期间，参与了《土地管理法》的修订，如果说从无偿到有偿，那似乎要从 1987 年深圳敲响拍卖第一

槌算起，距今也只有 21 年。

邹玉川：不能那么算。事实上，1979 年，我国就以场地使用权作为出资份额，兴办中外合资企业，或者向中外合资企业收取场地使用费，开始了变革土地使用制度的探索；1982 年，深圳开始按城市土地等级收取不同标准的土地使用费；1987 年 9 月，深圳出让了一块 5000 多平方米土地的使用权，期限为 50 年。这些，都是对国有土地从无偿、无限期使用到有偿、有限期流动的探索性改革实践。也正是在此基础上，才有了新中国成立后的首次土地使用权公开拍卖，就是大家通常所称的“深圳拍卖第一槌”。

深圳拍卖还只是一项地方性探索，但它为全国土地有偿使用制度的改革探索了成功的经验。1988 年，我国《宪法》修正案规定：“土地使用权可以依照法律的规定转让。”这是我国土地使用制度进行根本性变革的标志。同年修订的《土地管理法》，明确实行国有土地有偿使用制度。随后的 1990 年，国务院出台《城镇国有土地使用权出让和转让暂行条例》，确立了城镇国有土地出让、转让制度。

记者：还有一个问题，是关于集体建设用地流转的。这次党的十七届三中全会提出建设城乡统一的建设用地市场，这是不是意味着集体建设用地流转这个口子开了？

邹玉川：我看了一下党的十七届三中全会的文件，集体建设用地流转严格说起来还是限于集体乡镇企业用地的流转。其他的建设用地，比如宅基地好像还不是太明确。我分析，将来农村集体建设用地整理出来的耕地，其中 60%可折抵建设用地指标的，有可能进行流转。

记者：这是当年《〈土地管理法〉实施条例》里的规定。但是好像都没有这样执行。当时的政策法规司负责人解释说，折抵的本意是为了少占多补。但是后来发现，各地在实际操作时，基本上没有折抵。

邹玉川：不光是这方面没有执行，包括土地节约集约利用原则也没有得到很好贯彻。这就涉及前面的问题，你说什么执行得百分之百到位了？都没有。但方向没有不行，路子没有不行啊。这都是走在这条路上的具体问题。但是如果你没有这个方向，就更无从谈起。所以我们管宏观的，跟管局部的不一样，要看到这个大方向，盯着这个方向，逐步前进。哪怕艰难万险，这条路要走出来。路上可能会有树、有石头。这没关系，慢慢搬开就行了。我是这样考虑这个问题的，随着时间的推移、随着大家观念的转变，各个方面的措施会逐步跟上，我想这条路会走通的。

这是土地管理制度的生命力。

吴克铨：昆山第一家合资企业是抢来的[①]

“昆山之路”应该说是大家一起努力的结果，我只是其中的一分子。我是1963年到昆山的，1981年当副县长，1984年当县长。在农耕时代，昆山历来是江南的鱼米之乡，每年上交国家商品粮4亿斤左右，农民温饱有余，对国家贡献不小。以农民人均收入来说，1979年昆山为210元、无锡为162元、江阴为143元、常熟为209元、张家港为175元，那时昆山在苏州地区名列前茅。党的十一届三中全会以后，乡镇工业在苏南地区异军突起，“无常江”（无锡、常熟、江阴）成了全国的排头兵，而当时昆山慢了半拍，经济发展就差了一大截，农民收入也相形见绌。1983年，农民人均收入无锡为412元、江阴为442元、常熟为447元、张家港为427元，而昆山仅为401元，当时昆山经济总量成了苏州地区的“小八子”、市管县以后的“小六子”。昆山为什么叫“穷土恶水”呢？因为昆山土地的地势都低于水位，一下雨就涝，不能将水排出，灌水要靠水车、牛车，土地收成完全是靠天的。后来经过老一辈的努力，昆山实现了旱涝保收。

当时我也做了一些调查，我们为什么会比人家差，差在什么地方？发现我们差就差在没有现代工业。当时社会上有句话叫“无工不富”，我们工业很少，“无工不富”这句话在昆山是正确的。我调查了周庄镇和陆阳乡，陆阳乡本身田比较多，劳动力比较少，但是它发展了工业，人均收入远远高于周庄镇。周庄镇是田少劳动力

---

① 迟福林主编：《口述改革历史（中）》，广州：广东经济出版社，2019年版，第18–27页。

多，3 个人在劳动 5 个人在吃饭，这样的话人均收入就少。我后来算了笔账，劳动力富余了，至少有 10 万个劳动力需要转移出去，怎么转移，怎么提高人民生活水平？结论是要靠工业。

怎么办工业？我们考虑学人家搞社队工业，但是后来经过调查，发现这条路已经走不通了。为什么？昆山历来是一个农业县，虽然发展了一些粮油等加工工业，但工业基础十分薄弱。要发展工业，当时我们有“五缺”，即缺资金、缺项目、缺产品、缺技术和缺人才，特别是进入 20 世纪 80 年代，周围兄弟县都抓住了城镇职工下放、知识青年插队、社队企业政策优惠等三大机遇，抢先打下了工业的厚实基础。在这种情况下，昆山如何迎头赶上？当时我的第一个想法是靠大家想办法、出点子，集思广益。另外，我们离上海很近，这是个优势。所以我先召开了家乡座谈会。一方面请大家谈谈，有什么方法可以帮助家乡发展，听取他们的意见；另一方面请有实力的人来帮助昆山发展。大家对家乡都是饱含热情的，有些人做了高官，不方便来参加座谈会，那么我就去拜访他们。座谈会请来的人讲了很多好意见，而且他们基本上都是有求必应的，有什么困难都肯帮忙。

最后分析下来，昆山要靠自己的力量上项目、办工业，在当时来说条件不具备，困难是很大的。要搞大项目首先遇到的问题是没有资金，1984 年昆山财政收入只有 6419 万元，上缴国家以后，只能解决吃饭问题，哪有钱搞投资建设？即使资金解决了，也缺技术和管理人才，还没有好的产品和设备。但经过分析，大家看到了昆山的独特优势，特别是地理位置优势，靠近大上海，公路、铁路畅通，交通十分方便，虹桥机场离昆山只有 40 公里，等于同上海是共享的；昆山土地、水面资源多，农副产品丰富；昆山劳动力素质总体上比较好，既能吃苦耐劳，又肯学习钻研。而昆山发展工业所缺乏的资金、技术、设备等因素，恰恰是上海的优势，昆山在劳动力、土地资源、农副产品等方面的优势又能弥补上海的不足。如果双方能联合，就可以扬长避短、优势互补。

那么怎么把上海的工业引到我们这里来？特别是上海的名牌产品，如自行车、电视机、手表等。大家就千方百计找上海的关系去联系，县里通过各种渠道，纷纷到上海寻找“靠山”，同上海市有关领导和有关部门、企业全方位洽谈合作，请他们到昆山联营办企业。这就是从昆山的实际情况出发，走横向联合之路，“借鸡生蛋”“借梯上楼”“借船出海”，我们喊出的第一句口号就是“要发展靠上海”。因为上海的工业是比较先进的，我们要发展就必须搞一些先进的工业，不能再小打小闹。

我们去上海请他们到昆山来看，结果好多人看了之后不回头了。为什么？因为条件实在不好，没有路、没有水。所以当时就考虑企业究竟要办在哪里？很为难。1984 年，新一届县人民政府制定三年工作规划，我们再三考察研究，昆山老城区只有 4.2 平方公里，居住了近 5 万人，城市中原有的工厂已影响了居民的生活，不可能再建更多的新工厂；如果把上海等外地引来的企业放到乡镇，由于当时道路、通信等条件不成熟，上海人去了就摇头；再考虑放到离上海最近的花桥乡，基础设施都要从头搞起，投资太大，花不起这个钱；有人主张放到有一定基础的红旗地区，但该地区离城区较远，早晚只有两班过路轮船，职工上下班不方便，这个方案也被否定了。经过反复讨论、权衡利弊，最终决定结合城区规划，选择在城区东南面开辟一个 3.75 平方公里的工业新区。实践证明，这样做有利于充分利用和发挥老城区的公共设施和人力资源等方面的优势，在当时财力有限的情况下，起到花钱少、见效快的作用，不失为多快好省发展昆山经济的一招好棋。规划经大家讨论了三四次，最后在1984年8月22日县九届人大常委会上通过，批准实施，这标志着昆山开发区的开发建设起步。

可以说当时昆山工业新区（开发区）的崛起是占了天时、地利、人和的。所谓天时，党的十一届三中全会确立了改革开放的政策，把工作的着重点转移到以经济建设为中心的轨道上来，为昆山创办工业新区营造了客观条件；所谓地利，昆山地处苏、沪之间，东距上海50多公里，西邻苏州30多公里，交通十分便捷，并与上海有着传统的千丝万缕的经济联系，依托上海，发展昆山经济具有得天独厚的地理优势；所谓人和，昆山历史悠久，人文荟萃，不仅有着深厚的文化底蕴，而且经过拨乱反正，干部群众和谐团结，县委、县政府一班人一心一意孜孜追求改变昆山落后的面貌，上下齐心、同心合力，扭成一股劲，动脑筋、想办法，一步一个脚印，积极探索多快好省发展昆山经济的路子。

昆山的开发建设是离不开上级的关心和支持的。我们搞的三年工作规划，书记给予了充分支持，让县委把原来只搞农业不搞工业的规划改了一下，农、副、工都要搞，我们统一了思想。总的来讲，大家没有什么特别大的争议。另外，我们在昆山开发建设起步时搞了工业小区和14个重点项目，时任苏州市委书记的戴心思听了汇报后，明确肯定了昆山经济发展的思路，并指出：照这样走下去，昆山很有希望。所以说对昆山的发展，历届省委、省政府，苏州市委、市政府，以及各职能部门都非常关心和支持，昆山每每有一些进步，就会得到上级的表扬和鼓励。

昆山工业新区正式启动是在1985年初，前期工作是规划、审批、观察，准备了一年时间。当时国务院有位副秘书长叫顾明，是昆山人。我当时作为县长拜访他，因为我们都有过在国家计委的工作经历，所以交谈起来很投机。谈到后来我除了请他去家乡看看外，还请他看看可不可以介绍企业来昆山合作。他一听很热心，说："生产'金星'电视机的上海电视一厂，以前我帮他们引进过设备，你去找他们肯定可以，我帮你写封信。"上海电视一厂生产的"金星"电视机品牌响、名气大、销量广，并且有人才、技术、设备上的优势，而昆山有土地、有劳动力，正是很好的合作对象。我就带着顾明副秘书长写的信飞到上海。正好电视机厂厂长要调走，正在办交接手续。我就将介绍信交给厂长，厂长也将其作为一件事交给新厂长，经过反反复复地谈，总算达成协议，大家一人一半，花 600 万元建个 7000 平方米的新厂房，他们出 300 万元，我们出 300 万元。

协议一签我们就开始建厂。结果正式要钱的时候，他说不行了，上面不让拿钱出来。我说这怎么行呢，我已经开工了，不相信你去看，厂房都快建好了。他真来看了，当时是快建好了，他也不好坑我们。怎么办呢？我说这样，钱你没有不要紧，你要承认你是合作方，合作的牌子我要用，我要拿这牌子借钱。他同意了。我就拿着"金星"的牌子到上海的投资公司去借钱，我们建好时实际上总共花了 450 万元。这时他说我表个心意，把我们劳动保险的钱近 30 万元拿出来借给你。这样合作才能进行下去。当年我们就投产见效，生产了 20 万台"金星"牌电视机，经过两年多的建设、生产，实现利润 1000 多万元。一算账，需要给上海电视一厂 300 万元商标费，因为"金星"的牌子是名牌，当时协议约定商标费为 15 元/台，生产了 20 万台，加上股份分红的 350 万元，上海电视一厂共拿走 650 万元。这样一来，一些昆山人受老思想影响，还是有些别的看法。其实，不要看他们拿走 650 万元，我们也没有少拿。第一，我们税收有 300 多万元；第二，他们帮我们把 400 多个农民、学生变成工人，还拿了工资，工资也要 300 多万元，还有股份分红的 350 万元，加起来我们是 1000 万元，他们是 650 万元，到底是合算还是不合算？后来大家就不再讲了。就这样，我们打开了横向联合的局面，这实际上是共赢的。第一年（1984 年）工业增长了几十个百分点，第二年又是一个大发展。所以从 1985 年到 1986 年，我们的产值实现了两年翻一番。

开始我说“东依上海，西托三线，面向全国”，顾明说：“还要面向世界。”我说：“好。”我们就确定了一条“东依上海、西托三线、内联乡镇、面向全国、走向世界”的对内、对外联合发展之路。之后我们就是按照这个思路来开展工作的。要发展工业就需要项目，县委、县政府广泛动员，要求做到“人人都是投资环境”，人人都来关心经济发展，人人都可以介绍投资项目，不怕十谈九空，就怕不谈全部落空。当时我们有个银行的副行长跟计委的干部到苏州开会，得知苏州轻工局将一家日本企业介绍到常熟去办厂，回来后马上就告诉我了。我立马赶到苏州，找到轻工局的徐局长，要求让日本企业到昆山来办厂。局长说：“你们昆山不行，你们没有手套厂，那家日本企业是做手套的，是日本手套厂商苏旺你公司。”我说：“你怎么知道没有？我们有，你一定要让他们来昆山看一看，你一碗水要端平，既然到常熟去看了，也应该到昆山来看一看。”磨了一上午还是不行，下午我们又去找徐局长，最后他没办法就答应了，说到时候一定去昆山看看。

后来日本苏旺你公司的老板来了昆山，看我们的手套还可以，而且大家很热情，很欢迎他来。经过反复比较，决定把企业办在昆山。当时我们谈判，对股份、项目等都不懂，日语翻译也是从苏州借来的，谈判有一些沟通上的问题，很不容易，日本老板哭了两次，一次是中间谈判的时候哭了，后来谈成了也哭了，但他还是很守信用的。5 月份资金到位，我们开始建厂，我亲自动员建筑工人保质保量地完成任务，半年时间就建成了，这是落户开发区也是全省的第一家中外合资企业，投产当年便赚到了钱，日本老板开心得不得了。

之后我们把开发区规划好，进行集中招商，还专门成立了组织，开始我是领导小组组长，从整个过程来讲招商是比较顺利的。后来省里知道了，1986 年省委书记韩培信同志来昆山考察，回去之后在省委常委会上提出要求，让常委们都到昆山来看看。很快，顾秀莲省长利用春节休假的时间到昆山视察，其他常委也来了。顾秀莲省长看了以后很高兴，不仅对昆山工业新区建设给予了热情的鼓励，还说，“老吴你这个还可以扩大，3.75 平方公里不能搞其他的，就搞工业，其他设施可以另辟地方”。我说：“好，马上办。”很快我们就把规模扩大到 6.18 平方公里。

当时我们的启动资金是 1200 万元，三分之一是从银行借来的；三分之一是当时我手里边的工业留存，这钱过去是用来补给工业企业的，哪个困难就给哪个，到我分管时，明确只可以借不可以送，所以我手里边有 300 多万元；另外三分之一是土地又收了 300 多万元。那么为什么我们投入却非常少呢？因为我们是不负责基础设施投资的。比方说，我们原来有个自来水厂，开发区要用水，需要增加 2 万吨的供水量，他们做了计划要投资 300 多万元。我说我没有这么多钱，我也不可能给你们钱，这个钱你们自己出。他们急了。

我说这样，你们看看到底要用多少钱。他们说我们回去再算算，最后精打细算，采用先进工艺，将造价降低到 150 万元。我同他们商量好，由银行贷款 150 万元，利息我贴，本金你们自己还。当时我们企业还没有负债发展的思想，认为借钱背债不得了。结果，他们只贷款了 75 万元就把水厂建起来了。又如，为了减少工业新区小锅炉排放污染环境的问题，实行集中供气供热，政府研究决定帮助化肥厂通过银行贷款组建热电厂，做到既发电又供气，还降低了供电成本，结果政府没花一分钱就把这件事办好了。还有供电、通信问题等，都是这样搞起来的，这些我们都不花钱，都是企业来投资的，工业新区真正自己花钱办的项目主要是道路、桥梁和拆迁安置，这大大减轻了政府的开支，降低了开发成本。

昆山开发区从起步到发展，资金靠自筹解决，确实来之不易。因此，精打细算，突出重点，把有限的资金用在刀刃上，对非生产性开支基本做到能省则省，尽量少用或不用，成为大家的自觉行动。由于政府采用依托老区开发新区的策略，工业新区在初创阶段没有建招待所、宾馆、娱乐场所等非生产性设施；管委会的工作人员开始都是从县级机关有关部门借调的，人员少而精，骑自行车上下班，进餐无食堂，挤在一排简陋的小平房里办公，工作条件相当艰苦；在拥有上万亩土地的区域范围内，搞规划测量的同志背着经纬仪和标杆到处奔波，常常是晴天一身汗、雨天一身泥，但没有一个人叫苦喊累；拆迁工作更是艰苦，既要做深入细致的工作，又要做到什么时候需要、什么时候就要拆迁安置好。正是由于这样一批建设者的艰苦努力，走出了一条“富规划、穷开发”的路子，上下一心，为昆山经济社会的发展做出了自己的贡献。

当时，我们自费开发之后，马上就到特区办问能不能批国家级开发区。当时国家有 14 个开发区。批这个开发区是费了些周折的。1989 年费孝通第一次到苏州考察，要我去汇报，我就把昆山开发区的情况向他做了一个详细的汇报。他听了开发区的情况以后非常感兴趣，最后他说："我要去看看。"我就向他提出了一个希望："我们开发区还没有正名，没有准生证，国家不好批，能不能请您帮忙看看。"他当时一口答应，说："没问题，我写个报告，来向委员长汇报。但是我要去开发区看看，看了以后才可以讲这件事情。"看了以后，他回去确实写了一个报告而且把原文寄给了我。

这个报告建议把昆山作为江南开发区，借邓小平南方谈话的春风，1992 年正式得到批复。在这之前相当长的一段时间里，特区办把昆山作为"14+1"的"1"，14 个开发区开会时也喊上我们，要我们去介绍经验，这也是对昆山的特殊照顾。埃塞俄比亚总理想搞工业园区，考察了深圳、上海的十几个工业园区，最后到昆山开发区一看，说他们其他的学不上，还是学昆山吧。

费孝通来我们开发区视察时，对开发区的工业结构很赞赏。他每一次来都要让我汇报，很喜欢听我们汇报情况，"苏南模式"是他提出来的，指的是当时以无锡为代表的社队工业是公有制的。他也提倡过浙江的"温州模式"，指的是以私人搞工业贸易、小手工业、小贸易为主，一家一户搞家庭工业的，很多产品还销往国外。而费老看了我们的开发区以后，觉得我们的开发区是一个更好的方向。后来他来过好几次，每次都会听我讲很多，听我讲完后他会问很多为什么，比方说对外资的看法、对私有经济的看法、对民营经济的看法，他觉得这些问题很重要，给我们提出了很多很好的建议。

现在回过头来看，我们为什么能超过其他县市，这同经济结构还是有很大关系的，应该说昆山的经济结构比社队工业要高一个层次，后来也有人说是“苏南模式”的升华。有人问我“昆山之路”到底怎么来总结？我说只有六个字：唯实、扬长、奋斗。也就是说，一切从实际出发，把自己的情况吃透，发挥自己的优势。而昆山有什么优势呢？我们当时总结出的问题很多，但有三大优势：第一个是靠近上海，地理位置好；第二个是农产品不少，上海人喜欢；第三个是劳动力不少。根据这三大优势我们跟上海搞联营，但我认为最主要的还是靠奋斗，靠人的精神，没有奋斗，这三大优势也不会发生作用。大家同心协力，为了昆山人民的生活水平提高而奋斗，我认为这是一个很重要的前提。一开始我就讲，我们昆山的今天是大家共同努力的结果。

此外，我们还秉持着以诚信为原则的合作精神。诚信是市场经济的基础。昆山工业起步比较晚，难度相对较大，县委、县政府深深意识到，唯有真挚连心才能体现诚信、赢得主动，相互合作才能站稳脚跟，昆山开发区就是靠这样的理念，逐步滚动发展，不断壮大的。1985 年 5 月，江西 897 厂与昆山联营在开发区创办了昆山万平电子实业有限公司，生产以出口外销为主的各种电子产品，由于双方诚信合作，顺利竣工投产。引进一个，就带来一批，由 1 个“万”字号企业发展为 8 个“万”字号企业，其中内联企业 4 家、中外合资企业 4 家。1989 年，台资企业顺昌纺织有限公司首先落户开发区，接着就有顺隆、顺风、顺发等一串“顺”字号台资企业先后诞生，“亲朋链”的巨大效应引发了“产业链”效应。昆山与上海凤凰自行车厂的联营也是从连心开始，靠诚信对待和坚韧不拔的精神，从开始时“坐冷板凳”到后来热情合作，无不经历了艰难发展的磨合过程。不少企业落户昆山后，政府都秉持着诚信对待、诚信服务、真诚合作的精神开展工作，使捷足先登昆山的投资者倍增信心，让外来昆山考察的客商不由自主地驻足，让已投资的企业不断增资扩股，这也是成功之道。正如有位外商风趣地说："女要选好郎，男要选好行，投资要选好地方，昆山诚信待人、诚信服务，就是好地方。"

回过头来看，现在有一个特别好的条件，就是思想解放了。我们那个时候搞开发区有各种议论，但是现在不会了，现在大环境特别好，提倡合作共赢，我相信我们国家会越来越好。我很高兴，能够经历这么一个过程，总的来讲觉得值了。我们当时的财政收入还不满 1 亿元，1983 年才 5000 多万元吧，后来算它 1 亿元，现在我们有 700 亿元。地区生产总值当时有 4 亿多元，现在我们已经有 3000 亿元，增长了 700 倍左右。看到这些成绩，我感到所有的付出都是值得的，挺高兴的。

张也平：闯“禁区”，绕“地雷”①

改革开放前的温州，既闭塞又有特色。讲它闭塞，是因为这个地方背靠高山、面向大海。由于山海阻隔、交通不便，又远离上海、杭州等大城市，所以经济基础比较薄弱。新中国成立以后又因为临近台湾海峡，处于国防前线，所以国家几乎没有投资，当年在这个地方几乎看不到一家像样的工业企业。但是这个地方也有特色，第一，手工业比较发达。温州是一个手工业城市，因为农村土地少，人均不足半亩，农民就靠手工业来补贴生计，所以这个地方手工业比较有基础。第二，温州人会做生意、会闯荡，足迹遍及全国乃至世界各地。当地有这么一句话：“温州生意郎，挑担走四方。”当时人民公社的模式是“一大二公”，是不允许农民搞农业以外的其他行业的，所以温州农村的这种传统经营模式是同当时的方针政策格格不入的。而“温州模式”正是在改革开放的气候下，在这片土地上萌芽的。

回想当年我们报道“温州模式”，也是一个逐渐认识的过程。

那是 1984 年，国务院决定对外开放全国 14 个沿海城市，温州是其中之一。1985 年 4 月中旬，我带着记者桑晋泉去温州，原来的设想是报道温州对外开放的面貌，所以当年我们到温州采访的第一个单位就是市政府的对外开放委员会。当时他们给我们介绍的，都是怎么抓铁路、港口、机场等基础设施建设，以及招商引资、培养人才等，为对外开放做准备。这些内容当时都还在规划里面，不

---

① 迟福林主编：《口述改革历史（中）》，广州：广东经济出版社，2019 年版，第 28–32 页。

是一天两天能干起来的。后来我们找到市委书记袁芳烈和副市长方善足，这两位领导在介绍情况的时候都谈到了农村家庭工业和乡镇商品市场的情况。

方善足说，温州的商品经济比较活跃，已经形成了许多小的专业市场，比较集中的、有影响的有 10 个。我们听了后，觉得抓基础设施建设、抓招商引资、培养人才等，在我们已经采访过的沿海开放城市都有报道，而且温州在这方面也没什么特色。但是温州蓬勃兴起的家庭工业、商品市场则是实实在在的东西，是其他地方没有的特色。于是我们就决定改变原来的报道设想，到下面去看农村商品经济发展的情况。

当时我们一共跑了三个县下面的乡镇，有的主要搞塑料编织品，有的搞再生布纺织品，有的搞一些小五金、低压电器，等等。当时千家万户投入商品经济的蓬勃景象令我们深受感动。我印象特别深刻的是，当时在苍南县一个叫宜山镇的地方，一天晚上我们到街上转了一圈，看到家家户户灯火通明，听到一片叽叽喳喳的织布声，我想起了李白的诗句“长安一片月，万户捣衣声”，就感慨地和桑晋泉同志说：“这种景象真可谓‘宜山一片月，万户织机声’啊！”

回到温州以后，我们就找市委办公室和市委政策研究室专题采访家庭工业和商品市场的情况，他们给我们看了许多调查报告，更加深了我们对温州这种经济模式的认识，我们便决定由桑晋泉写新闻，我写评论，对温州出现的这种经济现象做一次重点报道。

在写这组稿子的时候，碰到的难题是怎样闯“禁区”、绕“地雷”。

当时全国还处在改革开放初期，在沿海地区有三种不同的经济发展方式。

第一种是以珠江三角洲为代表，它毗邻港、澳，利用对外开放的先发优势，大力发展外来加工工业，即由港澳台等地的外商与当地合资兴办工厂企业，一般由当地提供土地及厂房等基础设施，外商提供资金、设备和原材料，利用农村极其廉价的劳动力生产产品，出口外销。当时深圳、珠海、东莞、中山等珠江三角洲地区广大城乡，布满了这样的企业。

第二种是以苏南为代表，包括浙东、浙北等长江三角洲地区，主要是依托上海、南京、杭州等中心城市，利用这些城市国有企业的资金、技术乃至设备、原材料和供销渠道，大力兴办乡镇工业。当时在苏州、无锡、常州、宁波、绍兴和嘉兴等地区，乡乡镇镇布满了这样的工厂。

这两种方式，前者有经济特区的政策，后者有“集体经济”的帽子，所以除了肯定和赞扬之外，基本没有不同的声音。

但是，第三种温州的方式就不同了。温州地处浙南一隅，山海阻隔、交通不便，又靠近台湾海峡，长期处于国防前线，国家很少对它投资，城市工业基础极为薄弱。在这样的地方发展经济靠什么？温州人就利用传统的手工技术和走南闯北做生意的本领，自发地办起了作坊式的家庭工业，并在乡镇中形成了一个个各具特色的商品市场，作为原材料和产品的供销基地。更有一批有经营本领的人，走南闯北，发扬“千山万水、千辛万苦、千方百计、千言万语”的所谓“四千精神”，到全国各地采购原料，推销产品。这种以个体（或合股）生产或经营为基础的市场经济模式，很显然是从温州的“资本主义尾巴”里长出来的东西，一出现就引起了姓“资”姓“社”的争论。纷至沓来到温州参观考察的干部和专家有赞成的、有反对的，更多的则是“看”。全国媒体没有一家对它做过公开报道。看到当时城乡中那种发展经济、脱贫致富的勃勃生机，心里有种难以抑制的兴奋和冲动，所以决定闯一闯“禁区”，把它报道出来。

但是，怎样把“温州模式”四个字写进报道，却又颇费思量。在我们去温州之前，从中央到地方已经有好些干部和专家到过温州，对温州这种经济现象，有的经济学家把它叫作“温州模式”，大多数干部和专家则对“模式”一词持保留态度。如果我们在报纸上过于醒目地提出“温州模式”这一概念，很有可能引爆一场争论，所以还是绕开这颗“地雷”。在定稿的时候，只在新闻导语和评论的第一段里，用客观的语言加了一句“……被一些经济学家称为‘温州模式’”的话，而在标题中则回避了“温州模式”这一名词。

为了报道“温州模式”，我一共去了三次温州。第一次是同记者桑晋泉一起去的。1985 年 5 月 12 日，《解放日报》第一版头条刊出了《温州 33 万人从事家庭工业》的新闻和评论员文章《温州的启示》。第二次是在当年的 10 月份，温州市委政策研究室的同志邀请我到温州去编一本介绍温州十大商品市场的书。这本书叫作《温州农村商品经济新格局》，于 1985 年 12 月在内部发行，是第一本讲“温州模式”的书。第三次到温州是一年以后的 1986 年 9 月，这次到温州，看到“温州模式”有了很大的发展，归纳起来有几个方面：一是农村劳动力已经从土地上转移出来了，农村传统的自然经济正在向商品经济过渡；二是一批农民企业家、经营家脱颖而出，私营企业、合伙企业红红火火，当时家庭工业孕育出一批经营家、企业家，把企业做大做强了，变成厂长、经理了，已经不是家庭企业，而是民营企业了（当时叫“私营企业”），还有种叫“合股企业”，就是股份制企业；三是生产要素市场应运而生，包括资金、技术、信息、劳动力都进入市场了；四是一批新兴的小城镇正在崛起，农村加快了城市化进程。

当时我写了两篇文章，一篇是署名文章《温州的探索》，另一篇是通讯《温州商品经济的新发展》，刊登在 1986 年 10 月 18 日《解放日报》“上海经济区之页”的专版上。这两篇文章更加明确地提出了“温州模式”这个概念。我在文章中说：“温州农村发展商品经济走出的路子，还给我国农村的社会主义建设提出了一条可供选择的道路。我国 10 亿人口，8 亿人在农村，这是最大的一个国情，如何把几亿农民从狭小的土地上，从落后的经营规模和方式上转移出来，发展农村工业、交通运输业、商业、服务业等第二、第三产业，是我国农村社会主义建设的一大课题。实现这个转移可以有几条道路：第一条是通过发展城市大工业的办法，走这条路，国家需要投入大量资金，而且吸收农村劳动力有限，还会造成城市的膨胀，显然，这条路走起来比较困难。第二条是靠国家大量贷款、救济的办法，来发展农村工业及其他行业，显然，这条路和前一条路一样，也是走不通的。第三条是通过发展乡镇企业的办法，来实现农村劳动力的转移，这就是以苏南为代表的许多经济发达地区所选择的一条卓有成效的道路。第四条是发挥和利用个体劳动者、私人经营者的才能和资金，发展农村家庭工业和私人经营、合股经营的企业，这就是温州走出来的一条成功的道路。这后面两条可行的道路，比较起来，苏南道路需要有集体经济比较雄厚的资金积累，并有赖于大城市工业较强的辐射，而对于我国广大农村来说，具备这两个条件的地区并不多。温州道路是在城市工业辐射不强、集体经济比较薄弱的条件下，自筹资金发展农村工业，就地消化农村过剩劳动力，这对我国大批比较贫穷落后的农村来说，具有更加普遍的实践意义。”

陈锦华：90年代中期住房制度改革历程回顾[①]

社会事业的老大难问题：住房制度改革。

我一直认为中国的民生问题，除了吃饭、穿衣，最大的问题就是住房。从历史上看，我国长期实行的低租金、福利分房的制度，造成了住房市场难以发育，住房供应短缺，从而刺激了人们都想多占房、占好房，并因此助长了以权谋房、分配不公的不良风气，社会对此反映强烈。改革福利分房制度，实行住房商品化，成了有关方面一直想改而又怕改，担心改不成的一个老大难问题。缓解住房紧张状况，也成了各级政府一项重大的“民心工程”。

1977年、1978年，我在上海工作时，住房是每年编制计划供求缺口最大的一项指标，市委想方设法挤出资金，每年盖100万平方米的宿舍，但仍是杯水车薪，改变不了住房需求十分紧张的状况。1979年，市委咬咬牙想搞200万平方米，有人认为搞得多了，是冒进，但这与实际需求还差得很远。2005年，上海每年新建住宅1000多万平方米，新建住宅还是年年大幅度增长，但房地产市场仍然一片兴旺。

早在1980年，邓小平就提出要搞商品房。我最早看到中国要改革住房制度的消息，是北京市委书记林乎加陪同邓小平视察前三门住房时的报道。1986年2月，成立了国务院住房制度改革领导小组，负责领导和协调全国的房改工作。安志文、陈俊生和林汉雄先后担任住房制度改革领导小组组长。1991年3月，我接任住房

① 迟福林主编：《口述改革历史（下）》，广州：广东经济出版社，2019年版，第292–297页。

制度改革领导小组组长，刘鸿儒、刘志峰和陈学斌三位同志先后配合我一起，抓这项工作。

住房制度改革难度很大，是一件“费力不讨好”的事情。那么，国家体改委为什么要碰这个事？当时出于以下几点考虑：第一，各方面对福利分房意见很多。当时有人讲，国家体改委改这个，改那个，住房这样的事情为什么就不敢碰啊？当时我们想，既然这件事反映这么强烈，而且又是经济和社会发展当中绕不过去的一个问题，就决定“碰一碰”。第二，有人批评国家体改委太虚，我们想做些实事。一天到晚规划来规划去，都是空的，老百姓看不到。国家体改委的工作要务实，不能成天都是讲道理、讲大话，搞住房制度改革也可以转变国家体改委的作风。第三，我当时受到了上海经验的启发。在我接手房改工作后不久，就听说朱镕基任上海市市长时，因为上海的住房矛盾非常尖锐，为了解决这个问题，他曾经专门考察过新加坡、中国香港的住房建设和住房制度。后来他大力推进上海住房制度改革，讲过新加坡的经验，我印象最深的是两件事：一件是建立住房公积金，另一件是房地产开发商必须拿出10%～15%的投资用于盖廉租房，给没有钱的人住。这就从机制上解决了问题。

后来住房公积金制度率先在上海市建立。朱镕基找我，要求国务院批准上海市的住房制度改革方案，以便更好地推行这项制度。我找了李鹏，他同意由国务院办公厅正式转发。后来各地的房改办法都基本参照了上海市的做法。

住房制度改革领导小组根据国务院的部署，在广泛调查研究的基础上，于 1991 年 6 月起草、下发了《关于继续积极稳妥地进行城镇住房制度改革的通知》，并于 1991 年 10 月 7 日（世界住房日）召开了第二次全国住房制度改革工作会议，讨论《关于全面推进城镇住房制度改革的意见》。会后由国务院办公厅转发各地、各部门实施。这个文件明确了住房制度改革的目标、基本原则和政策。据调查，当时全国城镇共有无房户和住房困难户 800 万户，其中人均居住面积在 2 平方米以下的特困户为 50 万户，还有 5000 万平方米的危房，6 亿平方米的简易房需要改造，每年还有 200 万对新婚青年需要住房。 解决好职工的住房问题，关键是加快住房建设，多建住房。但建房要用新机制，采取老的福利建房、分房的办法是行不通的。为了充分调动和发挥国家、单位、个人三方面的积极性，我们提出了三者共同负担的原则。在保持原有资金渠道不变的情况下，如何更多地筹集建房资金，加快住房建设，缓解住房供求矛盾，我们增加了个人投入这个新渠道，把个人的积极性充分调动起来。三者合理负担的原则，是各地多年进行房改实践的经验总结。

计划经济时期造成职工群众住房困难的根本原因是福利分房的体制。政府和企业建房投资越多，支出的维修费用和住房补贴就越多，投资不能实现自身积累，包袱越背越重，不能形成良性循环。房改从哪里突破？单纯在建房上做文章，不能解决住房商品化的问题。单纯提高租金，也会有很大的阻力。单纯出售房子，难以确定价格机制和经济承受能力。我们还认为，提租不卖房，不能加速资金的回收。卖房不提租，不能解决住房商品化的运行机制，因此必须进行配套改革。在第二次全国房改工作会议上，我们提出了租、售、建并举的改革思路，确定了以提租为重点，“多提少补”或“小步提租不补贴”的租金改革原则。立足于转换住房运行机制，逐步实现住房商品化，基本思路是通过提高租金，促进售房，回收资金，促进建房，形成住宅建设、流通的良性循环。

在住房制度改革过程中，我们认为，应当考虑中国地域辽阔，人口众多、地区之间经济差异大的实际情况，允许各地在实现住房商品化的目标下，因地制宜地探索适合自己的改革方式。如果全国实行同一个政策、同一种模式，很难适应各地的实际情况，实施难度也大。我在全国住房制度改革会议上提出，沿海与内地、南方与北方、大城市与小城市、城市与县镇之间，在经济发展水平、消费水平、居住条件、文化传统、生活习俗等各方面差异很大，推进住房制度改革必须要因地制宜、分散决策，注意各地的这种差异性和承受能力。

建立住房基金，是住房制度改革一直倡导的做法，目的是把原来财政和各单位的住房建设资金集中起来，用于住房制度改革。我们全力支持朱镕基在上海提出的建立住房公积金制度，认为这是建立住房基金的有效形式，体现了国家、单位和个人三者共同负担的原则，有利于提高职工的住房支付能力。我们对上海建立住房公积金制度的改革思路表示肯定，并在全国住房制度改革会议上加以介绍和推广。

1991 年以后，各大中城市逐步推开住房公积金制度。为了规范住房基金管理，并把它管好用活，国务院住房制度改革领导小组还颁发了《住房资金管理中心章程（试点）》的通知。实践证明，住房公积金制度符合中国国情，受到各级政府、企事业单位和广大职工的普遍拥护。经过 10 多年的发展积累，截至 2003 年底，全国已经有 7036 万名职工建立了住房公积金账户，累计归集公积金 5563 亿元，累计发放购房贷款 2343 亿元，解决了 329 万户家庭的住房问题，推动了住房建设和住房金融的发展。

可以说，住房制度改革“牵一发而动全身”，这项改革涉及方方面面，影响很大。早期的住房制度改革试点都是在中小城市进行，后来逐步把重点转到大城市，尤其是特大型的那些城市。因为特大城市职工的住房困难比较突出，改革的基础好，就是说有改革的紧迫性和积极性。我们与上海市有关部门一起研究了上海的房改方案，并以它为样板，来推动大城市的房改。根据我们多年来的房改经验，房改的关键是要起步，要综合配套，稳步提租、优惠售房、建立住房公积金和多种形式建房。同时，强调对退休职工、下岗职工、优抚对象等社会弱势群体要给予政策优惠。后来国务院住房制度改革领导小组先后听取了北京、天津房改方案的汇报，并向全国转发了北京、天津的房改方案。实践证明，京、津、沪三大直辖市房改带动了全国房改的全面起步。

住房制度改革的实践，证明了房改起步阶段所制定的目标、政策、原则是正确的，越来越大地改善了中国城乡人民的居住状况。

陈学斌：中国住房制度改革①

住房制度改革的开始

住房制度改革最早是1980年邓小平提出的。当时他提出了住宅问题、城市建筑、住房的分配等一系列政策。城市的分配制度、建设体制也都要考虑，老百姓可以买新房子，旧房子也可以出售。房子出售以后，要考虑到提高租金。他提出繁华地区的房子和偏僻地区的房子，交通方便地区的房子和交通不方便地区的房子租金要有差别。租金提高以后，租房不如买房。因此他提出来解决城镇居民住房问题，实际上是一整套的改革思路。

20世纪50年代初，我国城镇居民住房的水平人均是4.5平方米。经过30年的社会主义建设，据统计，1978年全国城镇人均居住水平是3.7平方米；也就是说，经过30年的发展建设，1平方米也没提高，反而还下降了。因此不管是国有企业、中央机关及事业单位还是广大城镇居民，住房都非常困难，三代人住一间房子，甚至四代人住一间房子，并非个别现象。工矿区还存在大量的棚户区。

当然，要改革在观念上还存在不同的认识。当时国务院有些领导的思想是比较开放的，决心比较大。中华人民共和国成立初期，我们统计报表国有资产这一栏，当时全国住房就有3亿多平方米。如果公房出售，3亿平方米变成2亿平方米、变成1亿平方米，那么资产管理部门要有个交代啊，国有资产哪儿去了？这是一个问题。

---

① 迟福林主编：《口述改革历史（下）》，广州：广东经济出版社，2019年版，第297–307页。

第二个问题，我们说所谓资产应该年年增值，这样的资产才有意义。但是3亿平方米的国有住房，年年都在损失。因为住房也是消耗品，年年要有折旧的。公房是国家资产，房子漏了，你要负责维修。需要大修、翻建了，每年要拿出钱来大修、翻建。面对这样一个国有资产状况，实际上是财政背上一个很大的包袱。在讨论当中，这些认识观念必须突破。

第三个问题，从国家的分配制度来讲，一个员工的工资构成，应该包含劳动力最基本的生活以保证简单再生产。比如工人，你要叫他吃饭、穿衣，你要给他提供住房，世界上所有市场经济国家工资的构成起码要包含这些基本的生活需求。我们中华人民共和国成立几十年实行低工资，工资构成里面几乎不含住房消费，只要你参加工作，你的住房我包了，一包到底，不光分配你房子，连换个灯泡、换个水龙头都是单位的责任。如果不允许出售，那么单位长期要背着这个沉重的包袱。我们在宣传房改的时候，老百姓积极赞成，但是一说你要提高租金，工资里给了这个钱没有？我们不能理直气壮地回答。当时就提出了，提租要给补贴。要给补贴，财政又说没钱，企业也说没钱。因此这个房改一直是在争论中探索。

所以80年代的房改仅仅是停留在试点阶段，而且是中小城市试点。国务院非常谨慎地选择了唐山、烟台、蚌埠、郑州、常州等这些中小城市，主要是进行提租补贴和公房出售两方面的试点。然而，试点的情况效果并不好，比如烟台搞提高租金的试点，但是没有钱，印代替券，实行空对空，毫无进展。对公房出售的试点，一出售就形成了低价售房，因为职工确实买不起。

回顾20世纪80年代，尽管房改很重要，城镇职工、居民也赞成房改，但是由于财政困难、企业困难，因此这个住房制度改革不管是提高租金，还是出售房子，都是要由老百姓的兜里往外拿钱的。这个问题不解决，就成了一个症结，很难推进。当时国务院的文件都是“意见”“通知”之类的，显然是在“摸着石头过河”，鼓励大家去探索。因此80年代房改应该说是处于问题繁多的困难阶段。

1994年房改决定的出台过程

我想讲的第二个问题，就是1994年国务院出台的《国务院关于深化城镇住房制度改革的决定》。这个文件跟过去就不一样了，它是“决定”，而且是以国务院的名义下发的。20世纪80年代的房改文件都是国务院办公厅这样一个层次下发的。

20世纪90年代初，陈锦华到国家体改委当了主任，又当了国务院住房制度改革领导小组的组长，这个时期第一个大的突破是从抓直辖市开始。20世纪80年代的房改始终在中小城市进行，因为大城市难度大、问题多，比如北京。但是房改如果不从北京搞起，那就对全国毫无示范和推动作用。当时北京市主管房改的负责人对我说，搞房改全国哪个地方的经验拿到北京来都不好使，他一语道破。因此我认为，房改要从大城市、要从直辖市抓起，这是有一定道理的。只有首都动了，直辖市动了，全国才会动。所以陈锦华同志当时提出来首先要北京、上海制定住房制度改革的方案，而且这个方案为了提高其信誉度、执行力，要由国务院住房制度改革领导小组转发全国。这个举措的示范作用、带动作用是非常大的。

北京、上海方案转发之后，天津市也转发了方案。这些直辖市方案是在20世纪80年代试点的基础上概括了房改的内容，都非常具体。总体上沿着住房制度改革要社会化、商品化的思路来制定。

其中北京突出了要积极、稳妥地逐步提高租金，同时政府给补贴。我们改革之前，全国的公房租金水平一平方米只需一毛两分钱。北京市好像到 1997 年提高到八毛七分钱。大家要知道，我们当时制定租金提高的规划时，非常艰难。国务院原则上都同意逐步提高租金，但是具体从哪月哪日开始提高，这个要严格按手续审批。

我本人是 1993 年 3 月到国务院房改办任职的。为了制定好国务院关于房改的文件，首先做了大量的调查研究，国务院房改办的同志可以说是走遍了大半个中国。我们认为，这个文件一定要符合实际，一定不能“一刀切”，一定不是空话大话，一定要有具体措施，发下去以后大家可以照着办。我们在北京、天津等地召开了不同类型的座谈会，既有政府部门和国有企业职工，也有普通城镇居民。紧接着我们又到南京、上海，到东北、西安、深圳等地反复征求意见。因为我们国家太大，经济发展的水平不一样，比如说提高租金，我们只是原则规定 5 年要达到什么水平，要占到工资的什么水平，给各个地方政府考虑经济的实际情况留下余地。各地反映，国务院关于房改的决定，是这些年少有的可以操作的好文件，受到好评。

稳妥推进公房出售

经过实践探索，众多不同的观点交锋，逐渐有了一个共识，就是公房要出售，只能是稳步，而且要有明确的具体措施，不能刮风，不能打雷，呼呼啦啦一下子就卖了，这不行。公房出售，要防止突击售房，要防止低价售房，公房价格确定要有一个严格的规定，房价一定要和当地的工资收入相结合，要和当地的房价水平相结合，旧房子要考虑建了多少年等因素，要给折扣。同时还要考虑老职工、新职工的工龄折扣，体现购房价格公平。

我们当时就设计了售房价格的一个计算公式，考虑到房龄、工龄，比如说这个房子建了50年了，如果是一年折旧2%，就等于这房子价格为零了。我们中国有一个特殊的情况，有些老同志13岁就参加了革命。因此我们在设计的时候，考虑到公房出售价格计算时，应当考虑老房子应有折旧，老职工应有工龄折扣，但决不能小于零。在方案出台之前，全国各地房改办以培训班等形式，把房改的思路、计算方式向大家交代得明明白白、清清楚楚，一定要体现既积极又稳妥的售房政策。

公房出售最重要的是盘活了国有资产。原来这是一个大包袱，压得我们年年往外拿钱，现在一下子回笼了资金，可以再投入、再建房，开始良性循环。

建立全国住房公积金制度

1993年10月，李鹏主持召开国务院第11次常务会议，原则上同意《国务院关于加快城镇住房制度改革的决定（草案）》。明确了建立与社会主义市场经济体制相适应的新的城镇住房制度，实现住房商品化、社会化；加快住房建设，改善居住条件，满足城镇居民不断增长的住房需求。

后来朱镕基由上海到了北京，任国务院副总理，而且分管改革。他在上海时已经开始实行住房公积金制度了，明确提出了借鉴新加坡的公积金制度经验。新加坡公积金是社会保障和住房、养老、医疗联系在一起的，而我们是单独解决住房问题。经过又一轮调查研究，我们认为朱镕基的意见是有道理的。国务院房改办工作人员是积极的，认为上海有了试验基础，是可行的，主张《决定》

要突出这样一条内容和举措。但是，全国要建立住房公积金制度确实存在着很多困难，首先是财政吃紧，因为住房公积金制度是全国城镇职工个人要拿出工资总额的 5%，同时国家或者单位要给你增加 5%，这个不随工资发到口袋，要放在公积金管理中心，是解决职工住房的专项资金。

在《决定》修改之前，我们曾经和有关部门交换意见。实践证明，争房改资金的现象一直非常激烈。我们房改出来的资金一个是住房公积金，另一个是公房出售的售房款，售房款由谁管也存在很大争论。有人提出，原有的公房都是国家财政投资，现在不管卖多少钱，必须得交给财政。比方说，首都钢厂 20 世纪 50 年代建厂，是国家投资的，包括生活这一块，要给多少钱建房子，是由中央财政决定的。所以一开始讨论的时候，财政部认为售房款应 100%上缴财政。但是后来具体讨论的时候，究竟有多少是随着基建投资拨了住房投资款？实际后来企业盖房子，财政是几乎不拿钱的，都是从企业福利基金挤出来建的房子。所以大家认为不应上缴财政。

有一次我在上海调研，上海的公房出售售房款 100%要留给企业，留给产权单位，一律不允许平调。如果按照上缴财政的办法，就完全降低了各地公房出售的积极性，好不容易卖房了，卖房的钱统统拿走，我这里职工住房这么困难，我还不如不卖呢。房也没了，钱也没了，我搞什么房改啊？所以我们就学习上海的经验。当然朱镕基赞成上海的办法，售房款一律要留给售房单位，当然这个时候还要留下一部分维修基金，因为房子出售了仍然还有包袱啊，剩下的钱拿出来投入再盖房子。售房款这么一搞把资产盘活之后，解决了大量的住房建设资金，各个城市、各个单位利用这笔钱再投入住房建设。

建设“安居工程”

住房制度改革推进过程中，还有一个关于“安居工程”的建设。房改最终是要增加住房建设，满足城镇居民住房的需求。“安居工程”提出来，是意识到住房不光是一种商品，还是一种必需品，是关系民生的一种特殊产品，政府有责任帮助买不起房的中低收入者解决住房问题。国家“安居工程”从1995年开始，当年安排了50亿元的“安居工程”贷款（1995年后，建设规模和贷款规模一年一定），由国务院房改办牵头，全国试点，到1997年增加了100亿元，加上1995年、1996年的计划借转贷款约60亿元，贷款规模一共达到了160亿元，缓解了城镇居民住房问题，得到广大职工群众的积极赞成和拥护。当时对于“安居工程”资金贷款，各级城市抓得很紧，受到各级政府的欢迎，到国务院房改办来申请“安居工程”贷款的排着队。

为了推动“安居工程”建设，国务院房改办提出几个要求。第一，要求你这个城市房改要搞得好，要确定那里有没有房改机构，有没有房改办。第二，租金是不是逐步在提高？第三，这个城市公房开始卖了没有？价格怎么定？第四，要搞“安居工程”，要政府划拨土地，地块落实了没有？配套资金有没有？整个项目落实、土地落实、资金落实之后，你才有资格来申请。你得按照房改方案办，按照国务院的决定推进。一开始是88个城市试点。咨询当中，发现国务院总体上明确贷款指标，但是到地方有不同的银行承办，有的是工行，有的是建行，落实慢的往往就是银行有问题了，有的地方把贷款指标拿去支持别的项目了。国务院承诺的，到下边落实不了。后来每件事都这样，具体盯着才能够落实。“安居工程”是非常好的事。我们参加过不少城市的竣工典礼，看到当地老百姓拿到钥匙，眼含着热泪，甚至制作锦旗，写着感谢政府、感谢房改政策，去给当地政府、房改办报喜，这些场面非常动人。应该说从 1993 年到 1997 年的下半年，全国的房改搞得是有声有色。各地房改办因为是一个新机构，有新的工作作风，大家推动这样一个房改事业，加班加点、出力流汗、尽心尽力，确确实实给老百姓解决了问题，“安居工程”受到城镇职工的普遍欢迎，全国老房改人都深感自豪和欣慰。

对房改工作总的回顾

这一生我感到最欣慰的，就是 1993—1998 年这 5 年参与了全国住房制度改革的工作。经过这些年的房改，第一，不管怎么说，住房制度改革使全国亿万城镇居民的住房观念发生了重大变化。如果还是老制度，城镇居民都要等、靠、要，到现在也解决不了住房问题。通过房改老百姓才知道，住房问题不能单靠政府、单靠单位，它是生活必需品，还需要靠职工自己努力奋斗。没有全国房改大讨论、大宣传，也不会有今天这种局面。第二，经过房改，住房的私有率大大提高，2001 年我们的住房私有率达到 82%，这是很大的变化。当然以后才会有《中华人民共和国物权法》出台。第三，住房水平翻了一番。2001 年，人均住房面积已超过 11 平方米，后来达到 20 平方米。第四，全国建立了住房公积金制度。住房公积金制度的建立有着重大意义，不光解决了建设住房的资金问题，对规避国家金融风险也起到了不可忽视的作用。第五，由于房改，中国房地产市场稳步发展，而且逐渐成为国民经济的支柱产业。

从 20 世纪 80 年代一直到现在的住房改革，我反复强调是在争论当中探索前进，在这个过程当中，第一个改革初期的争论，就是要不要走私有化这条道路。第二个就是部门利益的争论。比如，住房公积金的规范化管理问题，当时我就主张全国要实现联网，现在建设部有一个公积金监督司，一打开计算机系统就知道资金的变化。住房公积金的监管和安全仍是至关重要的课题。另外，房改要解决老百姓住房问题，要把它视为一个重大的民生问题，解决中低收入群体的住房困难问题是政府的责任，必须加大财政投入。

杨启先：城市经济体制综合改革的“试验田”——常州、沙市改革试点[①]

党的十二届三中全会决定将改革重点从农村转向城市，我国开始了以城市为重点的经济体制改革。改革是个新事物，大家都没有经验。为了找到改革的出路，我们就选择了试点的办法，在沙市、常州进行城市经济体制改革试点，为我国的城市经济体制改革积累了重要经验。为什么选这两个城市呢？主要是因为这两个城市，一个在比较发达的地区，另一个在江汉平原，都是当时全国经济情况比较好的地区，而且这两个城市本身就有改革的积极性。

当时我主要参与了常州试点。从常州试点来看，它主要解决了两个问题，而这两个问题正好是我们经济体制改革当中最重要的问题：一个是关于计划经济的公有和私有的问题，一个是关于公有制的计划和市场的问题。究竟怎么才能在这两个问题上有所突破？

我曾经在《人民日报》上发表了一篇短文章，叫《煤油灯罩和老虎灶的故事》，这就是常州试点解决两个问题的办法。看起来这是小事，实际上解决了两个根本性的问题。第一个改革措施是将煤油灯罩的价格放开，解决了计划与市场的问题。当时电力供给不足，好多家庭点煤油灯，煤油灯要有玻璃罩，但在全国各地煤油灯罩属于统一分配的产品，不能在市场自由流通。因为煤油灯罩价格定得很低，6 分钱一个，工厂生产赔本，大家都不愿意生产，国家只能用计划压着一些工厂生产一部分，但生产出来的灯罩数量远远不能满足市场的需要。

① 迟福林主编：《口述改革历史（中）》，广州：广东经济出版社，2019 年版，第 3–5 页。

于是就用分配的办法，按季度或者按年、按月，一层层往下分配。

在常州进行试点的时候，我们考虑能不能把煤油灯罩的价格放开？原来煤油灯罩 6 分钱一个，放开以后变成 2 毛钱一个，价格涨了 2 倍多，但是这样大家都能买到煤油灯罩了。过去分配由街道干部掌握，为了得到煤油灯罩，群众往往要请街道干部抽烟喝酒，甚至请吃饭才能拿到。价格涨了这么多，群众有没有意见呢？群众说没意见，这没有涨价。为什么没涨价？他们说："过去 6 分钱一个煤油灯罩，顶 3 个鸡蛋的价格。现在 2 毛钱还是 3 个鸡蛋，因为鸡蛋也涨价了。"群众的价值观念比我们灵活得多。这个试验成功了，我们写了一个报告，提出小商品的价格可以放开，由市场来调节。这个报告很快就批了。报告批了以后，第一批政策就放开了 400 多种小商品，第二批、第三批又分别放开了几百种，这样就把小商品市场价格全都放开了。

第二个措施从老虎灶入手，实际上解决了所有制的问题。什么叫老虎灶？就是一个烧开水的炉子，从利用余热的角度设计一个烟道，烟道有两米左右长，水壶可以一个个排开来，通过余热来节约能源。因为当时煤炭供应很紧张，群众不可能每家都买到很多煤炭自己生火烧开水。于是，规定街道组织才能办老虎灶，个人不准办。集体办的话，就不可能办很多，几条街道才有一个老虎灶，群众打一壶开水要跑几条街，很不方便。后来我们就提出意见，能不能改为"个人也可以办"，只要个人有这个能力，而且能够提供很好的服务。通过试验，老虎灶增加了，群众打开水就很方便了。这个问题的解决实际上就是所有制改革的一次试验。所以，常州试点的措施看起来是两件小事，但实际上解决的是两个大问题：一个是计划和市场的问题，一个是公有和私有的问题。

穆常生：沙市城市经济体制改革试点[①]

历史上，沙市长期是江汉平原的一个粮棉集散地和商贸中心，商业、运输业比较发达。新中国成立后，沙市走了自力更生实现工业化的道路，因为中央和湖北省在沙市的投资有限，所以沙市工业发展主要依靠“四小起家”，即依靠小厂家、小设备、小队伍、小批量起家，实行“土法上马”，办中、小工业企业。

由于受资源等条件的限制，轻纺工业在沙市工业中占绝对优势，是沙市经济的主要支柱，而沙市的重工业基础一直比较薄弱。新中国成立初期，沙市的私营商业资本占地方总资金的60%～70%，但1953年由于政策变化，市场销售额大幅下降，私营商业纷纷歇业，沙市失业人口6000多人，为了增加城市就业岗位，我们想出了“商业转工业”的办法。

沙市市委、市政府与资金方协商，将一部分民族资本主义的商业资本转变为社会主义的工业资本。但当时谁也没办过，到底搞什么工业呢？后来市委组织了一批人，私营企业的老板也组织了店员，到武汉、上海等地考察学习，看看在沙市办什么工业比较合适，机器是怎样操作的，等等。我记得考察完回来，我们办了一个帆布厂，因资金不多，只搞了五六台机器。但是有了机器又面临着一个新问题——没人会操作机器，缺乏专业人才。为了解决这个问题，我们做了两手准备：一是老板又组织了一些店员出去学习技术，同时，老板自己也出去学习管理经验；二是到外地请技术人员

① 迟福林主编：《口述改革历史（中）》，广州：广东经济出版社，2019年版，第5–9页。

来沙市。刚开始的时候，上海的老板给我们支援了一些技术人员。那时候上海刚开放，人多，有些人也愿意来。支援的技术人员来了，把家属也带来了，我们这边就给他们盖房子，提供住处，把家属安排到工厂当老师。

但只是由私营企业出资金显然是不够的，因为帆布厂的第一批机器就花了 100 多万元，那时候的 100 多万元不得了了，所以机器买回来了，帆布厂就没有资金盖厂房了。为了继续试点，地方政府从财政上拿出一笔钱投资给帆布厂，在一个庙里租了间空房，放进五六台机器，这就是企业的国营成分了。除此之外，我记得 1953 年还建了床单厂，刚开始只有 6 台床单机。只有 6 台床单机是不够的，地方上没有办法，就把老厂的仓库和附近的菜市场改造来做厂房，加上从布厂弄来的手动织布的高脚机，床单厂就这么发展起来了。后来，床单厂从日本、联邦德国、美国等 7 个国家引进了年加工能力达 500 万条床单的印花和整理生产线。到我离开沙市的时候，沙市的床单已经闻名全国，并远销东南亚，发展得很好。

就这样，我们搞了一批公私合营的小厂子，通过工商业改造，慢慢开始发展经济。1979 年，因为国民经济调整和市场竞争激烈，一部分企业“吃不了”“吃不饱”和一部分产品供不应求、滞销积压的矛盾突出 。我们开始搞工业改组联合，对原有的产业结构、企业组织结构、产品结构进行调整，打破行业、部门、地区界限，组织了多种形式的经济联合，其中有生产要素的联合、不同经济成分的联合、经济与技术的联合等。 当时市里出现了很多手工业，开始有点泛滥。在工商业改造的时候，也成立了一些私营手工业合作社。有些合作社手工业设备很多，但没有好产品；有些有好产品，但是员工不行。这时候采取什么办法呢？简单来说叫“改组联合”，你有好产品，我有好设备，我们两个厂就联合在一起，优势互补。手工业就这么慢慢地发展起来了。

我们就这样探索出一条符合沙市现实情况的发展之路。那时候，国家也给了沙市一些投资，比如沙市纱厂。沙市纱厂在抗日战争初期迁到了重庆，为支持抗战做出了重要贡献。抗战胜利后，沙市纱厂迁回沙市原厂，我记得刚开始时纱厂只有 8400 多枚纱锭，后来进行了公私合营，慢慢增加到 3 万枚，再后来国家增加了一些投资，慢慢就到了 20 万枚接近 30 万枚，给湖北省轻纺工业奠定了基础。当时有些小机械厂也是这样慢慢搞起来的，从当时全国的机械工业来说，沙市搞过很多尖端产品，比如镗缸机、拖拉机等，那时候敢闯。电子工业也是在那个时候慢慢发展起来的。后来就确定了沙市的轻型工业结构和以纺织机械工业为基础的发展方针。

但是也不能都让国家投资，国家财政也不宽裕，我们得自力更生。当时沙市的经济也有了一定的基础，为了进一步发展，我们采取了很多方法。一种是“母鸡下蛋”。什么是“母鸡下蛋”呢？这个“母鸡”指的就是大企业，大企业有些多余的资金、设备、人员等，没有精力再开辟新产业的，就将这部分“吐出来”，给集体或者别人办个小厂，由小到大，再办大厂，这就是“母鸡下蛋”。还有一种叫“跳围墙”。“跳围墙”是指只要企业在新行业有一定基础，对发展前景有信心，就鼓励企业进行不同行业的产品开发，支持老厂跳出原来的产品体系去搞一个新产品。就这样，一些企业逐步有资金、有技术，慢慢地也就发展起来了。

1981 年 7 月，国务院确定在沙市进行城市经济体制改革综合试点。沙市按照改革的总体方案，在生产、流通、分配、城建、科技、教育等多方面有重点、分步骤地开展了改革试点工作。

那时沙市的发展比较快，每年都是以20%多的幅度增长，甚至以翻几番的速度增长。我是1986年离开沙市的，当时的沙市已经有了巨大的变化。1985年与1978年相比，工业总产值由9.01亿元上升到19.1204亿元，增长了1.12倍。财政收入在纺织化纤限产降价、企业原材料涨价、信息支出增加的情况下，由1.09亿元上升到1.7267亿元，增长了58.4%。7年来，全市共上缴税收12.2845亿元，为全市投资的1.43倍、为工业投资的2.11倍、为工业投资额中国家预算拨款的19.3倍。1985年全市人均收入达到2292元，就业率高达99.6%，就业人口占总人口的比例达60.67%。还辐射周边地区，在湖北省周围吸纳了很多劳动力，沙市每年都要从外地招进大约1万人的轮换工作建筑队伍。

当时的国营企业是“企业办社会”的模式，工厂里头还要办学校、医院等。后来我们觉得这种模式不行，需要整顿管理，就把非生产型的部分与企业脱钩。于是就出现了多余的劳动力，这部分劳动力怎么处理？我记得在试点的时候，他们把工厂改造，新建成20万平方米的商场。当时不知道怎么处理工厂里的废旧建筑材料和精简下来的人员。后来，我们想了个法子，用工厂的废旧材料盖了一些房子，让精简下来的工厂人员在这里办印刷店、办餐馆、办商业零售等。等他们赚钱了，能够自给自足了，才跟工厂脱钩。这是将工业人员转成商业人员了，同理，商业也可以转成工业和服务业，我们就是采取这种自我消化的方式。

那时候，我们跟财政部门也协商过一些办法。我记得有一个工厂办起来了，没有流动资金，又向银行贷了款。但这个工厂刚建不久，没赚多少钱就面临着要向银行还钱、税务部门又马上要征税的两难境地。我们当时就研究，让它先还银行贷款，因为银行有钱就能再贷给别人。但是，税务部门的人不同意这种做法。我对税务部门的人说："想想看，它这工厂不办了，你到哪里收税啊？你是放水养鱼，还是让这条鱼没有水干死了？等它发展起来把银行贷款还清了，银行又可以贷款给别家企业，税收不是更多了吗？"当时争论得很厉害，直到后来省里肯定了我们的办法，争论才停止了。

沙市被批准为综合试点城市之后，国务院有关部委和湖北省及本市对改革综合试点方案、目标设想和内容进行了多方面的调查研究和协商准备。1982 年 2 月底，省试点工作领导小组和沙市体制改革办公室共同制订的试点方案送审稿，经湖北省委和沙市市委初步讨论通过了。3 月 9 日，湖北省委副秘书长吕乃强和沙市市委副书记王开炳一行 7 人，到北京向国务院汇报沙市经济体制改革综合试点的方案和准备情况。我虽然没去汇报，但是在这之前我和去汇报的同志进行过简单的交流。

那时候沙市工业已经有一定的基础，在那几年里发展得很快。当时沙市大力发展科技联合，同全国各大大专院校和科研单位建立了联系，取得了一批初步成果，有很多尖端的产品，比如说电子方面，有单晶硅、多晶硅，这是电子工业里的主要元件，还有光导纤维等。此外，为了引进新技术、新设备，沙市还积极开展国际、地区间技术合作，先后和日本、美国、瑞士、比利时、意大利、罗马尼亚、匈牙利等国家，以及中国香港、澳门地区，进行了广泛的接触和交流。到我走的时候，沙市的冰箱生产能力已经达到年产 200 万台，引进了日本松下电器公司的年产 10 万台的冰箱生产线。还有很多知名品牌和产品，比如摇臂钻床、鸳鸯牌床单、沙松牌冰箱、活力28浓缩洗衣粉、荆江牌5磅暖水瓶等。我记得当时有个很有意思的现象：沙市的老百姓跑到上海买床单，结果拿回来一看，还是沙市生产的。现在很多人碰到我，还会说到沙市的冰箱，“虽然样子不太好看，但是质量非常好，用到现在都不坏”。

林　凌：见证重庆成为计划单列市[①]

1982年，我们给国务院提交了《关于在重庆进行城市综合改革试点的几点建议》，当时提出城市综合改革试点建议，主要是从扩大企业自主权改革出发的。我们认为，扩大企业自主权会有个“撞击反射”，也就是说，要发展生产力和企业，就要冲击上层建筑，而上层建筑问题基本集中在大中城市。这些城市能够改革好的话，对解决上层建筑问题有很大的好处，对解放生产力也有很大的好处。

举个非常典型的例子，重庆市是嘉陵江和长江两江汇合的地方，新中国成立前重庆两江边上的朝天门码头上有成千上万条船，每条船都相当于一个商店，早晨起来热闹得不得了，包括重庆市的蔬菜，那时候到江边就能买到。新中国成立后，这些商店全部取消了，蔬菜也买不到了，重庆市只能开辟些蔬菜基地，老百姓买菜都成了困难。

所以我们认为，企业改革要和上层建筑改革结合起来。但是要真正解决上层建筑的问题，还得推进城市改革。城市改革有两个功能，一个就是体制上的、制度上的改革，另一个就是发挥城市的中心作用。我们开始研究城市改革的时候，首先研究在哪些城市进行改革比较合适。当时国家体改委选的常州（江苏）、沙市（湖北），特别是沙市，绝大部分都是集体所有制企业。乡镇小企业折腾就折腾了，不影响大局，但是我们研究发现，要是光搞小企业，不触动

① 《口述改革历史（中）》，广州：广东经济出版社，2019年版，第10–12页。

大企业和重要企业，城市改革怎么能推进呢？经过考量，我们建议在重庆市进行城市改革试点。

后来国务院带队去重庆考察，他们研究的结果也表明了这一点，所以最后决定在重庆搞大城市试点。因为重庆不仅有中央管的企业（相当多的军工企业、航运企业、流通企业都在重庆），而且有一批干部参与过改革试点。

我们一伙人到了重庆，跟重庆市委一起研究如何开展试点，重庆市委非常支持。当时我们兵分三路：第一路是在重庆调查写报告；第二路是去常州、沙市了解两个试点的经验；第三路是在北京打听一下中央领导同志对我们的报告是什么意见。三路人马各做各的事情。后来我们碰头一起撰写报告，这个报告写了重庆改革的必要性、可能性，以及重庆进行改革所拥有的条件。我们在报告中特别强调要把改革封闭起来，在一个地方试，出了问题不搞就是了。

后来这个报告又转给了国家体改委，国家体改委就跟四川省、重庆市商量，把这个报告转成一个报中共中央和国务院的文件，以四川省的名义上报。我们建议同时搞两件事情：一是搞重庆市的改革试点，后来发展成计划单列；二是把永川地区合并到重庆。

接着我们要开大会讨论，国务院带了 20 多个人，四川省政府的厅局长带了 20 多个人，重庆市的局长也带了 20 多个人，一共将近 100 人。在重庆开了差不多一个月的大会，大家讨论改革中怎么把中央、省、市拧在一起。比如，一些财政事项的交接，四川省的税收要上缴到中央，把重庆计划单列以后，重庆市的税收就直接上缴中央了，四川省缺了这一块怎么办？当时争论很多，但后来大家都达成一致了。

陈之惠：重庆计划单列[1]

重庆城市改革概括起来就是计划单列。过去是四川省把重庆和其他地区的事情一起报到中央，现在计划单列，重庆市的事情包括税收上缴就直接报到国家计委了。后来又出台了两条政策：一条是凡是中央讨论经济方面的会议，重庆市都可以参加；另一条是中央发的省军级机密文件，重庆市都可以看。这样就等于中央直接管重庆了。有了这些条件以后，重庆发展得非常快。

国家对重庆市前前后后实行了三次计划单列。最好的一次单列，或者说最全面的一次单列，是从 1983 年开始的。邓小平提出改革开放后，重庆市提出来要实行计划单列：第一，要全面实行计划单列；第二，希望赋予重庆市省一级的管理权限，只有这样，单列才能起到应有的作用。这件事情在国家的支持下，得到了解决。第三次计划单列实际上让重庆市变成了一个经济上的直辖市，即既有计划方面的权限，也有省一级的批准权限，促使重庆市在经济和财政税务方面发展得很快。总的来看，计划单列确实对重庆市的发展起到了很大的促进作用。

重庆被列入计划单列市是一个长期的过程。在 1980 年以前，国内一些经济专家就提出来，在改革发展当中要发挥中心城市的作用，特别提出要发挥大城市的龙头带动作用。但是为了稳妥起见，当时只是在江苏、湖北选一些中等城市来试点。中国社科院工业经济研究所的一些同志，还有一些经济专家就提出来，把一些中等城

① 迟福林主编：《口述改革历史（中）》，广州：广东经济出版社，2019 年版，第 12–17 页。

市作为改革试点没有意义，起不了示范和推动作用。当时的国家统计局局长也讲，国家发展就要想办法搞活大城市，只有把大城市搞活了，起一个龙头带动作用，才能促进全国经济的发展。而且在大城市当中，工作关系最复杂的是重庆市。当时他们在重庆市调研的时候，就提出过：如果把重庆市搞活了，那么全国的大城市就都搞活了。为什么？因为当时国务院各部委在重庆市都有企业，如果把国家能够下放的企业都给重庆市，才有意义。因此，在重庆市搞计划单列就可以推广。

从 1983 年到 2003 年，这 20 多年我国经济快速发展和搞活大城市有很密切的关系，这段时间国家搞了十几个计划单列市。1983 年，为了搞综合改革试点，20 多个部委的同志来重庆市调查。当时重庆市出台了“工业五自主”“商业四放开”等措施。“工业五自主”最明显的就是分配自主，除了生产经营自主以外，在分配上也给些自主权，实现多劳多得。“商业四放开”最重要的就是商业计划分配放开，这样就能减少一些多余的环节。举个简单的例子，在商业改革前，我们有一级批发站、二级批发站、三级批发站。重庆牙膏厂生产出来的产品被二级批发站收了以后，再分配到重庆市、成都市、自贡市、内江市。但是，重庆的牙膏不能直接在贵州省销售，如果要销贵州省，就要通过重庆的二级站再批发到贵州省的二级站，再由贵州省的二级站批发到贵州省的地、市、州，然后再批发到县，环节很多。如果实行“工业五自主”“商业四放开”，就减少了许多环节。这就对过去计划经济时代很烦琐的管理体制进行了改革。

1982 年，在一些城市都想列为计划单列市以后，重庆市也写了一份《关于在重庆进行经济体制综合改革试点的意见》，报到省里，并上报国务院。在重庆市做这件事情的有蒋一苇和林凌，还有市里体改委的同志，大家一起努力。重庆市的计划单列从发起到最后获得批准，应该说蒋一苇功不可没。最早是蒋一苇呼吁：应该选择更有代表性的大城市作为试点。他推荐了重庆。他当时频繁来往于重庆和北京之间，每到重庆来就讲要解放思想。他说，重庆改革除了国家支持外，重庆的干部也都要从自己的实际出发，解放思想。他和重庆的同志一起完成向中央的报告，这个报告批准以后还要划分重庆市和四川省的具体计划中的数据，将其单列出来。我们花了一个月的时间才把重庆市和四川省的各项计划指标分清楚。除了这个计划单列总体报告之外，还有计划单列各项指标的分割意见，都要送上去，都要达成一致。由于我们双方对计划单列的具体数字达成了一致意见，所以国务院很快就批了，同意重庆市计划单列。

在计划单列里边，最难的是财政单列。为了说服四川省，我们提出重庆市给四川省上缴的税收保持几年不变，在这个前提下进行改革试验。在时任财政部部长王丙乾、省领导和市领导都做工作的情况下，财政单列这一关算通过了。财政单列这一关一过，我们就放开手大干了。因为这就和按劳分配一样，自己多创收自己就多得，发展得会更快一些。

我当时在重庆计委，我们想，实行计划单列以后，重庆要高速发展，首先要加快基础设施建设，如果基础设施跟不上，就会是一个很大的问题。当时重庆有个白市驿机场，这个机场四面环山，是以前国民党的一个空军机场。新中国成立后把它扩建了，但重庆雾比较多，一到冬天雾就笼罩机场，经常影响机场的正常使用。我们就想要重新选址建机场。为这事我找到国家计委，说：“我们要建个机场，你们是不是支持一下？”他们问：“建机场要多少钱呢？”我说2.6亿元。他们表示超过2亿元要国务院批，国家计委批不了。我说：“那你就给我批1.99亿元。”他们说：“你真想上，我们就批1.9亿元。”我跟市领导一汇报，市领导说：“你赶快同意，其他钱我们市里自己出。”所以那个机场就花了2亿多元修起来了。另外，还有通信问题，当时我跟邮电局的同志讲：“我们要解决通信问题啊，我们要用上最现代化的通信设备，我们不应该跟在后边。”有个市级领导跟我说：“小陈啊，人家美国有更新后淘汰的机器，卖给我们很便宜，你买那个。”我说：“程控电话好啊，程控电话是最现代化的，还可以传输邮件、信件。”他说：“我们不需要这么多功能，我们只需要打电话就行了。”我后来找了几个专家商量，大家还是一致认为应该迎头赶上，买程控电话。市领导比较开明，最后同意了。我们最早是引进上海和贝尔公司合资的程控交换机，最开始还不能多买，只买了5万轮装在市里。当时电话按级别管理，局级干部家里才能装电话。有天晚上市长有事找我们计委一个“秀才”——综合处处长白和金，白和金家里没电话，市长就半夜三更开汽车到白处长家里找他，可见当时通信的落后啊。那个时候我们装程控电话，采用的卫星地面站的一套技术都是按照最先进的、最现代化的标准搞的。在搞这个通信设备的同时，我们还引进了意大利最先进的交换机技术。我们把这些事做成以后，重庆市的基础设施又进了一步。

重庆市开始试点后，很多部属企业下放了。当时只有一个部委比较特殊，没有下放企业，这个部委就是五机部，其旗下都是些搞兵器的军工企业。后来国家计委又通知我们，要想办法搞军转民。市里领导很重视，要我们把军转民这事搞好。举个例子，嘉陵机器厂过去是生产子弹的，我们规划让它生产摩托车，后来发展得很好。綦江农机厂做车轮，重庆轮胎厂做轮胎，重庆制镜厂做摩托车的镜子，弹簧厂做弹簧。通过配套，我们的重庆摩托车很快就发展起来了。有次我在国家机械委开会，听见有人反对生产摩托车，说摩托车容易出车祸，我就给嘉陵机器厂的厂长打电话，说："你赶快拿几辆车来给他们表演一下。"就在北京的国家机械委门口，我们进行了摩托车表演，把摩托车开得很快，然后突然把它刹住，摩托车在地上"吱"一下，就能停住。还有让长安汽车厂生产汽车——长安汽车厂在"大跃进"期间做出过几部汽车，所以我们让长安汽车厂和日本企业合作生产奥拓小汽车，这样我们就把汽车搞成了。这两个突破以后，军转民生产电冰箱、彩电等，都发展起来了。所以在重庆市改革当中，能下放的企业统一按照重庆市的意见下放，不能下放的企业，在规划下还是想办法进入市场，把企业搞活了。

1997 年 6 月 18 日，重庆直辖市挂牌。这以后，重庆市就能够直接在地区经济上做出自己的决断，也能够在地方性法规上做出自己的决断，加上重庆市主要领导同志很有改革的精神，所以发展得很快。

政策法规

▼

国务院批转全国城市规划工作会议纪要[1]

（1980 年 12 月 9 日）

国务院同意《全国城市规划工作会议纪要》，现转发给你们，请研究执行。

国务院认为，这次全国城市规划工作会议提出的“控制大城市规模，合理发展中等城市，积极发展小城市”的方针，是好的，各地区、各有关部门应当认真执行。关于实行城市建设用地的综合开发和征收城镇土地使用费问题，国家建委和国家城建总局要继续调查研究，对这次会议提出的两个草案进行修订，报经国务院批准实施。关于城镇建设用地综合开发，有条件的城市可先行试点。

---

① 《国务院批转全国城市规划工作会议纪要》，《中华人民共和国国务院公报》，1980 年 20 期。

全国城市规划工作会议纪要

经国务院批准，十月五日至十五日，国家建委在北京召开了全国城市规划工作会议。参加会议的有各省、市、自治区建委和城市规划、城市建设部门的负责同志，部分城市的副市长，城市规划专家。国务院有关部门和有关高等院校、设计科研单位的代表，共二百九十多人。会议遵照党的十一届三中全会以来的路线、方针、政策和五届人大三次会议精神，总结交流了经验，讨论制订了《中华人民共和国城市规划法（草案）》，研究了城市规划工作的方针、政策和措施。谷牧同志出席了会议，并讲了话。

会议回顾了我国城市规划工作发展的历史。建国以来，随着大规模的基本建设，新建了一大批工业城镇，对原有城市也进行了扩建和改造。到一九七九年底，我国共有三千四百四十四个城镇，其中设市建制的二百一十六个。与此同时，我国的城市规划工作从无到有发展起来，取得了一定的成绩。但是，发展的道路是不平坦的。第一个五年计划期间，城市规划工作开展得比较顺利，在发展经济和方化等方面，发挥了积极作用。五十年代末期，虽经广大规划工作人员作了不懈努力，但由于受国民经济中左倾思想的影响，城市规划工作大上大下。在“文化大革命”中，遭到林彪、“四人帮”的罪恶破坏，致使城市规划机构被撤销，队伍被解散，资料被销毁，城市规划工作实际上被取消了。粉碎“四人帮”以来，特别是党的十一届三中全会以来，城市规划工作才重新受到重视，得到恢复。

我国城市规划长期被废弛，造成了严重后果：大城市规模失去控制，小城镇没有得到应有的发展；许多城市和工矿区的建设，布局不合理，工厂随意定点，建设资金和土地浪费严重；乱占乱建成风，市容杂乱无章；“骨头”与“肉”比例失调，城市住宅和服务设施严重不足；废水、废气、废渣和噪声污染严重，不少园林、绿地和风景区被侵占，文物古迹受到破坏。所有这些，不仅影响了人民生活的改善，也影响了生产的合理发展。同时，不少地方和部门的领导同志，对城市规划在社会主义建设中的地位和作用一直缺乏认识；城市规划和建设计划互不衔接；规划的实施缺乏法律保障；城市规划技术人员严重不足，机构也不健全。这种状况亟需改变。

会议认为，当前应抓紧调整国民经济的时机，尽快把城市规划工作搞上去。需要认真吸取历史经验，端正指导思想，下功夫解决好以下几个方面的问题：

一、正确认识城市规划的地位和作用

城市规划是一定时期内城市发展的兰图，是建设城市和管理城市的依据。要建设好城市，必须有科学的城市规划，并严格按照规划进行建设。城市规划工作是一项科学性、综合性很强的工作。它要预见并合理确定城市的发展方向、规模和布局，作好环境的预断和评价，协调各方面在发展中的矛盾，统筹安排各项建设，使整个城市的建设和发展，达到技术先进、经济合理、“骨肉”协调、环境优美的综合效果，为城市人民的居住、劳动、学习、交通、休息以及各种社会活动创造良好的条件。要清除极左思想的影响，纠正那种不顾生产力水平、急于缩小和消灭城乡差别，只抓生产，不抓生活，不要城市规划，不讲环境保护的错误作法，正确认识城市规划在社会主义建设中的重要地位和作用，尊重客观规律，自觉地以城市规划指导城市的建设和发展。

二、明确城市发展的指导方针

控制大城市规模，合理发展中等城市，积极发展小城市，是我国城市发展的基本方针。国内外经验证明，城市规模过大，带来许多难以解决的弊端。我们一定要严格控制大城市的人口和用地规模。今后，大城市和特大城市，原则上不要再安排新建大中型工业项目。发展经济，主要应靠挖潜、革新、改造，或组织跨省、跨市公司，以及举办联合企业。

要合理发展中等城市，我国的中等城市数量较多，分布较均衡，在协作条件、技术力量、交通运输以及市政公用设施等方面，都具有一定的基础。利用这些城市的现有条件，有选择地摆一些工业项目，有利于争取建设时间，提高经济效果。但要注意，一般不要使其发展成为新的大城市。

要积极发展小城市。我国现有三千三百多个小城镇，其中设市建制的有一百零五个。依托小城镇发展经济，有利于生产力的合理布局，有利于就地吸收农业剩余劳动力，有利于支援农业和促进当地经济文化的发展，有利于控制大城市的规模。从长远看，对逐步缩小城乡差别和工农差别，也有重要的意义。今后，应当通过经济建设发展小城市。国家安排新建项目，应优先在设市建制的小城市和资源、地理、交通、协作条件好的小城镇选厂定点。在特大城市和大城市周围有计划地建设卫星城。把少数确需安排在大城市的新建项目和需从市区迁出的工厂放到卫星城去。建设小城市和卫星城，规模要适当，人口一般以一、二十万为宜。发展经济，要注意适当安排男女职工的比例，便于更多的人数就业、定居。对其它城镇的建设和发展，也要加强指导，搞好规划。

与会同志建议，国家应制定鼓励发展小城镇的政策，改变多年来政策与方针的矛盾，以利小城镇的发展。

为了在全国各地区科学地、合理地分布生产力和城市，使经济、文化协调地发展，为城市规划提供依据，要按照国务院第三次全国城市工作会议规定的要求，尽快把区域规划工作开展起来。区域规划的区域划分不应受行政区划的限制，而应按经济联系划分。规划的内容可以先粗后细。各省、自治区，可先在本省、区内，进行区域规划试点。

三、根据城市特点确定城市性质

城市的性质，一般来讲，是指一个城市在全国或某一地区的主要功能和作用。根据城市的特点，正确地确定城市的性质，是规划和建设好城市的重要前提。中央书记处对北京建设方针的建设，提倡根据首都的特点办事，不仅为北京的规划和建设指明了方向，而且对全国各城市的规划和建设都有普遍指导意义。各个城市都应当从实际出发，根据当地的资源、交通、自然环境、发展历史和现实基础，科学地确定城市的性质和发展方向。在规划和建设中，注意扬长避短，发挥优势，保持民族风格和地方特色，体现时代精神。反对那种不问具体条件，在城市盲目发展工业，搞完整工业体系的错误作法。

四、尽快建立我国的城市规划法制

为了彻底改变多年来形成的“只有人治，没有法制”的局面，国家有必要制定专门的法律，来保证城市规划稳定地、连续地、有效地实施。会议认真讨论了国家建委和国家城建总局起草的《中华人民共和国城市规划法（草案）》，认为这个“草案”是好的、可行的，建议根据会议提出的意见尽快修改，报请国家批准实行。

五、加强城市规划的编制审批和管理工作

国务院第三次全国城市工作会议规定，全国各城市，包括新建城镇，都要认真编制和修订城市总体规划和详细规划。这项工作要力争在一九八二年底以前完成。京、津、沪三市要尽快完成城市总体规划的修订编制任务。各省、自治区要首先抓好省会和有重点建设任务的城市的规划编审工作。在规划编审工作中，要加强调查研究，坚持群众路线，广泛听取人民群众和有关方面的意见，充分发挥专家和技术人员的作用，进行多方案比选，以保证规划的质量。

要加强城市规划的管理，保证规划的实施。当前，各个城市都应采取有力措施，制止一切乱占乱建现象，防治环境污染。在近期规划中，要积极为调整国民经济服务。要与计划部门和工业部门密切协作，做好现有工业的调整、改组工作。对于工业项目的改建和搬迁，城市集体所有制生产单位的兴办，商业服务网点的分布，城市农贸市场的开放，都要在规划布局和城市用地上，作出合理安排。对于城市郊区兴办的农工商联合企业和工农联营企业的建设用地，也要加强规划管理，不能放任自流。有风景文物资源的城市，要抓紧做好风景区规划和重点文物保护区规划，妥善安排旅游服务设施的建设，促进旅游事业的发展。

六、搞好居住区规划，加快住宅建设

目前，有关部门和各省、市、自治区，正在多方设法，进一步加快城市住宅建设。这就要求城市规划工作先行一步，提前做好居住区和小区规划，安排好住宅建设用地。新建住宅要成组成片布

局，保证住宅的合理间距，使之有良好的日照、采光、通风条件，并符合抗震、防火要求；居住区要留有足够的绿地，注意防止污染。住宅设计，既要标准化，又要多样化；风格、色彩、层数、单元组合，切忌千篇一律。既要做到经济适用，又要注意美观。要搞好市政公用和生活服务设施的配套建设，做到与住宅同时投入使用。

七、城市各项建设应根据城市规划统一安排

长期以来，城市规划难以实施，城市建设相当混乱，重要原因之一，是计划与规划脱节，条条与块块矛盾。改革的方向是扩大地方和城市的权力，充分发挥城市规划的综合指导作用。今后，凡是在城市新建或扩建的项目，无论工业、民用或市政公用设施，无论部属、省属，无论中央投资、地方投资还是利用外资，其选址、用地，必须经过所在城市规划部门的统一安排，按照城市规划的要求，分年列入相应的建设计划，逐步实施。城市的各项服务事业应逐步走向社会化，住宅和食堂、商店、学校、幼儿园、俱乐部、卫生所等，均应由城市统一布点、建设和经营管理，各地应根据具体情况积极试办。

八、关于综合开发和征收土地使用费的问题

实行综合开发和征收城镇土地使用费的政策，是用经济办法管理城市建设的一项重要改革。它有利于按照城市规划配套地进行建设，节约用地，充分发挥投资效果；有利于控制大城市规模，鼓励建设单位到小城镇去；有利于合理解决城市建设和维护资金的来源。

对新建小城市、卫星城，现有城市的新建区、段和旧城成片改造地区，都应考虑组织开发公司，实行综合开发。开发内容，包括开发区的勘测、规划、设计、征地、拆迁、安置、土地平整和所需道路、给水、排水、供电、供气、供热、通讯等工程建设。有条件的地方，还可以包建住宅、生活服务设施、公共建筑、通用厂房等等。建成后成套出售建筑物，并按土地面积和设施水平向使用单位收取开发费。开发公司实行企业化经营。开发基金，即开发公司的周转资金，可以从国家和地方基本建设投资中预拨，或由建设银行贷款，也可向用户预收定金。开发所需统配材料、设备，应列入国家和地方物资分配计划，能够在市场采购的，就在市场选购。

征收城镇土地使用费，是城镇建设和维护的一个固定资金来源。在城镇规划区范围内，对占用土地的单位和个人，均应按当年实际占地面积交纳土地使用费。收费标准应根据不同地段，分等分级确定。对于不同的使用单位，收费标准也应有所不同。

会议认真讨论了国家建委和国家城建总局草拟的《关于城镇建设用地综合开发的试行办法》和《关于征收城镇土地使用费的意见》两个草案。鉴于这两项改革涉及面广，政策性强，建议由国家建委与有关部门协商一致，对草案作进一步修订后，报国务院批准实施。关于城镇建设用地的综合开发，有条件的城市可先进行试点。

在上述改革全面实行之前，提取工商利润百分之五和城市维护费，仍然是城市建设和维护的主要资金来源。这两笔钱，各城市一定要坚持专款专用，不准挪用。

九、大力加强队伍建设和人才培养

在五十年代，我国城市规划技术人员曾达到四千余人。由于多年来不断削弱，目前仅剩一千余人，多数城市没有规划力量，许多紧迫的规划设计科研任务无人承担。加之，现有规划技术人员平均年龄较大，规划事业后继乏人。因此，必须切实加强队伍建设和人才培养。

各省、市、自治区及各城市，应参照国家建委（79）建发城字第74号文件的规定，尽快把城市规划设计、科研和管理人员配置起来。国家城建总局要抓紧组建城市规划建设研究院。一些改了行而现在又使用不当的原城市规划专业技术人员，应当归队。还应调集一些有关专业的技术力量，充实城市规划队伍。各级人民政府和有关部门应给予大力支持。

要认真办好大专院校现有的城市规划专业，力争扩大招生和招收研究生。其它有条件的理工科及社会科学院校，也应逐步开设城市规划专业。国家城建总局要加快筹建城市建设学院。城镇较多的省、市、自治区，应建立城市建设中等专业学校，主要培养城镇和工矿区所需的规划设计管理人员。要加强对在职规划人员的培训工作，不断提高他们的技术业务水平。

要大力开展城市规划科学研究工作，探讨社会主义城市规划的基本理论，研究城市规划中的重大科研课题，不断提高城市规划的质量和管理水平。

十、加强对城市规划工作的领导

城市规划工作关系到城市的全局和长远发展，是城市工作的一个极重要的组成部分。会议希望各省、市、自治区及各城市人民政府，都能认真重视城市规划工作。要很好解决有关城市的性质、规模、发展方向等重大方针政策问题，切实抓好城市规划的编审和实施。城市市长的主要职责，是把城市规划、建设和管理好。各级政府在决定涉及城市规划问题的事项时，应吸收城市规划部门参加，听取他们的意见，支持他们的工作，使他们有职有权。各级建委和城建、规划部门，要认真负责，做好城市规划工作。国务院有关部门，都要大力支持城市规划工作，尊重城市规划对各类建设项目的合理要求。

会议强调，城市是社会经济、文化发展的产物，它的发展又推动社会经济、文化的发展。建设社会主义现代化的强国，不能设想没有现代化的城市。四化建设要求城市规划工作有一个新的发展。各有关方面，一定要同心协力，团结合作，搞好城市规划工作，为把我国城市逐步建设成为具有高度文明的社会主义现代化城市而奋斗。

中共中央关于一九八四年农村工作的通知[①]

（1984年1月1日）

一

中共中央一九八三年一月发出的《当前农村经济政策的若干问题》，经过一年的试行，取得了明显的成效，证明所提出的基本目标、方针、政策是正确的；中央决定作为今后一个时期内指导农村工作的正式文件，继续贯彻执行。

一年来，经过全党全国各条战线广大干部和群众的共同努力，农业生产获得了创纪录的丰收，农村工作取得了令人鼓舞的进展。这个事实使我们更加坚信，只要保持党的政策的稳定性和持续性，在实践中不断总结新经验，解决新问题，就能团结并带领亿万农民群众，发展农村已经开创的新局面，实现党的十二大提出的宏伟目标，同时，走出一条具有中国特色的社会主义农业发展道路。

二

今年农村工作的重点是：在稳定和完善生产责任制的基础上，提高生产力水平，疏理流通渠道，发展商品生产。

农业生产责任制的普遍实行，带来了生产力的解放和商品生产的发展。由自给半自给经济向较大规模商品生产转化，是发展我国社会主义农村经济不可逾越的必然过程。只有发展商品生产，才能进一步促进社会分工，把生产力提高到一个新的水平，才能使农村

① 中共中央文献研究院编：《十二大以来重要文献选编》（上），北京：中央文献出版社，2011年版，第362–274页。

繁荣富裕起来，才能使我们的干部学会利用商品货币关系，利用价值规律，为计划经济服务，才能加速实现我国社会主义农业的现代化。

三

继续稳定和完善联产承包责任制，帮助农民在家庭经营的基础上扩大生产规模，提高经济效益。

（一）延长土地承包期，鼓励农民增加投资，培养地力，实行集约经营。

土地承包期一般应在十五年以上。生产周期长的和开发性的项目，如果树、林木、荒山、荒地等，承包期应当更长一些。在延长承包期以前，群众有调整土地要求的，可以本着“大稳定，小调整”的原则，经过充分商量，由集体统一调整。

鼓励土地逐步向种田能手集中。社员在承包期内，因无力耕种或转营他业而要求不包或少包土地的，可以将土地交给集体统一安排，也可以经集体同意，由社员自找对象协商转包，但不能擅自改变向集体承包合同的内容。转包条件可以根据当地情况，由双方商定。在目前实行粮食统购统销制度的条件下，可以允许由转入户为转出户提供一定数量的平价口粮。

对农民向土地的投资应予合理补偿。可以通过社员民主协商制定一些具体办法，例如给土地定等定级或定等估价，作为土地使用权转移时实行投资补偿的参考。对因掠夺经营而降低地力的，也应规定合理的赔偿办法。荒芜、弃耕的土地，集体应及时收回。

自留地、承包地均不准买卖，不准出租，不准转作宅基地和其他非农业用地。

（二）允许农民和集体的资金自由地或有组织地流动，不受地区限制。鼓励农民向各种企业投资入股；鼓励集体和农民本着自愿互利的原则，将资金集中起来，联合兴办各种企业，尤其要支持兴办开发性事业。国家保护投资者的合法权益。

（三）关于农村雇工问题，中央在《当前农村经济政策的若干问题》中已有原则规定，应继续依照执行。工商行政管理部门，要及时办理登记发证工作，加强管理。各有关部门要认真调查研究，以便在条件成熟时，进一步做出具体的政策规定。

目前雇请工人超过规定人数的企业，有的实行了一些有别于私人企业的制度，例如，从税后利润中留一定比例的积累，作为集体公有财产；规定股金分红和业主收入的限额；从利润中给工人以一定比例的劳动返还等等。这就在不同程度上具有了合作经济的因素，应当帮助它们继续完善提高，可以不按资本主义的雇工经营看待。

实行经理承包责任制的社队企业，有的虽然采取招雇工人的形式，但只要按照下列原则管理，就仍然是合作经济，不能看作私人雇工经营：（1）企业的所有权属于社队，留有足够的固定资产折旧费和一定比例的公共积累；（2）社队对企业的重大问题，如产品方向、公有固定资产的处理、基本分配原则等有决策权；（3）按规定向社队上交一定的利润；（4）经理只是在社队授权范围内全权处理企业业务；（5）实行按劳分配、民主管理，对个人投入的资金只按一定比例分红，经理报酬从优，但与工人收入不过分悬殊。

（四）农村在实行联产承包责任制基础上出现的专业户，带头勤劳致富，带头发展商品生产，带头改进生产技术，是农村发展中的新生事物，应当珍惜爱护，积极支持。最为有效的支持，是向他们提供必要的社会服务，满足他们对信息、供销和技术进步等方面的需求。有条件的地方，对粮食专业户和从事开发性生产的专业户，还可以通过合作经济内部平衡各业收入等办法，给以必要的经济鼓励。一些实行“统一经营、专业承包、包干分配”的合作经济组织，除专业户外，还采用专业队、专业组等分工形式，对促进商品生产的发展起了积极作用，应当总结完善提高。

专业户的发展是一个经济发展的过程，各地经济状况又很不平衡，因此不宜硬性规定专业户的统一标准和发展指标，物质奖励和资金扶持要适度。

要鼓励技术、劳力、资金、资源多种形式的结合，使农民能够在商品生产中，发挥各自的专长，逐步形成适当的经营规模。

（五）政社分设以后，农村经济组织应根据生产发展的需要，在群众自愿的基础上设置，形式与规模可以多种多样，不要自上而下强制推行某一种模式。

为了完善统一经营和分散经营相结合的体制，一般应设置以土地公有为基础的地区性合作经济组织。这种组织，可以叫农业合作社、经济联合社或群众选定的其他名称；可以以村（大队或联队）为范围设置，也可以以生产队为单位设置；可以同村民委员会分立，也可以一套班子两块牌子。以村为范围设置的，原生产队的资产不得平调，债权、债务要妥善处理。此外，农民还可不受地区限制，自愿参加或组成不同形式、不同规模的各种专业合作经济组织。

原公社一级已经形成经济实体的，应充分发挥其经济组织的作用；公社经济力量薄弱的，可以根据具体情况和群众意愿，建立不同形式的经济联合组织或协调服务组织；没有条件的地方也可以不设置。这些组织对地区性合作经济组织和其他专业合作经济组织，是平等互利或协调指导的关系，不再是行政隶属和逐级过渡的关系。

四

加强社会服务，促进农村商品生产的发展。

必须动员和组织各方面的力量，逐步建立起比较完备的商品生产服务体系，满足农民对技术、资会、供销、储藏、加工、运输和市场信息、经营辅导等方面的要求。这是一项刻不容缓的任务。它是商品生产赖以发展的基础，是合作经济不可缺少的运转环节，也是国家对农村经济实行计划指导的重要途径。

（一）国营经济各部门、各行业都要大力支援农业，尤其要重视向农业提供优质廉价的农用工业品，保证农业生产条件的不断改善。

国家设在农村的一切企事业单位，如国营农林牧渔场、工矿企业和水利水电、地质勘探、科学试验推广等单位，都要学习解放军，加强同附近农民的联系，按照互惠的原则，通过提供当地农民需要的各种服务，与农民共同建设农村的物质文明和精神文明，为促进商品生产发展、加强工农联盟、建设社会主义新农村做出新的贡献。这些企事业单位的领导机关应作出具体安排。

（二）供销社体制改革要深入进行下去，真正办成农民群众集体所有的合作商业，这是农民的要求，也是供销社本身发展的需要。须知：群众合作企业的性质恢复得越完全，为农业生产服务、为农民生活服务的观点树立得越牢固，供销社就会对群众越富于吸引力，就越会在农村商品流通中发挥其特有的作用，圆满完成国家委托和农民要求完成的各项任务；否则，就会日益萎缩下去，直至丧失本身独立存在的意义。为此，各级供销社要实行独立核算，自负盈亏，有关制度也要按合作企业性质进行改革。供销社的体制改革后，经营范围必须适当扩大，经营方式必须更加灵活。国营专业公司下伸到农村的收购单位，对计划收购部分，也应本着方便群众的原则，除直接就近收购外，尽量委托供销社代购。供销社还要积极发展生产、生活服务项目，逐步办成农村的综合服务中心。要发展多种形式的农工商联营，扶持生产，开拓销路，促进多产畅销，使供销社同农民结成经济利益共同体，成为国家和农民经济联系的纽带。

（三）信用社要进行改革，真正办成群众性的合作金融组织，在遵守国家金融政策和接受农业银行的领导、监督下独立自主地开展存贷业务。农村存款要优先用于农村，多存可以多贷。在保证农业贷款需要的前提下，可以经营农村工商信贷业务。贷款利率可以浮动。

农业银行要努力改善经营，切实做好农村信贷服务工作。

（四）地区性合作经济组织应当把工作重点转移到组织为农户服务的工作上来。首先要做好土地管理和承包合同管理；其次要管好水利设施和农业机械，组织植保、防疫，推广科学技术，兴办农田水利基本建设以及其他产前产后服务。不仅要依靠本身的力量，更重要的是要扶持各种服务性专业户的发展，并同供销社、信用社、农工商联合公司、多种经营服务公司、社队企业供销经理部、贸易货栈，以及农林技术推广站、畜牧兽医站、农业机械站、经营指导站等企事业单位建立联系，协同工作，更好地为农户服务。

（五）服务也是一种劳动交换，一般应是有偿的，农民可以自愿选择。这样才能持久有效，保证服务质量。

五

流通是商品生产过程中不可缺少的环节，抓生产必须抓流通。当前，流通领域与农村商品生产发展之间不相适应的状况越来越突出。必须坚持计划经济为主、市场调节为辅的原则，坚持国家、集体、个人一齐上的方针，继续进行农村商业体制的改革，进一步搞活农村经济。在放活过程中，要加强管理，克服可能出现的消极现象。

（一）继续调整农副产品购销政策。要随着生产的发展和市场供应的改善，继续减少统派购的品种和数量。鲜活产品要尽量放活，要有合理的季节差价、地区差价，以便活价促产，减少腐烂损耗；为保证出口和大城市供应，可以试行建立专门的生产基地或用平价生产资料换购。三类产品和统派购任务外的产品的价格要真正放开，允许国营商业、供销社按合理的进销差率灵活掌握购销价格，以便参与市场竞争和调节。经营中要尽量减少环节，组织产区、销区直线流通。

（二）改善农副产品收购办法。为了引导农民有计划地进行生产，农副产品统派购任务必须落实到生产单位，一定几年不变；大宗的三类产品和其他计划外产品，也要在安排生产之前与农民签订合同。购销合同一经签订，双方都不得任意变更。化肥、柴油等生产资料供应办法，也要认真改进。

在大品种的集中产区可组成生产者协会，推选代表，与当地收购单位沟通情况，协调关系，解决共同关心的问题。

（三）要依靠国家、集体和个人的力量，采取多种办法集资，兴建商品流通所需的冷库、仓库、交通、通讯等基础设施。国家和地方财政对此要作出适当的安排。国营商业和供销社要在税后利润中提取一定的比例，用于这一类建设。凡属商品流通基础设施，谁举办，谁经营，谁得益，国家在税收上给予照顾和优惠。

大力发展农村水陆交通运输，解决商品滞流问题。目前特别要抓紧解决粮食运销问题。国营交通运输部门要大力改善工作，挖掘运输潜力。同时积极发展集体和个体运输业，提倡组织运输合作社。

农村邮电通讯作为传递商品信息的重要手段，要不断发展，逐步形成普及的比较灵活的传递网。

大中城市在继续办好农贸市场的同时，要有计划地建立农副产品批发市场，有条件的地方要建立沟通市场信息、组织期货交易的农副产品贸易中心。此事应纳入城市建设规划。

（四）建议国务院责成有关部门，组成专门小组，对流通体制、价格体系等进行系统的调查研究，提出根本性的改革方案。

六

制止对农民的不合理摊派，减轻农民额外负担，保证农村合理的公共事业经费。中央、国务院各有关部门部署的农村教育、计划生育、民兵训练、优抚、交通等各项民办公助事业，都要逐项进行认真清理和改革。今后对这些经费，各地可根据农民的经济状况，由乡人民代表大会定项限额提出预算，报县人民政府批准，由基层统筹使用，一年定一次，中间不得任意追加，也不再从集体提留内开支。统筹费用的最高限额由各省、自治区、直辖市因地制宜确定。除此之外，任何部门不得另行向农民摊派任何费用，坚决防止“大办”之风再起。群众无力办的事，不要勉强去办。

合作经济组织内部各项费用的提留，也要根据经济条件，民主商定，量力而行。

要压缩非生产性开支，减少干部人数。干部的补贴要合理。

上述各项开支，不宜一律按田亩摊派，可由各地群众讨论确定适当的征收和提取办法。

尚未清理财务的社队，应争取于一九八四年内完成。

七

随着农村分工分业的发展，将有越来越多的人脱离耕地经营，从事林牧渔等生产，并将有较大部分转入小工业和小集镇服务业。这是一个必然的历史性进步，可为农业生产向深度广度进军，为改变人口和工业的布局创造条件。不改变“八亿农民搞饭吃”的局面，农民富裕不起来，国家富强不起来，四个现代化也就无从实现。

当前农村兴起的饲料工业、食品工业、建筑建材业和小能源工业，是最为社会所急需而又能较快发展的几个产业部门，应有计划地优先发展，有关部门和地方要给予积极的指导和扶持。鼓励城市技术人员下乡，倡导和组织不同地区、不同单位之间的人才和技术的流动，为发展农村工业增强技术力量。

现有社队企业是农村经济的重要支柱，有些是城市大工业不可缺少的助手。要继续抓紧整顿，建立和完善责任制，改善经营管理，采取适用技术，提高经济效益，促其健康发展。责任制的形式应根据企业的规模、生产特点和经营状况确定，防止少数人仗权垄断承包、压价承包和转手承包的现象发生。

家庭小工业，供销合作社办工业，国营和社队联办工业，各具有不可取代的经济作用和意义，应总结经验，努力办好。

农村工业应充分利用当地资源，面向国内外市场，特别是广大农村市场，以发挥自己的优势，与城市工业协调发展。

农村工业适当集中于集镇，可以节省能源、交通、仓库、给水、排污等方面的投资，并带动文化教育和其他服务事业的发展，使集镇逐步建设成为农村区域性的经济文化中心。建设集镇要做好规划，节约用地。一九八四年，各省、自治区、直辖市可选若干集镇进行试点，允许务工、经商、办服务业的农民自理口粮到集镇落户。

八

林牧渔业发展不足，商品供应紧张，这种状况必须扭转。要进一步放宽政策，加速对山区、水域、草原的开发。鼓励种草种树，改良草场，实行农林牧相辅发展；鼓励发展水产养殖，保护天然资源，实行养殖捕捞并举。要多方开辟食物来源，改善生态环境，并逐步提高少数民族地区和贫困地区的经济文化水平。

要继续贯彻执行《中共中央、国务院关于保护森林发展林业若干问题的决定》。集体林区在实行木材采伐“一本账”的计划中，要给社队留下适当数量的木材。这部分木材和抚育间伐材、困山材、小径材及其半成品等，应通过县林业部门或其委托的经营单位，统一组织同外地换粮换物或实行代销，所得利益的绝大部分应归林农。

根据国家或集体的安排，在荒山、荒沙、荒滩种草种树，谁种谁有，长期不变，可以继承，可以折价转让。林木砍伐依法，产品处理自主。专业户承包小流域治理，更应保证他们的应得利益。

牧区畜产品也宜确定收购基数，签订购销合同，任务以外允许议购议销。在有条件的地方，允许羊毛、皮革等工业原料进行“工牧直交”和活畜出境异地育肥。

牧区在落实畜群责任制的同时，应确定草场使用权，实行草场使用管理责任制。鼓励牧民进行牧业基本建设，保护草场，改良草种，提高产草率，保持草畜平衡，提高畜产品商品率。

对从事海、淡水养殖和水产品加工的，要从产品购留、资金信贷、苗种和饲料供应、技术服务等方面给予照顾。

国营农场应继续进行改革，实行联产承包责任制，办好家庭农场。机械化水平较高，不便家庭承包的，也可实行机组承包。应提倡农垦农工商联合企业同附近农民合作发展农产品加工业和其他方面的经济联合，不受商品生产分工和地区、部门的限制。

九

加强对农村工作的领导，提高干部的素质，培养农村建设人才。

我国农村正处在一个历史性转变的过程中，全党上下，都面临一个重新学习的任务。各级、各部门的干部都必须戒骄戒躁，从实际出发，扎扎实实地进行调查研究，努力通晓经济规律和自然规律，使自己的思想、能力、工作方法和工作作风来一个大的转变和提高。

现在，农村工作不能只抓几项主要产品的指标，而应重视综合发展；不但要增加生产，而且要引导农民学会经济核算，讲求经济效益；不但要关心生产，而且要关心交换、分配、消费等各个环节；不但要关心农业，而且必须关心国民经济各部门以及文化、教育、科技、卫生、体育等事业的发展。

我们既需要合格的领导者，又需要大量的具有新素质的生产者和经营者。要从今年开始在全国有计划地普训人才。要政治政策教育、科学技术教育、经营管理教育并进，争取在三五年内把基层主要干部轮训一遍，把基层的各类技术人员轮训一遍，同时，轮训一部分农村知识青年、专业户成员和劳动能手，并选送其中的优秀者经过考试到大、中专学校，实行定向培养。要以县为单位做出训练规划，建立训练中心，兴办各类专业学校和训练班。要注意发现、大胆提拔优秀人才充实基层领导。

十

党在农村的政策越放宽，商品经济越发展，就越需要加强农村思想政治工作和文化教育工作。各级党组织要充分认识：社会主义的物质文明和精神文明一齐抓，是我们党的长期战略方针。在农村不提清除精神污染的口号，但不能因此放松农村的思想政治工作。近些年来，农村中封建迷信、偷盗赌博、摧残妇女、传播淫秽书刊和极不健康的文艺活动等情况也是严重存在的，必须采取有效措施加以解决。在工作中要注意划清界限，不可把政策允许的经济活动同不正之风混同起来，不可把农民一般性偏离经济政策的行为同经济犯罪混同起来。对经济上的问题，主要采用加强引导和管理的办法解决；对思想上的问题，主要用正面教育的办法解决，都不可简单从事。在不断改善农民经济地位的同时，要进行马克思列宁主义和毛泽东思想的教育，进行爱国主义、社会主义教育，开展“五讲四美三热爱”和文明村、文明企业、五好家庭活动，增强农民对资本主义、封建主义思想侵蚀的抵御能力，保证党的各项政策的实施和各项经济任务的完成。

近年来，农村广大党员、干部，模范地执行党的政策，积极参加劳动，密切联系群众，对提高党在农民中的威信，做出了贡献。但是也有极少数党员、干部，在放宽经济政策的过程中，以权谋私，化公为私，侵占国家、集体和群众的利益，引起群众的严重不满。这类行为是同党员、干部的称号不相容的，必须进行教育，促其迅速改正；坚持不改的，要严肃处理。

加强农村党组织的建设。要按照中央的部署，进行整党，纯洁党的组织，发扬党的优良传统，提高党组织的战斗力，改变软弱涣散的状况，带领广大共产党员、共青团员和社会主义建设积极分子，团结亿万农民，为建设社会主义新农村而奋斗。

中共中央、国务院关于批转《沿海部分城市座谈会纪要》的通知①

（1984年5月4日）

中共中央和国务院同意《沿海部分城市座谈会纪要》。现转发给你们，请认真研究、贯彻执行。

邓小平同志二月二十四日关于对外开放和特区工作的重要谈话，以及沿海部分城市座谈会就此提出的贯彻落实的意见，是发挥沿海大中港口城市的优势，开创利用外资、引进先进技术的新局面，加速社会主义现代化建设的一个重要步骤；是关系到争取时间，较快地克服经济、技术和管理落后的状况，实现党的十二大确定的奋斗目标的一项大政策。

我国在新的历史时期实行对外开放政策，有一个逐步发展的过程。沿海港口城市由于其地理位置、经济基础、经营管理和技术水平等条件较好，势必要先行一步。这些沿海城市在利用国外资金、技术和市场时，应当首先抓好老企业的技术改造，上一批投资少、周转快、收益好的中小型项目。这样做可以更多更快地积蓄力量，既在财力、物力、人才方面支援全国，又在内外交流过程中总结经验向内地推广。沿海港口城市的情况各不相同，为了充分发挥各自的优势，开放的形式应多种多样，开发的步骤将有前有后，引进项目的重点要各有侧重。各自都要不断总结经验，扎扎实实地向前发展。

---

① 中共中央文献研究院编：《十二大以来重要选线选编》（上），北京：中央文献出版社，2011年版，第384–393页。

必须指出，进一步开放沿海港口城市和办好经济特区，不能指望中央拿很多钱，主要是给政策，一是给前来投资和提供先进技术的外商以优惠待遇，税收低一些，内销市场让一些，使其有利可图；二是扩大沿海港口城市的自主权，让他们有充分的活力去开展对外经济活动。这样做，实际上是对我们现行经济管理体制，进行若干重要的改革。中央和国务院各有关部门，各有关省、自治区、直辖市，都要按照邓小平同志的谈话和这次会议《纪要》的精神，制订一系列具体规定，加强领导班子配备和干部队伍的建设，加强指导检查，保证中央这项重要政策的贯彻落实。

为了认真执行邓小平同志的重要意见，贯彻落实《纪要》，中央和国务院决定，委托谷牧同志监督、检查执行情况，并协调、仲裁执行中可能出现的矛盾。为此，国务院特区办公室的力量也要加强。

沿海部分城市座谈会纪要（节录）

（1984 年 4 月 30 日）

加快利用外资、引进先进技术的步伐

邓小平同志指出：“我们建立特区，实行开放政策，有个指导思想要明确，就是不是收，而是放。”邓小平同志提出：“要把整个厦门岛搞成特区”；“除现在的特区之外，可以考虑再开放几个点，增加几个港口城市，如大连、青岛。这些地方不叫特区，但可以实行特区的某些政策。”

到会同志一致认为，邓小平同志的重要谈话，对于统一全党思

想，坚持实行对外开放政策，有着十分重要的指导意义；对于利用外资、引进先进技术，是个重要决策。坚决地贯彻好这些重要意见，必将加速社会主义现代化建设，促进振兴中华的大业。

党的十一届三中全会确定对外实行开放，对内搞活经济，是我国在新的历史时期发展经济的重大战略决策。当代世界范围内的贸易往来、资金融通和技术转移的规模日益扩大，新的技术革命正在世界范围内兴起。绝大多数国家（地区），都把自身经济的发展同对外经济技术交往活动的扩展密切联系起来。我国的社会主义现代化建设也必须在坚持独立自主、自力更生的基础上，按照平等互利的原则，积极开展对外经济合作和技术交流。要利用两种资源（国内资源和国外资源），打开两个市场（国内市场和国际市场），学会两套本领（组织国内建设和发展对外经济关系）。这在近期间，是解决我们资金不足和技术落后的一条重要途径；到我们实现了工农业年总产值翻两番之后，仍然是促使经济持续高涨的一项重要措施。

一九七九年以来，在积极利用外资、引进先进技术、扩大进出口贸易及开展其他对外经济活动方面，中央采取了包括建立经济特区，在广东、福建实行特殊政策、灵活措施在内的一系列重要步骤，获得了明显的成绩，对国民经济的调整和发展起了积极的作用，在国际上产生了良好的影响。但是，总的看来利用外资还不够，引进技术的步子还不大，在关键项目和先进技术上没有较大的突破。不适应加快四化建设的需要，对迎接世界新的技术革命的挑战不利。实践向我们提出的课题，正如邓小平同志指出的，不是收，而是要继续放。要在总结经验的基础上，从四化建设全局出发，进一步解放思想，克服“左”的思想影响和闭关自守、自给自足的经济观点，加快利用外资、引进先进技术的步伐。

进一步开放沿海港口城市

沿海大中港口城市，交通方便，工业基础好，技术水平和管理水平比较高，科教文化事业比较发达，既有对外开展经济贸易的经验，又有对内进行经济技术协作的网络，是我国经济比较发达的地区。通过放宽某些政策，改革现行的某些管理制度，增强这些城市及其企业开展对外经济活动的活力，把积极利用国外资源（包括资金、物资、技术、知识、人才）、扩展国际市场，同市内工业结构改组、企业技术改造、管理体制改革紧密结合起来，必将大大加速经济的发展，使整个地区、企业和人民群众更快地富起来。这些港口城市和四个经济特区，在沿海从北到南联成我国对外开放的前沿地带，又必将在发展科学技术，推广管理经验，繁荣国内市场，扩大对外贸易，传递经济信息，培养输送人才等方面，支援和带动各自的腹地，有力地促进全国的经济建设。

会议建议：进一步开放天津、上海、大连、秦皇岛、烟台、青岛、连云港、南通、宁波、温州、福州、广州、湛江和北海十四个沿海港口城市，在扩大城市权限和给予外商投资者若干优惠方面，实行以下政策和措施：

（一）放宽利用外资建设项目的审批权限。

生产性项目：利用外资进行老企业技术改造和建设新厂，凡属建设和生产条件不需要国家综合平衡，产品不要国家包销，出口不涉及配额，又能自己偿还的，天津、上海两市对每个项目总投资的审批权限放宽到三千万美元以下；大连市放宽到一千万美元以下；其他进一步开放的沿海港口城市的审批权限放宽到五百万美元以下。

非生产性项目：凡属主要靠利用外资、自筹和进口器材建设、不需要国家综合平衡的，不论其投资额多少，均由各市自行审批。

凡按照上述规定权限，由这几个城市自行审批的利用外资项目，与其有关的设备进口、组团出国考察、对外洽谈成交等，均自行审批办理，但应按规定上报备案。

各市要把有关部门组织起来，由一个口子统抓利用外资项目的协调和审批，简化手续，提高效率。

（二）增加外汇使用额度和外汇贷款。

外汇使用额度，在今后几年内天津定为每年二亿美元，上海为三亿美元；大连增至一亿美元，其他几个市也要增加一定额度；有的还要适当增加些中国银行外汇贷款。由各市按照国家有关规定，用以引进先进技术，进口必需的关键设备、仪器仪表。使用中国银行的外汇资金及国际信托投资公司的外汇资金，其政策待遇与利用外资"一视同仁"。中国银行，要改进服务，扩大业务，并应联合外资银行组成投资财团，支持沿海港口城市的经济建设。

（三）积极支持利用外资、引进先进技术改造老企业。

抓紧老企业的技术改造，上一批对四化建设有重要作用的中小型项目，是这几个港口城市近期内利用外资、引进先进技术的重点。特别是那些利用现有基础，引进一些新工艺、新技术，更新若干关键设备，就可以增加生产能力，提高产品质量，得到明显经济效益的项目，更应优先安排。这样做，用钱少，见效快，偿还有保证，外商的积极性也高。对这类项目，从以下几方面给以扶植：

引进专利和专门技术（软件），统按银行公布的外汇牌价结汇；

进口国内一时不能生产或不能保证供应的关键设备、仪器仪表和技术改造必需的其他器材，不论外汇来源，一九九〇年以前免征关税和进口工商统一税；

因技术改造新增的利润，先还账后缴利，利改税的企业先还账再缴企业所得税；

对主要是提高产品质量而生产能力不增加或增加不多的项目，经济效益虽好但缺乏创汇能力的项目，社会经济效益好而企业收益不明显的项目，各市可以在保证完成财政、外汇上缴任务的前提下，在该行业或地方财政收入中统筹还账；

对技术改造期间要影响原有生产能力和经济收益的项目，各市在不影响全市上缴任务的前提下，可以相应调整该企业的生产计划和利税上缴任务。

（四）对中外合资、合作经营企业及外商独资企业，给以若干优惠待遇。

要选择那些确实能够引进先进技术，推动全行业技术改造，产品能开拓外销市场和替代进口，以及投资较大的开发项目，积极兴办中外合资、合作经营企业，允许外商办独资企业。这类生产企业，凡属技术密集、知识密集型的项目，或者外商投资在三千万美元以上、回收投资时间长的项目，报经财政部批准，企业所得税也可以减按百分之十五的税率征收。土地使用费或土地税的收取标准，由各市在国家规定的幅度内灵活掌握。但是，中外合资、合作经营企业的中方税后利润，仍应按规定上缴中央财政和地方财政。

中外合资、合作经营企业、外商独资企业，作为投资进口的生产和管理设备、建筑器材；为生产出口产品而进口的原材料、元器件、零部件、包装物料等；进口自用的交通工具、办公用品；投资的外商和国外技职人员进口安家物品和自用的交通工具（限合理数量），均免征关税和进口工商统一税。这类企业的产品出口（不含国家限制出口产品），免征出口关税和工业环节的工商统一税。但是，用免税进口的原材料生产的产品，内销时应照章补税。

《中外合资经营企业法》及其《实施条例》，应得到切实、全面的执行，保障中外合资企业行使法定的自主权，示信于外。建议制定公布中外合作经营企业法、外国企业投资法，同有关国家谈判签订双边投资保护协定和避免双重征税的协议。

（五）逐步兴办经济技术开发区。

这几个城市，有些可以划定一个有明确地域界限的区域，兴办新的经济技术开发区。

经济技术开发区要大力引进我国急需的先进技术，集中地举办中外合资、合作、外商独资企业和中外合作的科研机构，发展合作生产、合作研究设计，开发新技术，研制高档产品，增加出口收汇，向内地提供新型材料和关键零部件，传播新工艺、新技术和科学的管理经验。有的经济技术开发区，还要发展为国际转口贸易的基地。

经济技术开发区内，利用外资项目的审批权限，可以进一步放宽，大体上比照经济特区的规定执行。

经济技术开发区内，中外合资、合作办的及外商独资办的生产性企业，其企业所得税减按百分之十五的税率征收（中方税后利润仍按规定上缴）；对外商所得合法利润汇出时免征汇出税。区本身和区内企业自用的建筑材料、生产设备、原材料、零配件、元器件、交通工具、办公用品的进口和产品的出口、内销，也执行经济特区的优惠政策和管理办法（包括内销产品要补税）。经济技术开发区本身的进出口贸易，可以在国家统一政策指导下自主经营，也可以委托外贸公司代理，但应自负盈亏。

国家对经济技术开发区实行必要的监管措施，经济技术开发区要在规划和建设中提供必要的监管条件。

（六）大力发展进料加工出口。

沿海港口城市要充分发挥自己的优势，选择有生产能力，有可靠的原料来源，有长期稳定的外销市场，算总账对国家有利的商品，大力发展进料加工再出口。还可以同外商合营或合作生产，利用他们的资金和销售渠道，引进我们需要的先进技术。在有条件的地区，要推行青岛纺织品联合进出口公司的办法：生产一条龙，工贸结合，进出结合，用外汇按国际价格结算，自负盈亏；按照《国务院办公厅转发关于青岛纺织品联合进出口公司经营试点中几个问题的请示的通知》规定，免征所有环节的工商统一税（增值税），有盈利的企业征收企业所得税。

（七）调整几个城市的开放类别。

为适应进一步开放的需要，这十四个城市现仍属于乙类以下开放城市的，原则上都应逐步调整为甲类。关于国外人员入境出境的管理，国内人员因公出国的审批及办理护照、签证手续等问题，在具备条件后，报经外交部和国务院港澳办批准，可以陆续实行经济特区的办法，简化手续，给以方便。

（八）加强基础设施建设。

这十四个城市及其要兴办的经济技术开发区，都要加强基础设施建设，为吸引外商投资提供必要的物质条件。国家已在建设计划中安排的港口、邮电、铁路、航空、供电、供水等项目，要抓紧工作，加快进度，并根据可能情况再增加些必要的建设项目。各市要挖掘内部潜力和采取内联的办法筹措资金，加强这方面的建设。还要积极筹措和利用外资，包括经过批准对外发行专项债券，建设码头、旅游宾馆、国外人员生活区等有创汇能力的项目，自借自还。此外，由国家提供些低息长期贷款。经济技术开发区（指批准划定的范围内）新增加的财政收入，从批准兴办时起五年内免除上缴、上借任务。建设经济技术开发区基础设施所需进口的机器、设备和其他基建物资，不分外汇来源，一九九〇年前一律免征关税和进口工商统一税。

（九）加强对利用外交的计划指导。

我们是以计划经济为主的国家，在扩大这十四个城市利用外资权限的同时，要求加强国家计划的宏观指导。各级计划部门制订“七五”计划和今后中长期规划，应把利用外资进行技术改造和新建项目，作为一个重要方面加以安排，并搞好综合平衡。利用外资项目的年度投资安排，可作为指导性指标，在各市固定资产投资总规模中单列，执行中可按实际情况进行调整。安排利用外资和引进技术的总体计划、具体项目和洽谈签约，要加强资询调查，要征求各行业主管部门的意见，以利于同全国计划和行业规划相衔接。要互通信息，不断总结经验，避免不必要的重复引进和失误。国务院各主管部门要以积极支持的态度，加强行业规划指导、检查协调、情况通报和统计、审计工作。

（十）在改革方面应当走在前头。

这十四个港口城市的进一步开放，应当同内部的改革相结合，在经济管理体制改革方面走在前头。可以参照特区的某些成功经验，逐步推行基建工程招标和承包责任制、劳动用工合同制、干部招聘制、浮动工资制、各种管理责任制等。还可开办贸易中心，采取企业招标的方式采购设备、器材等物资，把流通领域搞活，并按国家有关规定，把银行体制改革搞好。

以上十四个城市进一步开放的模式，不搞“一刀切”，可以根据实际情况多样化。大连是东北三省的主要港口城市，从充分发挥东北老工业基地的作用出发，也考虑到我们利用日本资金和技术的需要，以及通过“大陆桥”对苏联、欧洲发展转口贸易的需要，大连市在某些具体政策上可以更开放些。

上列各市，要按照邓小平同志的意见和这次会议讨论的若干政策措施，提出各自进一步开放的具体方案，报请中央和国务院审批。要通过进一步开放，把经济迅速搞上去，以便在财力、物力、人力、技术等方面，积极支援全国，为四化建设贡献越来越大的力量。

国务院关于加强城市建设工作的通知[①]

（1987 年 5 月 21 日）

党的十一届三中全会以来，我国城市建设进入了一个新的发展阶段。随着改革、开放和城乡经济的迅速发展，城镇数量大幅度增加，开始进入依照城市规划进行建设的科学轨道，城市建设出现了建国以来从未有过的好形势。各级政府加强了对城市建设工作的领导，建成了一大批住宅和城市基础设施骨干工程，不同程度地改善了投资环境和生活环境，城市面貌有了较大改善。同时也必须看到，目前城市建设中仍然存在着很多突出问题，与发展经济和不断改善人民生活的要求不相适应。城市建设工作必须按照建设具有中国特色的社会主义的要求和对内搞活经济、对外实行开放的方针，努力同我国经济、社会发展和整个经济体制改革的进程相适应，保持一个稳定、合理的发展速度。为此，特作如下通知。

一、提高对城市和城市建设重要性的认识，坚持城市建设与经济建设协调发展

城市是我国经济、政治、科学、技术、文化、教育的中心，在社会主义现代化建设中起着主导作用。城市建设是形成和完善城市多种功能、发挥城市中心作用的基础性工作。实践证明，城市建设与经济建设相辅相成，互相促进又互相制约。没有经济的发展，就没有城市的发展；而把城市建设好，对生产力的发展，对经济、文

① 《国务院关于加强城市建设工作的通知》，《中华人民共和国国务院公报》，1987 年 13 期。

化、科技、教育的发展又会起到巨大的推动作用。各级领导同志，特别是负责经济工作的同志，必须充分认识城市和城市建设在社会主义现代化建设中的重要作用。在制订经济、社会发展计划时，既要有生产和流通观点，又要有城市和环境观点，做到经济建设、城市建设、环境建设三者统一规划、协调发展，取得经济效益、社会效益和环境效益的统一，以保证社会主义现代化建设事业稳步前进。

二、建立合理的城镇体系，走有计划发展的道路

随着我国社会主义有计划的商品经济的发展，特别是农村经济的繁荣，城市化水平的提高和新城市的出现将是必然趋势。为此，必须继续认真贯彻“控制大城市规模，合理发展中等城市，积极发展小城市”和“十分珍惜、合理利用每寸土地”的基本方针，对城市生产力进行合理布局，有计划地逐步推进城市发展，形成与经济发展相适应的城镇体系。

“七五”期间，要有重点地建设好一批城市，包括三大直辖市、省会城市、沿海开放城市、风景游览城市等，使之逐步发展成为规划比较科学，设施比较完善，环境清洁优美，有利生产、方便生活并能适应人们日益增长的物质和文化需要的社会主义新型城市。同时，要坚决防止大城市人口特别是市区人口过度膨胀。鉴于我国一些大城市的人口密度和建筑密度过大，已经造成水源、能源不足，交通、住房紧张，环境污染等许多突出问题，为避免导致“大城市病”的恶化，必须在继续控制人口自然增长的同时，严格控制人口的机械增长，特别要严格控制企业事业单位成建制地进入市区。大城市的建设重点应放在完善城市基础设施，增强城市功

能，改善环境质量，提高现代化水平上。要充分考虑流动人口大量增加的因素，在城市规划、建设、管理上采取相应的对策。城市政府有权根据城市人口发展规划，对城市所有党、政、军、群和企业事业单位人口的迁入实行统一管理。

要着重发展中等城市和小城镇。有计划地建设一批条件较好的中等城市，使之尽快形成具有相当规模与功能，生产专业化程度较高，并在一定区域内发挥中心作用的城市。对于条件较好的小城市和未设市建制的各类小城镇，应采取积极措施，引导大、中城市向这些小城镇扩散商品生产，增强其经济实力。同时，扶持它们加快各项基础设施和生活服务设施的建设，增强吸引力。各级政府和有关部门要注意研究制定一些促进小城镇发展的政策。

三、搞好城市规划，加强规划管理

城市规划是城市建设发展的蓝图。各级政府要充分发挥城市规划对城市各项建设进行综合指导的作用，使之成为城市建设和管理的重要依据和手段。城市规划工作必须面对现实、面向未来，适应社会主义有计划的商品经济的发展和对外开放、对内搞活经济的需要。既能指导城市的长远发展，又能指导当前的各项建设。既有一定阶段内相对稳定的目标，又要根据经济、社会的发展进程适时进行调整和补充。

要大力加强城市规划的实施管理。经过批准的城市规划具有法律效力，要严格实施。规划管理权必须集中在城市政府，不能下放。城市内各项建设的布局、定点和选址都要以城市规划为依据；城市规划区范围内所有单位（包括中央和部队所属单位）和居民的建设活动，都必须服从城市规划安排，不允许各自为政和自行其是。城市规划的实施管理要同城市土地管理紧密结合起来，重点解决好合理用地、节约用地，严格进行各项建设用地的规划与审查，坚决制止违法用地和违章建设。

四、改革城市建设体制，增强活力，提高效益

为了适应社会主义有计划商品经济的发展，充分发挥城市对经济发展的组织功能，必须在经济体制改革的过程中，逐步克服城市建设管理体制上的条块分割，分散建设，市政、公用设施建设与工业、住宅建设不配套等问题，把城市作为一个整体进行规划、建设和管理，提高城市建设的活力和综合效益。

城市规划与城市的国民经济和社会发展计划互为依据，相辅相成，要切实搞好两者的衔接。与城市有关的建设项目，其项目建议书、设计任务书的审查，建设地址的选择，要有城市规划部门参加。根据城市规划确定的城市基础设施等建设项目，要纳入城市中长期或年度计划。城市供水、排水、污水处理设施、道路、桥梁、公共交通、煤气、集中供热、环境卫生、园林等建设项目，从制订计划到组织实施，逐步实行由城市建设部门统一管理。

城市建设要实行“统一规划、合理布局、综合开发、配套建设”。城市新区的建设和旧城区的改造，都要在城市总体规划的指导下，由城市政府根据《土地管理法》的有关规定统一征地，并组织综合开发单位按照经批准的开发方案和“先地下，后地上”的原则，配套进行房屋、各项市政公用和生活服务设施的建设。所有在城市内进行建设的企业事业单位，其市政、公用等配套工程和职工住宅所需投资和材料指标应逐步由建设单位全额划交给城市政府，由城市政府统筹安排开发建设，最大限度地发挥投资效益。各级城市建设主管部门要加强对城市建设综合开发事业的归口管理，综合开发的收益主要用于城市的开发建设。

五、加强城市基础设施建设，创造良好的投资环境和生活环境

城市的供水、排水、道路、桥梁、公共交通、热力、供电、通讯、防洪等设施，是城市生产、生活必不可少的物质基础，是搞活城市经济和实行对外开放的基本条件。这些设施要作为城市建设的重点，使之与生产和各项建设事业的发展相适应。

要集中力量解决好城市供水问题，根据财力、物力的可能，加快城市排水和城市污水处理设施的建设。同时，要努力改善城市的交通拥挤状况，大力发展公共交通，有条件的大城市应逐步发展大容量的轻轨交通。要开辟多种气源、热源，积极发展城市煤气和集中供热。直辖市、省会城市、沿海开放城市、风景游览城市、重点环境保护城市以及气源条件好的城市，煤气建设要先行一步。要重视城市供电，城市电网改造、建设要纳入城市总体规划，要与市政建设、通讯、热网等地上、地下建筑、设施、管线统一规划布局。

要采取综合治理措施，使城市普遍存在的大气、水、噪声和垃圾污染逐步得到控制和改善，重点城市的环境质量有所提高。要重视城市的抗震、防洪、防火和防滑坡工作，提高城市的防灾能力。

要有计划地搞好旧城改造，重点是基础设施的改善和棚户区、危房区的改建。城市政府应该根据当地情况制订合理的拆迁补偿标准和管理办法。

要努力提高城市园林绿化水平。国家重点风景游览城市和历史文化名城的城市政府，要用一定的精力抓好风景、名胜、古迹的保护和风景区的开发建设，提高城市基础设施水平和环境质量。

六、管好用好城市建设资金，充分发挥投资效益

城市建设要配套安排，特别是供水、排水、供电、道路等基础设施的建设要统一考虑。建设资金主要靠地方财力解决，国家给予必要支持。为了促进市政、公用设施同生产设施配套建设，各级计划、经济部门在制订基本建设和技术改造计划时，对工业项目和相应的城市基础设施项目要配套安排。

市政设施要逐步实行有偿使用。对于用贷款建设的大型桥梁、隧道、渡口，可采取征收车辆通过费的办法来偿还贷款。要以经济手段促进用水单位节约用水，减少污水排放量，城市建设部门要会同有关部门制订排水设施有偿使用办法。实行市政设施有偿使用，涉及面广，需要慎重行事。为了提高公用事业维持简单再生产的能力，城市政府要根据国家的物价政策和收费政策，按照物价管理权限和审批程序，合理调整其产品价格和服务收费。为了加强城市道路的建设，除按原有规定外，今后干线公路穿过县级市和县城的，由交通部门负责修建。

城市维护建设税，是国家预算内资金，各城市都要将这项资金纳入预算，由财政部门会同城建部门负责筹集、分配。在财政部门确定资金分配预算后，由城建部门负责制订使用计划，组织实施，财政部门和审计机关负责监督。要把有限的城市建设资金用到人民最急需的、与生产和人民生活关系密切的方面，绝不允许去搞那些高级宾馆、招待所、纪念馆（碑、亭）、“一条街”、各种“中心”等非急需的建设。有关全国城市维护建设资金的使用和管理办法，由建设部会同财政部商订、颁发执行。

七、城市政府要集中力量搞好城市的规划、建设和管理

随着经济体制改革的深入进行，政府对企业的生产经营活动将由直接管理变为间接管理。城市政府的主要职责是把城市规划好、建设好、管理好，市长要把主要精力转到这方面来。这是新的历史时期对城市政府职能的新要求，必须努力实现。要根据国家的有关规定，相应地扩大城市政府的自主权。城市政府有权根据国家的有关法律和政策，制订本市需要的具体管理规章。

要正确执行“人民城市人民建”的方针。对于确系生产、生活特别急需而城市政府一时又难以解决的市政公用设施，可以在受益单位自愿的前提下，适当组织必要的人力、物力、财力进行建设。但对这类建设项目必须严格控制。城市建设要贯彻执行量力而行的原则，一定要注意城市建设的速度和规模与本城市经济发展的水平相适应，不能全面开花，不要急于去办超越地方财力、物力可能的事，不能向企业搞摊派，防止互相攀比。

各省、自治区、直辖市人民政府要进一步改善和加强对城市建设工作的领导，国务院各部门都要关心和支持城市建设工作，为城市建设和发展创造必要的条件。

国务院住房制度改革领导小组关于在全国城镇分期分批推行住房制度改革的实施方案[①]

（1988年2月15日）

我国现行的住房制度存在着严重弊端。国家为城镇居民建房花了大量投资，但由于不能从经济机制上制约不合理的需求，城镇住房问题并没有得到缓和。住房分配上的不公正，已成为一个严重的社会问题。城镇住房制度改革，是经济体制改革的重要组成部分。搞好这项改革，不仅可以正确引导和调节消费，促进消费结构趋向合理，在经济上有很大意义，而且在住房领域的不正之风会大大减少，在政治上也有很大意义。几个试点城市的实践说明，住房制度改革可以取得很大的经济效益和社会效益，是一件利国利民的事情，要从1988年起，用三、五年时间，把住房制度改革在全国城镇分期分批推开。

改革的目标与今后几年的任务

我国城镇住房制度改革的目标是：按照社会主义有计划的商品经济的要求，实现住房商品化。从改革公房低租金制度着手，将现在的实物分配逐步改变为货币分配，由住户通过商品交换，取得住房的所有权或使用权，使住房这个大商品进入消费品市场，实现住房资金投入产出的良性循环，从而走出一条既有利于解决城镇住房问题，又能够促进房地产业、建筑业和建材工业发展的新路子。

① 《国务院关于印发在全国城镇分期分批推行住房制度改革实施方案的通知》，《中华人民共和国国务院公报》，1988年06期。

要实现这个目标，住房制度改革主要包括这样几个内容：（一）改变资金分配体制，把住房消费基金逐步纳入正常渠道，使目前实际用于职工建房，修房资金的大量暗贴转化为明贴，并逐步纳入职工工资。（二）改革现行的把住房作为固定资产投资的计划管理体制，确定住房作为商品生产的指导性计划管理体制。（三）通过财政、税收、工资、金融、物价和房地产管理等方面配套改革，在理顺目前围绕住房所发生的各种资金渠道的基础上建立住房基金，逐步形成能够实现住房资金良性循环的运行机制。（四）调整产业结构，开发房地产市场，发展房地产金融和房地产业，把包括住房在内的房地产开发、建设、经营、服务纳入整个社会主义有计划的商品经济大循环。

根据上述目标和改革内容，今后三、五年内的任务主要是：调整公房租金，按折旧费、维修费、管理费、投资利息、房产税五项因素的成本租金计租，抑制不合理的住房需求，促进职工个人买房，并从政策、立法、社会舆论等方面采取措施，引导和调节居民消费，使消费结构趋向合理，为实现住房商品化奠定基础。

据统计，1987 年底我国有三百八十一个城市，一万多个县城和建制镇（统称县镇）。在改革步骤上，初步安排：今年，各省、自治区、直辖市都要选择几个城市（区县）先行改革，取得直接经验；明年，在总结经验的基础上，把步子迈大一点，争取大部分城市和县镇都进行改革；后年，除边远和经济落后地区一些城市和县镇可推迟一、二年外，其他所有城市和县镇都要进入改革行列，使住房制度改革在全国范围内全面推开。在改革做法上，各地可以根据上述要求，从当地实际情况出发，在全国统一政策指导下，因地制宜，多种多样，不拘一格。可以空转起步，可以空实结合，可以实转一步到位，也可以实转分步到位；可以全市全面改革，也可以先在部分单位、部分地区起步，但所有这些城市，新房都要实转。暂时没有进入改革行列的城镇，要积极创造条件，先实行新房新租，旧房超标准加租，以及集资建房，组织建房合作社等单项改革。

分年度的安排如下：

1988年：从工作基础、经济承受能力等方面考虑，先选包括各省会城市在内的八十个城市，把住房制度改革推开，为1989年大面积推开积累经验。

原来预定今年试点出台城市有十四个，各省、自治区原计划今年试点出台城市有三十九个，共五十三个（加上1987年已出台的三个共五十六个）。这些城市工作有一定基础，一般应进行全面改革。

京、津、沪三大市和省会（自治区首府）城市，改革都要起步。这些城市由于问题比较复杂，可以采取分期分片改革的办法，或在一部分条件好的大企业、大单位先起步，或先在一个有代表性的区起步，一片一片地搞，逐步向全市推开。

各省、自治区、直辖市不要选一、二个县镇进行试点，为明后年大量县镇投入改革积累经验，探索路子。

今年不实行改革的城市和县镇，都要认真抓好调查、测算工作，着手拟定改革方案，为明后年改革做好准备。同时，要积极创造条件，进行一些单项改革。

1989年：再有一百五十个到二百个城市和五、六千个县镇，进入全面改革或在一定范围内起步的改革行列。

1990年：除边远和经济落后地区少数城镇外，住房制度改革在全国城市和县镇全面铺开，而且大部分城市和县镇都要实转，做到全部公房按五项因素计租，住房基金初步建立起来，给职工买房创造有利条件，使我国住房制度开始走上新的轨道。

这一步改革任务完成之后，下一步改革的主要内容是：随着工资调整，逐步把住房券理入工资，进入企业成本（机关、事业单位列入财政经费预算）；把住私房和家住农村的职工纳入住房制度改革范围；在逐步增加工资和住房由成本租金提高到商品租金的基础上，进一步实行住房商品化，推动住房的社会化、专业化、企业化经营，搞活房地产市场。

城镇住房制度改革的若干具体政策

从试点城市的情况看，住房制度改革是一项涉及面很广、政策性很强的重大改革，全国要有统一的政策，以加强宏观控制和指导。

一、合理调整公房租金

确定公房租金标准，是住房制度改革的重要环节。租金定得过高，国家、企业、个人三者都难承受；租金定得太低，难以吸引个人买房，不利于抑制不合理的需求，失去了改革的意义。租金标准应按住房的折旧费、维修费、管理费、投资利息和房产税五项因素计算，每平方米使用面积月租金（下同）全国测算平均约一元五角六分，目前，要定在一元以上。可以一步到位，也可以分步达到，但第一年起点不宜太低。

二、从实际出发确定发住房券（补贴，下同）的系数

公房租金提高后，需要相应给住公房职工发住房券。为了便于

今后住房券逐步进入职工工资，特别是考虑到在住房、工资方面有关历史情况，发放住房券以采用比例法为宜。按全市职工平均使用面积、每平方米平均新增租金和职工平均发券工资基数，计算出住房券发券额占工资的比例，即发券系数。发券系数乘职工本人计券工资基数，就是职工应得的住房券金额。

由于各地住房水平差距较大，各地发放住房券系数会有高有低。为了使今后各地住房券进入工资数大致平衡，需要进行宏观控制。根据测算，发券系数应控制在25%以内。各个城市要按职工平均使用面积和职工平均发券工资基数的实际数据测定发券系数，坚持发放的住房券总额与新增加的租金总额持平，城市之间发券系数的差别，在今后住房券理入工资时，由国家作出统一规定，予以合理调整。

对职工发住房券，可采取转帐结算的办法，不直接给个人发现金，住房券只能用于交纳新增租金，不得抵交老租金，如有结余可存入银行，作为个人购、建房基金，不得冲击其他消费品市场。

三、理顺住房资金渠道，建立住房基金

目前，每年国家和企业、事业单位用于新建职工住房的资金达二百多亿元。加上为维修、管理现有的二十四亿平方米住房而支出的几十亿元，以及许多单位发给职工个人的住房补贴等，总数约三百亿元左右。这些钱一直分散使用，只有投入没有产出，连住房的简单再生产都不能维持。住房制度改革所需资金要立足于现有资金的转化，就是要把围绕住房生产、经营、消费所发生的资金集中起来，在同级财政部门参与下分别进行核定，变无序为有序，使之合理化、固定化、规范化、建立城市（县镇）、企业事业单位、个人三级住房基金。

城市的住房基金，从市财政原来用于住房建设、维修和房租补贴的资金，当地提取的住房建筑税、房产税，以及出售直管住房回收的资金中筹集。

企业和事业单位的住房周转基金，可以从原来用于住房建设、维修、房租补贴资金，预算外收入按一定比例提取的资金，出售新建住房和旧房回收的资金中筹集。企业按规定提取的住房折旧费、大修理基金，以及从后备基金、福利基金、结余的奖励基金分离出来的部分，都要纳入住房周转基金。企业住房周转基金，要同其他专项基金划分开来，单立帐户，互相不挤不占。

职工个人购、建房基金，从个人结余的住房券和企业用于职工其它消费支出的节余部分中筹集。

各级住房基金，只能定向用于住房的生产、经营和消费，不得挪作他用。要作为专项资金由城市相应的金融机构集中管理，监督使用，以保证住房制度改革和今后住房建设有一个固定的资金渠道。

城市和企业事业单位的住房基金是发放住房券的主要资金来源。不足部分，在改革起步时，可以少量进入企业成本（机关、事业单位列入财政经费预算）。改革由实转起步或由空转过渡到实转时，全市企业住房券进入成本要控制在20%以内（包括12%的房产税）。由空转起步时，全市企业住房券进入成本控制在发券额的5%以内，用于减、免、补助的统筹资金。进入成本以后，不能提高产品价格，由企业和各级财政分担。目前无力建立住房基金的亏损、微利企业，住房券资金可以从集体福利、奖金中挤一点，在成本中进一点，市住房基金贷一点（经济好转后偿还）。机关、事业单位发放的住房券，列入财政经费预算的部分一般以控制在50%以内为宜。新房实转的住房券资金来源，企业可进入成本，机关、事业单位可列入财政经费预算。

四、坚持多住房多交租和少住房可得益的原则

多住房多交租和少住房可得益，应当作为住房制度改革的一条基本原则。推行住房商品化，就要按商品交换原则办事。工资收入高的人，领得的住房券也多，不能再在改革中沿袭过去某些等级制的作法。

对少数因为提高房租而增加支出较多的和生活困难户，可视其家庭人均收入和住房面积的不同情况，对新增加的租金实行一定时期内（如三年内）减、免、补助的政策。减、免、补助的支出额要严格控制，全市最多不得超过发放住房券总额的5%，其资金来源从城市住房基金中统筹。要求给予减、免、补助的职工，必须由本人提出书面申请，经单位批准，各单位减、免、补助的额度，由市核定。

对改革后进住公房的增支户，因为住房多少是本人根据自己的经济能力选择的，一律不实行减、免、补助政策。至于那些特殊困难户，可按正常的福利性补助的途径，由各单位自行解决。

对那些住非租赁公房和拆迁户的职工，在其不交纳住房租金期间，不予发券。

五、积极组织公有住房出售

住户制度改革的主要目地之一，是推动职工个人购买住房，把群众的购买力引导到改善居住条件上来，以便通过国家、企业和职工的共同努力，加快解决住房困难。

要合理确定住房售价。向职工出售新建住房，按标准价计算。新建住房的标准价包括：（1）住房本身建筑造价；（2）征地和拆迁补偿费。其它公共设施建设费用和建筑税、能源交通重点建设基金等不应摊入标准售价之内。住宅区内的公共建筑，凡属经营性设施（如商店、粮店、邮局、储蓄所等），应由使用单位购买或租赁，其它非经营性房屋及配套的市政设施投资，应逐步理顺渠道加以解决。

旧住房的标准价，按重置价成新折扣和环境因素等按质计价。砖混结构的单元套房，每平方米建筑面积售价一般不能低于一百二十元。严格防止贱价出售，搞不正之风。

原来实行的补贴出售或有限产权出售的办法，应立即停止实行。今后出售公有住房的价格须经当地物价和房地产部门审定，按照有关规定办理各项手续。

要对职工买房采取优惠措施，一次付清房款的，产权单位应给予适当优惠；无力一次付清的，应先付不少于房价30%的现款，剩下部分可向银行申请长期低息抵押贷款。留利多的企业单位，可以根据条件给低收入的职工贴息。贷款期限根据职工的偿还能力和贷款金额而定，新房一般不超过十五年，最长不超过二十年，旧房最长不超过十年，并根据还款期长短，确定不同的贷款利率。购房户每月还本付息，除以住房券抵交外，还应拿出占家庭工资收入10—15%的现金。

以上出售新、旧住房的标准价和各项优惠措施，不适用于年收入一万元以上的住户。

今后各单位的新建住房，要先卖后租，尽可能做到大部分出售，小部分出租，主要租给低收入者。旧住房要有计划优先出售给原住户。要尽可能把环境好、质量好的房子拿出来出售，以吸引职工买房。职工买到住房后，产权归个人所有，可以使用、继承和出售。出售的增值部分，本人只能分得相当于原来所付房价占当时综合造价比例的部分。

商品住房要按不同的档次建造，主体结构与内部装修可以分开搞，分别计算价格，以便购房户根据各自的需要和经济条件选购。从现在开始，不准再建大面积、高标准装修的住房低价出租。新建住房要以中小户型为主，设计上要为将来改造留有余地，尽可能方便住户。

县镇建设住房，要严格控制占用土地，提倡集资建楼房。不经批准，不准建平房。

六、配套改革金融体制，调整信贷结构

住房制度改革，要广泛而有效地筹集和融通资金，建立一套科学的结算办法，金融体制必须进行相应的配套改革。烟台、蚌埠两市，已成立住房储蓄银行，要切实办好，取得经验。其他城市可由当地政府委托银行设立房地产信贷部，专门办理有关住房生产、消费资金的筹集、融通和信贷结算等业务，实行单独核算，自主经营，自负盈亏，自求平衡，单独缴税。

人民银行要根据住房制度改革和住房商品化的实际进程，从今年开始逐年在计划上安排一块商品住房信贷指标，逐步把信贷结构调整过来。

七、对住房建设、经营在税收政策上给予优惠

住房建筑税和房产税，从当地全面推行住房制度改革时起三年内，留给城市作为城市的住房基金。经营单位向职工个人出售的商品住房，可免缴建筑税、营业税。职工个人第一次购买公有住房，免交契税。对房产经营部门能源交通重点建设基金的征收，按其收入总额扣除成本和税金后的数额计征。

八、加强房产市场管理

随着住房逐步商品化，要建立健全房产交易机构，并置于当地政府主管部门的管理和监督之下，严禁非法买卖，投机倒把，牟取暴利。房产的买卖、转让，必须按照有关规定，到房产管理部门登记、取证。住房的出售、出租价格，要纳入商品价格管理体系，物价部门和房地产管理部门要加强管理。商品住房出售后，要加强售后服务工作，方便住户，可由房屋修缮和经营单位，在住户自愿的基础上，统一管理和保养维修，提供各种社会服务，收取合理的费用。

国务院关于继续积极稳妥地进行城镇住房制度改革的通知[①]

（1991 年 6 月 7 日）

各省、自治区、直辖市人民政府，国务院各部委、各直属机构：

我国城镇住房制度的改革，自从邓小平同志一九八〇年提出出售公房，调整租金，提倡个人建房买房的改革总体设想以来，逐步在各地展开。一九八八年二月《国务院关于印发在全国城镇分期分批推行住房制度改革实施方案的通知》（国发〔1988〕11 号）和《国务院办公厅关于转发国务院住房制度改革领导小组鼓励职工购买公有旧住房意见的通知》（国办发〔1988〕13 号）发出后，各地普遍加强领导，建立工作机构，制定规划，培训干部，拟定方案，积极试点，推进改革。许多城镇采取多种方式调整低租金、出售公有住房、集资建房等改革措施，进一步发挥中央、地方、企业和个人的积极性，不同程度地加快了解决住房问题的步伐，取得了一些成绩和经验。

住房制度改革是经济体制改革的重要组成部分，也是人民群众十分关注的重大问题，其根本目的是要缓解居民住房的困难，不断改善住房条件，正确引导消费，逐步实现住房商品化，发展房地产业。从近几年的实践情况看，开展这项改革，有利于逐步实现住房资金的良性循环，不断改善城镇居民的住房条件；有利于调整消费结构和产业结构；有利于克服住房领域的不正之风，加强廉政建

① 《国务院关于继续积极稳妥地进行城镇住房制度改革的通知》，中国政府网，2015 年 12 月 20 日。

设；有利于发展房地产业、建筑业和其他相关产业。根据党的十三届七中全会精神，今后要动员各方面的力量加快住房建设，把进一步改善居民的居住状况，作为实现我国现代化建设第二步战略目标，使人民生活达到小康水平的重要内容之一。因此，要在贯彻执行国发〔1988〕11号和国办发〔1988〕13号两个文件的基础上，进一步完善住房制度改革的有关政策和措施，按照国家、集体和个人共同负担的原则，积极稳妥，因地制宜，方式多样地继续推行住房制度改革。现就有关问题通知如下：

一、合理调整现有公有住房的租金，有计划有步骤地提高到成本租金。在起步时，考虑到居民的承受能力，可以采取分步提租的办法。新建公有住房实行新租金标准。对多占住房的，要加收租金。

二、出售公有住房。今后，凡按市场价购买的公房，购房后拥有全部产权。职工购买公有住房，在国家规定住房面积以内，实行标准价，购房后拥有部分产权，可以继承和出售；超过国家规定住房标准的部分，按市场价计价。各城镇的售房价格要加强管理，售房价格由所在省、自治区、直辖市人民政府审批。严禁以过低的价格出售公有住房，违者要追究责任。要切实做好房屋出售后的服务和管理工作。

三、实行新房新制度。为了使新建住房不再进入旧的住房体制，有利于今后住房制度改革的顺利进行，对新竣工的公有住房，实行新房新租、先卖后租、优先出售或出租给无房户和住房困难户等办法。凡住房迁出腾空的旧公有住房（不包括互换房），应视同新建公有住房，实行新制度。

四、住房建设应推行国家、集体、个人三方共同投资体制，积极组织集资建房和合作建房，大力发展经济实用的商品住房，优先解决无房户和住房困难户的住房问题。各级人民政府要在用地、规划、计划、材料、信贷、税收等方面给予扶持。对个人自建住房，要加强规划和用地管理。严禁以权谋私，违者要严肃查处。

各城镇的旧城改造、拆迁安置等，都应结合住房制度改革进行。

五、通过多种形式、多种渠道筹集住房资金，各级人民政府要切实做好住房资金的转化，建立住房基金。各单位出售公有住房回收的资金，一律存入当地政府指定的金融机构，其使用权不变，作为单位的住房基金，用于住房建设和维修，不得挪作他用。

六、发展住房金融业务。开展个人购房建房储蓄和贷款业务，实行抵押信贷购房制度，从存贷利率和还款期限等方面鼓励职工个人购房和参加有组织的建房。

七、加强房地产市场管理。各地人民政府要切实加强对房地产市场的统一管理，搞好治理整顿，认真查处倒卖房地产、牟取暴利的各种非法活动。各城镇的公有和私有住房的出售，须经房地产评估机构根据国家的有关规定进行评估确定。职工拥有部分产权的住房，五年后允许出售，原产权单位有优先购买权，售房收入扣除有关税费后的所得，按国家、集体、个人的产权比例进行分配。

八、在同一市、县内的房改政策、办法和实施步骤应当统一，所有单位，不论隶属关系，都应服从当地人民政府对住房制度改革的统一部署。职工家庭成员在不同市、县工作的（含离退休职工），其所在单位一律按照职工住房所在市、县的房改办法办理。

九、军队的住房制度改革，原则上应与地方同步进行。要根据国家统一制定的政策和规定，结合军队的特点，制定切实可行的方案，经中央军委批准后实行。

十、住房制度改革涉及面广、政策性强，是一项长期的工作。

要加强宣传工作，使广大干部和群众充分认识实行住房制度改革的目的、意义和有关政策。各级人民政府的主要负责同志要亲自抓，精心组织，缜密安排，要广泛听取群众对房改方案、政策、措施的意见，集思广益，在实施中及时协调解决住房制度改革中的困难和问题。

十一、各省、自治区、直辖市人民政府要按照本通知的规定，因地制宜，分散决策，抓紧制定实施方案，并报国务院住房制度改革领导小组和国家体改委备案；国务院住房制度改革领导小组要会同体改、建设、财政、计划、金融、劳动、人事、工商、税务、物价、土地和国有资产管理等部门，抓紧制定配套改革措施和实施细则。

各地要严格按照国家有关住房制度改革的统一政策规定执行。如因特殊情况确需突破国家统一规定和政策界限时，须经省、自治区、直辖市人民政府审查同意，由国务院住房制度改革领导小组和国家体改委核报国务院审批。

国务院住房制度改革领导小组关于全面推进城镇住房制度改革的意见（摘要）[①]

（1991 年 10 月 17 日）

为了落实七届全国人大四次会议通过的《中华人民共和国国民经济和社会发展十年规划和第八个五年计划纲要》中有关改善居民居住条件的要求，继续积极稳妥地进行城镇住房制度改革，经全国住房制度改革工作会议认真讨论，现就全国推进城镇住房制度改革提出以下意见：

一、城镇住房制度改革的总目标

城镇住房制度改革是经济体制改革的重要组成部分，其根本目的，是要缓解居民住房困难，不断改善住房条件，正确引导消费，逐步实现住房商品化，发展房地产业。按照社会主义有计划商品经济的要求，从改革公房低租金制度着手，将现行公房的实物福利分配制度逐步转变为货币工资分配制度，由住户通过商品交换（买房或租房），取得住房的所有权或使用权，使住房这种特殊商品进入消费品市场，实现住房资金投入产出的良性循环。

二、城镇住房制度改革的分阶段目标

（一）“八五”计划期间的目标。以改变低租金、无偿分配为基本点，公房租金计租标准力争达到实现简单再生产的三项因素（维

---

① 《国务院办公厅转发国务院住房制度改革领导小组关于全面推进城镇住房制度改革意见的通知》，中国政府网，2016 年 10 月 18 日。

修费、管理费、折旧费）的水平，逐步增加家庭收入中住房消费支出的比重；紧紧围绕“解危”、“解困”，重点解决危险住房和人均居住面积在三至四平方米以下的住房困难户以及无房户的住房问题，使人均居住面积达到七点五平方米，住房成套率达到40%至50%；房改方案正式出台的城市，要建立城市、单位和个人三级住房基金，并使之合理化、固定化、规范化，保证住房建设有稳定的资金来源，通过改革奠定机制转换的基础。

（二）十年目标。到二〇〇〇年，公房租金计租标准要努力达到包括五项因素（维修费、管理费、折旧费、投资利息和房产税）的成本租金水平；住房成套率达到60%至70%，城镇人均居住面积达到八平方米，群众居住条件和居民环境得到明显改善；发展房地产市场，建立和健全住房资金的融资体系，加速机制的转换，初步实现住房建设资金投入产出的良性循环。

（三）长期目标。住房租金计租标准要达到包括八项因素（在前述五项因素基础上再增加土地使用费、保险费和利润）的商品租金水平；住房成套率大大提高，每户有一套舒适的住房；健全房地产市场，完善住房融资体系，完成住房商品机制的转换，实现住房商品化、社会化。

三、城镇住房制度改革的基本原则

（一）坚持国家、集体、个人三者共同负担的原则。在保持现有建房资金渠道的前提下，增加个人在住房建设投资中的比重。

（二）坚持租、售、建并举的原则，形成一个提高租金、促进售房、回收资金、推动建房的良性循环。

（三）坚持在统一政策下因地制宜、分散决策的原则。全国房改的目标方向是一致的，但各地房改的步骤、办法和措施不能一刀切，要在国务院有关文件规定的统一政策下，因地制宜、分散决策、分步实施。

（四）坚持机制转换的原则。首先，要改变现行资金分配体制，把住房资金从作为积累形式的计划实物分配变为消费形式的商品交换分配，把住房基金逐步纳入正常渠道，使目前实际用于职工建房、修房的大量暗补资金转化为明补资金，并逐步纳入职工工资；其次，要把现行的住房作为固定资产投资的计划管理体制变为住房作为商品生产投资的指导性计划管理体制；再次，要通过财政、税收、工资、金融、物价、房产管理和土地使用制度等方面的配套改革，在理顺目前围绕住房所发生的各种资金渠道的基础上建立住房基金，逐步形成能够实现住房资金良性循环的运行机制；最后，要通过调整产业结构，开放房地产市场，发展房地产金融和房地产业，把包括住房在内的房地产开发、建设、经营、服务纳入整个社会主义有计划商品经济的循环体系。

四、城镇住房制度改革中的有关政策问题

住房制度改革涉及面广、政策性强，是一项长期的工作。需要重申和进一步明确的有关政策是：

（一）提租与补贴问题。合理调整公房租金是住房制度改革的核心环节。提高房租要着眼于租售比价的合理化；提租次数和提租幅度由各地根据物价指数控制目标和群众承受能力等因素统筹安排。各地要坚持“多提少补”的原则，一些地区在理顺租金、小幅度提租的前提下也可以不补。明后两年，对出租公房的租金按统一标准进行调整，这个标准至少要包含两项因素，有条件的应争取达

到三至五项因素；同时，应把计算租金标准和补贴所依据的各项参数统一在一九九〇年底实际发生的水平。

（二）售房问题。向居民个人出售新旧公房是推行住房商品化的基本措施之一。出售公房的价格要合理，既要考虑到职工的购买能力，又不能定得过低。住房价格区分为标准价和市场价，标准价包括住房本身的建筑造价以及征地和拆迁补偿费。在起步阶段，为鼓励群众买房，按标准价计价时，征地和拆迁补偿费暂可以考虑由单位适当负担。出售公有住房的价格，要经评估机构评估，国有资产、房地产和物价管理部门核定，报所在省、自治区、直辖市人民政府审查批准，严禁以过低的价格出售公有住房。按市场价格出售的住房，出售对象主要是高收入者，要按体现国家宏观调控的原则定价。要重视降低住房造价，把不应摊入住房建设的费用划分出来。对拆迁户的安置用房应按国务院有关规定，结合住房制度改革，以合理价格有偿提供。要加强公房售后维修、管理和服务。

（三）新房新制度问题。对从一九九二年起投入使用的新房，全面贯彻先卖后租、新房新租、有偿租房的原则。租金要在贯彻“多提少补”的原则下较大幅度地提高。对新房交纳租赁保证金或认购住房债券，要作出适合于本地区情况的具体规定。新房实转的住房券资金来源，企业可进入成本，机关、事业单位可列入财政经费预算。

（四）住房基金问题。为了建立城市、单位和个人三级住房基金，要把基建投资中的住房投资划出来，并把住房的修缮拨款固定下来，划入城市住房基金；把企业用于生产和住房消费的资金分列，使企业住房基金规范化；并通过逐步提高公房租金、收取租赁保证金、发行住房债券、组织住房储蓄等形式，增大个人筹资在住房投资中的比重。各级人民政府要切实做好住房资金筹集和转化工作，凡是房改方案出台的城市，都要把住房基金建立起来，并把基金管好用活。公积金是建立个人住房基金的有效方式，各地区要紧密联系各地区的特点和经济能力，正确引导，逐步推行。

（五）住房金融问题。要逐步建立集中调度、统筹使用、可供融通的住房信贷资金，使资金有借有还、有偿使用、滚动循环。要办好抵押贷款，使分散、分期实现的居民家庭收入，能适应集中、一次性支付的住房购置的需求；住房建设单位要通过住房的出售尽快收回投资，投入建新房，加快资金周转。在住房金融管理体制上，要区别政策性信贷和经营性信贷。政策性业务要划分出专项资金来源，建立房改信贷基金，单独核算、自主经营、自负盈亏、自求平衡、就地完税，国家在计划安排、信贷规模、利率、税收等方面给予优惠。经营性业务要充分发挥各金融机构的积极性，按现行规定拓展房地产开发信贷业务。继续开展职工购房保险配套工作。有的地区成立了住房储蓄银行，要继续积极探索、总结经验。

（六）住房投资和建设体制问题。住房投资和建设体制的改革，就是把现行由国家、企业统包的住房投资体制，转换成国家、集体、个人三方面共同负担的住房投资体制。各地政府应大力支持单位或个人的集资、合作建房，特别是结合“解危”、“解困”进行的集资、合作建房。计划、金融、财政、税收、城建、规划、土地等有关部门应该积极配合、支持，通过减免税费等扶持政策，努力降低建房造价。要正确引导和改革现行房产开发的建设体制，确立政府对住房价格的有效调控和制约机制。要形成指令性和指导性计划相结合的住房建设计划管理体制，除指令性计划安排的住房建设外，对个人集资与合作建房的部分可以不受规模的控制，实行指导性计划。

（七）住房管理问题。各地可以采取逐步引导、渐进过渡的办法，逐步实现公有住房的社会化管理。先在企业内部实行分离，把对消费性住房的管理从以往的与生产性房产的混合管理中分离出来，专项核算，自成体系，独立经营。再以信托方式把这部分住房委托给由社区组织的，或由若干企业单位的房产部门合并而成的经济实体进行具体经营管理。

（八）住房权属问题。职工购买公有住房，在国家规定标准面积以内的，实行标准价。购房后拥有部分产权，即占有权和使用权、有限处分权和收益权；可以继承，可以在购房五年以后进入市场出售或出租，原产权单位有优先购买权和租用权。售房收入扣除有关税费后所得收益，按政府、单位、个人的产权比例进行分配。职工拥有部分产权的住房，在自用和自住时受到法律的保护；按标准价购买的住房投放市场时，则受到法律的约束，不得高价出售或出租。各地在推行按标准价和部分产权原则出售公房时，要结合本地实际，拟定公房出售后的产权管理办法，把公房出售继续推行下去。

（九）房地产市场问题。在房地产市场的推进过程中，要加强法制建设，建立法规体系，把房地产市场纳入法制轨道。既要形成一个以传递信息、促成交易、余缺互补的交易场所，又要严格交易程序，严格交易人的资格审查，打击非法倒买倒卖行为。要搞好房地产的价格评估和价格调节，保护合法收入，调节过高收入，取缔非法收入，形成一个可调控的住房出租、出售、交换和抵押房地产市场。

（十）条块、点面关系问题。中央和国务院各部门要积极支持所属企事业单位进行房改，地方政府也要适当照顾到各部门的特点。试点地区和单位要继续先行改革，摸索经验。对于不同市、县、不同单位在提租补贴等方面出现的交叉和辐射问题，要坚持后改的支持先改的，改革步子小的支持改革步子大的。

（十一）房改中的减免补问题。住房制度改革中对低收入职工、离退休职工、政府民政部门确定的社会救济户和非在职的优抚户等，在一定时期内可以实行减免补政策。各地要严格控制减免补的范围。

（十二）机关干部要在统一政策下参加房改，并要以身作则，起表率作用。

五、城镇住房制度改革明后两年的总体部署

各省、自治区、直辖市根据党中央、国务院提出的“八五”计划期间“要积极推进住房制度改革”和“住房制度改革要统筹规划、因地制宜、分类指导、稳步向前推进”的要求，按照房改的统一目标、统一政策和基本原则，从实际出发，制定切实可行的房改总体方案，选择适合本地实际情况的起步方式，抓住有利时机，有计划地在明后两年内分期分批地实行住房制度改革。

建议直辖市、各省会（自治区首府）城市、沿海城市和有条件的城镇在一九九二年底以前率先进行全面配套的住房制度改革；其余的城市和城镇凡是有条件的，力争在一九九二年底以前起步。

已经进行住房制度改革试点的城镇、企事业单位要按既定政策、原则和办法继续推行改革。

各省、自治区、直辖市的房改方案经国务院住房制度改革领导小组会同有关部门审查批准后实行。

六、加强对城镇住房制度改革工作的领导

住房制度改革的全面推开，是一项艰苦而细致的工作，直接关系到人民群众的切身利益。各级人民政府要高度重视和加强对这项工作的领导，领导同志要亲自抓房改工作，取得房改的直接经验。

要认真对群众进行宣传教育和解释工作，向群众说明改革的政策、方法和步骤，讲清改革中所出现的困难和问题，真心实意地听取群众意见，吸取群众智慧。

推进住房制度改革，必须正确处理局部与全局、当前与长远的关系，必须正确处理改革与稳定的关系，把住房制度改革纳入整个经济体制改革中去，结合企业、工资、价格、以及宏观调控体制的改革，统筹规划，协调配套地进行。同时要制定相应的法规，做到有法可依。

住房制度改革工作，要有强有力的领导班子和必要的人力来抓。要有规划、有安排，切实抓好干部的培训工作。

各级宣传部门要积极、准确地宣传房改政策，引导群众参与房改、支持房改。在起步以后，适当加大改革的份量，加快改革的步伐，不断总结经验，使住房制度改革顺利健康地发展。

国务院关于严格审批和认真清理各类开发区的通知[①]

（1993年4月28日）

各省、自治区、直辖市人民政府，国务院各部委、各直属机构：

在有条件的地方，建立布局合理的开发区，并集中力量搞好基础设施建设，实行优惠政策，创造良好的投资环境，吸引外资，是我国改革开放政策的一项重要措施。实践证明效果很好，今后还要继续坚持。但去年以来，一些地方出现了“开发区热”，开发区越办越多，范围越划越大，占用了大量的耕地和资金，明显地超出了实际需要和经济承受能力。少数地方无视国家税法和土地法，超越权限擅自制订发布税费减免办法，对外造成了不良影响。对这种情况如不采取坚决果断的措施予以制止，不仅会加剧资金、能源、交通运输和原材料供应的紧张，而且势必影响国民经济的正常运行和对外开放的健康发展。为此，现就有关问题通知如下：

一、设立各类开发区，实行国务院和省、自治区、直辖市人民政府两级审批制度。省、自治区、直辖市以下各级人民政府不得审批设立各类开发区。

二、设立经济技术开发区、保税区、高新技术产业开发区、国家旅游度假区、边境经济合作区的审批权在国务院。凡要兴办上述各类开发区的，有关省、自治区、直辖市人民政府和国务院主管部门应认真做好前期规划和可行性研究的指导工作，并向国务院申报。

---

① 《国务院关于严格审批和认真清理各类开发区的通知》，《中华人民共和国国务院公报》，1993年11期。

三、为吸收外资兴办工业、农业、国际旅游业和高新技术产业开发项目，各省、自治区、直辖市人民政府可根据本地区的资源情况、实际需要和条件，批准设立少量省级开发区（旅游度假区），在现有权限范围内制定有关优惠政策，并报国务院备案。但各省、自治区、直辖市人民政府批准设立的开发区，不得沿用国务院批准设立的各类开发区的名称和政策。

四、审批设立开发区，要加强统筹规划，合理布局，注重经济效益和社会效益。要严格控制开发面积，并注意以项目带开发。要坚持量力而行，开发一片，建成一片，收益一片。要严格依法审批土地，节约用地，严格控制占用耕地，原则上不得占用基本农田保护区内的耕地。

五、对未经国务院或省、自治区、直辖市人民政府批准而自行兴办的各类开发区，各地要进行一次认真的检查清理。对缺乏基本建设条件，项目、资金不落实，过多占用耕地或占而不用的开发区，要坚决果断地停下来，并向群众做好宣传解释工作，处理好有关善后事宜。土地要还耕于农，严禁弃耕撂荒。

六、各地区、各部门都要自觉维护国家政策法规的严肃性，严格遵守国家税法、土地法和有关政策规定，坚决禁止超越国家规定的权限自行制订优惠政策或变相减税让利。各地人民政府和国务院有关部门应对此加强监督。

七、各省、自治区、直辖市人民政府要将检查清理各类开发区的工作情况，在一九九三年六月底前报国务院办公厅。

国务院关于深化城镇住房制度改革的决定[①]

（1994 年 7 月 18 日）

各省、自治区、直辖市人民政府，国务院各部委、各直属机构：

为贯彻落实《中共中央关于建立社会主义市场经济体制若干问题的决定》，深化城镇住房制度改革，促进住房商品化和住房建设的发展，特作如下决定：

一、城镇住房制度改革的根本目的和基本内容

（一）城镇住房制度改革作为经济体制改革的重要组成部分，其根本目的是：建立与社会主义市场经济体制相适应的新的城镇住房制度，实现住房商品化、社会化；加快住房建设，改善居住条件，满足城镇居民不断增长的住房需求。

（二）城镇住房制度改革的基本内容是：把住房建设投资由国家、单位统包的体制改变为国家、单位、个人三者合理负担的体制；把各单位建设、分配、维修、管理住房的体制改变为社会化、专业化运行的体制；把住房实物福利分配的方式改变为以按劳分配为主的货币工资分配方式；建立以中低收入家庭为对象、具有社会保障性质的经济适用住房供应体系和以高收入家庭为对象的商品房供应体系；建立住房公积金制度；发展住房金融和住房保险，建立政策性和商业性并存的住房信贷体系；建立规范化的房地产交易市场和发展社会化的房屋维修、管理市场，逐步实现住房资金投入产

① 《国务院关于深化城镇住房制度改革的决定》，中国政府网，2010 年 11 月 15 日。

出的良性循环，促进房地产业和相关产业的发展。

（三）城镇住房制度改革要坚持配套、分阶段推进。近期的任务是：全面推行住房公积金制度，积极推进租金改革，稳步出售公有住房，大力发展房地产交易市场和社会化的房屋维修、管理市场，加快经济适用住房建设，到本世纪末初步建立起新的城镇住房制度，使城镇居民住房达到小康水平。

二、全面推行住房公积金制度

（四）实行住房公积金制度有利于转变住房分配体制，有利于住房资金的积累、周转和政策性抵押贷款制度的建立，有利于提高职工购、建住房能力，促进住房建设。所有行政和企事业单位及其职工均应按照“个人存储、单位资助、统一管理、专项使用”的原则交纳住房公积金，建立住房公积金制度。

（五）住房公积金由在职职工个人及其所在单位，按职工个人工资和职工工资总额的一定比例逐月交纳，归个人所有，存入个人公积金帐户，用于购、建、大修住房，职工离退休时，本息余额一次结清，退还职工本人。目前单位和个人住房公积金的缴交率分别掌握在5%，已超过这个比例的可以不变。外商投资企业及其中方职工的住房公积金缴交率，由各省、自治区、直辖市人民政府确定。

（六）企业为职工交纳的住房公积金，从企业提取的住房折旧和其他划转资金中解决，不足部分经财政部门核定，在成本、费用中列支。行政事业单位为职工交纳的住房公积金，首先立足于原有住房资金的划转，不足部分，全额预算的行政事业单位由财政预算拨付；差额预算的事业单位按差额比例由财政预算拨付；自收自支事业单位比照企业开支渠道列支。职工的住房公积金本息免征个人所得税。

（七）按照责权利一致的原则，建立和完善住房公积金管理制度，加强住房公积金的管理。各市（县）人民政府负责制定住房公积金的归集、使用、管理等有关具体规定，审批住房公积金的使用计划和财务收支预决算。各市（县）人民政府可以设立专门的住房公积金管理机构，负责住房公积金的归集、支付、核算和编制使用计划等管理工作，住房公积金的存贷款等金融业务一律由当地人民政府委托指定的专业银行办理。受委托的专业银行根据当地人民政府批准的住房公积金使用计划，审定、发放和回收贷款。住房公积金要专款专用，严禁挪作他用。财政、审计、监察部门要加强监督管理。

三、积极推进租金改革

（八）要在职工家庭合理住房支出范围内加大租金改革力度。到 2000 年，住房租金原则上应达到占双职工家庭平均工资的 15%。按上述办法测定，租金水平已达到或超过折旧费、维修费、管理费、贷款利息、房产税 5 项因素成本租金水平的，按成本租金或市场租金计租。

（九）各地要根据实际情况制定并公布 2000 年以前租金改革规划。租金提高的幅度和次数，要与当地居民的收入水平相适应，要根据物价指数控制目标统筹安排。有条件的市（县）或单位，应结合实际情况，较快实现向成本租金和市场租金的过渡。

（十）在租金水平达到成本租金以前，新建公有住房和腾空的旧住房租金标准可以高于同期现住房的租金标准。各市（县）人民政府还可以对职工承租新建公有住房和腾空的旧住房交纳租赁保证金和认购住房债券作出具体规定。

（十一）租金调整后，对离退休职工、政府民政部门确定的社会救济对象和非在职的优抚对象等，各省、自治区、直辖市人民政府可根据情况制定减、免、补的具体办法。

（十二）住房在规定标准之内的职工家庭，用规定的个人合理负担部分加上全部住房补贴，仍不足支付房租的，差额可由其所在单位适当给予补助。企业和自收自支事业单位的补助金在单位住房基金中列支；其他行政事业单位的补助金应先在单位住房基金中列支，不足部分经同级财政部门核定，在城市住房基金（未建立城市住房基金的，在同级财政预算）中列支。

（十三）加强对租金收入的管理。租金收入归产权单位所有，纳入单位住房基金，用于住房维修、管理、建设和城镇住房制度改革。

四、稳步出售公有住房

（十四）城镇公有住房，除市（县）以上人民政府认为不宜出售的外，均可向城镇职工出售。职工购买公有住房要坚持自愿的原则，新建公有住房和腾空的旧房实行先售后租，并优先出售给住房困难户。

（十五）向高收入职工家庭出售公有住房实行市场价，向中低收入职工家庭出售公有住房实行成本价，成本价应包括住房的征地和拆迁补偿费、勘察设计和前期工程费、建安工程费、住宅小区基础设施建设费（小区级非营业性配套公建费是否列入成本由各地自行确定）、管理费、贷款利息和税金等 7 项因素。旧房的成本价按售房当年新房的成本价成新折扣（折旧年限一般为 50 年）计算，使用年限超过 30 年的，以 30 年计算；经过大修或设备更新的旧房，按有关规定评估确定。目前以成本价售房确有困难的市（县），可以实行标准价作为过渡。出售公有住房的成本价和标准价由市（县）人民政府逐年测定，报省、自治区、直辖市人民政府批准后公布执行。

现行售房价格已高于规定的标准价起步水平的，不应再降低价格。

公有住房的出售，应坚持先评估后出售的原则。住房的实际售价应根据所处地段、结构、层次、朝向、设施和装修标准等因素区别计价。

（十六）标准价按负担价和抵交价之和测定。一套 56 平方米建筑面积标准新房的负担价，1994 年应为所在市（县）双职工年平均工资的 3 倍。经济发展水平较高的市（县）应高于 3 倍，具体倍数由省、自治区、直辖市人民政府确定。双职工年平均工资按当地统计部门公布的上年职工平均工资乘以 2 计算。抵交价按双职工 65 年（男职工 35 年，女职工 30 年）内积累的由单位资助的住房公积金贴现值的 80%计算。

旧房的负担价按售房当年新房的负担价成新折扣（折旧年限一般为 50 年）计算，使用年限超过 30 年的，以 30 年计算；经过大修或设备更新的旧房，按有关规定评估确定。旧房的抵交价，可根据使用年限适当降低，但最多不能低于新房抵交价的 80%。

（十七）职工购买现已住用的公有住房，可适当给予折扣，1994 年折扣率为负担价的 5%，今后要逐年减少，2000 年前全部取消。

售房单位应根据购房职工建立住房公积金制度前的工龄给予工龄折扣。每年工龄折扣的数额，按抵交价除以 65（男职工 35 年，女职工 30 年）计算。离退休职工购房计算工龄折扣的时间，按国家规定的离退休年龄计算。

（十八）职工按成本价或标准价购买公有住房，每个家庭只能享受一次，购房的数量必须严格按照国家和各级人民政府规定的分配住房的控制标准执行，超过标准部分一律执行市场价。

（十九）售房价格要逐步从标准价过渡到成本价。当年的标准价要根据各市（县）职工上年平均工资增长的水平、单位发给住房补贴和资助职工建立住房公积金年增长水平确定，一年一定；新房负担价与双职工家庭年平均工资的倍数，要逐步提高，2000 年以前达到 3.5 倍。各市（县）要从本地实际出发，加快标准价向成本价的过渡。

（二十）付款方式。职工购房可以一次付款，也可以分期付款。售房单位可对一次付款的购房职工给予一次付款折扣，折扣率参考当地购房政策性贷款利率与银行储蓄存款利率的差额，以及分期付款的控制年限确定。实行分期付款的，首期付款不得低于实际售价的 30%，分期付款的期限一般不超过 10 年，分期交付的部分要计收利息，单位不得贴息，利率按政策性抵押贷款利率确定。经办政策性住房金融业务的银行，应充分利用政策性住房资金，向购房职工提供政策性抵押贷款。

（二十一）明确产权。职工以市场价购买的住房，产权归个人所有，可以依法进入市场，按规定交纳有关税费后，收入归个人所有。

职工以成本价购买的住房，产权归个人所有，一般住用 5 年后可以依法进入市场，在补交土地使用权出让金或所含土地收益和按规定交纳有关税费后，收入归个人所有。

职工以标准价购买的住房，拥有部分产权，即占有权、使用权、有限的收益权和处分权，可以继承。产权比例按售房当年标准价占成本价的比重确定。职工以标准价购买的住房，一般住用5年后方可依法进入市场，在同等条件下，原售房单位有优先购买、租用权，原售房单位已撤销的，当地人民政府房产管理部门有优先购买、租用权。售、租房收入在补交土地使用权出让金或所含土地收益和按规定交纳有关税费后，单位和个人按各自的产权比例进行分配。

（二十二）发展房地产交易市场，规范住房交易行为。职工购买住房，都要由房产管理部门办理住房过户和产权转移登记手续，同时要办理相应的土地使用权变更登记手续，并领取统一制定的产权证书，产权证书应注明产权属性，按标准价购买的住房应注明产权比例。出租和出售、赠与、继承及以其他形式转让所购住房，应按国家规定交纳有关税费。要加强市场管理，规范交易程序，完善税收制度，坚决查处倒卖房产牟取暴利等违法行为。

（二十三）加强售后房屋维修、管理服务，发展社会化的房屋维修、管理市场。职工购买的住房，室内各项维修开支由购房人负担。楼房出售后应建立共用部位、共用设施的维修基金。改革现行城镇住房管理体制，发展多种所有制形式的物业管理企业和社会化的房屋维修、管理服务。

（二十四）加强售房款的管理。国有住房的出售收入按住房产权关系和一定比例上交同级财政和留归单位，分别纳入各级住房基金；其他公有住房出售收入，归单位所有，纳入单位住房基金。售房款要全部用于住房建设和城镇住房制度改革，严禁挪用。

五、加快经济适用住房的开发建设

（二十五）各地人民政府要十分重视经济适用住房的开发建设

设，加快解决中低收入家庭的住房问题。经济适用住房建设用地，经批准原则上采取行政划拨方式供应。对经济适用住房建设项目，要在计划、规划、拆迁、税费等方面予以政策扶持。各级建设行政主管部门要切实组织好经济适用住房建设的实施工作。金融单位在信贷等方面应予以支持。房地产开发公司每年的建房总量中，经济适用住房要占20%以上。在建房、售房等方面，对离退休职工、教师和住房困难户应予以优先安排，具体办法由各省、自治区、直辖市人民政府制定。

（二十六）鼓励集资合作建房，继续发展住房合作社，在统一规划的前提下，充分发挥各方面积极性，加快城镇危旧住房改造。

六、做好原有政策同本决定的衔接工作

（二十七）要做好与原有售房政策的衔接。已出售的公有住房均须按照售房当年的售价占成本价的比重明确个人拥有的产权比例；经购房人同意也可按成本价补足房价款及利息后，原购住房产权归个人所有。1994 年 1 月 1 日至本决定发布之前出售的公有住房，一律按本决定规定的售房政策进行规范。

（二十八）原有关文件规定出售公有住房的标准价和最低价一律停止执行。

（二十九）要继续做好原住房资金转入各级住房基金的核定、划转工作。划转的资金和原有的住房补贴，要逐步理入职工工资或用于列支公积金。

七、加强领导，统筹安排，积极推进城镇住房制度改革

（三十）加快住房建设和推进城镇住房制度改革是各级人民政

府的重要职责。各地人民政府要加强领导，健全工作机构，全面规划，统筹安排，兼顾长期目标和阶段性目标，加快推进城镇住房制度改革。

（三十一）各省、自治区、直辖市人民政府要根据本决定规定的统一政策，结合本地区社会经济发展水平，因地制宜，不断完善城镇住房制度改革方案，并按年度报国务院住房制度改革领导小组备案；各市（县）的城镇住房制度改革实施方案需报省、自治区、直辖市人民政府批准后执行。要加强对各市（县）房改工作的检查督促，保证国家房改政策的贯彻落实和房改工作的健康推进。所有单位，不论隶属关系，都应执行所在市（县）人民政府对房改工作的统一部署和规定。

（三十二）企业房改是城镇住房制度改革的重点，各级人民政府要为企业房改创造条件。有条件的国有大中型企业，应结合企业经营机制转换和劳动工资制度改革，建立现代企业制度，把住房开发建设、分配、管理和维修服务等社会职能逐步从企业中分离出去，加快实现住房的商品化、社会化。

（三十三）国务院住房制度改革领导小组要分类指导，在全面推进城镇住房制度改革的基础上，注意抓好大城市的住房制度改革；要会同有关部门，及时总结经验，不断完善政策规定和配套措施，抓紧立法工作，协调解决深化改革中的矛盾和问题。有关房改工作的配套文件，要尽快制定，抓紧下发。国务院各有关部门要各司其职，各尽其责，相互配合，保证城镇住房制度改革的顺利实施。

（三十四）要认真做好房改的宣传工作。各级新闻单位要加强舆论引导，广泛宣传深化城镇住房制度改革的目的、意义、政策和实施步骤，引导广大干部、群众转变观念，提高认识，积极参与城镇住房制度改革。

（三十五）要严肃房改纪律，严格执行国务院的统一政策。各级监察部门要加强纪律监督、检查，对不执行国家统一政策、低价售房、变相增加优惠和以权谋私等违法、违纪行为要严肃查处。

（三十六）军队系统住房制度改革方案，由中央军委审批。

（三十七）本决定自发布之日起实行。原有的房改政策和规定，凡与本决定不一致的，一律以本决定为准。

国务院关于进一步深化城镇住房制度改革加快住房建设的通知[①]

（1998 年 7 月 3 日）

各省、自治区、直辖市人民政府，国务院各部委、各直属机构：

为贯彻党的十五大精神，进一步深化城镇住房制度改革，加快住房建设，现就有关问题通知如下：

一、指导思想、目标和基本原则

（一）深化城镇住房制度改革的指导思想是：稳步推进住房商品化、社会化，逐步建立适应社会主义市场经济体制和我国国情的城镇住房新制度；加快住房建设，促使住宅业成为新的经济增长点，不断满足城镇居民日益增长的住房需求。

（二）深化城镇住房制度改革的目标是：停止住房实物分配，逐步实行住房分配货币化；建立和完善以经济适用住房为主的多层次城镇住房供应体系；发展住房金融，培育和规范住房交易市场。

（三）深化城镇住房制度改革工作的基本原则是：坚持在国家统一政策目标指导下，地方分别决策，因地制宜，量力而行；坚持国家、单位和个人合理负担；坚持“新房新制度、老房老办法”，平稳过渡，综合配套。

① 《国务院关于进一步深化城镇住房制度改革加快住房建设的通知》，《中华人民共和国国务院公报》，1998 年 17 期。

二、停止住房实物分配，逐步实行住房分配货币化

（四）1998 年下半年开始停止住房实物分配，逐步实行住房分配货币化，具体时间、步骤由各省、自治区、直辖市人民政府根据本地实际确定。停止住房实物分配后，新建经济适用住房原则上只售不租。职工购房资金来源主要有：职工工资，住房公积金，个人住房贷款，以及有的地方由财政、单位原有住房建设资金转化的住房补贴等。

（五）全面推行和不断完善住房公积金制度。到 1999 年底，职工个人和单位住房公积金的缴交率应不低于 5%，有条件的地区可适当提高。要建立健全职工个人住房公积金帐户，进一步提高住房公积金的归集率，继续按照“房委会决策，中心运作，银行专户，财政监督”的原则，加强住房公积金管理工作。

（六）停止住房实物分配后，房价收入比（即本地区一套建筑面积为 60 平方米的经济适用住房的平均价格与双职工家庭年平均工资之比）在 4 倍以上，且财政、单位原有住房建设资金可转化为住房补贴的地区，可以对无房和住房面积未达到规定标准的职工实行住房补贴。住房补贴的具体办法，由市（县）人民政府根据本地实际情况制订，报省、自治区、直辖市人民政府批准后执行。

三、建立和完善以经济适用住房为主的住房供应体系

（七）对不同收入家庭实行不同的住房供应政策。最低收入家庭租赁由政府或单位提供的廉租住房；中低收入家庭购买经济适用住房；其他收入高的家庭购买、租赁市场价商品住房。住房供应政策具体办法，由市（县）人民政府制定。

（八）调整住房投资结构，重点发展经济适用住房（安居工

程），加快解决城镇住房困难居民的住房问题。新建的经济适用住房出售价格实行政府指导价，按保本微利原则确定。其中经济适用住房的成本包括征地和拆迁补偿费、勘察设计和前期工程费、建安工程费、住宅小区基础设施建设费（含小区非营业性配套公建费）、管理费、贷款利息和税金等 7 项因素，利润控制在 3%以下。要采取有效措施，取消各种不合理收费，特别是降低征地和拆迁补偿费，切实降低经济适用住房建设成本，使经济适用住房价格与中低收入家庭的承受能力相适应，促进居民购买住房。

（九）廉租住房可以从腾退的旧公有住房中调剂解决，也可以由政府或单位出资兴建。廉租住房的租金实行政府定价。具体标准由市（县）人民政府制定。

（十）购买经济适用住房和承租廉租住房实行申请、审批制度。具体办法由市（县）人民政府制定。

四、继续推进现有公有住房改革，培育和规范住房交易市场

（十一）按照《国务院关于深化城镇住房制度改革的决定》（国发〔1994〕43 号，以下简称《决定》）规定，继续推进租金改革。租金改革要考虑职工的承受能力，与提高职工工资相结合。租金提高后，对家庭确有困难的离退休职工、民政部门确定的社会救济对象和非在职的优抚对象等，各地可根据实际情况制定减、免政策。

（十二）按照《决定》规定，进一步搞好现有公有住房出售工作，规范出售价格。从 1998 年下半年起，出售现有公有住房，原则上实行成本价，并与经济适用住房房价相衔接。要保留足够的公有住房供最低收入家庭廉价租赁。

校园内不能分割及封闭管理的住房不能出售，教师公寓等周转

用房不得出售。具体办法按教育部、建设部有关规定执行。

（十三）要在对城镇职工家庭住房状况进行认真普查，清查和纠正住房制度改革过程中的违纪违规行为，建立个人住房档案，制定办法，先行试点的基础上，并经省、自治区、直辖市人民政府批准，稳步开放已购公有住房和经济适用住房的交易市场。已购公有住房和经济适用住房上市交易实行准入制度，具体办法由建设部会同有关部门制定。

五、采取扶持政策，加快经济适用住房建设

（十四）经济适用住房建设应符合土地利用总体规划和城市总体规划，坚持合理利用土地、节约用地的原则。经济适用住房建设用地应在建设用地年度计划中统筹安排，并采取行政划拨方式供应。

（十五）各地可以从本地实际出发，制定对经济适用住房建设的扶持政策。要控制经济适用住房设计和建设标准，大力降低征地拆迁费用，理顺城市建设配套资金来源，控制开发建设利润。停止征收商业网点建设费，不再无偿划拨经营性公建设施。

（十六）经济适用住房的开发建设应实行招标投标制度，用竞争方式确定开发建设单位。要严格限制工程环节的不合理转包，加强对开发建设企业的成本管理和监控。

（十七）在符合城市总体规划和坚持节约用地的前提下，可以继续发展集资建房和合作建房，多渠道加快经济适用住房建设。

（十八）完善住宅小区的竣工验收制度，推行住房质量保证书制度、住房和设备及部件的质量赔偿制度和质量保险制度，提高住房工程质量。

（十九）经济适用住房建设要注重节约能源，节约原材料。应加快住宅产业现代化的步伐，大力推广性能好、价格合理的新材料和住宅部件，逐步建立标准化、集约化、系列化的住宅部件、配件生产供应方式。

六、发展住房金融

（二十）扩大个人住房贷款的发放范围，所有商业银行在所有城镇均可发放个人住房贷款。取消对个人住房贷款的规模限制，适当放宽个人住房贷款的贷款期限。

（二十一）对经济适用住房开发建设贷款，实行指导性计划管理。商业银行在资产负债比例管理要求内，优先发放经济适用住房开发建设贷款。

（二十二）完善住房产权抵押登记制度，发展住房贷款保险，防范贷款风险，保证贷款安全。

（二十三）调整住房公积金贷款方向，主要用于职工个人购买、建造、大修理自住住房贷款。

（二十四）发展住房公积金贷款与商业银行贷款相结合的组合住房贷款业务。住房资金管理机构和商业银行要简化手续，提高服务效率。

七、加强住房物业管理

（二十五）加快改革现行的住房维修、管理体制，建立业主自治与物业管理企业专业管理相结合的社会化、专业化、市场化的物业管理体制。

（二十六）加强住房售后的维修管理，建立住房共用部位、设备和小区公共设施专项维修资金，并健全业主对专项维修资金管理和使用的监督制度。

（二十七）物业管理企业要加强内部管理，努力提高服务质量，向用户提供质价相符的服务，不得只收费不服务或多收费少服务，切实减轻住户负担。物业管理要引入竞争机制，促进管理水平的提高。有关主管部门要加强对物业管理企业的监管。

八、加强领导，统筹安排，保证改革的顺利实施

（二十八）各级地方人民政府要切实加强对城镇住房制度改革工作的领导。各地可根据本通知精神，结合本地区实际制定具体的实施方案，报经省、自治区、直辖市人民政府批准后实施。建设部要会同有关部门根据本通知要求抓紧制定配套政策，并加强对地方工作的指导和监督。

（二十九）加强舆论引导，做好宣传工作，转变城镇居民住房观念，保证城镇住房制度改革的顺利实施。

（三十）严肃纪律，加强监督检查。对违反《决定》和本通知精神，继续实行无偿实物分配住房，低价出售公有住房，变相增加住房补贴，用成本价或低于成本价超标出售、购买公有住房，公房私租牟取暴利等行为，各级监察部门要认真查处，从严处理。国务院责成建设部会同监察部等有关部门监督检查本通知的贯彻执行情况。

本通知自发布之日起实行。原有的有关政策和规定，凡与本通知不一致的，一律以本通知为准。

国务院关于建设中关村科技园区有关问题的批复[①]

（1999年6月5日）

北京市人民政府、科学技术部：

你们《关于实施科教兴国战略加快建设中关村科技园区的请示》（京政文〔1999〕3号，以下简称《请示》）收悉。现批复如下：

一、原则同意《请示》中关于加快建设中关村科技园区的意见。

二、北京市中关村地区是全国科技人员和智力资源最密集的地区，具有人才、科技和知识优势，高科技产业也有一定的基础。加快建设中关村科技园区，通过科技成果和创新知识的产业化，把丰富的智力资源转化为强大的生产力，对北京市调整产业结构，加快经济和社会的发展具有重大意义；对实施科教兴国战略，增强我国创新能力具有重要作用，也是增强综合国力的重大措施。要注意借鉴国外建设科学城的有益经验，创建有中国特色的中关村科技园区，为全国高新技术产业的发展发挥示范作用。

三、中关村科技园区的建设要认真总结过去高新技术产业开发区的经验和教训，从中国国情和中关村地区的实际出发，发挥优势和特色，科学规划，精心建设。要充分发挥中关村地区高等学校、科研院所和高科技企业的整体优势，推进产学研结合。要大胆改革，敢于创新，营造吸引、凝聚优秀科技人员和经营管理者的良好环境，建立能充分发挥人的聪明才智和迅速有效转化科技成果的充满活力的机制，促进科技、教育和高新技术产业的更大发展。要坚

① 《国务院关于建设中关村科技园区有关问题的批复》，《中华人民共和国国务院公报》，1999年20期。

持对国际和国内其他地区的开放，通过竞争，促进自己的发展。要紧紧跟踪世界高科技的发展趋势，以市场为导向，积极发展软件产业和生物、医药工程等高新技术产业，并带动教育、文化、体育、商业以及物业等产业的发展。要大力整治环境，把中关村地区建成基础设施完善、环境清新优美、文化氛围浓郁、社会秩序良好的现代化科技园区。

四、原则同意《请示》中关于中关村科技园区的发展规划。中关村科技园区建设工作，由北京市人民政府负责。北京市要加强领导，统筹规划，精心组织，促进中关村科技园区的发展。在实施中需国务院有关部门解决的问题，有关部门要给予积极支持，重要问题，由北京市人民政府或会同科学技术部等有关部门报国务院。

《请示》由你们根据本批复精神，作必要修改后印发。

中共中央、国务院关于促进小城镇健康发展的若干意见①

（2000年6月13日）

党的十五届三中全会通过的《中共中央关于农业和农村工作若干重大问题的决定》指出："发展小城镇，是带动农村经济和社会发展的一个大战略"。当前，各地积极贯彻落实中央精神，小城镇的发展形势总的是好的。但也存在着一些不容忽视的问题：一些地方缺乏长远、科学的规划，小城镇布局不合理：有些地方存在不顾客观条件和经济社会发展规律，盲目攀比、盲目扩大的倾向；多数小城镇基础设施不配套，影响城镇整体功能的发挥；小城镇自身管理体制不适应社会主义市场经济的要求。为促进小城镇健康发展，特提出如下意见。

一、充分认识发展小城镇的重大战略意义

对农业和农村经济结构进行战略性调整，全面提高农业和农村经济的整体素质和效益，增加农民收入，提高农业生活水平，是当前和今后一个时期我国农业和农村工作的首要任务。发展小城镇，可以加快农业富余劳动力的转移，是提高农业劳动生产率和综合经济效益的重要途径，可以促进乡镇企业适当集中和结构调整，带动农村第三产业特别服务业的迅速发展，为农民创造更多的就业岗位。这对解决现阶段农村一系列深层次矛盾，优化农业和农村经济

① 《中共中央、国务院关于促进小城镇健康发展的若干意见》，《中华人民共和国国务院公报》，2000年24期。

结构，增加农民收入，具有十分重要作用。

扩大国内需求，开拓国内市场特别是农村市场，是我国经济发展的基本立足点和长期战略方针。发展小城镇，可以有效带动农村基础设施建设和房地产业的发展，扩大投资需求尤其是吸引民间投资，可以明显提高农民消费的商品化程度，扩大对住宅、农产品、耐用消费品和服务业的需求。这不仅有利于缓解当前国内需求不足和农产品阶段性过剩状况，而且也为整个工业和服务业的长远发展拓展新的市场空间。

加快我国城镇化进程，实现城镇化与工业化协调发展，小城镇占有重要的地位。发展小城镇，可以吸纳众多的农村人口，降低农村人口盲目涌入大中城市的风险和成本，缓解现有大中城市的就业压力，走出一条适合我国国情的大中小城市和小城镇协调发展的城镇化道路。

发展小城镇，是实现我国农村现代化的必由之路。农村人口进城定居，有利于广大农民逐步改变传统的生活方式和思想观念：有利于从整体上提高我国人口素质，缩小工农差别和城乡差别：有利于实现城乡经济社会协调发展，全面提高广大农民的物质文化生活水平。

当前，加快城镇化进程的时机和条件已经成熟。抓住机遇，适时引导小城镇健康发展，应当作为当前和今后较长时期农村改革与发展的一项重要任务。

二、发展小城镇必须坚持的指导原则

发展小城镇要以党的十五届三中全会确定的基本方针为指导，遵循以下原则。

——尊重规律，循序渐进。小城镇是经济社会发展到一定阶段的产物，必须尊重客观规律，尊重农民意愿，量力而行。要优先发展已经具有一定规模、基础条件较好的小城镇，防止不顾客观条件，一哄而起，遍地开花，搞低水平分散建设。不允许以小城镇建设为名，乱集资、乱摊派，加重农民和企业负担。

——因地制宜，科学规划。我国幅员辽阔，经济发展不平衡，发展小城镇的条件也各不相同。各地要从实际出发，根据当地经济发展水平、区位特点和资源条件，搞好小城镇的规划和布局，突出重点，注重实效，防止不切实际，盲目攀比。

——深化改革，创新机制。小城镇建设和管理要按照社会主义市场经济的要求，改革创新，广泛开辟投融资渠道，促进基础设施建设和公益事业发展，走出一条在政府引导下，主要通过市场机制建设小城镇的路子。要转变政府职能，从根本上降低管理成本，提高管理效率。

——统筹兼顾，协调发展。发展小城镇，不能削弱农业的基础地位。要利用小城镇连接城乡的区位优势，促进农村劳动力、资金、技术等生产要素优化配置，推动一、二、三产业协调发展。要坚持物质文明和精神文明一起抓，在搞好小城镇经济建设的同时，大力推进教育、科技、文化、卫生以及环保等事业的发展，实现城乡经济社会和生态环境的可持续发展。

城镇化水平的提高是一个渐进的过程。发展小城镇既要积极，又要稳妥。力争经过10年左右的努力，将一部分基础较好的小城镇建设成为规模适度、规划科学、功能健全、环境整洁、具有较强辐射能力的农村区域性经济文化中心，其中少数具备条件的小城镇要发展成为带动能力更强的小城市，使全国城镇化水平有一个明显的提高。

三、发展小城镇要统一规划和合理布局

各级政府要按照统一规划、合理布局的要求，抓紧编制小城镇发展规划，并将其列入国民经济和社会发展计划。重点发展现有基础较好的建制镇，搞好规划，逐步发展。在大城市周边地区，要按照产业和人口的合理分布，适当发展一批卫星城镇。在沿海发达地区，要适应经济发展较快的要求，完善城镇功能，提高城镇建设水平，更多地吸纳农村人口。在中西部地区，应结合西部大开发战略，重点支持区位优势和发展潜力比较明显的小城镇加快发展。要严格限制新建制镇的审批。

在小城镇的规划中，要注重经济社会和环境的全面发展，合理确定人口规模与用地规模，既要坚持建设标准，又要防止贪大求洋和乱铺摊子。规划的编制要严格执行有关法律法规，切实做好与土地利用总体规划以及交通网络、环境保护、社会发展等各方面规划的衔接和协调。规划的调整要按法定程序办理。小城镇建设要各具特色，切忌千篇一律，特别要注意保护文物古迹以及具有民族和地方特点的文化自然景观。

四、积极培育小城镇的经济基础

充满活力的经济是小城镇繁荣和发展的基础。要根据小城镇的特点，以市场为导向，以产业为依托，大力发展特色经济，着力培育各类农业产业化经营的龙头企业，形成农副产品的生产、加工和销售基地。要发挥小城镇功能和连接大中城市的区位优势，兴办各种服务行业，因地制宜地发展各类综合性或专业性商品批发市场。要充分利用风景名胜及人文景观，发展观光旅游业。

要通过完善基础设施建设，加强服务，减轻企业负担等措施，

吸引乡镇企业进镇。要鼓励农村新办企业向镇区集中，要抓住国有企业战略改组的机遇，吸引技术、人才和相关产业向小城镇转移。鼓励大中城市的工商企业到小城镇开展产品开发、商业连锁、物质配送、旧货调剂、农副产品批发等经营活动。鼓励商业保险机构拓宽服务范围，到小城镇开展各类商业保险业务。

五、充分运用市场机制搞好小城镇建设

各地要制定相应的优惠政策，吸引企业、个人及外商以多种方式参与小城镇基础设施的投资、建设和经营，多渠道投资小城镇教育、文化、卫生等公用事业，走出一条在政府引导下主要依靠社会资金建设小城镇的路子。对有收益的基础设施，可合理确定服务价格，实行有偿使用。鼓励相邻的小城镇共建、共享某些基础设施，提高投资效益。

金融机构要拓宽服务领域，积极参与和支持小城镇建设。国有商业银行要采取多种形式，增加对小城镇建设的贷款数额，逐步开展对有稳定收入的进镇农民在购房、购车和其他消费方面的信贷业务。

为促进小城镇健康发展，国家要在农村电网改造、公路、广播电视、通讯等基础设施建设方面给予支持。地方各级政府要根据自身财力状况，重点支持小城镇镇区道路、供排水、环境整治、信息网络等公用设施和公益事业建设。要严格建设项目审批程序，严禁以小城镇建设为名，铺张浪费，大搞楼堂馆所。

六、妥善解决小城镇建设用地

发展小城镇要统一规划，集中用地，做到集约用地和保护耕地。要通过挖潜，改造旧镇区，积极开展迁村并点，土地整理，开

发利用荒地和废弃地，解决小城镇的建设用地。要采取严格保护耕地的措施，防止乱占耕地。

小城镇建设用地要纳入省（自治区、直辖市）、市（地）、县（市）土地利用总体规划和土地利用年度计划。对重点小城镇的建设用地指标，由省级土地管理部门优先安排。对以迁村并点和土地整理等方式进行小城镇建设的，可在建设用地计划中予以适当支持。要严格限制分散建房的宅基地审批，鼓励农民进镇购房或按规划集中建房，节约的宅基地可用于小城镇建设用地。

小城镇建设用地，除法律规定可以划拨的以外，一律实行有偿使用。小城镇现有建设用地的有偿使用收益，留给镇级财政，统一用于小城镇的开发和建设。小城镇新增建设用地的有偿使用收益，要优先用于重点小城镇补充耕地，实现耕地占补平衡。

七、改革小城镇户籍管理制度

为鼓励农民进入小城镇，从2000年起，凡在县级市市区、县人民政府驻地镇及县以下小城镇有合法固定住所、稳定职业或生活来源的农民，均可根据本人意愿转为城镇户口，并在子女入学、参军、就业等方面享受与城镇居民同等待遇，不得实行歧视性政策。对在小城镇落户的农民，各地区、各部门不得收取城镇增容费或其他类似费用。

要积极探索适合小城镇特点的社会保障制度。对进镇落户的农民，可根据本人意愿，保留其承包土地的经营权，也允许依法有偿转让。农村集体经济组织要严格承包合同管理，防止进镇农民的耕地撂荒和非法改变用途。对进镇农户的宅基地，要适时置换出来，防止闲置浪费。

小城镇户籍制度改革，要高度重视进镇人口的就业问题。各省、自治区、直辖市人民政府要按照国家有关规定和当地实际情况，制定小城镇户籍制度改革的具体办法。

八、完善小城镇政府的经济和社会管理职能

要积极探索适合小城镇特点的新型城镇管理体制，大力精减人员，把小城镇政府建成职能明确、结构合理、精干高效的政府。镇政府要集中精力管理公共行政和公益性事业，创造良好的投资环境和社会环境，避免包揽具体经济事务。在规定的机构编制限额内，镇政府可根据实际需要设置机构和配备人员，不要求上下对口。小城镇政府的行政开支要严格实行预决算制度，不得向社会摊派。

理顺县、镇两级财政关系，完善小城镇的财政管理体制。具备条件的小城镇，应按照有关法律的要求，设立独立的一级财税机构和镇级金库，做到“一级政府，一级财政”。根据财权与事权相统一和调动县（市）、镇两个积极性的原则，明确小城镇政府的事权和财权，合理划分收支范围，逐步建立稳定、规范、有利于小城镇长远发展的分税制财政体制。对尚不具备实行分税制条件的小城镇，要在协调县（市）、镇两级财政关系的基础上，合理确定小城镇的收支基数。对重点发展的小城镇，在实行分税制财政体制之前，其地方财政超收部分的全部或大部分留于镇级财政。

九、搞好小城镇的民主法制建设和精神文明建设

在小城镇的建设和管理中，要加强民主和法制建设，健全民主监督机制，依法行政。根据户籍管理制度改革的新特点，搞好小城镇的社会治安综合治理，依法严厉打击各种刑事犯罪行为，严厉打

击邪教和利用宗教形式进行的非法活动，建立良好的社会秩序。

要大力提高镇区居民和进镇农民的思想道德水平和科学文化素质，采用各种行之有效的形式，宣传有中国特色社会主义理论和党的各项方针、政策，普及科学文化知识，教育和引导农民移风易俗，破除迷信，革除陋习，逐步形成适应城镇要求的生活方式和生育观念，用社会主义精神文明占领小城镇的思想文化阵地。

进一步加强小城镇的干部队伍建设。结合机构改革，选调一批政治素质高、年富力强、懂经济、会管理的同志，充实到小城镇的领导岗位。加强对镇政府主要负责人的培训，提高他们的民主法制观念、政策水平和管理能力。

十、加强对发展小城镇工作的领导

发展小城镇的规划和组织实施工作主要由地方负责。各省、自治区、直辖市党委和人民政府，要根据本意见的精神，认真研究制定促进小城镇健康发展的具体政策措施，分级负责，扎实做好工作。

中央和国务院各有关部门要通力协作，各司其职，加强对发展小城镇的政策指导和协调，可选择一些基础较好、具有较大发展潜力的建制镇作为试点，做好服务工作。使这些小城镇在规划布局、体制创新、城镇建设、可持续发展和精神文明建设等方面，为其他小城镇提供示范和经验。

公安部关于推进小城镇户籍管理制度改革的意见[①]

（2001 年 3 月 19 日）

近年来，各有关地区和部门认真贯彻落实《国务院批转公安部小城镇户籍管理制度改革试点方案和关于完善农村户籍管理制度意见的通知》（国发〔1997〕20 号）精神，积极稳妥、有步骤有秩序地开展小城镇户籍管理制度改革试点工作，取得明显成效。在总结试点工作经验的基础上，全面推进小城镇户籍管理制度的改革，既是贯彻党的十五届三中、五中全会和《中共中央、国务院关于促进小城镇健康发展的若干意见》（中发〔2000〕11 号）有关精神的具体步骤，也是解决当前户籍管理工作中群众反映强烈的突出问题，密切党和政府与人民群众的关系，探索建立适应社会主义市场经济体制的新型户籍管理制度的迫切需要，对于加快我国城镇化进程，促进城乡经济协调发展和社会稳定具有积极的作用。为此，现就推进小城镇户籍管理制度改革提出如下意见。

一、目标和原则

通过改革小城镇户籍管理制度，引导农村人口向小城镇有序转移，促进小城镇健康发展，加快我国城镇化进程。同时，为户籍管理制度的总体改革奠定基础。

小城镇户籍管理制度改革应当坚持以下原则：

（一）既要积极，又要稳妥。小城镇户籍管理制度改革要有利

① 《国务院批转公安部关于推进小城镇户籍管理制度改革意见的通知》，《中华人民共和国国务院公报》，2001 年 15 期。

于小城镇健康发展，加快农村富余劳动力的转移，带动农村经济和社会全面发展。同时，要充分考虑小城镇经济和社会发展的实际需要和承受能力，充分尊重群众的意愿，不搞“长官意志”、不搞“一刀切”。

（二）总体把握，政策配套。小城镇户籍管理制度改革要符合社会主义市场经济发展的要求，符合户籍管理制度总体改革的方向，并与在小城镇进行的其他各项改革政策相衔接。要统筹考虑农村人口转移与就业安置、社会保障等问题，逐步把小城镇的户籍管理纳入法制化、科学化、规范化、现代化的轨道。

（三）因地制宜，协调发展。各地区要结合本地经济和社会发展水平的实际，研究制定具体实施办法，使小城镇的人口增长与经济和基础设施建设、就业和社会保障以及各项公益事业的发展相协调，防止在发展小城镇过程中不切实际地“一哄而起”，盲目扩大规模，大量占用耕地，削弱农业的基础地位。

二、范围和内容

小城镇户籍管理制度改革的实施范围是县级市市区、县人民政府驻地镇及其他建制镇。

凡在上述范围内有合法固定的住所、稳定的职业或生活来源的人员及与其共同居住生活的直系亲属，均可根据本人意愿办理城镇常住户口。

已在小城镇办理的蓝印户口、地方城镇居民户口、自理口粮户口等，符合上述条件的，统一登记为城镇常住户口。

对经批准在小城镇落户的人员，不再办理粮油供应关系手续；根据本人意愿，可保留其承包土地的经营权，也允许依法有偿转让。农村集体经济组织要严格执行承包合同，防止进城农民的耕地撂荒和非法改变用途。对进城农户的宅基地，要适时置换，防止闲置浪费。

三、工作要求

（一）加强领导，确保小城镇户籍管理制度改革工作顺利进行。小城镇户籍管理制度改革工作涉及面广，政策性强，关系到群众的切身利益。各地区、各有关部门要从改革、发展和稳定的大局出发，进一步提高认识，解放思想，加强领导，扎实有效地做好小城镇户籍管理制度改革工作。地方各级人民政府要切实负起责任，及时了解掌握改革进展情况，协调解决工作中遇到的问题。同时，要加强舆论引导，做好宣传工作，保证这项改革顺利、平稳地进行。县（市）人民政府要提出当地改革小城镇户籍管理工作的具体实施意见，报上一级人民政府审核批准后组织实施，并报省、自治区、直辖市人民政府备案。

到2001年10月1日前，各地区应按本《意见》精神全面部署开展小城镇户籍管理制度改革工作。公安部要会同有关部门加强对地方改革工作的指导和监督，并适时督促检查各地区贯彻落实情况。

（二）严格办理小城镇常住户口的审批工作。对办理小城镇常住户口的人员，不再实行计划指标管理。地方公安机关要做好具体组织实施工作，严格按照办理城镇常住户口的具体条件，统一行使户口审批权。申报在小城镇落户的人员，必须由本人持有关证明材料向迁入地户口登记机关提出申请；迁入地户口登记机关经严格审查，确认符合条件的，报县（市）公安机关审批。公安机关要切实负起责任，严格按照群众自愿申报、居住地登记户口、人户一致等原则审核把关，并严格按照户口迁移程序办理落户手续。凡不符合在小城镇落户条件的，一律不予办理；对弄虚作假，违法违纪的要追究责任，严肃处理。

（三）切实保障在小城镇落户人员的合法权利。经批准在小城镇落户的人员，在入学、参军、就业等方面与当地原有城镇居民享有同等权利，履行同等义务，不得对其实行歧视性政策。各地区、各有关部门均不得借户籍管理制度改革之机收取城镇增容费或其他类似费用。各省、自治区、直辖市人民政府要加大检查和处理力度，对违反规定的，要坚决追究有关人员的责任。

国务院办公厅关于做好农民进城务工就业管理和服务工作的通知①

（2003年1月5日）

各省、自治区、直辖市人民政府，国务院各部委、各直属机构：

党中央、国务院高度重视农民进城务工就业问题，各地区、各有关部门也为促进农民工的合理流动，采取了多种措施，做了大量工作。但是当前在一些地方，农民进城务工就业仍然受到一些不合理限制，农民工的合法权益得不到有效保护，拖欠克扣工资、乱收费等现象严重。同时，农民进城务工就业使社会治安、城市管理等工作面临新的问题。为加强对农民进城务工就业的管理和服务，经国务院同意，现就有关问题通知如下：

一、进一步提高对做好农民进城务工就业管理和服务工作的认识

农村富余劳动力向非农产业和城镇转移，是工业化和现代化的必然趋势。农民进城务工就业，促进了农民收入的增加，促进了农业和农村经济结构的调整，促进了城镇化的发展，促进了城市经济和社会的繁荣。做好农民进城务工就业管理和服务工作，不仅有利于促进国民经济持续快速健康发展，而且有利于维护城乡社会稳定。

各地区、各有关部门要认真学习和领会党的十六大精神，全面贯彻“三个代表”重要思想，充分认识做好农民进城务工就业工作的重要意义，把农民进城务工就业工作列入重要工作日程，在国民

① 《国务院办公厅关于做好农民进城务工就业管理和服务工作的通知》，《中华人民共和国国务院公报》，2003年05期。

经济和社会发展计划中强化政策引导，切实加强领导，按照公平对待、合理引导、完善管理、搞好服务的原则，采取有效措施，全面做好农民进城务工就业管理和服务的各项工作。

二、取消对农民进城务工就业的不合理限制

各地区、各有关部门要取消对企业使用农民工的行政审批，取消对农民进城务工就业的职业工种限制，不得干涉企业自主合法使用农民工。要严格审核、清理农民进城务工就业的手续，取消专为农民工设置的登记项目，逐步实行暂住证一证管理。各行业和工种尤其是特殊行业和工种要求的技术资格、健康等条件，对农民工和城镇居民应一视同仁。

在办理农民进城务工就业和企业用工的手续时，除按照国务院有关规定收取的证书工本费外，不得收取其他费用。严禁越权对农民工设立行政事业性收费项目，提高收费标准。各级物价、财政部门要严格检查、督促落实，防止变换手法继续向农民工乱收费。

要严格执行《城市流浪乞讨人员收容遣送办法》的规定，不得将遣送对象范围扩大到农民工，更不得对农民工强制遣送和随意拘留审查。

三、切实解决拖欠和克扣农民工工资问题

用人单位必须依法与农民工签订劳动合同。劳动合同中要明确规定劳动合同期限、工作内容、劳动保护及劳动条件、劳动报酬和违反劳动合同的责任等内容。其中有关劳动报酬的条款，应明确工资支付标准、支付项目、支付形式以及支付时间等内容。劳动合同履行期间，农民工享有《劳动法》规定的各项权利。解除劳动合

同，用人单位应当依法支付经济补偿金。

劳动保障部门要加大对农民工劳动合同的监督检查力度，及时受理劳动合同纠纷。对不与农民工签订劳动合同、采取欺诈和威胁等手段签订合同，以及不履行合同的用人单位，要责令其纠正；对农民工合法利益造成损害的，要责令其进行赔偿；造成严重后果的，要依法严肃处理。

用人单位必须以法定货币形式支付农民工工资，不得以任何名目拖欠和克扣。劳动保障部门要加强对用人单位工资支付情况的监督检查，建立农民工工资支付监控制度。对拖欠和克扣农民工工资的用人单位，要责令其及时补发，不能立即补发的，要制定清欠计划，限期补发。对恶意拖欠和克扣工资的企业，涉嫌犯罪的，移交司法机关依法严肃处理。企业在依法破产、清偿债务时，要按照《企业破产法》的规定，把拖欠的农民工工资纳入第一清偿顺序。

各级建设、劳动保障等有关部门要重点做好对建筑施工企业拖欠和克扣农民工工资违法行为的查处工作，严厉打击恶意拖欠、克扣农民工工资的违法行为。因建设单位拖欠施工企业工程款，致使施工企业不能按时发放农民工工资的，要追究建设单位的责任；施工单位拖欠农民工工资的，要追究施工单位的责任。

四、改善农民工的生产生活条件

各地区、各有关部门要高度重视农民工的生产安全和职业病防治问题。使用农民工的单位，必须按照国家标准和行业要求，为农民工提供必要的安全生产设施、劳动保护条件及职业病防治措施。从事矿山、建筑和危险物品生产经营作业的农民工上岗前必须依法接受培训。要严格执行安全生产规章制度，加大生产安全监察工作力度，严防重大生产安全事故的发生。要做好将农民工纳入工伤保险范围的工作。发生生产安全事故要严格追究事故责任人的法律责任，并保证在事故中受到损害的农民工依法享有各项工伤保险待遇。

要关心农民工的生活，切实解决他们的实际困难。卫生部门要做好农民工的计划免疫和健康教育工作，建立农民工集中居住地的环境卫生和食物安全检查制度，严防发生群体疫病传染和食物中毒事件。用人单位为农民工安排的宿舍，必须具备一定的卫生条件，并保证农民工的人身安全。在农民工居住较集中的地段，当地政府应提供必要的基础设施，改善公共交通和环境卫生状况。有条件的地方可探索农民工参加医疗保险等具体办法，帮助他们解决务工就业期间的医疗等特殊困难。

要认真贯彻落实《禁止使用童工规定》。依法保护女工的合法权益。严厉惩处各种污辱农民工人格、侵害农民工人身权利的违法行为。

五、做好农民工培训工作

各地区、各有关部门应把农民工的培训工作作为一项重要任务来抓，结合实际，制定专门的培训计划，提高农民工素质。流出地政府在组织劳务输出时，要搞好农民工外出前的基本权益保护、法律知识、城市生活常识、寻找就业岗位等方面的培训，提高农民工遵守法律法规和依法维护权益的意识。流出地和流入地政府要充分利用全社会现有的教育资源，委托具备一定资格条件的各类职业培训机构为农民工提供形式多样的培训。为农民工提供的劳动技能性培训服务，应坚持自愿原则，由农民工自行选择并承担费用，政府可给予适当补贴。用人单位应对所招用的农民工进行必要的岗位技能和生产安全培训。劳动保障、教育等有关部门要对各类培训机构加强监督和规范，防止借培训之名，对农民工乱收费。

六、多渠道安排农民工子女就学

要保障农民工子女接受义务教育的权利。流入地政府应采取多种形式，接收农民工子女在当地的全日制公办中小学入学，在入学条件等方面与当地学生一视同仁，不得违反国家规定乱收费，对家庭经济困难的学生要酌情减免费用。要加强对社会力量兴办的农民工子女简易学校的扶持，将其纳入当地教育发展规划和体系，统一管理。简易学校的办学标准和审批办法可适当放宽，但应消除卫生、安全等隐患，教师要取得相应任职资格。教育部门对简易学校要在师资力量、教学等方面给予积极指导，帮助完善办学条件，逐步规范办学，不得采取简单的关停办法，造成农民工子女失学。流入地政府要专门安排一部分经费，用于农民工子女就学工作。流出地政府要配合流入地政府安置农民工子女入学，对返回原籍就学的，当地学校应当无条件接收，不得违规收费。

七、加强对农民工的管理

流入地政府要高度重视流动人口的治安管理工作。公安部门要及时为进城务工就业农民在现居住地办理暂住户口登记和暂住证。使用农民工的单位和农民工现居住地的社区组织，要实行治安管理责任制，密切配合公安机关对农民工进行遵纪守法教育，最大限度地预防和减少农民工的违法犯罪行为。要把农民工及其所携家属的计划生育、子女教育、劳动就业、妇幼保健、卫生防病、法律服务和治安管理工作等，列入各有关部门和社区的管理责任范围，并将相应的管理经费纳入财政预算，严格禁止向用工企业和农民工摊派。要运用多种形式，特别是发挥新闻媒体的舆论监督作用，引导社会正确对待和尊重农民工，鼓励他们自律自重，积极向上。

流出地政府要主动做好对外出就业农民的管理，向流入地政府通报有关农民工身份、计划生育、子女教育等方面的真实信息。要贯彻中央关于农村家庭承包经营的基本政策，稳定土地承包关系，不得强行收回外出务工就业农民的承包地。支持和鼓励外出农民工自愿、依法、有偿转让承包地使用权，保护农民工的权益，维护农村社会的稳定。要严格执行国家的农村税费改革政策，不得在规定承担的有关税费外，向外出务工的农民加收其他任何费用。

农民进城务工就业管理和服务工作涉及多个方面，各地区、各有关部门要加强协调配合，结合当地社会经济发展，制定农民进城务工就业的具体管理办法和服务措施。近期，要集中对涉及农民进城务工就业的不合理规定进行清理，并针对克扣和拖欠工资等突出问题组织一次专项检查，确保各项政策措施的落实。

国务院办公厅关于清理整顿各类开发区加强建设用地管理的通知[①]

（2003年7月30日）

各省、自治区、直辖市人民政府，国务院各部委、各直属机构：

改革开放以来，依照国务院规定批准兴办的开发区在改善投资环境、引进外资、促进产业结构调整和发展经济等方面起到了积极的辐射、示范和带动作用。但近一个时期以来，一些地方和部门擅自批准设立名目繁多的各类开发区（包括园区、度假区，下同），随意圈占大量耕地和违法出让、转让土地，越权出台优惠政策，导致开发区过多过滥，明显超出了实际需要，严重损害了农民利益和国家利益，对此，必须进行全面清理整顿。经国务院同意，现就清理整顿各类开发区，加强建设用地管理有关问题通知如下：

一、清理整顿开发区要以“三个代表”重要思想为指导，深入贯彻党的十六大精神，依据国家有关法律法规、土地利用总体规划和城市总体规划，纠正越权审批、违规圈占土地、低价出让土地等行为，促进各类开发区健康发展和土地资源的可持续利用。

二、要对各级人民政府及其有关部门批准设立的各类开发区进行全面清查。清查的重点是省及省级以下人民政府和国务院有关部门批准设立的各类开发区，以及未经批准而扩建的国家级开发区。清查的内容包括：开发区的名称、数量、批准机关、批准时间和批准规划面积；当前规划面积、征地面积、出让面积、收取出让金总

① 《国务院办公厅关于清理整顿各类开发区加强建设用地管理的通知》，《中华人民共和国国务院公报》，2003年25期。

额和已建成面积；选址和建设用地是否符合土地利用总体规划和城镇体系规划、城市总体规划，农用地转用、土地征用和土地供应是否符合法定程序；各类开发区招商引资项目和规模、国内生产总值、现有优惠政策（包括税收）等。

三、要在检查清理的基础上进行整顿规范。对未经国务院和省级人民政府批准擅自设立的各类开发区，以及虽经省级人民政府批准，但未按规定报国务院备案的各类开发区，先整改，对缺乏建设条件，项目、资金不落实的，要坚决停办，所占用的土地要依法坚决收回，能够恢复耕种的，要由当地人民政府组织复垦后还耕于农，严禁弃耕撂荒；对整改后确需保留的，由省级人民政府严格审核后，按有关规定报国务院审批。对经国务院批准或省级人民政府批准并已报国务院备案的开发区，要按照土地利用总体规划和城市总体规划对照检查，对超过规划建设用地规模和范围的开发土地，要依法处理；对确需扩建的，要严格核定规划面积，按法定程序办理审批手续。

四、加强对开发区建设用地的集中统一管理。开发区建设用地必须符合土地利用总体规划并纳入土地利用年度计划，选址必须纳入城市统一规划管理。凡是违法下放农用地转用、土地征用和供地审批权，违法下放规划管理权的，必须立即纠正，废止有关文件。要严格按照法定程序征用土地，并按法定标准给予农民合理补偿和妥善安置，严禁拖欠、截留和挪用被征地农民的补偿费用。严禁低价协议出让土地，协议供地必须提前公布供地方案。协议出让的土地改变为经营性用地的，必须先经城市规划部门同意，由国土资源行政主管部门统一招标拍卖挂牌出让。禁止将以征用方式取得的农民集体所有土地用于农业园区开发。各省、自治区、直辖市人民政府要对种植、养殖等农业园区的建设用地标准（或比例）做出规定，防止将农用地转为建设用地，变相搞房地产。

五、今后要更严格控制设立以成片土地开发为条件的开发区。鼓励工业项目向依法设立的国家级和省级开发区集中。市、县根据经济社会发展需要，进行工业、教育、科技和商贸等项目建设的，选址和建设用地必须符合土地利用总体规划和城镇体系规划、城市总体规划，未经批准不得使用开发区的名称。现有各类开发区扩区、改变区位、升级的审批，都要由地方人民政府提出申请，开发区主管部门提出意见，经国土资源和建设行政主管部门审核后，按批准权限报国务院或省级人民政府批准。

六、加强对开发区清理整顿工作的组织领导。清理整顿工作采取以省为主、部门配合，自下而上逐级进行的方法。各省、自治区、直辖市人民政府要组织力量对辖区内各类开发区以及建设用地管理情况进行全面的清查，对发现的问题，要依法主动纠正和处理。清理整顿工作要在2003年年底前完成，并向国务院报告清理整顿工作情况。国务院责成发展改革委、财政部、国土资源部、建设部、商务部会同监察部、审计署等有关部门组织联合工作组，制定清理整顿的具体标准和政策界限，组织检查验收，并在此基础上，提出进一步加强宏观调控、规范开发区发展的政策建议。对经验收合格的省、自治区、直辖市，要在2004年3月底前由联合工作组将名单报国务院。

国务院关于解决城市低收入家庭住房困难的若干意见[①]

（2007 年 8 月 7 日）

各省、自治区、直辖市人民政府，国务院各部委、各直属机构：

住房问题是重要的民生问题。党中央、国务院高度重视解决城市居民住房问题，始终把改善群众居住条件作为城市住房制度改革和房地产业发展的根本目的。20 多年来，我国住房制度改革不断深化，城市住宅建设持续快速发展，城市居民住房条件总体上有了较大改善。但也要看到，城市廉租住房制度建设相对滞后，经济适用住房制度不够完善，政策措施还不配套，部分城市低收入家庭住房还比较困难。为切实加大解决城市低收入家庭住房困难工作力度，现提出以下意见：

一、明确指导思想、总体要求和基本原则

（一）指导思想。以邓小平理论和“三个代表”重要思想为指导，深入贯彻落实科学发展观，按照全面建设小康社会和构建社会主义和谐社会的目标要求，把解决城市（包括县城，下同）低收入家庭住房困难作为维护群众利益的重要工作和住房制度改革的重要内容，作为政府公共服务的一项重要职责，加快建立健全以廉租住房制度为重点、多渠道解决城市低收入家庭住房困难的政策体系。

（二）总体要求。以城市低收入家庭为对象，进一步建立健全

① 《国务院关于解决城市低收入家庭住房困难的若干意见》，《中华人民共和国国务院公报》，2007 年 26 期。

城市廉租住房制度，改进和规范经济适用住房制度，加大棚户区、旧住宅区改造力度，力争到“十一五”期末，使低收入家庭住房条件得到明显改善，农民工等其他城市住房困难群体的居住条件得到逐步改善。

（三）基本原则。解决低收入家庭住房困难，要坚持立足国情，满足基本住房需要；统筹规划，分步解决；政府主导，社会参与；统一政策，因地制宜；省级负总责，市县抓落实。

二、进一步建立健全城市廉租住房制度

（四）逐步扩大廉租住房制度的保障范围。城市廉租住房制度是解决低收入家庭住房困难的主要途径。2007 年底前，所有设区的城市要对符合规定住房困难条件、申请廉租住房租赁补贴的城市低保家庭基本做到应保尽保；2008 年底前，所有县城要基本做到应保尽保。“十一五”期末，全国廉租住房制度保障范围要由城市最低收入住房困难家庭扩大到低收入住房困难家庭；2008 年底前，东部地区和其他有条件的地区要将保障范围扩大到低收入住房困难家庭。

（五）合理确定廉租住房保障对象和保障标准。廉租住房保障对象的家庭收入标准和住房困难标准，由城市人民政府按照当地统计部门公布的家庭人均可支配收入和人均住房水平的一定比例，结合城市经济发展水平和住房价格水平确定。廉租住房保障面积标准，由城市人民政府根据当地家庭平均住房水平及财政承受能力等因素统筹研究确定。廉租住房保障对象的家庭收入标准、住房困难标准和保障面积标准实行动态管理，由城市人民政府每年向社会公布一次。

（六）健全廉租住房保障方式。城市廉租住房保障实行货币补贴和实物配租等方式相结合，主要通过发放租赁补贴，增强低收入家庭在市场上承租住房的能力。每平方米租赁补贴标准由城市人民政府根据当地经济发展水平、市场平均租金、保障对象的经济承受能力等因素确定。其中，对符合条件的城市低保家庭，可按当地的廉租住房保障面积标准和市场平均租金给予补贴。

（七）多渠道增加廉租住房房源。要采取政府新建、收购、改建以及鼓励社会捐赠等方式增加廉租住房供应。小户型租赁住房短缺和住房租金较高的地方，城市人民政府要加大廉租住房建设力度。新建廉租住房套型建筑面积控制在50平方米以内，主要在经济适用住房以及普通商品住房小区中配建，并在用地规划和土地出让条件中明确规定建成后由政府收回或回购；也可以考虑相对集中建设。积极发展住房租赁市场，鼓励房地产开发企业开发建设中小户型住房面向社会出租。

（八）确保廉租住房保障资金来源。地方各级人民政府要根据廉租住房工作的年度计划，切实落实廉租住房保障资金：一是地方财政要将廉租住房保障资金纳入年度预算安排。二是住房公积金增值收益在提取贷款风险准备金和管理费用之后全部用于廉租住房建设。三是土地出让净收益用于廉租住房保障资金的比例不得低于10%，各地还可根据实际情况进一步适当提高比例。四是廉租住房租金收入实行收支两条线管理，专项用于廉租住房的维护和管理。对中西部财政困难地区，通过中央预算内投资补助和中央财政廉租住房保障专项补助资金等方式给予支持。

三、改进和规范经济适用住房制度

（九）规范经济适用住房供应对象。经济适用住房供应对象为城市低收入住房困难家庭，并与廉租住房保障对象衔接。经济适用住房供应对象的家庭收入标准和住房困难标准，由城市人民政府确定，实行动态管理，每年向社会公布一次。低收入住房困难家庭要求购买经济适用住房的，由该家庭提出申请，有关单位按规定的程序进行审查，对符合标准的，纳入经济适用住房供应对象范围。过去享受过福利分房或购买过经济适用住房的家庭不得再购买经济适用住房。已经购买了经济适用住房的家庭又购买其他住房的，原经济适用住房由政府按规定回购。

（十）合理确定经济适用住房标准。经济适用住房套型标准根据经济发展水平和群众生活水平，建筑面积控制在60平方米左右。各地要根据实际情况，每年安排建设一定规模的经济适用住房。房价较高、住房结构性矛盾突出的城市，要增加经济适用住房供应。

（十一）严格经济适用住房上市交易管理。经济适用住房属于政策性住房，购房人拥有有限产权。购买经济适用住房不满5年，不得直接上市交易，购房人因各种原因确需转让经济适用住房的，由政府按照原价格并考虑折旧和物价水平等因素进行回购。购买经济适用住房满5年，购房人可转让经济适用住房，但应按照届时同地段普通商品住房与经济适用住房差价的一定比例向政府交纳土地收益等价款，具体交纳比例由城市人民政府确定，政府可优先回购；购房人向政府交纳土地收益等价款后，也可以取得完全产权。上述规定应在经济适用住房购房合同中予以明确。政府回购的经济适用住房，继续向符合条件的低收入住房困难家庭出售。

（十二）加强单位集资合作建房管理。单位集资合作建房只能由距离城区较远的独立工矿企业和住房困难户较多的企业，在符合城市规划前提下，经城市人民政府批准，并利用自用土地组织实施。单位集资合作建房纳入当地经济适用住房供应计划，其建设标准、供应对象、产权关系等均按照经济适用住房的有关规定执行。在优先满足本单位住房困难职工购买基础上房源仍有多余的，由城市人民政府统一向符合经济适用住房购买条件的家庭出售，或以成本价收购后用作廉租住房。各级国家机关一律不得搞单位集资合作建房；任何单位不得新征用或新购买土地搞集资合作建房；单位集资合作建房不得向非经济适用住房供应对象出售。

四、逐步改善其他住房困难群体的居住条件

（十三）加快集中成片棚户区的改造。对集中成片的棚户区，城市人民政府要制定改造计划，因地制宜进行改造。棚户区改造要符合以下要求：困难住户的住房得到妥善解决；住房质量、小区环境、配套设施明显改善；困难家庭的负担控制在合理水平。

（十四）积极推进旧住宅区综合整治。对可整治的旧住宅区要力戒大拆大建。要以改善低收入家庭居住环境和保护历史文化街区为宗旨，遵循政府组织、居民参与的原则，积极进行房屋维修养护、配套设施完善、环境整治和建筑节能改造。

（十五）多渠道改善农民工居住条件。用工单位要向农民工提供符合基本卫生和安全条件的居住场所。农民工集中的开发区和工业园区，应按照集约用地的原则，集中建设向农民工出租的集体宿舍，但不得按商品住房出售。城中村改造时，要考虑农民工的居住需要，在符合城市规划和土地利用总体规划的前提下，集中建设向农民工出租的集体宿舍。有条件的地方，可比照经济适用住房建设的相关优惠政策，政府引导，市场运作，建设符合农民工特点的住房，以农民工可承受的合理租金向农民工出租。

五、完善配套政策和工作机制

（十六）落实解决城市低收入家庭住房困难的经济政策和建房用地。一是廉租住房和经济适用住房建设、棚户区改造、旧住宅区整治一律免收城市基础设施配套费等各种行政事业性收费和政府性基金。二是廉租住房和经济适用住房建设用地实行行政划拨方式供应。三是对廉租住房和经济适用住房建设用地，各地要切实保证供应。要根据住房建设规划，在土地供应计划中予以优先安排，并在申报年度用地指标时单独列出。四是社会各界向政府捐赠廉租住房房源的，执行公益性捐赠税收扣除的有关政策。五是社会机构投资廉租住房或经济适用住房建设、棚户区改造、旧住宅区整治的，可同时给予相关的政策支持。

（十七）确保住房质量和使用功能。廉租住房和经济适用住房建设、棚户区改造以及旧住宅区整治，要坚持经济、适用的原则。要提高规划设计水平，在较小的户型内实现基本的使用功能。要按照发展节能省地环保型住宅的要求，推广新材料、新技术、新工艺。要切实加强施工管理，确保施工质量。有关住房质量和使用功能等方面的要求，应在建设合同中予以明确。

（十八）健全工作机制。城市人民政府要抓紧开展低收入家庭住房状况调查，于2007年底之前建立低收入住房困难家庭住房档案，制订解决城市低收入家庭住房困难的工作目标、发展规划和年度计划，纳入当地经济社会发展规划和住房建设规划，并向社会公布。要按照解决城市低收入家庭住房困难的年度计划，确保廉租住房保障的各项资金落实到位；确保廉租住房、经济适用住房建设用地落实到位，并合理确定区位布局。要规范廉租住房保障和经济适用住房供应的管理，建立健全申请、审核和公示办法，并于2007年9月底之前向社会公布；要严格做好申请人家庭收入、住房状况的调查审核，完善轮候制度，特别是强化廉租住房的年度复核工作，健全退出机制。要严肃纪律，坚决查处弄虚作假等违纪违规行为和有关责任人员，确保各项政策得以公开、公平、公正实施。

（十九）落实工作责任。省级人民政府对本地区解决城市低收入家庭住房困难工作负总责，要对所属城市人民政府实行目标责任制管理，加强监督指导。有关工作情况，纳入对城市人民政府的政绩考核之中。解决城市低收入家庭住房困难是城市人民政府的重要责任。城市人民政府要把解决城市低收入家庭住房困难摆上重要议事日程，加强领导，落实相应的管理工作机构和具体实施机构，切实抓好各项工作；要接受人民群众的监督，每年在向人民代表大会所作的《政府工作报告》中报告解决城市低收入家庭住房困难年度计划的完成情况。

房地产市场宏观调控部际联席会议负责研究提出解决城市低收入家庭住房困难的有关政策，协调解决工作实施中的重大问题。国务院有关部门要按照各自职责，加强对各地工作的指导，抓好督促落实。建设部会同发展改革委、财政部、国土资源部等有关部门抓紧完善廉租住房管理办法和经济适用住房管理办法。民政部会同有关部门抓紧制定城市低收入家庭资格认定办法。财政部会同建设部、民政部等有关部门抓紧制定廉租住房保障专项补助资金的实施办法。发展改革委会同建设部抓紧制定中央预算内投资对中西部财政困难地区新建廉租住房项目的支持办法。财政部、税务总局抓紧研究制定廉租住房建设、经济适用住房建设和住房租赁的税收支持政策。人民银行会同建设部、财政部等有关部门抓紧研究提出对廉租住房和经济适用住房建设的金融支持意见。

（二十）加强监督检查。2007年底前，直辖市、计划单列市和省会（首府）城市要把解决城市低收入家庭住房困难的发展规划和年度计划报建设部备案，其他城市报省（区、市）建设主管部门备案。建设部会同监察部等有关部门负责本意见执行情况的监督检查，对工作不落实、措施不到位的地区，要通报批评，限期整改，并追究有关领导责任。对在解决城市低收入家庭住房困难工作中以权谋私、玩忽职守的，要依法依规追究有关责任人的行政和法律责任。

（二十一）继续抓好国务院关于房地产市场各项调控政策措施的落实。各地区、各有关部门要在认真解决城市低收入家庭住房困难的同时，进一步贯彻落实国务院关于房地产市场各项宏观调控政策措施。要加大住房供应结构调整力度，认真落实《国务院办公厅转发建设部等部门关于调整住房供应结构稳定住房价格意见的通知》（国办发〔2006〕37号），重点发展中低价位、中小套型普通商品住房，增加住房有效供应。城市新审批、新开工的住房建设，套型建筑面积90平方米以下住房面积所占比重，必须达到开发建设总面积的70%以上。廉租住房、经济适用住房和中低价位、中小套型普通商品住房建设用地的年度供应量不得低于居住用地供应总量的70%。要加大住房需求调节力度，引导合理的住房消费，建立符合国情的住房建设和消费模式。要加强市场监管，坚决整治房地产开发、交易、中介服务、物业管理及房屋拆迁中的违法违规行为，维护群众合法权益。要加强房地产价格的监管，抑制房地产价格过快上涨，保持合理的价格水平，引导房地产市场健康发展。

（二十二）凡过去文件规定与本意见不一致的，以本意见为准。

国务院办公厅关于积极稳妥推进户籍管理制度改革的通知①

（2011年2月26日）

各省、自治区、直辖市人民政府，国务院各部委、各直属机构：

近年来，各地区、各有关部门认真贯彻国家有关推进城镇化和户籍管理制度改革的决策部署，努力解决实践中的突出问题，取得明显成效。最近一个时期，一些地方积极探索，又相继推出农村人口落户城镇的政策措施，积累了一些经验，也出现了一些不容忽视的问题。有的地方不顾当地经济社会发展实际情况，片面追求城镇规模城镇化速度；有的地方不分城市类别不顾城市综合承载能力，一味放宽落户城市的条件；有的地方擅自突破国家政策，损害群众切身利益。对这些问题如不高度重视并及时妥善解决，就会严重影响城镇化依法健康有序进行，严重影响经济平稳较快发展和社会和谐稳定，也直接影响户籍管理制度改革的顺利推进。为积极稳妥推进户籍管理制度改革，经国务院同意，现将有关事项通知如下：

一、指导思想和基本原则

（一）以邓小平理论和“三个代表”重要思想为指导，深入贯彻落实科学发展观，适应城镇化发展需要，按照国家有关户籍管理制度改革的决策部署，继续坚定地推进户籍管理制度改革，落实放

---

①《国务院办公厅关于积极稳妥推进户籍管理制度改革的通知》，《中华人民共和国国务院公报》，2012年07期。

宽中小城市和小城镇落户条件的政策。同时，遵循城镇化发展规律，统筹推进工业化和农业现代化、城镇化和社会主义新农村建设、大中小城市和小城镇协调发展，引导非农产业和农村人口有序向中小城市和建制镇转移，逐步满足符合条件的农村人口落户需求，逐步实现城乡基本公共服务均等化。

（二）必须立足人口大国的基本国情，充分考虑当地经济社会发展水平和城市综合承载能力特别是容纳就业、提供社会保障的能力；必须尊重农民意愿，切实保障农民合法权益；必须坚持统筹规划，着力完善配套政策；必须坚持分类指导，做到积极稳妥、规范有序。

二、分类明确户口迁移政策

（三）在县级市市区、县人民政府驻地镇和其他建制镇有合法稳定职业并有合法稳定住所（含租赁）的人员，本人及其共同居住生活的配偶、未婚子女、父母，可以在当地申请登记常住户口。城镇综合承载能力压力大的地方，可以对合法稳定职业的范围、年限和合法稳定住所（含租赁）的范围、条件等作出具体规定，同时应当积极采取有效措施解决长期在当地务工、经商人员的城镇落户问题。

（四）在设区的市（不含直辖市、副省级市和其他大城市）有合法稳定职业满三年并有合法稳定住所（含租赁）同时按照国家规定参加社会保险达到一定年限的人员，本人及其共同居住生活的配偶、未婚子女、父母，可以在当地申请登记常住户口。中西部地区根据当地实际，可以适当放宽职业年限的要求；城市综合承载能力压力大的地方，可以对合法稳定职业的范围、年限和合法稳定住所（含租赁）的范围、条件等作出更严格的规定，同时应当积极采取有效措施解决长期在当地务工、经商人员的城市落户问题。参加社会保险的具体年限由当地人民政府制定，报省级人民政府批准。

（五）继续合理控制直辖市、副省级市和其他大城市人口规模，进一步完善并落实好现行城市落户政策。

三、依法保障农民土地权益

（六）农民的宅基地使用权和土地承包经营权受法律保护。现阶段，农民工落户城镇，是否放弃宅基地和承包的耕地、林地、草地，必须完全尊重农民本人的意愿，不得强制或变相强制收回。引导农民进城落户要遵守法律法规和国家政策，充分考虑农民的当前利益和长远生计，不能脱离实际，更不能搞强迫命令。

（七）坚持土地用途管制，不得借户籍管理制度改革突破土地利用总体规划、土地整治规划和土地利用年度计划，严格规范城乡建设用地增减挂钩试点，切实避免擅自扩大城镇建设用地规模，损害农民权益。

（八）禁止借户籍管理制度改革或者擅自通过“村改居”等方式非经法定征收程序将农民集体所有土地转为国有土地，禁止农村集体经济组织非法出让、出租集体土地用于非农业建设，严格执行禁止城镇居民在农村购置宅基地的政策。

四、着力解决农民工实际问题

（九）对农村人口已落户城镇的，要保证其享有与当地城镇居民同等的权益；对暂不具备落户条件的农民工，要有针对性地完善相关制度，下大力气解决他们当前在劳动报酬、子女上学、技能培训、公共卫生、住房租购、社会保障、职业安全卫生等方面的突出问题。

（十）加快社会主义新农村建设，改善农村居民的生产生活条件，推进城乡公共资源均衡配置，逐步实现城乡基本公共服务均等化，使城镇化和新农村建设相互促进、协调发展。尊重农民在进城和留乡问题上的自主选择权。

（十一）采取有效措施，为其他暂住人口在当地学习、工作、生活提供方便。对造成暂住人口学习、工作、生活不便的有关政策措施要进行一次集中清理，该修改的认真修改，该废止的坚决废止。今后出台有关就业、义务教育、技能培训等政策措施，不要与户口性质挂钩。继续探索建立城乡统一的户口登记制度。逐步实行暂住人口居住证制度，具体办法由公安部会同有关部门研究制订按程序报批后实施。

五、切实加强组织领导

（十二）户籍管理制度是一项基础性社会管理制度。有关改革事关人民群众切身利益、经济平稳较快发展和社会和谐稳定。各地区、各有关部门要从全局和政治的高度，充分认识做好这项工作的重要性、复杂性，切实把思想和行动统一到国家的决策部署上来，加强领导、周密部署，严肃纪律、落实责任，切实抓好国家有关户籍管理制度改革各项政策措施和工作部署的落实。

（十三）国家基本户籍管理制度属于中央事权，地方在国家确定的基本户籍管理制度的原则和政策范围内，结合本地实际进行探索、制定具体措施。各地要按照国家有关户籍管理制度改革的政策要求和统一部署，统筹规划、扎实推进，不得各行其是、有禁不止；要对已出台的有关户籍管理制度改革的意见加以清理，凡与本通知精神不一致的，要立即停止执行；要认真做好新旧政策措施的衔接，防止引发不稳定问题。

（十四）公安部要会同有关部门进一步加强对各地落实国家有关户籍管理制度改革的政策措施进行指导和监督。各地区、各有关部门要将执行本通知的情况报国务院。

国务院办公厅关于保障性安居工程建设和管理的指导意见[①]

（2011年9月28日）

各省、自治区、直辖市人民政府，国务院各部委、各直属机构：

大规模推进保障性安居工程建设，是党中央、国务院为推动科学发展、加快转变经济发展方式、保障和改善民生采取的重大举措。为贯彻落实党中央、国务院的决策部署，全面推进保障性安居工程建设，进一步加强和规范保障性住房管理，加快解决中低收入家庭住房困难，促进实现住有所居目标，经国务院同意，现提出如下意见：

一、总体要求和基本原则

（一）总体要求。适应工业化、城镇化快速发展的要求，深入贯彻落实科学发展观，把住房保障作为政府公共服务的重要内容，建立健全中国特色的城镇住房保障体系，合理确定住房保障范围、保障方式和保障标准，完善住房保障支持政策，逐步形成可持续的保障性安居工程投资、建设、运营和管理机制。到“十二五”期末，全国保障性住房覆盖面达到20%左右，力争使城镇中等偏下和低收入家庭住房困难问题得到基本解决，新就业职工住房困难问题得到有效缓解，外来务工人员居住条件得到明显改善。

（二）基本原则。住房保障工作要坚持从我国国情出发，满足

---

① 《国务院办公厅关于保障性安居工程建设和管理的指导意见》，中国政府网，2008年10月20日。

基本住房需要；坚持政府主导、政策扶持，引导社会参与；坚持加大公共财政的投入，同时发挥市场机制的作用；坚持经济、适用、环保，确保质量安全；坚持分配过程公开透明，分配结果公平公正；坚持规范管理，不断完善住房保障制度。

二、大力推进以公共租赁住房为重点的保障性安居工程建设

（一）重点发展公共租赁住房。公共租赁住房面向城镇中等偏下收入住房困难家庭、新就业无房职工和在城镇稳定就业的外来务工人员供应，单套建筑面积以40平方米左右的小户型为主，满足基本居住需要。租金标准由市县人民政府结合当地实际，按照略低于市场租金的原则合理确定。发展公共租赁住房，对于完善住房供应和保障体系、引导合理住房消费、缓解群众住房困难，实现人才和劳动力有序流动、促进城镇化健康发展具有十分重要的意义。各地要根据实际情况适当增加公共租赁住房供应，人口净流入量大的大中城市要提高公共租赁住房建设的比重。

要加大政府投资建设力度，综合运用土地供应、资本金注入、投资补助、财政贴息、税费优惠等政策措施，吸引企业和其他机构参与公共租赁住房建设和运营，多渠道增加公共租赁住房供应。政府投资的公共租赁住房项目可以委托企业代建，市县人民政府逐年回购。公共租赁住房项目采取划拨、出让等方式供应土地，事先要规定建设要求、套型结构等，作为土地供应的前置条件。同时，公共租赁住房项目可以规划建设配套商业服务设施，统一管理经营，以实现资金平衡。新建普通商品住房项目，应当规划配建一定比例的公共租赁住房，具体配建比例和管理方式由市县人民政府确定。外来务工人员集中的开发区、产业园区，应当按照集约用地的原则，

统筹规划，集中建设单元型或宿舍型公共租赁住房，面向用工单位或园区就业人员出租。坚持谁投资、谁所有的原则，积极探索公共租赁住房投资回收机制。各地要及时制定公共租赁住房管理办法。

城镇低收入住房困难家庭较多、小户型租赁住房房源不足的地区，要加快建设廉租住房，提高实物配租比例。逐步实现廉租住房与公共租赁住房统筹建设、并轨运行。

（二）根据实际情况继续安排经济适用住房和限价商品住房建设。规范发展经济适用住房，严格执行建设标准，单套建筑面积控制在60平方米以内。房价较高的城市，要适当增加经济适用住房、限价商品住房供应。

（三）加快实施各类棚户区改造。棚户区（危旧房）改造要坚持政府主导、市场运作，发挥多方面积极性，改造资金由政府适当补助，住户合理负担。国有林区、垦区和工矿（含煤矿）棚户区改造，企业也要安排一定的资金。棚户区改造要尊重群众意愿，扩大群众参与，切实维护群众合法权益。

（四）加大农村危房改造力度。抓紧编制农村危房改造规划，逐步扩大中央补助地区范围，加大地方政府补助力度。按照统一要求建立和完善农村危房改造农户档案管理信息系统，提高规划设计水平，加强资金和质量监管。

三、落实各项支持政策

（一）确保用地供应。市县人民政府应当依据住房保障规划和保障性安居工程年度建设任务，科学编制土地供应计划，涉及新增建设用地的要在年度土地利用计划中优先安排、单列指标，做到应保尽保。要提前做好项目储备并落实到具体地块，努力挖潜，充分利用存量建设用地。涉及新增建设用地的，要提前确定地块，开展土地征收等前期工作，确保及时供地。储备土地和收回使用权的国有土地，优先安排用于保障性住房建设。严禁改变保障性住房建设用地用途，擅自改变用途的，要依法从严处理。

（二）增加政府投入。中央继续加大资金补助力度。地方各级人民政府要在财政预算安排中将保障性安居工程放在优先位置，加大财政性资金投入力度。按照“省级负总责、市县抓落实”的原则，加大省级政府统筹力度，确保项目资本金足额及时到位。住房公积金增值收益在提取贷款风险准备金和管理费用后，全部用于廉租住房和公共租赁住房建设。土地出让收益用于保障性住房建设和棚户区改造的比例不低于10%。中央代发的地方政府债券资金要优先安排用于公共租赁住房等保障性安居工程建设。公共预算支出安排不足的地区，要提高土地出让收益和地方政府债券资金安排比重。完不成保障性安居工程建设任务的城市，一律不得兴建和购置政府办公用房。

（三）规范利用企业债券融资。符合规定的地方政府融资平台公司可发行企业债券或中期票据，专项用于公共租赁住房等保障性安居工程建设。地方政府融资平台公司发行企业债券，要优先满足保障性安居工程建设融资需要。承担保障性安居工程建设项目的其他企业，也可以在政府核定的保障性安居工程建设投资额度内，通过发行企业债券进行项目融资。对发行企业债券用于保障性安居工程建设的，优先办理核准手续。

（四）加大信贷支持。在加强管理、防范风险的基础上，银行业金融机构可以向实行公司化运作并符合信贷条件的公共租赁住房项目直接发放贷款。对于政府投资建设的公共租赁住房项目，银行业金融机构可向经过清理整顿符合条件的直辖市、计划单列市及省会城市政府融资平台公司发放贷款，融资平台公司贷款偿付能力不足的，由本级政府统筹安排还款；银行业金融机构也可向经过清理整顿符合条件且经总行评估认可、自身能够确保偿还公共租赁住房项目贷款的地级城市政府融资平台公司发放贷款。其他市县政府投资建设的公共租赁住房项目，可在省级政府对还款来源作出统筹安排后，由省级政府指定一家省级融资平台公司按规定统一借款。借款人和当地政府要确保按期还贷，防范金融风险和债务风险。公共租赁住房建设贷款利率下浮时其下限为基准利率的 0.9 倍，贷款期限原则上不超过 15 年。扩大利用住房公积金贷款支持保障性住房建设试点城市的范围，重点支持公共租赁住房建设。

（五）落实税费减免政策。对廉租住房、公共租赁住房、经济适用住房和棚户区改造安置住房，要切实落实现行建设、买卖、经营等环节税收优惠政策，免收城市基础设施配套费等各种行政事业性收费和政府性基金。

四、提高规划建设和工程质量水平

（一）优化规划布局和户型设计。要把保障性住房建设作为城乡规划和土地利用总体规划的重要内容，提出明确要求，合理安排布局，严格执行抗震设防和建筑节能等强制性标准。保障性住房实行分散配建和集中建设相结合。集中建设保障性住房，应当充分考虑居民就业、就医、就学、出行等需要，加快完善公共交通系统，同步配套建设生活服务设施。保障性住房户型设计要坚持户型小、功能齐、配套好、质量高、安全可靠的要求，合理布局，科学利用空间，有效满足各项基本居住功能，鼓励通过公开招标、评比等方式优选户型设计方案。廉租住房、公共租赁住房应当提供简约、环保的基本装修，具备入住条件。

同时，在保障性住房规划设计中，要贯彻省地、节能、环保的原则，落实节约集约用地和节能减排各项措施，全面推广采用节水型器具，配套建设污水处理和生活垃圾分类收集设施。农村危房改造要重视自然采光和通风，大力推广建筑节能技术。

（二）落实工程质量责任。保障性安居工程建设，要严格履行法定的项目建设程序，规范招投标行为，落实项目法人责任制、合同管理制、工程监理制。严格建筑材料验核制度。项目法人对住房建设质量负永久责任，其他参建单位按照工程质量管理规定负相应责任。实行勘察、设计、施工、监理单位负责人和项目负责人责任终身制。推广在住房建筑上设置质量责任永久性标识制度，接受社会监督。

（三）强化工程质量监督。保障性安居工程参建各方要建立健全质量管理体系，切实把加强质量监管贯穿于建设全过程。严格按照法律法规和强制性标准规定进行勘察、设计、施工、监理和验收，加大对工程质量和施工安全的监督检查力度。对存在违法违规行为和工程质量不符合强制性标准的工程项目，要责令整改。

五、建立健全分配和运营监管机制

（一）规范准入审核。市县人民政府要根据当地经济社会发展水平、居民收入、住房状况，合理确定保障对象住房困难、家庭收入（财产）的具体标准，定期调整，并向社会公布。完善住房保障申请、审核、公示、轮候、复核制度。健全住房城乡建设、民政、公安、税务、金融等部门及街道、社区协作配合的家庭住房和经济状况审核机制。保障性住房申请人应当如实申报家庭住房、收入和财产状况，声明同意审核机关调查核实其家庭住房和资产等情况。审核机关调查核实申请人住房、金融资产、车辆等财产的，有关机构应当依法提供便利。严禁以任何形式向不符合住房困难标准的家庭供应保障性住房。切实防范并严厉查处骗租骗购保障性住房、变相福利分房和以权谋私行为。对以虚假资料骗购、骗租保障性住房的，一经查实应立即纠正，并取消其在 5 年内再次申请购买或租赁保障性住房的资格。建立住房保障诚信档案，完善失信惩戒制度。

（二）严格租售管理。经审核符合条件的家庭，市县人民政府应当在合理的轮候期内安排保障性住房。具体轮候期限由市县人民政府确定并公布。廉租住房租赁补贴应当按月或季度及时发放，确保当年 12 月 25 日前全部发放到位。廉租住房、公共租赁住房的租赁合同，应当载明租金、租期以及使用要求。公共租赁住房租赁合同期限一般为 3 至 5 年。租赁合同期满后承租人仍符合规定条件的，可以申请续租。经济适用住房和限价商品住房购买不满 5 年的，不得上市交易。经济适用住房配售时，要明确界定政府与购买人的资产份额，并按照政府回购、适当兼顾保障对象合法权益的原则，确定经济适用住房出售所得价款的分配比例。限价商品住房的上市交易收益调节办法，由市县人民政府制定。

（三）加强使用管理。市县人民政府应当建立住房保障管理信息系统，完善保障性住房和保障对象档案，动态监测住房保障对象家庭人口、住房和经济状况变化情况。建立公众监督机制，落实信息公开，充分发挥社会监督作用。定期检查保障性住房使用情况，对违反规定将保障性住房出售、转借、出租（转租）、闲置、改变用途且拒不整改的，应当按照有关规定或者合同约定收回。对中介机构违规代理出售、出租保障性住房的，应当依法给予处罚。保障性住房的使用人要按有关规定和合同约定使用住房，不得擅自改变房屋结构，影响房屋质量安全和使用功能。保障性住房小区可以实行住户自我管理、自我服务，也可以聘请专业机构提供物业服务。

（四）健全退出机制。廉租住房、公共租赁住房承租人经济状况改善，或通过购置、继承、受赠等方式取得其他住房，不再符合相应的住房保障条件的，应当在规定期限内腾退；逾期不腾退的，应当按市场价格交纳租金。经济适用住房购房人通过购置、继承、受赠等方式取得其他住房，不再符合经济适用住房保障条件的，应当退出经济适用住房，或者通过补交土地收益等价款取得完全产权。对拒不服从退出管理的，可以依照规定或合同约定申请人民法院强制执行。

六、加强组织领导，进一步落实地方政府责任

（一）建立目标责任制。省级人民政府对本地区保障性安居工程工作负总责；市县人民政府具体实施，负责落实项目前期工作、建设资金、土地供应、工程质量监督、保障性住房租售管理和使用监管等。省级人民政府要指导市县人民政府，加强住房保障管理机构和具体实施机构建设，充实工作人员，落实工作经费。要加强组织领导和督促检查，周密部署，精心落实，注意总结经验，优化审批程序，简化办事手续，把保障性安居工程建成廉洁工程、平安工程、放心工程。

（二）统筹安排年度建设任务。要因地制宜，科学编制建设规划，统筹安排年度建设任务，不搞“一刀切”。“十二五”时期全国保障性安居工程建设目标是经济和社会发展的约束性指标。各省、自治区、直辖市要按照目标任务，按需申报，自下而上，编制本地区保障性住房建设规划，将任务分解到年度。要尽快明确2012年保障性安居工程建设任务、投资计划、用地计划、资金来源渠道等。市县人民政府要按照规划编制年度实施计划，并落实到项目，尽早开展前期工作，以便落实资金和土地，确保建设任务按计划顺利实施。市县人民政府要向社会公布年度保障性安居工程建设计划、项目开工和竣工情况，以及项目名称、建设地址、建设方式和建设总套数等。

（三）建立考核问责机制。各地区、各有关部门要加强对保障性安居工程建设的监督检查，全面落实工作任务和各项政策措施。住房城乡建设部等有关部门要制定具体考核办法。住房城乡建设部、监察部等有关部门要建立约谈和问责机制，对项目资金土地不落实、政策措施不到位、建设进度缓慢地区的政府负责人进行约谈。对没有完成年度目标任务的地区，监察部、住房城乡建设部等部门要视情况对其政府负责人进行问责。要严格规范保障性安居工程建设程序，加强资金监管。对在保障性安居工程建设、分配和管理过程中滥用职权、玩忽职守、徇私舞弊、失职渎职的政府及其相关职能部门工作人员，要依法依纪追究责任；涉嫌犯罪的，移送司法机关处理。

国务院关于加快棚户区改造工作的意见[①]

（2013 年 7 月 4 日）

各省、自治区、直辖市人民政府，国务院各部委、各直属机构：

棚户区改造是重大的民生工程和发展工程。2008 年以来，各地区、各有关部门贯彻落实党中央、国务院决策部署，将棚户区改造纳入城镇保障性安居工程，大规模推进实施。2008 年至 2012 年，全国改造各类棚户区 1260 万户，有效改善了困难群众住房条件，缓解了城市内部二元矛盾，提升了城镇综合承载能力，促进了经济增长与社会和谐。但也要看到，目前仍有部分群众居住在棚户区中。这些棚户区住房简陋，环境较差，安全隐患多，改造难度大。为进一步加大棚户区改造力度，让更多困难群众的住房条件早日得到改善，同时，有效拉动投资、消费需求，带动相关产业发展，推进以人为核心的新型城镇化建设，发挥助推经济实现持续健康发展和民生不断改善的积极效应，现提出以下意见：

一、总体要求和基本原则

（一）总体要求。以邓小平理论、“三个代表”重要思想、科学发展观为指导，适应城镇化发展的需要，以改善群众住房条件作为出发点和落脚点，加快推进各类棚户区改造，重点推进资源枯竭型城市及独立工矿棚户区、三线企业集中地区的棚户区改造，稳步实施城中村改造。2013 年至 2017 年改造各类棚户区 1000 万户，使居

① 《国务院关于加快棚户区改造工作的意见》，中国政府网，2013 年 7 月 12 日。

民住房条件明显改善，基础设施和公共服务设施建设水平不断提高。

（二）基本原则。

1. 科学规划，分步实施。要根据当地经济社会发展水平和政府财政能力，结合城市规划、土地利用规划和保障性住房建设规划，合理确定各类棚户区改造的目标任务，量力而行、逐步推进，先改造成片棚户区、再改造其他棚户区。

2. 政府主导，市场运作。棚户区改造政策性、公益性强，必须发挥政府的组织引导作用，在政策和资金等方面给予积极支持；注重发挥市场机制的作用，充分调动企业和棚户区居民的积极性，动员社会力量广泛参与。

3. 因地制宜，注重实效。要按照小户型、齐功能、配套好、质量高、安全可靠的要求，科学利用空间，有效满足基本居住功能。坚持整治与改造相结合，合理界定改造范围。对规划保留的建筑，主要进行房屋维修加固、完善配套设施、环境综合整治和建筑节能改造。要重视维护城市传统风貌特色，保护历史文化街区、历史建筑以及不可移动文物。

4. 完善配套，同步建设。坚持同步规划、同步施工、同步交付使用，组织好新建安置小区的供水、供电、供气、供热、通讯、污水与垃圾处理等市政基础设施和商业、教育、医疗卫生、无障碍设施等配套公共服务设施的建设，促进以改善民生为重点的社会建设。

二、全面推进各类棚户区改造

（一）城市棚户区改造。2013 年至 2017 年五年改造城市棚户区 800 万户，其中，2013 年改造 232 万户。在加快推进集中成片城市棚户区改造的基础上，各地区要逐步将其他棚户区、城中村改造，统一纳入城市棚户区改造范围，稳步、有序推进。市、县人民政府应结合当地实际，合理界定城市棚户区具体改造范围。禁止将因城市道路拓展、历史街区保护、文物修缮等带来的房屋拆迁改造项目纳入城市棚户区改造范围。城市棚户区改造可采取拆除新建、改建（扩建、翻建）等多种方式。要加快城镇旧住宅区综合整治，加强环境综合整治和房屋维修改造，完善使用功能和配套设施。在改造中可建设一定数量的租赁型保障房，统筹用于符合条件的保障家庭。

（二）国有工矿棚户区改造。五年改造国有工矿（含煤矿）棚户区 90 万户，其中，2013 年改造 17 万户。位于城市规划区内的国有工矿棚户区，要统一纳入城市棚户区改造范围。铁路、钢铁、有色、黄金等行业棚户区，要按照属地原则纳入各地棚户区改造规划组织实施。国有工矿（煤矿）各级行业主管部门，要加强对棚户区改造工作的监督指导。

（三）国有林区棚户区改造。五年改造国有林区棚户区和国有林场危旧房 30 万户，其中，2013 年改造 18 万户。对国有林区（场）之外的其他林业基层单位符合条件的住房困难职工，纳入当地城镇住房保障体系统筹解决。

（四）国有垦区危房改造。五年改造国有垦区危房 80 万户，其中，2013 年改造 37 万户。要优化垦区危房改造布局，方便生产生活，促进产业发展和小城镇建设。将华侨农场非归难侨危房改造，统一纳入国有垦区危房改造中央补助支持范围，加快实施改造。

三、加大政策支持力度

（一）多渠道筹措资金。要采取增加财政补助、加大银行信贷支持、吸引民间资本参与、扩大债券融资、企业和群众自筹等办法筹集资金。

1. 加大各级政府资金支持。中央加大对棚户区改造的补助，对财政困难地区予以倾斜。省级人民政府也要相应加大补助力度。市、县人民政府应切实加大棚户区改造的资金投入，可以从城市维护建设税、城镇公用事业附加、城市基础设施配套费、土地出让收入等渠道中，安排资金用于棚户区改造支出。各地区除上述资金渠道外，还可以从国有资本经营预算中适当安排部分资金用于国有企业棚户区改造。有条件的市、县可对棚户区改造项目给予贷款贴息。

2. 加大信贷支持。各银行业金融机构要按照风险可控、商业可持续原则，创新金融产品，改善金融服务，积极支持棚户区改造，增加棚户区改造信贷资金安排，向符合条件的棚户区改造项目提供贷款。各地区要建立健全棚户区改造贷款还款保障机制，积极吸引信贷资金支持。

3. 鼓励民间资本参与改造。鼓励和引导民间资本根据保障性安居工程任务安排，通过直接投资、间接投资、参股、委托代建等多种方式参与棚户区改造。要积极落实民间资本参与棚户区改造的各项支持政策，消除民间资本参与棚户区改造的政策障碍，加强指导监督。

4. 规范利用企业债券融资。符合规定的地方政府融资平台公司、承担棚户区改造项目的企业可发行企业债券或中期票据，专项用于棚户区改造项目。对发行企业债券用于棚户区改造的，优先办理核准手续，加快审批速度。

5. 加大企业改造资金投入。鼓励企业出资参与棚户区改造，加大改造投入。企业参与政府统一组织的工矿（含中央下放煤矿）

棚户区改造、林区棚户区改造、垦区危房改造的，对企业用于符合规定条件的支出，准予在企业所得税前扣除。要充分调动企业职工积极性，积极参与改造，合理承担安置住房建设资金。

（二）确保建设用地供应。棚户区改造安置住房用地纳入当地土地供应计划优先安排，并简化行政审批流程，提高审批效率。安置住房中涉及的经济适用住房、廉租住房和符合条件的公共租赁住房建设项目可以通过划拨方式供地。

（三）落实税费减免政策。对棚户区改造项目，免征城市基础设施配套费等各种行政事业性收费和政府性基金。落实好棚户区改造安置住房税收优惠政策，将优惠范围由城市和国有工矿棚户区扩大到国有林区、垦区棚户区。电力、通讯、市政公用事业等企业要对棚户区改造给予支持，适当减免入网、管网增容等经营性收费。

（四）完善安置补偿政策。棚户区改造实行实物安置和货币补偿相结合，由棚户区居民自愿选择。各地区要按国家有关规定制定具体安置补偿办法，禁止强拆强迁，依法维护群众合法权益。对经济困难、无力购买安置住房的棚户区居民，可以通过提供租赁型保障房等方式满足其基本居住需求，或在符合有关政策规定的条件下，纳入当地住房保障体系统筹解决。

四、提高规划建设水平

（一）优化规划布局。棚户区改造安置住房实行原地和异地建设相结合，优先考虑就近安置；异地安置的，要充分考虑居民就业、就医、就学、出行等需要，合理规划选址，尽可能安排在交通便利、配套设施齐全地段。要贯彻节能、节地、环保的原则，严格控制套型面积，落实节约集约用地和节能减排各项措施。

（二）完善配套基础设施建设。棚户区改造项目要按照有关规定规划建设相应的商业和综合服务设施。各级政府要拓宽融资渠道，加大投入力度，加快配套基础设施和公共服务设施的规划、建设和竣工交付进度。要加强安置住房管理，完善社区公共服务，确保居民安居乐业。

（三）确保工程质量安全。要落实工程质量责任，严格执行基本建设程序和标准规范，特别是抗震设防等强制性标准。严格建筑材料验核制度，防止假冒伪劣建筑材料流入建筑工地。健全项目信息公开制度。项目法人对住房质量负终身责任。勘察、设计、施工、监理等单位依法对建设工程质量负相应责任，积极推行单位负责人和项目负责人终身负责制。推广工程质量责任标牌，公示相关参建单位和负责人，接受社会监督。贯彻落实绿色建筑行动方案，积极执行绿色建筑标准。

五、加强组织领导

（一）强化地方各级政府责任。各地区要进一步提高认识，继续加大棚户区改造工作力度。省级人民政府对本地区棚户区改造工作负总责，按要求抓紧编制 2013 年至 2017 年棚户区改造规划，落实年度建设计划，加强目标责任考核。市、县人民政府要明确具体工作责任和措施，扎实做好棚户区改造的组织工作，特别是要依法依规安置补偿，切实做到规划到位、资金到位、供地到位、政策到位、监管到位、分配补偿到位。要加强信息公开，引导社会舆论，主动发布和准确解读政策措施，及时反映工作进展情况。广泛宣传棚户区改造的重要意义，尊重群众意愿，深入细致做好群众工作，积极引导棚户区居民参与改造，为推进棚户区改造营造良好社会氛围。

（二）明确各部门职责。住房城乡建设部会同有关部门督促各地尽快编制棚户区改造规划，将任务分解到年度，落实到市、县，明确到具体项目和建设地块；加强协调指导，抓好建设进度、工程质量等工作。财政部、发展改革委会同有关部门研究加大中央资金补助力度。人民银行、银监会研究政策措施，引导银行业金融机构继续加大信贷支持力度。国土资源部负责完善土地供应政策。

（三）加强监督检查。监察部、住房城乡建设部等有关部门要建立有效的督查制度，定期对地方棚户区改造工作进行全面督促检查；各地区要加强对棚户区改造的监督检查，全面落实工作任务和各项政策措施，严禁企事业单位借棚户区改造政策建设福利性住房。对资金土地不落实、政策措施不到位、建设进度缓慢、质量安全问题突出的地方政府负责人进行约谈，限期进行整改。对在棚户区改造及安置住房建设、分配和管理过程中滥用职权、玩忽职守、徇私舞弊、失职渎职的行政机关及其工作人员，要依法依纪追究责任；涉嫌犯罪的，移送司法机关处理。

国务院办公厅关于进一步加强棚户区改造工作的通知[①]

（2014年7月21日）

各省、自治区、直辖市人民政府，国务院各部委、各直属机构：

《国务院关于加快棚户区改造工作的意见》（国发〔2013〕25号）印发以来，各地区、各有关部门加大棚户区改造工作力度，全面推进城市、国有工矿、国有林区（林场）、国有垦区（农场）棚户区改造，2013年改造各类棚户区320万户以上，2014年计划改造470万户以上，为加快新一轮棚户区改造开了好局。但也要看到，目前仍有部分群众居住在棚户区中，与推进以人为核心的新型城镇化、改造约1亿人居住的城镇棚户区和城中村的要求相比还有较大差距，棚户区改造中仍存在规划布局不合理、配套建设跟不上、项目前期工作慢等问题。为有效解决棚户区改造中的困难和问题，进一步加强棚户区改造工作，经国务院同意，现就有关要求通知如下：

一、进一步完善棚户区改造规划

各地区要进一步摸清待改造棚户区的底数、面积、类型等情况。区分轻重缓急，结合需要与可能，按照尽力而为、量力而行的原则，有计划有步骤地组织实施。各地区要在摸清底数的基础上，抓紧编制完善2015—2017年棚户区改造规划，将包括中央企业在

① 《国务院办公厅关于进一步加强棚户区改造工作的通知》，中国政府网，2014年8月4日。

内的国有企业棚户区纳入改造规划，重点安排资源枯竭型城市、独立工矿区和三线企业集中地区棚户区改造，优先改造连片规模较大、住房条件困难、安全隐患严重、群众要求迫切的棚户区。省级人民政府尚未审批棚户区改造规划的，要抓紧审批，并报国务院有关部门。各地区编制完善2015—2017年棚户区改造规划，应突出前瞻性、科学性。

二、优化规划布局

（一）完善安置住房选点布局。棚户区改造安置住房实行原地和异地建设相结合，以原地安置为主，优先考虑就近安置；异地安置的，要充分考虑居民就业、就医、就学、出行等需要，在土地利用总体规划和城市总体规划确定的建设用地范围内，安排在交通便利、配套设施齐全地段。市、县人民政府应当结合棚户区改造规划、城市规划、产业发展和群众生产生活需要，科学合理确定安置住房布局。要统筹中心城区改造和新城新区建设，推动居住与商业、办公、生态空间、交通站点的空间融合及综合开发利用，提高城镇建设用地效率。鼓励国有林区（林场）、垦区（农场）棚户区改造在场部集中安置，促进国有林区、垦区小城镇建设。

（二）改进配套设施规划布局。配套设施应与棚户区改造安置住房同步规划、同步报批、同步建设、同步交付使用。编制城市基础设施建设规划，应做好与棚户区改造规划的衔接，同步规划安置住房小区的城市道路以及公共交通、供水、供电、供气、供热、通讯、污水与垃圾处理等市政基础设施建设。安置住房小区商业、教育、医疗卫生等公共服务设施，配建水平必须与居住人口规模相适应，具体配建项目和建设标准，应遵循《城市居住区规划设计规范》

要求，并符合当地棚户区改造公共服务设施配套标准的具体规定。

三、加快项目前期工作

（一）做好征收补偿工作。棚户区改造实行实物安置和货币补偿相结合，由棚户区居民自愿选择。各地区要按照国家有关规定制定具体安置补偿办法，依法实施征收，维护群众合法权益。棚户区改造涉及集体土地征收的，要按照国家相关法律法规，做好土地征收、补偿安置等前期工作。各地区可以探索采取共有产权的办法，做好经济困难棚户区居民的住房安置工作。

（二）建立行政审批快速通道。市、县发展改革、国土资源、住房城乡建设等部门要共同建立棚户区改造项目行政审批快速通道，简化审批程序，提高工作效率，改善服务方式，对符合相关规定的项目，限期完成项目立项、规划许可、土地使用、施工许可等审批手续。

四、加强质量安全管理

（一）强化在建工程质量安全监管。各地区要切实加强对棚户区改造在建工程质量安全的监督管理，重点对勘察、设计、施工、监理等参建单位执行工程建设强制性标准情况进行监督检查，对违法违规行为坚决予以查处。严格执行建筑节能强制性标准，实施绿色建筑行动，积极推广应用新技术、新材料，加快推进住宅产业化。全面推行安置住房质量责任终身制，加大质量安全责任追究力度。建设和施工单位要科学把握工程建设进度，保证工程建设的合理周期和造价，确保工程质量安全。

（二）开展已入住安置住房质量安全检查。市、县人民政府要加强对已入住棚户区改造安置住房质量安全状况的检查，重点是建成入住时间较长的安置住房，对有安全隐患的要督促整改、消除隐患，确保居住安全。

五、加快配套建设

（一）加快配套设施建设。市、县人民政府应当编制棚户区改造配套基础设施年度建设计划，明确建设项目、开工竣工时间等内容。棚户区改造安置住房小区的规划设计条件应当明确配套公共服务设施的种类、建设规模和要求等，相关用地以单独成宗供应为主，并依法办理相关供地手续；对确属规划难以分割的配套设施建设用地，可在招标拍卖挂牌出让商品住房用地或划拨供应保障性住房用地时整体供应，建成后依照约定移交设施、办理用地手续。配套设施建成后验收合格的，要及时移交给接收单位。接收单位应当在规定的时限内投入使用。

（二）完善社区公共服务。新建安置住房小区要及时纳入街道和社区管理。安置住房小区没有实施物业管理的，社区居民委员会应组织做好物业服务工作。要发展便民利民服务，加快发展社区志愿服务。鼓励邮政、金融、电信等公用事业服务单位在社区设点服务。

六、落实好各项支持政策

（一）确保建设用地供应。市、县人民政府应当依据棚户区改造规划与棚户区改造安置住房建设计划，结合改造用地需求、具备供应条件地块的具体情况和实际拆迁进度，编制棚户区改造安置住房用地供应计划。地方各级住房城乡建设、国土资源部门要共同商定棚户区改造用地年度供应计划，并根据用地年度供应计划实行宗地供应预安排，将棚户区改造和配套设施年度建设任务落实到地块。市、县规划部门应及时会同国土资源部门，严格依据经批准的控制性详细规划，确定棚户区改造区域全部拟供应宗地的开发强度、套型建筑面积等规划条件，涉及配套养老设施、科教文卫设施的，还应明确配建的设施种类、比例、面积、设施条件，以及建成后交付政府或政府收购的条件等要求，作为土地供应的条件。市、县国土资源部门应及时向社会公开棚户区改造用地年度供应计划、供地时序、宗地规划条件和土地使用要求，接受社会监督。省级国土资源部门应对市、县棚户区改造用地年度供应计划实施情况进行定期检查，确保用地落实到位。

（二）落实财税支持政策。市、县人民政府要切实加大棚户区改造资金投入，落实好税费减免政策。省级人民政府要进一步加大对本地区财政困难市县、贫困农林场棚户区改造的资金投入，支持国有林区（林场）、垦区（农场）棚户区改造相关的配套设施建设，重点支持资源枯竭型城市、独立工矿区和三线企业集中地区棚户区改造。中央继续加大对棚户区改造的补助力度，对财政困难地区予以倾斜。建立健全地方政府债券制度，加大对棚户区改造的支持。

（三）加大金融支持力度。进一步发挥开发性金融作用。国家开发银行成立住宅金融事业部，重点支持棚户区改造及城市基础设施等相关工程建设。鼓励商业银行等金融机构按照风险可控、商业可持续的原则，积极支持符合信贷条件的棚户区改造项目。纳入国家计划的棚户区改造项目，国家开发银行的贷款与项目资本金可在年度内同比例到位。对经过清理整顿符合条件的省级政府及地级以上城市政府融资平台公司，其实施的棚户区改造项目，银行业金融机构可比照公共租赁住房融资的有关规定给予信贷支持。与棚户区改造项目直接相关的城市基础设施项目，由国家开发银行按国务院有关要求给予信贷支持。各地要建立健全信贷偿还保障机制，确保还款保障得到有效落实。推进债券创新，支持承担棚户区改造项目的企业发行债券，优化棚户区改造债券品种方案设计，研究推出棚户区改造项目收益债券；与开发性金融政策相衔接，扩大“债贷组合”用于棚户区改造范围；适当放宽企业债券发行条件，支持国有大中型企业发债用于棚户区改造。通过投资补助、贷款贴息等多种方式，吸引社会资金，参与投资和运营棚户区改造项目，在市场准入和扶持政策方面对各类投资主体同等对待。支持金融机构创新金融产品和服务，研究建立完善多层次、多元化的棚户区改造融资体系。

七、加强组织领导

各地区、各有关部门要紧紧围绕推进新型城镇化的重大战略部署，进一步加大棚户区改造工作力度，力争超额完成2014年目标任务，并提前谋划2015—2017年棚户区改造工作。各省（区、市）人民政府对本地区棚户区改造负总责，要加强对市、县人民政府棚户区改造工作目标责任考核，落实市、县人民政府具体工作责任，完善工作机制，抓好组织实施。国务院各有关部门要依据各自职责，密切配合，加强对地方的监督指导，研究完善相关政策措施。要广泛宣传棚户区改造的重要意义，主动发布和准确解读政策措施，深入细致做好群众工作，营造良好社会氛围，共同推进棚户区改造工作。

国务院关于进一步推进户籍制度改革的意见[①]

（2014 年 7 月 24 日）

各省、自治区、直辖市人民政府，国务院各部委、各直属机构：

为深入贯彻落实党的十八大、十八届三中全会和中央城镇化工作会议关于进一步推进户籍制度改革的要求，促进有能力在城镇稳定就业和生活的常住人口有序实现市民化，稳步推进城镇基本公共服务常住人口全覆盖，现提出以下意见。

一、总体要求

（一）指导思想。以邓小平理论、“三个代表”重要思想、科学发展观为指导，适应推进新型城镇化需要，进一步推进户籍制度改革，落实放宽户口迁移政策。统筹推进工业化、信息化、城镇化和农业现代化同步发展，推动大中小城市和小城镇协调发展、产业和城镇融合发展。统筹户籍制度改革和相关经济社会领域改革，合理引导农业人口有序向城镇转移，有序推进农业转移人口市民化。

（二）基本原则。

——坚持积极稳妥、规范有序。立足基本国情，积极稳妥推进，优先解决存量，有序引导增量，合理引导农业转移人口落户城镇的预期和选择。

——坚持以人为本、尊重群众意愿。尊重城乡居民自主定居意愿，依法保障农业转移人口及其他常住人口合法权益，不得采取强

① 《国务院关于进一步推进户籍制度改革的意见》，《人民日报》，2014 年 7 月 31 日。

迫做法办理落户。

——坚持因地制宜、区别对待。充分考虑当地经济社会发展水平、城市综合承载能力和提供基本公共服务的能力，实施差别化落户政策。

——坚持统筹配套、提供基本保障。统筹推进户籍制度改革和基本公共服务均等化，不断扩大教育、就业、医疗、养老、住房保障等城镇基本公共服务覆盖面。

（三）发展目标。进一步调整户口迁移政策，统一城乡户口登记制度，全面实施居住证制度，加快建设和共享国家人口基础信息库，稳步推进义务教育、就业服务、基本养老、基本医疗卫生、住房保障等城镇基本公共服务覆盖全部常住人口。到 2020 年，基本建立与全面建成小康社会相适应，有效支撑社会管理和公共服务，依法保障公民权利，以人为本、科学高效、规范有序的新型户籍制度，努力实现 1 亿左右农业转移人口和其他常住人口在城镇落户。

二、进一步调整户口迁移政策

（四）全面放开建制镇和小城市落户限制。在县级市市区、县人民政府驻地镇和其他建制镇有合法稳定住所（含租赁）的人员，本人及其共同居住生活的配偶、未成年子女、父母等，可以在当地申请登记常住户口。

（五）有序放开中等城市落户限制。在城区人口 50 万至 100 万的城市合法稳定就业并有合法稳定住所（含租赁），同时按照国家规定参加城镇社会保险达到一定年限的人员，本人及其共同居住生活的配偶、未成年子女、父母等，可以在当地申请登记常住户口。城市综合承载能力压力小的地方，可以参照建制镇和小城市标准，全面放开落户限制；城市综合承载能力压力大的地方，可以对合法稳定就业的范围、年限和合法稳定住所（含租赁）的范围、条件等作出具体规定，但对合法稳定住所（含租赁）不得设置住房面积、金额等要求，对参加城镇社会保险年限的要求不得超过 3 年。

（六）合理确定大城市落户条件。在城区人口 100 万至 300 万的城市合法稳定就业达到一定年限并有合法稳定住所（含租赁），同时按照国家规定参加城镇社会保险达到一定年限的人员，本人及其共同居住生活的配偶、未成年子女、父母等，可以在当地申请登记常住户口。城区人口 300 万至 500 万的城市，要适度控制落户规模和节奏，可以对合法稳定就业的范围、年限和合法稳定住所（含租赁）的范围、条件等作出较严格的规定，也可结合本地实际，建立积分落户制度。大城市对参加城镇社会保险年限的要求不得超过 5 年。

（七）严格控制特大城市人口规模。改进城区人口 500 万以上的城市现行落户政策，建立完善积分落户制度。根据综合承载能力和经济社会发展需要，以具有合法稳定就业和合法稳定住所（含租赁）、参加城镇社会保险年限、连续居住年限等为主要指标，合理设置积分分值。按照总量控制、公开透明、有序办理、公平公正的原则，达到规定分值的流动人口本人及其共同居住生活的配偶、未成年子女、父母等，可以在当地申请登记常住户口。

（八）有效解决户口迁移中的重点问题。认真落实优先解决存量的要求，重点解决进城时间长、就业能力强、可以适应城镇产业转型升级和市场竞争环境的人员落户问题。不断提高高校毕业生、技术工人、职业院校毕业生、留学回国人员等常住人口的城镇落户率。

三、创新人口管理

（九）建立城乡统一的户口登记制度。取消农业户口与非农业户口性质区分和由此衍生的蓝印户口等户口类型，统一登记为居民户口，体现户籍制度的人口登记管理功能。建立与统一城乡户口登记制度相适应的教育、卫生计生、就业、社保、住房、土地及人口统计制度。

（十）建立居住证制度。公民离开常住户口所在地到其他设区的市级以上城市居住半年以上的，在居住地申领居住证。符合条件的居住证持有人，可以在居住地申请登记常住户口。以居住证为载体，建立健全与居住年限等条件相挂钩的基本公共服务提供机制。居住证持有人享有与当地户籍人口同等的劳动就业、基本公共教育、基本医疗卫生服务、计划生育服务、公共文化服务、证照办理服务等权利；以连续居住年限和参加社会保险年限等为条件，逐步享有与当地户籍人口同等的中等职业教育资助、就业扶持、住房保障、养老服务、社会福利、社会救助等权利，同时结合随迁子女在当地连续就学年限等情况，逐步享有随迁子女在当地参加中考和高考的资格。各地要积极创造条件，不断扩大向居住证持有人提供公共服务的范围。按照权责对等的原则，居住证持有人应当履行服兵役和参加民兵组织等国家和地方规定的公民义务。

（十一）健全人口信息管理制度。建立健全实际居住人口登记制度，加强和完善人口统计调查，全面、准确掌握人口规模、人员结构、地区分布等情况。建设和完善覆盖全国人口、以公民身份证号码为唯一标识、以人口基础信息为基准的国家人口基础信息库，分类完善劳动就业、教育、收入、社保、房产、信用、卫生计生、税务、婚姻、民族等信息系统，逐步实现跨部门、跨地区信息整合和共享，为制定人口发展战略和政策提供信息支持，为人口服务和管理提供支撑。

四、切实保障农业转移人口及其他常住人口合法权益

（十二）完善农村产权制度。土地承包经营权和宅基地使用权是法律赋予农户的用益物权，集体收益分配权是农民作为集体经济组织成员应当享有的合法财产权利。加快推进农村土地确权、登记、颁证，依法保障农民的土地承包经营权、宅基地使用权。推进农村集体经济组织产权制度改革，探索集体经济组织成员资格认定办法和集体经济有效实现形式，保护成员的集体财产权和收益分配权。建立农村产权流转交易市场，推动农村产权流转交易公开、公正、规范运行。坚持依法、自愿、有偿的原则，引导农业转移人口有序流转土地承包经营权。进城落户农民是否有偿退出“三权”，应根据党的十八届三中全会精神，在尊重农民意愿前提下开展试点。现阶段，不得以退出土地承包经营权、宅基地使用权、集体收益分配权作为农民进城落户的条件。

（十三）扩大基本公共服务覆盖面。保障农业转移人口及其他常住人口随迁子女平等享有受教育权利；将随迁子女义务教育纳入各级政府教育发展规划和财政保障范畴；逐步完善并落实随迁子女在流入地接受中等职业教育免学费和普惠性学前教育的政策以及接受义务教育后参加升学考试的实施办法。完善就业失业登记管理制度，面向农业转移人口全面提供政府补贴职业技能培训服务，加大创业扶持力度，促进农村转移劳动力就业。将农业转移人口及其他常住人口纳入社区卫生和计划生育服务体系，提供基本医疗卫生服务。把进城落户农民完全纳入城镇社会保障体系，在农村参加的养

老保险和医疗保险规范接入城镇社会保障体系，完善并落实医疗保险关系转移接续办法和异地就医结算办法，整合城乡居民基本医疗保险制度，加快实施统一的城乡医疗救助制度。提高统筹层次，实现基础养老金全国统筹，加快实施统一的城乡居民基本养老保险制度，落实城镇职工基本养老保险关系转移接续政策。加快建立覆盖城乡的社会养老服务体系，促进基本养老服务均等化。完善以低保制度为核心的社会救助体系，实现城乡社会救助统筹发展。把进城落户农民完全纳入城镇住房保障体系，采取多种方式保障农业转移人口基本住房需求。

（十四）加强基本公共服务财力保障。建立财政转移支付同农业转移人口市民化挂钩机制。完善促进基本公共服务均等化的公共财政体系，逐步理顺事权关系，建立事权和支出责任相适应的制度，中央和地方按照事权划分相应承担和分担支出责任。深化税收制度改革，完善地方税体系。完善转移支付制度，加大财力均衡力度，保障地方政府提供基本公共服务的财力。

五、切实加强组织领导

（十五）抓紧落实政策措施。进一步推进户籍制度改革，是涉及亿万农业转移人口的一项重大举措。各地区、各有关部门要充分认识户籍制度改革的重大意义，深刻把握城镇化进程的客观规律，进一步统一思想，加强领导，周密部署，敢于担当，按照走中国特色新型城镇化道路、全面提高城镇化质量的新要求，切实落实户籍制度改革的各项政策措施，防止急于求成、运动式推进。各省、自治区、直辖市人民政府要根据本意见，统筹考虑，因地制宜，抓紧出台本地区具体可操作的户籍制度改革措施，并向社会公布，加强社会监督。公安部、发展改革委、教育部、民政部、财政部、人力资源社会保障部、国土资源部、住房城乡建设部、农业部、卫生计生委、法制办等部门要按照职能分工，抓紧制定教育、就业、医疗、养老、住房保障等方面的配套政策，完善法规，落实经费保障。公安部和发展改革委、人力资源社会保障部要会同有关部门对各地区实施户籍制度改革工作加强跟踪评估、督查指导。公安部和各地公安机关要加强户籍管理和居民身份证管理，严肃法纪，做好户籍制度改革的基础工作。

（十六）积极做好宣传引导。全面阐释适应中国特色新型城镇化发展、进一步推进户籍制度改革的重大意义，准确解读户籍制度改革及相关配套政策。大力宣传各地在解决农业转移人口及其他常住人口落户城镇、保障合法权益、提供基本公共服务等方面的好经验、好做法，合理引导社会预期，回应群众关切，凝聚各方共识，形成改革合力，为进一步推进户籍制度改革营造良好的社会环境。

国务院关于加强地方政府性债务管理的意见[1]

（2014年9月21日）

各省、自治区、直辖市人民政府，国务院各部委、各直属机构：

为加强地方政府性债务管理，促进国民经济持续健康发展，根据党的十八大、十八届三中全会精神，现提出以下意见：

一、总体要求

（一）指导思想。以邓小平理论、“三个代表”重要思想、科学发展观为指导，全面贯彻落实党的十八大、十八届三中全会精神，按照党中央、国务院决策部署，建立“借、用、还”相统一的地方政府性债务管理机制，有效发挥地方政府规范举债的积极作用，切实防范化解财政金融风险，促进国民经济持续健康发展。

（二）基本原则。

疏堵结合。修明渠、堵暗道，赋予地方政府依法适度举债融资权限，加快建立规范的地方政府举债融资机制。同时，坚决制止地方政府违法违规举债。

分清责任。明确政府和企业的责任，政府债务不得通过企业举借，企业债务不得推给政府偿还，切实做到谁借谁还、风险自担。政府与社会资本合作的，按约定规则依法承担相关责任。

规范管理。对地方政府债务实行规模控制，严格限定政府举债程序和资金用途，把地方政府债务分门别类纳入全口径预算管理，

① 《国务院关于加强地方政府性债务管理的意见》，中国政府网，2014年10月2日。

实现“借、用、还”相统一。

防范风险。牢牢守住不发生区域性和系统性风险的底线，切实防范和化解财政金融风险。

稳步推进。加强债务管理，既要积极推进，又要谨慎稳健。在规范管理的同时，要妥善处理存量债务，确保在建项目有序推进。

二、加快建立规范的地方政府举债融资机制

（一）赋予地方政府依法适度举债权限。经国务院批准，省、自治区、直辖市政府可以适度举借债务，市县级政府确需举借债务的由省、自治区、直辖市政府代为举借。明确划清政府与企业界限，政府债务只能通过政府及其部门举借，不得通过企事业单位等举借。

（二）建立规范的地方政府举债融资机制。地方政府举债采取政府债券方式。没有收益的公益性事业发展确需政府举借一般债务的，由地方政府发行一般债券融资，主要以一般公共预算收入偿还。有一定收益的公益性事业发展确需政府举借专项债务的，由地方政府通过发行专项债券融资，以对应的政府性基金或专项收入偿还。

（三）推广使用政府与社会资本合作模式。鼓励社会资本通过特许经营等方式，参与城市基础设施等有一定收益的公益性事业投资和运营。政府通过特许经营权、合理定价、财政补贴等事先公开的收益约定规则，使投资者有长期稳定收益。投资者按照市场化原则出资，按约定规则独自或与政府共同成立特别目的公司建设和运营合作项目。投资者或特别目的公司可以通过银行贷款、企业债、项目收益债券、资产证券化等市场化方式举债并承担偿债责任。政府对投资者或特别目的公司按约定规则依法承担特许经营权、合理定价、财政补贴等相关责任，不承担投资者或特别目的公司的偿债责任。

（四）加强政府或有债务监管。剥离融资平台公司政府融资职能，融资平台公司不得新增政府债务。地方政府新发生或有债务，要严格限定在依法担保的范围内，并根据担保合同依法承担相关责任。地方政府要加强对或有债务的统计分析和风险防控，做好相关监管工作。

三、对地方政府债务实行规模控制和预算管理

（一）对地方政府债务实行规模控制。地方政府债务规模实行限额管理，地方政府举债不得突破批准的限额。地方政府一般债务和专项债务规模纳入限额管理，由国务院确定并报全国人大或其常委会批准，分地区限额由财政部在全国人大或其常委会批准的地方政府债务规模内根据各地区债务风险、财力状况等因素测算并报国务院批准。

（二）严格限定地方政府举债程序和资金用途。地方政府在国务院批准的分地区限额内举借债务，必须报本级人大或其常委会批准。地方政府不得通过企事业单位等举借债务。地方政府举借债务要遵循市场化原则。建立地方政府信用评级制度，逐步完善地方政府债券市场。地方政府举借的债务，只能用于公益性资本支出和适度归还存量债务，不得用于经常性支出。

（三）把地方政府债务分门别类纳入全口径预算管理。地方政府要将一般债务收支纳入一般公共预算管理，将专项债务收支纳入政府性基金预算管理，将政府与社会资本合作项目中的财政补贴等支出按性质纳入相应政府预算管理。地方政府各部门、各单位要将债务收支纳入部门和单位预算管理。或有债务确需地方政府或其部门、单位依法承担偿债责任的，偿债资金要纳入相应预算管理。

四、控制和化解地方政府性债务风险

（一）建立地方政府性债务风险预警机制。财政部根据各地区一般债务、专项债务、或有债务等情况，测算债务率、新增债务率、偿债率、逾期债务率等指标，评估各地区债务风险状况，对债务高风险地区进行风险预警。列入风险预警范围的债务高风险地区，要积极采取措施，逐步降低风险。债务风险相对较低的地区，要合理控制债务余额的规模和增长速度。

（二）建立债务风险应急处置机制。要硬化预算约束，防范道德风险，地方政府对其举借的债务负有偿还责任，中央政府实行不救助原则。各级政府要制定应急处置预案，建立责任追究机制。地方政府出现偿债困难时，要通过控制项目规模、压缩公用经费、处置存量资产等方式，多渠道筹集资金偿还债务。地方政府难以自行偿还债务时，要及时上报，本级和上级政府要启动债务风险应急处置预案和责任追究机制，切实化解债务风险，并追究相关人员责任。

（三）严肃财经纪律。建立对违法违规融资和违规使用政府性债务资金的惩罚机制，加大对地方政府性债务管理的监督检查力度。地方政府及其所属部门不得在预算之外违法违规举借债务，不得以支持公益性事业发展名义举借债务用于经常性支出或楼堂馆所建设，不得挪用债务资金或改变既定资金用途；对企业的注资、财政补贴等行为必须依法合规，不得违法为任何单位和个人的债务以任何方式提供担保；不得违规干预金融机构等正常经营活动，不得强制金融机构等提供政府性融资。地方政府要进一步规范土地出让管理，坚决制止违法违规出让土地及融资行为。

五、完善配套制度

（一）完善债务报告和公开制度。完善地方政府性债务统计报告制度，加快建立权责发生制的政府综合财务报告制度，全面反映政府的资产负债情况。对于中央出台的重大政策措施如棚户区改造等形成的政府性债务，应当单独统计、单独核算、单独检查、单独考核。建立地方政府性债务公开制度，加强政府信用体系建设。各地区要定期向社会公开政府性债务及其项目建设情况，自觉接受社会监督。

（二）建立考核问责机制。把政府性债务作为一个硬指标纳入政绩考核。明确责任落实，各省、自治区、直辖市政府要对本地区地方政府性债务负责任。强化教育和考核，纠正不正确的政绩导向。对脱离实际过度举债、违法违规举债或担保、违规使用债务资金、恶意逃废债务等行为，要追究相关责任人责任。

（三）强化债权人约束。金融机构等不得违法违规向地方政府提供融资，不得要求地方政府违法违规提供担保。金融机构等购买地方政府债券要符合监管规定，向属于政府或有债务举借主体的企业法人等提供融资要严格规范信贷管理，切实加强风险识别和风险管理。金融机构等违法违规提供政府性融资的，应自行承担相应损失，并按照商业银行法、银行业监督管理法等法律法规追究相关机构和人员的责任。

六、妥善处理存量债务和在建项目后续融资

（一）抓紧将存量债务纳入预算管理。以2013年政府性债务审计结果为基础，结合审计后债务增减变化情况，经债权人与债务人共同协商确认，对地方政府性债务存量进行甄别。对地方政府及其部门举借的债务，相应纳入一般债务和专项债务。对企事业单位举借的债务，凡属于政府应当偿还的债务，相应纳入一般债务和专项债务。地方政府将甄别后的政府存量债务逐级汇总上报国务院批准后，分类纳入预算管理。纳入预算管理的债务原有债权债务关系不变，偿债资金要按照预算管理要求规范管理。

（二）积极降低存量债务利息负担。对甄别后纳入预算管理的地方政府存量债务，各地区可申请发行地方政府债券置换，以降低利息负担，优化期限结构，腾出更多资金用于重点项目建设。

（三）妥善偿还存量债务。处置到期存量债务要遵循市场规则，减少行政干预。对项目自身运营收入能够按时还本付息的债务，应继续通过项目收入偿还。对项目自身运营收入不足以还本付息的债务，可以通过依法注入优质资产、加强经营管理、加大改革力度等措施，提高项目盈利能力，增强偿债能力。地方政府应指导和督促有关债务举借单位加强财务管理、拓宽偿债资金渠道、统筹安排偿债资金。对确需地方政府偿还的债务，地方政府要切实履行偿债责任，必要时可以处置政府资产偿还债务。对确需地方政府履行担保或救助责任的债务，地方政府要切实依法履行协议约定，作出妥善安排。有关债务举借单位和连带责任人要按照协议认真落实偿债责任，明确偿债时限，按时还本付息，不得单方面改变原有债权债务关系，不得转嫁偿债责任和逃废债务。对确已形成损失的存量债务，债权人应按照商业化原则承担相应责任和损失。

（四）确保在建项目后续融资。地方政府要统筹各类资金，优先保障在建项目续建和收尾。对使用债务资金的在建项目，原贷款银行等要重新进行审核，凡符合国家有关规定的项目，要继续按协议提供贷款，推进项目建设；对在建项目确实没有其他建设资金来源的，应主要通过政府与社会资本合作模式和地方政府债券解决后续融资。

七、加强组织领导

各地区、各部门要高度重视，把思想和行动统一到党中央、国务院决策部署上来。地方政府要切实担负起加强地方政府性债务管理、防范化解财政金融风险的责任，结合实际制定具体方案，政府主要负责人要作为第一责任人，认真抓好政策落实。要建立地方政府性债务协调机制，统筹加强地方政府性债务管理。财政部门作为地方政府性债务归口管理部门，要完善债务管理制度，充实债务管理力量，做好债务规模控制、债券发行、预算管理、统计分析和风险监控等工作；发展改革部门要加强政府投资计划管理和项目审批，从严审批债务风险较高地区的新开工项目；金融监管部门要加强监管、正确引导，制止金融机构等违法违规提供融资；审计部门要依法加强对地方政府性债务的审计监督，促进完善债务管理制度，防范风险，规范管理，提高资金使用效益。各地区、各部门要切实履行职责，加强协调配合，全面做好加强地方政府性债务管理各项工作，确保政策贯彻落实到位。

国务院关于进一步做好城镇棚户区和城乡危房改造及配套基础设施建设有关工作的意见[①]

（2015年6月25日）

各省、自治区、直辖市人民政府，国务院各部委、各直属机构：

近年来，各地区、各有关部门认真贯彻落实党中央、国务院决策部署，持续加大城镇棚户区和城乡危房改造力度，有关工作取得显著进展。截至2014年底，全国共改造各类棚户区住房2080万套、农村危房1565万户，其中2013—2014年改造各类棚户区住房820万套、农村危房532万户，有效改善了困难群众的住房条件，发挥了带动消费、扩大投资的积极作用，促进了社会和谐稳定。但也要看到，与党中央、国务院确定的改造约1亿人居住的城镇棚户区和城中村的目标相比，任务仍然十分艰巨，特别是待改造的棚户区多为基础差、改造难度大的地块，在创新融资机制、完善配套基础设施等方面还存在不少困难和问题。同时，农村困难群众对改善居住条件、住上安全住房的诉求比较强烈，加快农村危房改造的要求十分迫切。为进一步做好城镇棚户区和城乡危房改造及配套基础设施建设工作，切实解决群众住房困难，有效促进经济增长，现提出以下意见：

一、总体要求

（一）指导思想。深入贯彻党的十八大、十八届二中、三中、

① 《国务院关于进一步做好城镇棚户区和城乡危房改造及配套基础设施建设有关工作的意见》，《中华人民共和国国务院公报》，2015年20期。

四中全会和中央城镇化工作会议精神，全面落实国务院决策部署，坚持走以人为核心的新型城镇化道路，以改善群众住房条件为出发点和落脚点，突出稳增长、惠民生，明确工作责任，创新体制机制，强化政策落实，加大城镇棚户区和城乡危房改造力度，加快配套基础设施建设，扩大有效投资，推动经济社会和谐发展。

（二）工作目标。制定城镇棚户区和城乡危房改造及配套基础设施建设三年计划（2015—2017 年，以下简称三年计划）。2015—2017 年，改造包括城市危房、城中村在内的各类棚户区住房 1800 万套（其中 2015 年 580 万套），农村危房 1060 万户（其中 2015 年 432 万户），加大棚改配套基础设施建设力度，使城市基础设施更加完备，布局合理、运行安全、服务便捷。

二、加大改造建设力度

（一）加快城镇棚户区改造。各地区要抓紧编制 2015—2017 年城镇棚户区改造实施方案并抓好组织落实。一要加快棚改项目建设。依法合规推进棚改，切实做好土地征收、补偿安置等前期工作。建立行政审批快速通道，简化程序，提高效率，对符合相关规定的项目，限期完成立项、规划许可、土地使用、施工许可等审批手续。加强工程质量安全监管，保证工程质量和进度，确保完成三年计划确定的目标任务。把城市危房改造纳入棚改政策范围。二要积极推进棚改货币化安置。缩短安置周期，节省过渡费用，让群众尽快住上新房，享有更好的居住环境和物业服务，满足群众多样化居住需求。各省（区、市）要因地制宜，抓紧摸清存量商品住房底数，制定推进棚改货币化安置的指导意见和具体安置目标，完善相关政策措施，督促市、县抓好落实，加快安置棚户区居民。

（二）完善配套基础设施。各地区要尽快编制 2015—2017 年棚改配套基础设施建设计划（以下简称配套建设计划），确定棚改安置住房小区配套基础设施项目，以及与棚改项目直接相关的城市道路和公共交通、通信、供电、供水、供气、供热、停车库（场）、污水与垃圾处理等城市基础设施项目，努力做到配套设施与棚户区改造安置住房同步规划、同步报批、同步建设、同步交付使用。各地区要对 2014 年底前已开工的棚改安置房等保障房小区配套基础设施情况进行排查，对配套基础设施不完备的项目要列出清单，并纳入本地区配套建设计划。

（三）推进农村危房改造。各地区要抓紧编制 2015—2017 年农村危房改造实施方案，明确目标任务、资金安排和政策措施，确保年度任务按时完成。落实省级补助资金，将农村危房改造补助资金纳入财政预算，由县级财政直接发放到危房改造农户。严格执行一户一档的要求，做好农村危房改造信息系统录入和管理工作。统筹推进农房抗震改造，加大对 8 度及以上地震高烈度设防地区的改造力度，认真贯彻执行《农村危房改造最低建设要求（试行）》和《农村危房改造抗震安全基本要求（试行）》，确保改造后的住房符合建设及安全标准。加强农房风貌管理和引导，县级住房城乡建设部门应制定符合当地实际的农房设计图和风貌管理要求，指导到户。

三、创新融资体制机制

（一）推动政府购买棚改服务。各省（区、市）应根据棚改目标任务，统筹考虑财政承受能力等因素，制定本地区政府购买棚改服务的管理办法。市、县人民政府要公开择优选择棚改实施主体，并与实施主体签订购买棚改服务协议。市、县人民政府将购买棚改服务资金逐年列入财政预算，并按协议要求向提供棚改服务的实施主体支付。年初预算安排有缺口确需举借政府债务弥补的市、县，可通过省（区、市）人民政府代发地方政府债券予以支持，并优先用于棚改。政府购买棚改服务的范围，限定在政府应当承担的棚改征地拆迁服务以及安置住房筹集、公益性基础设施建设等方面，不包括棚改项目中配套建设的商品房以及经营性基础设施。

（二）推广政府与社会资本合作模式。在城市基础设施建设运营中积极推广特许经营等各种政府与社会资本合作（PPP）模式。各地应建立健全城市基础设施建设财政投入与价格补偿统筹协调机制，合理确定服务价格，深化政府与社会资本合作，推动可持续发展。

（三）构建多元化棚改实施主体。鼓励多种所有制企业作为实施主体承接棚改任务。各地原融资平台公司可通过市场化改制，建立现代企业制度，实现市场化运营，在明确公告今后不再承担政府融资职能的前提下，作为实施主体承接棚改任务。原融资平台公司转型改造后举借的债务实行市场化运作，不纳入政府债务。政府在出资范围内依法履行出资人职责，不对原融资平台公司提供担保。

（四）发挥开发性金融支持作用。承接棚改任务及纳入各地区配套建设计划的项目实施主体，可依据政府购买棚改服务协议、特许经营协议等政府与社会资本合作合同进行市场化融资，开发银行等银行业金融机构据此对符合条件的实施主体发放贷款。在依法合规、风险可控的前提下，开发银行可以通过专项过桥贷款对符合条件的实施主体提供过渡性资金安排。鼓励农业发展银行在其业务范围内对符合条件的实施主体，加大城中村改造、农村危房改造及配套基础设施建设的贷款支持。鼓励商业银行对符合条件的实施主体提供棚改及配套基础设施建设贷款。

四、加强组织领导

（一）落实地方责任。各省（区、市）人民政府对本地区城镇棚户区和城乡危房改造及配套基础设施建设工作负总责，要抓紧组织落实三年计划及相关实施方案，完善工作机制，强化目标责任考核，加大资金投入，落实好税费减免政策。

（二）明确部门职责。住房城乡建设部要会同有关部门督促各地尽快编制和落实三年计划及相关实施方案。发展改革委、财政部要会同有关部门进一步加大中央预算内投资和中央财政支持力度。财政部要会同有关部门安排中央国有资本经营预算资金，对困难中央企业特别是独立工矿区、三线地区和资源枯竭型城市中央企业棚改配套设施建设予以支持。人民银行、财政部、银监会要完善政策措施，支持开发银行、农业发展银行等金融机构加大信贷支持力度。

（三）强化监督检查。住房城乡建设部要会同有关部门建立有效的督查制度，对各地区城镇棚户区和城乡危房改造及配套基础设施建设三年计划实施情况进行督促检查。各地区要加强监督检查，全面落实各项工作任务和政策措施。加强对农村危房改造补助资金使用的监管，严禁截留、挤占、挪用或变相使用。加大考核和问责力度，对态度不积极、工作不主动、进度缓慢、弄虚作假的单位和责任人员予以通报批评，并明确整改期限和要求。

国务院关于深入推进新型城镇化建设的若干意见[①]

（2016 年 2 月 2 日）

各省、自治区、直辖市人民政府，国务院各部委、各直属机构：

新型城镇化是现代化的必由之路，是最大的内需潜力所在，是经济发展的重要动力，也是一项重要的民生工程。《国家新型城镇化规划（2014—2020 年）》发布实施以来，各地区、各部门抓紧行动、改革探索，新型城镇化各项工作取得了积极进展，但仍然存在农业转移人口市民化进展缓慢、城镇化质量不高、对扩大内需的主动力作用没有得到充分发挥等问题。为总结推广各地区行之有效的经验，深入推进新型城镇化建设，现提出如下意见。

一、总体要求

全面贯彻党的十八大和十八届二中、三中、四中、五中全会以及中央经济工作会议、中央城镇化工作会议、中央城市工作会议、中央扶贫开发工作会议、中央农村工作会议精神，按照“五位一体”总体布局和“四个全面”战略布局，牢固树立创新、协调、绿色、开放、共享的发展理念，坚持走以人为本、四化同步、优化布局、生态文明、文化传承的中国特色新型城镇化道路，以人的城镇化为核心，以提高质量为关键，以体制机制改革为动力，紧紧围绕新型城镇化目标任务，加快推进户籍制度改革，提升城市综合承载能力，制定完善土地、财政、投融资等配套政策，充分释放新型城

① 《国务院关于深入推进新型城镇化建设的若干意见》，《中华人民共和国国务院公报》，2016 年 06 期。

镇化蕴藏的巨大内需潜力，为经济持续健康发展提供持久强劲动力。

坚持点面结合、统筹推进。统筹规划、总体布局，促进大中小城市和小城镇协调发展，着力解决好“三个1亿人”城镇化问题，全面提高城镇化质量。充分发挥国家新型城镇化综合试点作用，及时总结提炼可复制经验，带动全国新型城镇化体制机制创新。

坚持纵横联动、协同推进。加强部门间政策制定和实施的协调配合，推动户籍、土地、财政、住房等相关政策和改革举措形成合力。加强部门与地方政策联动，推动地方加快出台一批配套政策，确保改革举措和政策落地生根。

坚持补齐短板、重点突破。加快实施“一融双新”工程，以促进农民工融入城镇为核心，以加快新生中小城市培育发展和新型城市建设为重点，瞄准短板，加快突破，优化政策组合，弥补供需缺口，促进新型城镇化健康有序发展。

二、积极推进农业转移人口市民化

（一）加快落实户籍制度改革政策。围绕加快提高户籍人口城镇化率，深化户籍制度改革，促进有能力在城镇稳定就业和生活的农业转移人口举家进城落户，并与城镇居民享有同等权利、履行同等义务。鼓励各地区进一步放宽落户条件，除极少数超大城市外，允许农业转移人口在就业地落户，优先解决农村学生升学和参军进入城镇的人口、在城镇就业居住5年以上和举家迁徙的农业转移人口以及新生代农民工落户问题，全面放开对高校毕业生、技术工人、职业院校毕业生、留学归国人员的落户限制，加快制定公开透明的落户标准和切实可行的落户目标。除超大城市和特大城市外，其他城市不得采取要求购买房屋、投资纳税、积分制等方式设置落户限制。加快调整完善超大城市和特大城市落户政策，根据城市综合承载能力和功能定位，区分主城区、郊区、新区等区域，分类制定落户政策；以具有合法稳定就业和合法稳定住所（含租赁）、参加城镇社会保险年限、连续居住年限等为主要指标，建立完善积分落户制度，重点解决符合条件的普通劳动者的落户问题。加快制定实施推动1亿非户籍人口在城市落户方案，强化地方政府主体责任，确保如期完成。

（二）全面实行居住证制度。推进居住证制度覆盖全部未落户城镇常住人口，保障居住证持有人在居住地享有义务教育、基本公共就业服务、基本公共卫生服务和计划生育服务、公共文化体育服务、法律援助和法律服务以及国家规定的其他基本公共服务；同时，在居住地享有按照国家有关规定办理出入境证件、换领补领居民身份证、机动车登记、申领机动车驾驶证、报名参加职业资格考试和申请授予职业资格以及其他便利。鼓励地方各级人民政府根据本地承载能力不断扩大对居住证持有人的公共服务范围并提高服务标准，缩小与户籍人口基本公共服务的差距。推动居住证持有人享有与当地户籍人口同等的住房保障权利，将符合条件的农业转移人口纳入当地住房保障范围。各城市要根据《居住证暂行条例》，加快制定实施具体管理办法，防止居住证与基本公共服务脱钩。

（三）推进城镇基本公共服务常住人口全覆盖。保障农民工随迁子女以流入地公办学校为主接受义务教育，以公办幼儿园和普惠性民办幼儿园为主接受学前教育。实施义务教育“两免一补”和生均公用经费基准定额资金随学生流动可携带政策，统筹人口流入地与流出地教师编制。组织实施农民工职业技能提升计划，每年培训

2000万人次以上。允许在农村参加的养老保险和医疗保险规范接入城镇社保体系，加快建立基本医疗保险异地就医医疗费用结算制度。

（四）加快建立农业转移人口市民化激励机制。切实维护进城落户农民在农村的合法权益。实施财政转移支付同农业转移人口市民化挂钩政策，实施城镇建设用地增加规模与吸纳农业转移人口落户数量挂钩政策，中央预算内投资安排向吸纳农业转移人口落户数量较多的城镇倾斜。各省级人民政府要出台相应配套政策，加快推进农业转移人口市民化进程。

三、全面提升城市功能

（五）加快城镇棚户区、城中村和危房改造。围绕实现约1亿人居住的城镇棚户区、城中村和危房改造目标，实施棚户区改造行动计划和城镇旧房改造工程，推动棚户区改造与名城保护、城市更新相结合，加快推进城市棚户区和城中村改造，有序推进旧住宅小区综合整治、危旧住房和非成套住房（包括无上下水、北方地区无供热设施等的住房）改造，将棚户区改造政策支持范围扩大到全国重点镇。加强棚户区改造工程质量监督，严格实施质量责任终身追究制度。

（六）加快城市综合交通网络建设。优化街区路网结构，建设快速路、主次干路和支路级配合理的路网系统，提升城市道路网络密度，优先发展公共交通。大城市要统筹公共汽车、轻轨、地铁等协同发展，推进城市轨道交通系统和自行车等慢行交通系统建设，在有条件的地区规划建设市郊铁路，提高道路的通达性。畅通进出城市通道，加快换乘枢纽、停车场等设施建设，推进充电站、充电桩等新能源汽车充电设施建设，将其纳入城市旧城改造和新城建设规划同步实施。

（七）实施城市地下管网改造工程。统筹城市地上地下设施规划建设，加强城市地下基础设施建设和改造，合理布局电力、通信、广电、给排水、热力、燃气等地下管网，加快实施既有路面城市电网、通信网络架空线入地工程。推动城市新区、各类园区、成片开发区的新建道路同步建设地下综合管廊，老城区要结合地铁建设、河道治理、道路整治、旧城更新、棚户区改造等逐步推进地下综合管廊建设，鼓励社会资本投资运营地下综合管廊。加快城市易涝点改造，推进雨污分流管网改造与排水和防洪排涝设施建设。加强供水管网改造，降低供水管网漏损率。

（八）推进海绵城市建设。在城市新区、各类园区、成片开发区全面推进海绵城市建设。在老城区结合棚户区、危房改造和老旧小区有机更新，妥善解决城市防洪安全、雨水收集利用、黑臭水体治理等问题。加强海绵型建筑与小区、海绵型道路与广场、海绵型公园与绿地、绿色蓄排与净化利用设施等建设。加强自然水系保护与生态修复，切实保护良好水体和饮用水源。

（九）推动新型城市建设。坚持适用、经济、绿色、美观方针，提升规划水平，增强城市规划的科学性和权威性，促进“多规合一”，全面开展城市设计，加快建设绿色城市、智慧城市、人文城市等新型城市，全面提升城市内在品质。实施“宽带中国”战略和“互联网+”城市计划，加速光纤入户，促进宽带网络提速降费，发展智能交通、智能电网、智能水务、智能管网、智能园区。推动分布式太阳能、风能、生物质能、地热能多元化规模化应用和工业余热供暖，推进既有建筑供热计量和节能改造，对大型公共建筑和政府投资的各类建筑全面执行绿色建筑标准和认证，积极推广应用绿色新型建材、装配式建筑和钢结构建筑。加强垃圾处理设施建设，基本建立建筑垃圾、餐厨废弃物、园林废弃物等回收和再生利用体系，建设循环型城市。划定永久基本农田、生态保护红线和城市开发边界，实施城市生态廊道建设和生态系统修复工程。制定实施城市空气质量达标时间表，努力提高优良天数比例，大幅减少重污染天数。落实最严格水资源管理制度，推广节水新技术和新工艺，积极推进中水回用，全面建设节水型城市。促进国家级新区健康发展，推动符合条件的开发区向城市功能区转型，引导工业集聚区规范发展。

（十）提升城市公共服务水平。根据城镇常住人口增长趋势，加大财政对接收农民工随迁子女较多的城镇中小学校、幼儿园建设的投入力度，吸引企业和社会力量投资建学办学，增加中小学校和幼儿园学位供给。统筹新老城区公共服务资源均衡配置。加强医疗卫生机构、文化设施、体育健身场所设施、公园绿地等公共服务设施以及社区服务综合信息平台规划建设。优化社区生活设施布局，打造包括物流配送、便民超市、银行网点、零售药店、家庭服务中心等在内的便捷生活服务圈。建设以居家为基础、社区为依托、机构为补充的多层次养老服务体系，推动生活照料、康复护理、精神慰藉、紧急援助等服务全覆盖。加快推进住宅、公共建筑等的适老化改造。加强城镇公用设施使用安全管理，健全城市抗震、防洪、排涝、消防、应对地质灾害应急指挥体系，完善城市生命通道系统，加强城市防灾避难场所建设，增强抵御自然灾害、处置突发事件和危机管理能力。

四、加快培育中小城市和特色小城镇

（十一）提升县城和重点镇基础设施水平。加强县城和重点镇公共供水、道路交通、燃气供热、信息网络、分布式能源等市政设施和教育、医疗、文化等公共服务设施建设。推进城镇生活污水垃圾处理设施全覆盖和稳定运行，提高县城垃圾资源化、无害化处理能力，加快重点镇垃圾收集和转运设施建设，利用水泥窑协同处理生活垃圾及污泥。推进北方县城和重点镇集中供热全覆盖。加大对中西部地区发展潜力大、吸纳人口多的县城和重点镇的支持力度。

（十二）加快拓展特大镇功能。开展特大镇功能设置试点，以下放事权、扩大财权、改革人事权及强化用地指标保障等为重点，赋予镇区人口 10 万以上的特大镇部分县级管理权限，允许其按照相同人口规模城市市政设施标准进行建设发展。同步推进特大镇行政管理体制改革和设市模式创新改革试点，减少行政管理层级、推行大部门制，降低行政成本、提高行政效率。

（十三）加快特色镇发展。因地制宜、突出特色、创新机制，充分发挥市场主体作用，推动小城镇发展与疏解大城市中心城区功能相结合、与特色产业发展相结合、与服务“三农”相结合。发展具有特色优势的休闲旅游、商贸物流、信息产业、先进制造、民俗文化传承、科技教育等魅力小镇，带动农业现代化和农民就近城镇化。提升边境口岸城镇功能，在人员往来、加工物流、旅游等方面实行差别化政策，提高投资贸易便利化水平和人流物流便利化程度。

（十四）培育发展一批中小城市。完善设市标准和市辖区设置标准，规范审核审批程序，加快启动相关工作，将具备条件的县和特大镇有序设置为市。适当放宽中西部地区中小城市设置标准，加强产业和公共资源布局引导，适度增加中西部地区中小城市数量。

（十五）加快城市群建设。编制实施一批城市群发展规划，优化提升京津冀、长三角、珠三角三大城市群，推动形成东北地区、中原地区、长江中游、成渝地区、关中平原等城市群。推进城市群基础设施一体化建设，构建核心城市 1 小时通勤圈，完善城市群之间快速高效互联互通交通网络，建设以高速铁路、城际铁路、高速公路为骨干的城市群内部交通网络，统筹规划建设高速联通、服务便捷的信息网络，统筹推进重大能源基础设施和能源市场一体化建设，共同建设安全可靠的水利和供水系统。做好城镇发展规划与安全生产规划的统筹衔接。

五、辐射带动新农村建设

（十六）推动基础设施和公共服务向农村延伸。推动水电路等基础设施城乡联网。推进城乡配电网建设改造，加快信息进村入户，尽快实现行政村通硬化路、通班车、通邮、通快递，推动有条件地区燃气向农村覆盖。开展农村人居环境整治行动，加强农村垃圾和污水收集处理设施以及防洪排涝设施建设，强化河湖水系整治，加大对传统村落民居和历史文化名村名镇的保护力度，建设美丽宜居乡村。加快农村教育、医疗卫生、文化等事业发展，推进城乡基本公共服务均等化。深化农村社区建设试点。

（十七）带动农村一二三产业融合发展。以县级行政区为基础，以建制镇为支点，搭建多层次、宽领域、广覆盖的农村一二三产业融合发展服务平台，完善利益联结机制，促进农业产业链延伸，推进农业与旅游、教育、文化、健康养老等产业深度融合，大力发展农业新型业态。强化农民合作社和家庭农场基础作用，支持龙头企业引领示范，鼓励社会资本投入，培育多元化农业产业融合主体。推动返乡创业集聚发展。

（十八）带动农村电子商务发展。加快农村宽带网络和快递网络建设，加快农村电子商务发展和“快递下乡”。支持适应乡村特点的电子商务服务平台、商品集散平台和物流中心建设，鼓励电子商务第三方交易平台渠道下沉，带动农村特色产业发展，推进农产品进城、农业生产资料下乡。完善有利于中小网商发展的政策措施，在风险可控、商业可持续的前提下支持发展面向中小网商的融资贷款业务。

（十九）推进易地扶贫搬迁与新型城镇化结合。坚持尊重群众意愿，注重因地制宜，搞好科学规划，在县城、小城镇或工业园区附近建设移民集中安置区，推进转移就业贫困人口在城镇落户。坚持加大中央财政支持和多渠道筹集资金相结合，坚持搬迁和发展两手抓，妥善解决搬迁群众的居住、看病、上学等问题，统筹谋划安置区产业发展与群众就业创业，确保搬迁群众生活有改善、发展有前景。

六、完善土地利用机制

（二十）规范推进城乡建设用地增减挂钩。总结完善并推广有关经验模式，全面实行城镇建设用地增加与农村建设用地减少相挂钩的政策。高标准、高质量推进村庄整治，在规范管理、规范操作、规范运行的基础上，扩大城乡建设用地增减挂钩规模和范围。运用现代信息技术手段加强土地利用变更情况监测监管。

（二十一）建立城镇低效用地再开发激励机制。允许存量土地使用权人在不违反法律法规、符合相关规划的前提下，按照有关规定经批准后对土地进行再开发。完善城镇存量土地再开发过程中的供应方式，鼓励原土地使用权人自行改造，涉及原划拨土地使用权转让需补办出让手续的，经依法批准，可采取规定方式办理并按市场价缴纳土地出让价款。在国家、改造者、土地权利人之间合理分配“三旧”（旧城镇、旧厂房、旧村庄）改造的土地收益。

（二十二）因地制宜推进低丘缓坡地开发。在坚持最严格的耕地保护制度、确保生态安全、切实做好地质灾害防治的前提下，在资源环境承载力适宜地区开展低丘缓坡地开发试点。通过创新规划计划方式、开展整体整治、土地分批供应等政策措施，合理确定低丘缓坡地开发用途、规模、布局和项目用地准入门槛。

（二十三）完善土地经营权和宅基地使用权流转机制。加快推进农村土地确权登记颁证工作，鼓励地方建立健全农村产权流转市场体系，探索农户对土地承包权、宅基地使用权、集体收益分配权的自愿有偿退出机制，支持引导其依法自愿有偿转让上述权益，提高资源利用效率，防止闲置和浪费。深入推进农村土地征收、集体经营性建设用地入市、宅基地制度改革试点，稳步开展农村承包土地的经营权和农民住房财产权抵押贷款试点。

七、创新投融资机制

（二十四）深化政府和社会资本合作。进一步放宽准入条件，健全价格调整机制和政府补贴、监管机制，广泛吸引社会资本参与城市基础设施和市政公用设施建设和运营。根据经营性、准经营性和非经营性项目不同特点，采取更具针对性的政府和社会资本合作模式，加快城市基础设施和公共服务设施建设。

（二十五）加大政府投入力度。优化政府投资结构，安排专项资金重点支持农业转移人口市民化相关配套设施建设。编制公开透明的政府资产负债表，允许有条件的地区通过发行地方政府债券等多种方式拓宽城市建设融资渠道。省级政府举债使用方向要向新型城镇化倾斜。

（二十六）强化金融支持。专项建设基金要扩大支持新型城镇化建设的覆盖面，安排专门资金定向支持城市基础设施和公共服务设施建设、特色小城镇功能提升等。鼓励开发银行、农业发展银行创新信贷模式和产品，针对新型城镇化项目设计差别化融资模式与偿债机制。鼓励商业银行开发面向新型城镇化的金融服务和产品。鼓励公共基金、保险资金等参与具有稳定收益的城市基础设施项目建设和运营。鼓励地方利用财政资金和社会资金设立城镇化发展基金，鼓励地方整合政府投资平台设立城镇化投资平台。支持城市政府推行基础设施和租赁房资产证券化，提高城市基础设施项目直接融资比重。

八、完善城镇住房制度

（二十七）建立购租并举的城镇住房制度。以满足新市民的住房需求为主要出发点，建立购房与租房并举、市场配置与政府保障相结合的住房制度，健全以市场为主满足多层次需求、以政府为主提供基本保障的住房供应体系。对具备购房能力的常住人口，支持其购买商品住房。对不具备购房能力或没有购房意愿的常住人口，支持其通过住房租赁市场租房居住。对符合条件的低收入住房困难家庭，通过提供公共租赁住房或发放租赁补贴保障其基本住房需求。

（二十八）完善城镇住房保障体系。住房保障采取实物与租赁补贴相结合并逐步转向租赁补贴为主。加快推广租赁补贴制度，采取市场提供房源、政府发放补贴的方式，支持符合条件的农业转移人口通过住房租赁市场租房居住。归并实物住房保障种类。完善住房保障申请、审核、公示、轮候、复核制度，严格保障性住房分配和使用管理，健全退出机制，确保住房保障体系公平、公正和健康运行。

（二十九）加快发展专业化住房租赁市场。通过实施土地、规划、金融、税收等相关支持政策，培育专业化市场主体，引导企业投资购房用于租赁经营，支持房地产企业调整资产配置持有住房用于租赁经营，引导住房租赁企业和房地产开发企业经营新建租赁住房。支持专业企业、物业服务企业等通过租赁或购买社会闲置住房开展租赁经营，落实鼓励居民出租住房的税收优惠政策，激活存量住房租赁市场。鼓励商业银行开发适合住房租赁业务发展需要的信贷产品，在风险可控、商业可持续的原则下，对购买商品住房开展租赁业务的企业提供购房信贷支持。

（三十）健全房地产市场调控机制。调整完善差别化住房信贷政策，发展个人住房贷款保险业务，提高对农民工等中低收入群体的住房金融服务水平。完善住房用地供应制度，优化住房供应结构。加强商品房预售管理，推行商品房买卖合同在线签订和备案制度，完善商品房交易资金监管机制。进一步提高城镇棚户区改造以及其他房屋征收项目货币化安置比例。鼓励引导农民在中小城市就近购房。

九、加快推进新型城镇化综合试点

（三十一）深化试点内容。在建立农业转移人口市民化成本分担机制、建立多元化可持续城镇化投融资机制、改革完善农村宅基地制度、建立创新行政管理和降低行政成本的设市设区模式等方面加大探索力度，实现重点突破。鼓励试点地区有序建立进城落户农民农村土地承包权、宅基地使用权、集体收益分配权依法自愿有偿退出机制。有可能突破现行法规和政策的改革探索，在履行必要程序后，赋予试点地区相应权限。

（三十二）扩大试点范围。按照向中西部和东北地区倾斜、向中小城市和小城镇倾斜的原则，组织开展第二批国家新型城镇化综合试点。有关部门在组织开展城镇化相关领域的试点时，要向国家新型城镇化综合试点地区倾斜，以形成改革合力。

（三十三）加大支持力度。地方各级人民政府要营造宽松包容环境，支持试点地区发挥首创精神，推动顶层设计与基层探索良性互动、有机结合。国务院有关部门和省级人民政府要强化对试点地区的指导和支持，推动相关改革举措在试点地区先行先试，及时总结推广试点经验。各试点地区要制定实施年度推进计划，明确年度任务，建立健全试点绩效考核评价机制。

十、健全新型城镇化工作推进机制

（三十四）强化政策协调。国家发展改革委要依托推进新型城镇化工作部际联席会议制度，加强政策统筹协调，推动相关政策尽快出台实施，强化对地方新型城镇化工作的指导。各地区要进一步完善城镇化工作机制，各级发展改革部门要统筹推进本地区新型城镇化工作，其他部门要积极主动配合，共同推动新型城镇化取得更大成效。

（三十五）加强监督检查。有关部门要对各地区新型城镇化建设进展情况进行跟踪监测和监督检查，对相关配套政策实施效果进行跟踪分析和总结评估，确保政策举措落地生根。

（三十六）强化宣传引导。各地区、各部门要广泛宣传推进新型城镇化的新理念、新政策、新举措，及时报道典型经验和做法，强化示范效应，凝聚社会共识，为推进新型城镇化营造良好的社会环境和舆论氛围。

国务院办公厅关于加快培育和发展住房租赁市场的若干意见[①]

（2016年5月17日）

各省、自治区、直辖市人民政府，国务院各部委、各直属机构：

实行购租并举，培育和发展住房租赁市场，是深化住房制度改革的重要内容，是实现城镇居民住有所居目标的重要途径。改革开放以来，我国住房租赁市场不断发展，对加快改善城镇居民住房条件、推动新型城镇化进程等发挥了重要作用，但市场供应主体发育不充分、市场秩序不规范、法规制度不完善等问题仍较为突出。为加快培育和发展住房租赁市场，经国务院同意，现提出以下意见。

一、总体要求

（一）指导思想。全面贯彻党的十八大和十八届三中、四中、五中全会以及中央城镇化工作会议、中央城市工作会议精神，认真落实国务院决策部署，按照“五位一体”总体布局和“四个全面”战略布局，牢固树立和贯彻落实创新、协调、绿色、开放、共享的发展理念，以建立购租并举的住房制度为主要方向，健全以市场配置为主、政府提供基本保障的住房租赁体系。支持住房租赁消费，促进住房租赁市场健康发展。

（二）发展目标。到2020年，基本形成供应主体多元、经营服

① 《国务院办公厅关于加快培育和发展住房租赁市场的若干意见》，《中华人民共和国国务院公报》，2016年18期。

务规范、租赁关系稳定的住房租赁市场体系，基本形成保基本、促公平、可持续的公共租赁住房保障体系，基本形成市场规则明晰、政府监管有力、权益保障充分的住房租赁法规制度体系，推动实现城镇居民住有所居的目标。

二、培育市场供应主体

（三）发展住房租赁企业。充分发挥市场作用，调动企业积极性，通过租赁、购买等方式多渠道筹集房源，提高住房租赁企业规模化、集约化、专业化水平，形成大、中、小住房租赁企业协同发展的格局，满足不断增长的住房租赁需求。按照《国务院办公厅关于加快发展生活性服务业促进消费结构升级的指导意见》（国办发〔2015〕85号）有关规定，住房租赁企业享受生活性服务业的相关支持政策。

（四）鼓励房地产开发企业开展住房租赁业务。支持房地产开发企业拓展业务范围，利用已建成住房或新建住房开展租赁业务；鼓励房地产开发企业出租库存商品住房；引导房地产开发企业与住房租赁企业合作，发展租赁地产。

（五）规范住房租赁中介机构。充分发挥中介机构作用，提供规范的居间服务。努力提高中介服务质量，不断提升从业人员素质，促进中介机构依法经营、诚实守信、公平交易。

（六）支持和规范个人出租住房。落实鼓励个人出租住房的优惠政策，鼓励个人依法出租自有住房。规范个人出租住房行为，支持个人委托住房租赁企业和中介机构出租住房。

三、鼓励住房租赁消费

（七）完善住房租赁支持政策。各地要制定支持住房租赁消费的优惠政策措施，引导城镇居民通过租房解决居住问题。落实提取住房公积金支付房租政策，简化办理手续。非本地户籍承租人可按照《居住证暂行条例》等有关规定申领居住证，享受义务教育、医疗等国家规定的基本公共服务。

（八）明确各方权利义务。出租人应当按照相关法律法规和合同约定履行义务，保证住房和室内设施符合要求。住房租赁合同期限内，出租人无正当理由不得解除合同，不得单方面提高租金，不得随意克扣押金；承租人应当按照合同约定使用住房和室内设施，并按时缴纳租金。

四、完善公共租赁住房

（九）推进公租房货币化。转变公租房保障方式，实物保障与租赁补贴并举。支持公租房保障对象通过市场租房，政府对符合条件的家庭给予租赁补贴。完善租赁补贴制度，结合市场租金水平和保障对象实际情况，合理确定租赁补贴标准。

（十）提高公租房运营保障能力。鼓励地方政府采取购买服务或政府和社会资本合作（PPP）模式，将现有政府投资和管理的公租房交由专业化、社会化企业运营管理，不断提高管理和服务水平。在城镇稳定就业的外来务工人员、新就业大学生和青年医生、青年教师等专业技术人员，凡符合当地城镇居民公租房准入条件的，应纳入公租房保障范围。

五、支持租赁住房建设

（十一）鼓励新建租赁住房。各地应结合住房供需状况等因素，将新建租赁住房纳入住房发展规划，合理确定租赁住房建设规模，并在年度住房建设计划和住房用地供应计划中予以安排，引导土地、资金等资源合理配置，有序开展租赁住房建设。

（十二）允许改建房屋用于租赁。允许将商业用房等按规定改建为租赁住房，土地使用年限和容积率不变，土地用途调整为居住用地，调整后用水、用电、用气价格应当按照居民标准执行。允许将现有住房按照国家和地方的住宅设计规范改造后出租，改造中不得改变原有防火分区、安全疏散和防火分隔设施，必须确保消防设施完好有效。

六、加大政策支持力度

（十三）给予税收优惠。对依法登记备案的住房租赁企业、机构和个人，给予税收优惠政策支持。落实营改增关于住房租赁的有关政策，对个人出租住房的，由按照5%的征收率减按1.5%计算缴纳增值税；对个人出租住房月收入不超过3万元的，2017年底之前可按规定享受免征增值税政策；对房地产中介机构提供住房租赁经纪代理服务，适用6%的增值税税率；对一般纳税人出租在实施营改增试点前取得的不动产，允许选择适用简易计税办法，按照5%的征收率计算缴纳增值税。对个人出租住房所得，减半征收个人所得税；对个人承租住房的租金支出，结合个人所得税改革，统筹研究有关费用扣除问题。

（十四）提供金融支持。鼓励金融机构按照依法合规、风险可控、商业可持续的原则，向住房租赁企业提供金融支持。支持符合条件的住房租赁企业发行债券、不动产证券化产品。稳步推进房地产投资信托基金（REITs）试点。

（十五）完善供地方式。鼓励地方政府盘活城区存量土地，采用多种方式增加租赁住房用地有效供应。新建租赁住房项目用地以招标、拍卖、挂牌方式出让的，出让方案和合同中应明确规定持有出租的年限。

七、加强住房租赁监管

（十六）健全法规制度。完善住房租赁法律法规，明确当事人的权利义务，规范市场行为，稳定租赁关系。推行住房租赁合同示范文本和合同网上签约，落实住房租赁合同登记备案制度。

（十七）落实地方责任。省级人民政府要加强本地区住房租赁市场管理，加强工作指导，研究解决重点难点问题。城市人民政府对本行政区域内的住房租赁市场管理负总责，要建立多部门联合监管体制，明确职责分工，充分发挥街道、乡镇等基层组织作用，推行住房租赁网格化管理。加快建设住房租赁信息服务与监管平台，推进部门间信息共享。

（十八）加强行业管理。住房城乡建设部门负责住房租赁市场管理和相关协调工作，要会同有关部门加强住房租赁市场监管，完善住房租赁企业、中介机构和从业人员信用管理制度，全面建立相关市场主体信用记录，纳入全国信用信息共享平台，对严重失信主体实施联合惩戒。公安部门要加强出租住房治安管理和住房租赁当事人居住登记，督促指导居民委员会、村民委员会、物业服务企业以及其他管理单位排查安全隐患。各有关部门要按照职责分工，依法查处利用出租住房从事违法经营活动。

各地区、各有关部门要充分认识加快培育和发展住房租赁市场的重要意义，加强组织领导，健全工作机制，做好宣传引导，营造良好环境。各地区要根据本意见，研究制定具体实施办法，落实工作责任，确保各项工作有序推进。住房城乡建设部要会同有关部门对本意见落实情况进行督促检查。

公安部关于城镇暂住人口管理的暂行规定①

（1985 年 7 月 13 日）

随着我国经济体制改革和对外开放、对内搞活方针的贯彻实施，商品生产迅速发展，商品流通越来越活，地区之间、城乡之间的人口流动量越来越多。为了适应形势发展需要，方便群众生活，保障暂住人口的合法利益，维护社会秩序，现依照《中华人民共和国户口登记条例》规定的精神，对城镇暂住人口的管理暂作如下规定：

一、健全城市暂住人口管理制度。留宿暂住人口的单位和居民要严格执行户口登记条例的规定，做到来人登记，走人注销，公安派出所应进行严密管理。对留宿在单位内部的暂住人口，可由所在单位的人事、保卫部门负责登记管理，公安派出所负责督促检查。

对暂住时间拟超过三个月的十六周岁以上的人，须申领《暂住证》。对外来开店、办厂、从事建筑安装、联营运输、服务行业的暂住时间较长的人，采取雇用单位和常住户口所在地主管部门管理相结合的办法，按照户口登记机关的规定登记造册，由所在地公安派出所登记为寄住户口，发给《寄住证》。

二、建立集镇暂住人口登记管理制度。对本乡镇以外的人来集镇拟暂住三日以上的，由留宿暂住人口的户主或者本人向公安派出所或户籍办公室申报暂住登记，离开时申报注销。暂住拟超过三个月的十六周岁以上的人，须申领《暂住证》。对从事建筑、运输、

① 《公安部关于城镇暂住人口管理的暂行规定》，《中华人民共和国国务院公报》，1985 年 26 期。

包工等集体暂住时间较长的人，由这些单位的负责人登记造册，及时报送公安派出所或户籍办公室，登记为寄住户口，发给《寄住证》。

城市、集镇凡领取《暂住证》、《寄住证》的，均须同时交纳工本费。

三、暂住人口需要租赁房屋的，必须凭原单位或常住户口所在地乡镇人民政府的证明，由房主带领房客到当地公安派出所申报登记。对来历不明的人，房主不得擅自出租住房。

四、旅店业要严格执行旅客住宿登记制度。公安机关要加强监督、检查和治安管理。

五、正在劳动改造或劳动教养的人，因病因事请假回城镇暂住的，应凭所在劳动改造机关、劳动教养机关的证明，当日到住地户口登记机关申报暂住登记，离开时申报注销。

六、城乡居民和机关团体、企业事业单位以及各种经济组织都应自觉遵守和维护户口登记制度。

对违反暂住人口管理规定的，主管公安机关可护照《中华人民共和国治安管理处罚条例》的规定，视情节轻重，给予处罚。对窝藏、包庇犯罪分子的，依法严肃处理。

七、城镇公安派出所、户籍办公室，办理户口登记的工作人员对来申报登记的人要热情接待，随来随办，方便群众。

城市公有房屋管理规定①

（1994年3月23日中华人民共和国建设部令第34号发布 自1994年4月1日起施行）

第一章　总则

第一条　为加强城市公有房屋的管理，保障城市公有房屋所有人和使用人的合法权益，制定本规定。

第二条　本规定适用于直辖市、市、建制镇公有房屋的管理。

第三条　本规定所称公有房屋系指国有房屋和集体所有的房屋。

第四条　国家机关、社会团体、企事业单位及军队管理的国有房屋属于国家财产，由国家授权的单位（以下简称产权人）依法行使经营和管理的权利并承担相应的义务。

集体所有的房屋，由集体组织（以下简称产权人）依法行使经营和管理的权利并承担相应的义务。

公有房屋产权人同时享有相应的土地使用权。

第五条　公有房屋的经营和管理要逐步实现社会化、专业化。产权人可以委托物业管理公司等代为经营和管理。

第六条　房屋产权人和使用人对所管理和使用的房屋负有保护责任。任何单位和个人都不得侵占、损坏公有房屋，不得利用公有房屋获取非法利益。

第七条　国务院建设行政主管部门主管全国城市公有房屋的管理工作。

① 《城市公有房屋管理规定》，住建部网站，1994年3月23日。

省、自治区建设行政主管部门主管本行政区域内城市公有房屋的管理工作。

县级以上城市人民政府房地产行政主管部门主管本行政区域内城市公有房屋的管理工作。

第二章　所有权登记

第八条　公有房屋实行所有权登记制度。公有房屋所有权的合法凭证是《房屋所有权证》、《房屋共有权证》。

第九条　公有房屋产权人应当在规定期限内，到房屋所在地房地产行政主管部门办理所有权登记手续，经审查合格后领取《房屋所有权证》。

共有房屋由房屋共有人共同申请所有权登记，领取《房屋共有权证》。

第十条　公有房屋所有权转移、房屋状况变动和房屋灭失的，公有房屋产权人应当在规定期限内到房屋所在地房地产行政主管部门办理所有权转移、房屋状况变动和房屋灭失登记。

第十一条　办理公有房屋所有权登记、所有权转移登记和房屋状况变动登记手续时，应当按照下列要求提交证明文件：

（一）新建、改建和扩建的房屋，应当提交立项、规划、用地和建设等部门的批准文件和证件；

（二）购买的房屋，应当提交原《房屋所有权证》、买卖合同和批准买卖的文件；

（三）划拨的房屋，应当提交原《房屋所有权证》和划拨的有关文件；

（四）赠与的房屋，应当提交原《房屋所有权证》、有关批准文件、赠与合同和公证书；

（五）交换的房屋，应当提交双方的《房屋所有权证》和双方签订的交换合同。

第十二条　公有房屋设定抵押等他项权，应当到房地产行政主管部门办理他项权登记，领取《房屋他项权证》。

第十三条　严禁涂改、伪造公有《房屋所有权证》、《房屋共有权证》、《房屋他项权证》。

遗失《房屋所有权证》、《房屋共有权证》、《房屋他项权证》，应当向房屋所在地房地产行政主管部门申请补发。

第三章　使用

第十四条　公有房屋的产权人和使用人应当按照房屋的用途合理使用房屋，不得擅自改变房屋的用途。确需改变用途的，应当依照有关规定办理审批手续。

第十五条　公有房屋可以通过调整、交换等方式，促进合理使用。

繁华地区适宜做商业、服务业使用的房屋，应当逐步安排用于商业、服务业。

第十六条　交换公有房屋使用权，应当遵循有利生产、方便生活的原则，由交换双方签订书面协议。

交换房屋使用权，使用人必须征得产权人的同意。产权人应当支持使用人的合理要求。

第十七条　房屋使用人应当合理用房，不得无故闲置不用。对无正当理由闲置六个月以上不用的住宅，房屋产权人可以收回其使用权。

第十八条　对具有重要历史意义、文化艺术和科学价值的公有房屋，产权人和使用人应当予以保护，不得擅自改变原状。

第十九条　公有房屋管理中涉及异产毗连的，其使用管理按照有关规定执行。

第四章　租赁

第二十条　公有住房的租赁必须执行国家和房屋所在地城市人民政府规定的租赁政策和租金标准。

经营性房屋的租赁，由租赁双方协商议定租赁价格。

第二十一条　经营性房屋的租赁，出租人和承租人应当签订书面租赁协议，明确租赁期限、使用性质和租赁价格，规定双方的权利和义务。出租人和承租人应当持租赁协议，到房地产行政主管部门办理审核手续。

第二十二条　承租人必须按期交纳租金，不得拖欠。拖欠租金的，出租人可以按规定收取滞纳金。

第二十三条　出租公有住房及其附属设施的自然损坏或其他属于出租人修缮范围的，出租人应当负责修复。承租人发现房屋损坏，应及时报修，出租人应在规定期限内修复。因承租人过错造成房屋及其附属设施损坏的，由承租人修复或赔偿。

第二十四条　出租经营性房屋的修缮责任，由租赁双方在协议中议定。

第二十五条　承租人应当爱护并合理使用所承租的房屋及附属设施，不得私自拆改、扩建或增添。确需变动时，必须征得出租人同意，并签订书面协议。

第二十六条　承租人有下列行为之一的，出租人有权终止租赁合同，收回房屋，并可索赔损失：

（一）将承租的房屋擅自转租的；

（二）擅自转让、转借他人或擅自调换使用的；

（三）擅自改变房屋用途的；

（四）无正当理由拖欠房租累计六个月以上的；

（五）住宅用房无正当理由闲置六个月以上的；

（六）利用承租房屋进行非法活动的；

（七）故意损坏公有房屋的；

（八）擅自买卖公有房屋使用权的；

（九）其他严重损害出租人权益的。

第二十七条　租赁期满后，承租人应当返还房屋。如需继续使用，应当在租赁期满前重新签订租赁协议。

出租人在租赁期满前必须收回房屋时，应事先商得承租人同意，并赔偿承租人的损失；收回住宅用房的，同时要作好承租人的住房安置。

第二十八条　承租住宅用房的，承租人在租赁期限内死亡，其共同居住两年以上的家庭成员愿意继续履行原契约的，可以办理更名手续。

第二十九条　在租赁期限内，房屋产权人转让房屋所有权，原租赁协议继续履行。

第三十条　租赁的公有房屋大修或者改造时，承租人应当配合，在租赁期限内，房屋大修或者改造后原租赁关系不变。

第五章　买卖

第三十一条　公有房屋的买卖，买卖双方必须持有房屋所在地城市人民政府规定的证明文件。

任何单位或个人不得擅自买卖公有房屋。

第三十二条　公有房屋买卖时，应当根据国家规定进行房地产价格评估。

第三十三条　公有房屋买卖必须经过交易审核后，方可办理所有权登记。

第三十四条　出售公有房屋所得价款应当按照国家有关规定使用。

第三十五条　国有房屋实行有偿转让，不得无偿划拨，国家另有规定的除外。

第三十六条　出售共有房屋时，房屋共有人有优先购买权。

出售出租公有房屋时，承租人有优先购买权。

第三十七条　公有房屋出售给外国人的，应当符合涉外房屋买卖的有关规定。

第六章　修缮

第三十八条　维修养护公有房屋及其附属设施是公有房屋产权人的责任。维修养护共有房屋及其附属设施是房屋共有人的责任。

产权人与使用人分离的，应当在协议中明确修缮责任。

第三十九条　修缮责任人应当对房屋及其附属设施进行定期检查、修缮，保证其正常使用和安全。

修缮责任人没有履行修缮责任的，房地产行政主管部门应当责令修缮责任人进行修缮。

第四十条　公有房屋的修缮应当执行国家和地方的法规、政策和标准。

第四十一条　公有危险房屋的鉴定、修复和拆除应当按照有关规定执行。

第四十二条　公有房屋修缮所需资金，应当按照现行财务制度和有关规定分别列支，严禁挪用。

第七章　法律责任

第四十三条　违反本规定，有下列行为之一的，由房屋所在地县级以上城市人民政府房地产行政主管部门对责任者给予行政处罚：

（一）伪造、涂改房屋所有权证书的，注销其证书，并处以房产价值1%以下的罚款；

（二）不按期申报办理所有权登记的，责令限期补办手续，并可处以房产价值1%以下的罚款；

（三）强占房屋的，责令其限期迁出，赔偿损失，并可处以该房屋强占期间租金总额5倍以下的罚款；

（四）故意损坏、危害公有房屋造成损失的，责令其赔偿损失，并可处以造成财产损失5倍以下的罚款；

（五）擅自提高公有住房租金标准的，没收非法所得，并可处以非法所得5倍以下的罚款；

（六）擅自买卖公房的，经审查允许买卖的，责令其补办手续，缴纳税费，并对卖方处以买卖金额5%以下的罚款；经审查不允许买卖的，买卖合同无效，对卖方处以买卖金额10%以下的罚款；

擅自买卖公房使用权的，买卖合同无效，没收其非法所得，并对卖方处以买卖金额20%以下的罚款；

（七）擅自转租公有住房的，转租协议无效，收回房屋，没收其非法所得，并可处以转租人转租租金总额5倍以下的罚款；

（八）因公有房屋修缮责任人失职，给他人造成财产损失或人身伤亡的，责令赔偿损失，并对修缮责任人处以房产价值5%～10%的罚款。

第四十四条　违反本规定，情节严重、构成犯罪的，由司法机关依法追究刑事责任。

第四十五条　房地产行政管理部门工作人员以权谋私、贪污受贿的，由所在机关给予行政处分。情节严重、构成犯罪的，由司法机关依法追究刑事责任。

第四十六条　因公有房屋所有权登记、使用、租赁、买卖、修缮等发生纠纷时，当事人可向房屋所在地房地产行政主管部门申请调处、仲裁，也可以向人民法院起诉。

第四十七条　当事人对行政处罚决定不服的，可以依照《中华人民共和国行政诉讼法》的有关规定，申请行政复议或向人民法院起诉。逾期不申请复议，也不向人民法院起诉，又不履行处罚决定的，由作出处罚决定的机关申请人民法院强制执行。

第八章　附则

第四十八条　未设镇建制的工矿区、国有农场、林场等公有房屋的管理，参照本规定执行。

第四十九条　省、自治区、直辖市人民政府可根据本规定制定实施细则。

第五十条　本规定由建设部负责解释。

第五十一条　本规定自一九九四年四月一日起施行。

城市房屋租赁管理办法[①]

（1995年5月9日中华人民共和国建设部令第42号发布
自1995年6月1日起施行）

第一章　总则

第一条　为加强城市房屋租赁管理，维护房地产市场秩序，保障房屋租赁当事人的合法权益，根据《中华人民共和国城市房地产管理法》，制定本办法。

第二条　本办法适用于直辖市、市、建制镇的房屋租赁。

第三条　房屋所有权人将房屋出租给承租人居住或提供给他人从事经营活动及以合作方式与他人从事经营活动的，均应遵守本办法。

承租人经出租人同意，可以依照本办法将承租房屋转租。

第四条　公民、法人或其它组织对享有所有权的房屋和国家授权管理和经营的房屋可以依法出租。

第五条　房屋租赁当事人应当遵循自愿、平等、互利的原则。

第六条　有下列情形之一的房屋不得出租：

（一）未依法取得房屋所有权证的；

（二）司法机关和行政机关依法裁定、决定查封或者以其他形式限制房地产权利的；

（三）共有房屋未取得共有人同意的；

（四）权属有争议的；

① 《城市房屋租赁管理办法》，住建部网站，1995年5月9日。

（五）属于违法建筑的；

（六）不符合安全标准的；

（七）已抵押，未经抵押权人同意的；

（八）不符合公安、环保、卫生等主管部门有关规定的；

（九）有关法律、法规规定禁止出租的其他情形。

第七条　住宅用房的租赁，应当执行国家和房屋所在地城市人民政府规定的租赁政策。

租用房屋从事生产、经营活动的，由租赁双方协商议定租金和其它租赁条款。

第八条　国务院建设行政主管部门主管全国城市房屋租赁管理工作。

省、自治区建设行政主管部门主管本行政区域内城市房屋租赁管理工作。

直辖市、市、县人民政府房地产行政主管部门（以下简称房地产管理部门）主管本行政区域内的城市房屋租赁管理工作。

第二章　租赁合同

第九条　房屋租赁，当事人应当签订书面租赁合同。租赁合同应当具备以下条款：

（一）当事人姓名或者名称及住所；

（二）房屋的座落、面积、装修及设施状况；

（三）租赁用途；

（四）租赁期限；

（五）租金及交付方式；

（六）房屋修缮责任；

（七）转租的约定；

（八）变更和解除合同的条件；

（九）当事人约定的其它条款。

第十条　房屋租赁期限届满，租赁合同终止。承租人需要继续租用的，应当在租赁期限届满前 3 个月提出，并经出租人同意，重新签订租赁合同。

第十一条　租赁期限内，房屋出租人转让房屋所有权的，房屋受让人应当继续履行原租赁合同的规定。

出租人在租赁期限内死亡的，其继承人应当继续履行原租赁合同。

住宅用房承租人在租赁期限内死亡的，其共同居住两年以上的家庭成员可以继续承租。

第十二条　有下列情形之一的，房屋租赁当事人可以变更或者解除租赁合同：

（一）符合法律规定或者合同约定可以变更或解除合同条款的；

（二）因不可抗力致使合同不能继续履行的；

（三）当事人协商一致的。

因变更或者解除租赁合同使一方当事人遭受损失的，除依法可以免除责任的以外，应当由责任方负责赔偿。

第三章　租赁登记

第十三条　房屋租赁实行登记备案制度。

签订、变更、终止租赁合同的，当事人应当向房屋所在地直辖市、市、县人民政府房地产管理部门登记备案。

第十四条　房屋租赁当事人应当在租赁合同签订后 30 日内，

持本办法第十五条规定的文件到直辖市、市、县人民政府房地产管理部门办理登记备案手续。

第十五条　申请房屋租赁登记备案应当提交下列文件：

（一）书面租赁合同；

（二）房屋所有权证书；

（三）当事人的合法证件；

（四）城市人民政府规定的其他文件。

出租共有房屋，还须提交其他共有人同意出租的证明。

出租委托代管房屋，还须提交委托代管人授权出租的证明。

第十六条　房屋租赁申请经直辖市、市、县人民政府房地产管理部门审查合格后，颁发《房屋租赁证》。

县人民政府所在地以外的建制镇的房屋租赁申请，可由直辖市、市、县人民政府房地产管理部门委托的机构审查，并颁发《房屋租赁证》。

第十七条　《房屋租赁证》是租赁行为合法有效的凭证。租用房屋从事生产、经营活动的，《房屋租赁证》作为经营场所合法的凭证。租用房屋用于居住的，《房屋租赁证》可作为公安部门办理户口登记的凭证之一。

第十八条　严禁伪造、涂改、转借、转让《房屋租赁证》。遗失《房屋租赁证》应当向原发证机关申请补发。

第四章　当事人的权利和义务

第十九条　房屋租赁当事人按照租赁合同的约定，享有权利，并承担相应的义务。

出租人在租赁期限内，确需提前收回房屋时，应当事先商得承租人同意，给承租人造成损失的，应当予以赔偿。

第二十条　出租人应当依照租赁合同约定的期限将房屋交付承租人，不能按期交付的，应当支付违约金；给承租人造成损失的，应当承担赔偿责任。

第二十一条　出租住宅用房的自然损坏或合同约定由出租人修缮的，由出租人负责修复。不及时修复，致使房屋发生破坏性事故，造成承租人财产损失或者人身伤害的，应当承担赔偿责任。

租用房屋从事生产、经营活动的，修缮责任由双方当事人在租赁合同中约定。

第二十二条　承租人必须按期缴纳租金，违约的，应当支付违约金。

第二十三条　承租人应当爱护并合理使用所承租的房屋及附属设施，不得擅自拆改、扩建或增添。确需变动的，必须征得出租人的同意，并签订书面合同。

因承租人过错造成房屋损坏的，由承租人负责修复或者赔偿。

第二十四条　承租人有下列行为之一的，出租人有权终止合同，收回房屋，因此而造成损失的，由承租人赔偿：

（一）将承租的房屋擅自转租的；

（二）将承租的房屋擅自转让、转借他人或擅自调换使用的；

（三）将承租的房屋擅自拆改结构或改变用途的；

（四）拖欠租金累计六个月以上的；

（五）公有住宅用房无正当理由闲置六个月以上的，

（六）利用承租房屋进行违法活动的；

（七）故意损坏承租房屋的；

（八）法律、法规规定其他可以收回的。

第二十五条　以营利为目的，房屋所有权人将以划拨方式取得使用权的国有土地上建成的房屋出租的，应当将租金中所含土地收益上缴国家。土地收益的上缴办法，应当按照财政部《关于国有土地使用权有偿使用收入征收管理的暂行办法》和《关于国有土地使用权有偿使用收入若干财政问题的暂行规定》的规定，由直辖市、市、县人民政府房地产管理部门代收代缴。国务院颁布新的规定时，从其规定。

第五章　转租

第二十六条　房屋转租，是指房屋承租人将承租的房屋再出租的行为。

第二十七条　承租人在租赁期限内，征得出租人同意，可以将承租房屋的部分或全部转租给他人。

出租人可以从转租中获得收益。

第二十八条　房屋转租，应当订立转租合同。转租合同必须经原出租人书面同意，并按照本办法的规定办理登记备案手续。

第二十九条　转租合同的终止日期不得超过原租赁合同规定的终止日期，但出租人与转租双方协商约定的除外。

第三十条　转租合同生效后，转租人享有并承担转租合同规定的出租人的权利和义务，并且应当履行原租赁合同规定的承租人的义务，但出租人与转租双方另有约定的除外。

第三十一条　转租期间，原租赁合同变更、解除或者终止，转租合同也随之相应的变更、解除或者终止。

第六章　法律责任

第三十二条　违反本办法有下列行为之一的，由直辖市、市、县人民政府房地产管理部门对责任者给予行政处罚；

（一）伪造、涂改《房屋租赁证》的，注销其证书，并可处以罚款；

（二）不按期申报、领取《房屋租赁证》的，责令限期补办手续，并可处以罚款；

（三）未征得出租人同意和未办理登记备案手续，擅自转租房屋的，其租赁行为无效，没收非法所得，并可处以罚款。

第三十三条　违反本办法，情节严重、构成犯罪的，由司法机关依法追究刑事责任。

第三十四条　房屋租赁管理工作人员徇私舞弊、贪污受贿的，由所在机关给予行政处分；情节严重、构成犯罪的，由司法机关依法追究刑事责任。

第七章　附则

第三十五条　未设镇建制的工矿区、国有农场、林场等房屋租赁，参照本办法执行。

第三十六条　省、自治区建设行政主管部门、直辖市人民政府房地产管理部门可以根据本办法制定实施细则。

第三十七条　本办法由建设部负责解释。

第三十八条　本办法自 1995 年 6 月 1 日起施行。

居住证暂行条例[①]

（2015年10月21日国务院第109次常务会议通过

自2016年1月1日起施行）

第一条　为了促进新型城镇化的健康发展，推进城镇基本公共服务和便利常住人口全覆盖，保障公民合法权益，促进社会公平正义，制定本条例。

第二条　公民离开常住户口所在地，到其他城市居住半年以上，符合有合法稳定就业、合法稳定住所、连续就读条件之一的，可以依照本条例的规定申领居住证。

第三条　居住证是持证人在居住地居住、作为常住人口享受基本公共服务和便利、申请登记常住户口的证明。

第四条　居住证登载的内容包括：姓名、性别、民族、出生日期、公民身份号码、本人相片、常住户口所在地住址、居住地住址、证件的签发机关和签发日期。

第五条　县级以上人民政府应当建立健全为居住证持有人提供基本公共服务和便利的机制。县级以上人民政府发展改革、教育、公安、民政、司法行政、人力资源社会保障、住房城乡建设、卫生计生等有关部门应当根据各自职责，做好居住证持有人的权益保障、服务和管理工作。

第六条　县级以上人民政府应当将为居住证持有人提供基本公共服务和便利的工作纳入国民经济和社会发展规划，完善财政转移

① 《居住证暂行条例》，《中华人民共和国国务院公报》，2016年01期。

支付制度，将提供基本公共服务和便利所需费用纳入财政预算。

第七条　县级以上人民政府有关部门应当建立和完善人口信息库，分类完善劳动就业、教育、社会保障、房产、信用、卫生计生、婚姻等信息系统以及居住证持有人信息的采集、登记工作，加强部门之间、地区之间居住证持有人信息的共享，为推进社会保险、住房公积金等转移接续制度，实现基本公共服务常住人口全覆盖提供信息支持，为居住证持有人在居住地居住提供便利。

第八条　公安机关负责居住证的申领受理、制作、发放、签注等证件管理工作。

居民委员会、村民委员会、用人单位、就读学校以及房屋出租人应当协助做好居住证的申领受理、发放等工作。

第九条　申领居住证，应当向居住地公安派出所或者受公安机关委托的社区服务机构提交本人居民身份证、本人相片以及居住地住址、就业、就读等证明材料。

居住地住址证明包括房屋租赁合同、房屋产权证明文件、购房合同或者房屋出租人、用人单位、就读学校出具的住宿证明等；就业证明包括工商营业执照、劳动合同、用人单位出具的劳动关系证明或者其他能够证明有合法稳定就业的材料等；就读证明包括学生证、就读学校出具的其他能够证明连续就读的材料等。

未满16周岁的未成年人和行动不便的老年人、残疾人等，可以由其监护人、近亲属代为申领居住证。监护人、近亲属代为办理的，应当提供委托人、代办人的合法有效身份证件。

申请人及相关证明材料出具人应当对本条规定的证明材料的真实性、合法性负责。

对申请材料不全的，公安派出所或者受公安机关委托的社区服务机构应当一次性告知申领人需要补充的材料。

对符合居住证办理条件的，公安机关应当自受理之日起 15 日内制作发放居住证；在偏远地区、交通不便的地区或者因特殊情况，不能按期制作发放居住证的，设区的市级以上地方人民政府在实施办法中可以对制作发放时限作出延长规定，但延长后最长不得超过 30 日。

第十条　居住证由县级人民政府公安机关签发，每年签注 1 次。

居住证持有人在居住地连续居住的，应当在居住每满 1 年之日前 1 个月内，到居住地公安派出所或者受公安机关委托的社区服务机构办理签注手续。

逾期未办理签注手续的，居住证使用功能中止；补办签注手续的，居住证的使用功能恢复，居住证持有人在居住地的居住年限自补办签注手续之日起连续计算。

第十一条　居住证损坏难以辨认或者丢失的，居住证持有人应当到居住地公安派出所或者受公安机关委托的社区服务机构办理换领、补领手续。

居住证持有人换领新证时，应当交回原证。

第十二条　居住证持有人在居住地依法享受劳动就业，参加社会保险，缴存、提取和使用住房公积金的权利。县级以上人民政府及其有关部门应当为居住证持有人提供下列基本公共服务：

（一）义务教育；

（二）基本公共就业服务；

（三）基本公共卫生服务和计划生育服务；

（四）公共文化体育服务；

（五）法律援助和其他法律服务；

（六）国家规定的其他基本公共服务。

第十三条　居住证持有人在居住地享受下列便利：

（一）按照国家有关规定办理出入境证件；

（二）按照国家有关规定换领、补领居民身份证：

（三）机动车登记；

（四）申领机动车驾驶证；

（五）报名参加职业资格考试、申请授予职业资格；

（六）办理生育服务登记和其他计划生育证明材料；

（七）国家规定的其他便利。

第十四条　国务院有关部门、地方各级人民政府及其有关部门应当积极创造条件，逐步扩大为居住证持有人提供公共服务和便利的范围，提高服务标准，并定期向社会公布居住证持有人享受的公共服务和便利的范围。

第十五条　居住证持有人符合居住地人民政府规定的落户条件的，可以根据本人意愿，将常住户口由原户口所在地迁入居住地。

第十六条　居住地人民政府应当根据下列规定确定落户条件：

（一）建制镇和城区人口 50 万以下的小城市的落户条件为在城市市区、县人民政府驻地镇或者其他建制镇有合法稳定住所。

（二）城区人口 50 万至 100 万的中等城市的落户条件为在城市有合法稳定就业并有合法稳定住所，同时按照国家规定参加城镇社会保险达到一定年限。其中，城市综合承载能力压力小的地方，可以参照建制镇和小城市标准，全面放开落户限制；城市综合承载能力压力大的地方，可以对合法稳定就业的范围、年限和合法稳定住所的范围、条件等作出规定，但对合法稳定住所不得设置住房面积、金额等要求，对参加城镇社会保险年限的要求不得超过 3 年。

（三）城区人口100万至500万的大城市的落户条件为在城市有合法稳定就业达到一定年限并有合法稳定住所，同时按照国家规定参加城镇社会保险达到一定年限，但对参加城镇社会保险年限的要求不得超过5年。其中，城区人口300万至500万的大城市可以对合法稳定就业的范围、年限和合法稳定住所的范围、条件等作出规定，也可结合本地实际，建立积分落户制度。

（四）城区人口500万以上的特大城市和超大城市应当根据城市综合承载能力和经济社会发展需要，以具有合法稳定就业和合法稳定住所、参加城镇社会保险年限、连续居住年限等为主要指标，建立完善积分落户制度。

第十七条　国家机关及其工作人员对在工作过程中知悉的居住证持有人个人信息，应当予以保密。

第十八条　有下列行为之一的，由公安机关给予警告、责令改正，处200元以下罚款，有违法所得的，没收违法所得：

（一）使用虚假证明材料骗领居住证；

（二）出租、出借、转让居住证；

（三）非法扣押他人居住证。

第十九条　有下列行为之一的，由公安机关处200元以上1000元以下罚款，有违法所得的，没收违法所得：

（一）冒用他人居住证或者使用骗领的居住证；

（二）购买、出售、使用伪造、变造的居住证。

伪造、变造的居住证和骗领的居住证，由公安机关予以收缴。

第二十条　国家机关及其工作人员有下列行为之一的，依法给予处分；构成犯罪的，依法追究刑事责任：

（一）符合居住证申领条件但拒绝受理、发放；

（二）违反有关规定收取费用；

（三）利用制作、发放居住证的便利，收受他人财物或者谋取其他利益；

（四）将在工作中知悉的居住证持有人个人信息出售或者非法提供给他人；

（五）篡改居住证信息。

第二十一条　首次申领居住证，免收证件工本费。换领、补领居住证，应当缴纳证件工本费。办理签注手续不得收取费用。

具体收费办法由国务院财政部门、价格主管部门制定。

第二十二条　设区的市级以上地方人民政府应当结合本行政区域经济社会发展需要及落户条件等因素，根据本条例制定实施办法。

第二十三条　本条例自 2016 年 1 月 1 日起施行。本条例施行前各地已发放的居住证，在有效期内继续有效。

报刊摘要

▼

深化投资和金融体制的改革，适时稳步地发展长期资金市场——中国投资学会第二次理论讨论会综述

（石逸，《中国金融》，1987 年 12 期）

1978 年后，随着城市投融资问题的不断暴露以及投融资改革的推进，发展资本市场，以资本市场为主要融资渠道成为必然。关于建立怎样的资本市场，国内学者讨论激烈，1987 年 10 月，中国投资学会在烟台举行了一次理论讨论会，与会者对资本市场建立的必要性、现实条件、运作机制等展开了充分的讨论，这篇综述文章全面展示了与会专家的观点。

关于长期资金市场建立的必要性，学者列出了五类观点，即市场共生说、投资主体说、投资决策职能分解说、融资行为制衡说、宏观经济和微观经济结合点说。例如，融资行为制衡说认为，促使各种融资主体通过市场来筹集资金、运用资金，才能使各种融资行为接受同一社会尺度的检验和制约，强化融资者的效益观念、风险观念、时效观念、竞争观念，从融资行为上来医治我国长期存在的“投资饥饿症”，实现从外部用行政手段控制到内在经济利益制约

的转变。宏观经济和微观经济结合点说认为，投资是一个影响生产力布局、产业结构、技术创新、市场总供给总需求平衡的宏观经济问题，要靠“有形的手”来控制和调节；投资是微观经济单位从社会取得生产要素的基本渠道和基本方式，投资的实现和效益，要靠微观经济单位去实现，而微观经济单位又容易接受“无形的手”的调节。建立和发展长期资金市场，是国家控制市场、市场支配企业的最好途径，是宏观与微观经济之间最为有效的结合点。

学者们认为，要从商品经济的内在规律和中国的特有国情来理解和发展中国式长期资金市场模式和运作机制，简单照搬外国的做法是不会成功的。并从融资主体、融资手段层面开出了中国式药方。如，区分融资主体提出三元市场结构、二元市场结构、一元市场结构三种模式。其中，二元市场结构模式将投资分为营利性和非营利性两类，营利性投资以信用融资为主，非营利性投资以有限责任融资为主，代表国家的投资机构是这部分市场的主体。区分融资手段上也提出三种模式，分别是：以债券市场为主体，股票市场和长期借贷市场为辅助形式的长期资金市场；以股票市场为主体，有限制地发行国债，适当地发展企业债券；以长期借贷市场为主，债券市场和股票市场并重。

论城市土地使用制度改革

（王先进，《中国土地科学》，1988 年 02 期）

城市土地使用制度，是旧经济管理体制中最僵化死板、最无视经济规律的。国家无偿划拨使用，使用者不得以任何形式转移。禁锢土地流动，束缚生产力发展，同时，国家的土地所有权在经济上不能实现，是名义上的。

城市土地使用制度改革，有其一系列独特之处：

——不是发展多种所有形式，而是在单一的土地国有制前提下，将土地使用权分离出来商品化，进入市场按地租规律、价值规律流转。

——不是在强化使用权的同时相应弱化所有权，而是都强化，所有权强化一是在经济上得以充分体现，二是对土地利用从宏观上、微观上有效地调控和管制。

——不是市场机制满覆盖，而是不完全市场形态，不仅不存在土地买卖市场，土地使用权的流动也不是完全的市场化，某些特定用途的土地仍将是无偿划拨。

改革的格局是两种有偿使用形式并存。按年收取地租即土地使用费这种形式，应尽快在全国各城镇、工矿区普遍推行。一次收取整个出租年期地租的形式，近期内只宜在少数条件具备的城市推行。

从“使用费”到“年租金”
——抚顺市实行国有土地租赁制的发展历程

（田雪杨、朱道林，《中国土地》，2004 年 06 期）

随着国有土地有偿使用制度改革的不断深入，以收取土地年租金的形式实现国有土地的有偿使用，是近年来我国土地市场发展趋势。对此，业内人士从理论基础和现实意义两个方面都给予了充分肯定，并认为其代表了我国深化土地使用制度改革的方向。抚顺市从 20 世纪 80 年代初就开征了土地使用费，到目前基本实行了土地租赁制，其发展过程基本反映了我国土地有偿使用的变迁历程。

公私伙伴关系（PPP）的概念、起源、特征与功能

（贾康、孙洁，《财政研究》，2009 年 10 期）

公私伙伴关系（Public-Private-Partnerships，PPP）已经被广泛应用到各种公共产品和服务的提供当中，但人们对其认识一般仍然停留在融资层面。本文从管理视角概括PPP概念，并从其起源、特征和功能层面力求较全面地认识PPP，认为其在经济社会转轨中对于促进制度、机制创新的意义和功能特别值得强调。PPP作为一种新型的管理模式，它不仅具备管理的一般职能，还兼有融资、利用新技术和机制创新的职能，这是一般管理所不具备的。在PPP初起之时，人们就是把PPP当作一种融资的形式。随着对PPP认识的不断深入，对PPP的管理模式概念有必要加以强调并使人们所认知。

户籍制度改革与城乡社会福利制度统筹

（蔡昉，《经济学动态》，2010 年 12 期）

本文在一个政治经济学的理论框架下，尝试从城乡社会福利制度的层面上理解户籍制度，回顾了户籍制度改革的整个历程，特别对 2004 年以来改革的最新进展做出描述和剖析。本文揭示，在中

国经济迎来刘易斯转折点，即劳动力作为生产要素出现稀缺现象之后，对户籍制度改革的需求更加强烈，而各级政府进行改革也具有了激励更加相容的条件，因此可以预期一个更为彻底的改革。同时，本文也针对目前一些地方的改革试验，揭示其尚存的局限性和需要突破的方面，提出了相应的政策建议。

1984年，大连首开“蓝印户口”先河

（张玮，《中国户籍制度改革地方实践的时空演进模式及其启示》，《人口研究》，2011年09期）

1984年，国务院批准兴办大连市经济技术开发区，大连首开“蓝印户口”先河，通过推行蓝印户口给予外来人才以本地市民的待遇，希望以此留住人才、发展经济。拥有蓝印户口的人，在教育、计划生育、医疗卫生、就业、申领营业执照等方面，基本上可以享受与当地常住城镇居民户口人员同等的待遇。同时，经过一定年限，蓝印户口还可以申请转变为正式户口。当时，在大连“蓝皮户口”（暂住）人员在经济开发区内工作4年，便可转为“红皮户口”（常住）。

20世纪90年代初，为了缓解“农转非”指标过少和大量农村人口要求进城落户的矛盾，公安部于1992年颁布《关于实行当地有效城镇居民户口制度的通知》，蓝印户口正式出现。此后迎来蓝印户口政策推广高潮，1993年，沈阳、营口、厦门颁布相关政策。紧接着，上海、昆明、南京、深圳、武汉等地也纷纷加入。到了1998年，杭州、青岛和广州也位列其中。

2002年，深圳与上海人才居住证制度探索

（张玮，《中国户籍制度改革地方实践的时空演进模式及其启示》，《人口研究》，2011年09期）

21世纪初，人才居住证制度首先兴起于深圳和上海两市。2002年1月，深圳市人民政府印发《深圳市办理人才居住证若干规定的通知》，根据通知规定，人才是指国内非深圳户籍人口被本市用人单位聘用到专业技术岗位或管理岗位上工作，并具备下列条件之一的人员：（1）具有高级专业技术资格；（2）具有高级技师技术等级；（3）具有硕士研究生毕业以上学历。持证人享有的待遇包括：（1）其未成年子女入幼儿园、中小学就读免缴借读费，并可以报考重点中学的高中部；（2）可办理综合医疗保险；（3）可申请租用市、区住宅部门开发的全成本价安居房或社会微利价安居房。

2002年4月，上海市人民政府发布第122号令，制定了《引进人才实行〈上海市居住证〉制度暂行规定》。根据规定，具有本科以上学历或者特殊才能的国内外人员，以不改变其户籍或者国籍的形式来本市工作或者创业的，可以依据本规定申领《上海市居住证》。持证人享有的待遇包括：（1）申请子女在义务教育和高中教育阶段就读及参加高考；（2）参加本市基本养老保险和基本医疗保险并在本市缴存和使用住房公积金；（3）接受行政机关聘用；（4）创办企业、从事科技活动申报科技奖励、参加任职和职业资格评定和考试与登记、申报专利奖励、办理因私出国手续、兑换外汇、办理居留签注和签证等。

就制度的内容而言，深圳市规定的人才居住证的申办条件高，

持证人享有的待遇少，而上海市则相反。相较之下，上海市人才居住证制度更具有优势，加之上海市具有更强的影响力，上海居住证制度迅速扩散到了全国多个地区，成为绝大多数地区制定这一制度的“蓝本”。

就人才居住证的申办条件而言，包括珠海、南昌、沈阳、厦门、长沙、杭州、东莞、成都等城市以及广东省在内的绝大多数地区与上海市规定的“具有本科以上学历或者特殊才能”类似，仅对该条件进行了细化。在一些中小城市，为引进和留住人才，则设置略低的人才居住证的申办条件。

“土地财政”：分析及出路

（贾康、刘微，《财政研究》，2012 年 01 期）

“土地财政”不是单纯的“财政问题”；但是，财税领域的有效制度供给不足又确实是土地生财格局失衡及“土地财政”屡遭诟病的重要原因。本文从分析“土地财政”伴随的畸重畸轻格局与引发的问题切入，分析财政制度供给不足的相关情况，提出应规范土地生财机制的命题，强调需要优化土地收入结构，通过制度建设和综合施治，改变土地出让收入机制并加强相关的科学化、精细化预算管理，深化相关财税改革（包括在不动产保有环节征收房地产税等），使地方“土地生财”机制长期可持续地服务于经济社会发展全局。

中国住房保障制度体系的总体设计

（倪鹏飞，《价格理论与实践》，2013 年 04 期）

住房是人类最基本的需求，也是人类生存应该有的基本权利，政府有责任对自身无法实现基本住房需求的家庭，提供住房保障。本文在分析目前住房保障存在的问题的基础上，对中国住房保障的基本制度、管理体制、运行机制、配套制度进行了系统的设计，最后提出了住房保障制度体系建设的“时间表”和“路线图”。

土地财政：历史、逻辑与抉择

（赵燕菁，《城市发展研究》，2014 年 01 期）

土地财政是中国城市化启动的关键制度，对于城市化原始资本的积累起到重要作用。土地财政也带来资源浪费、金融风险和贫富分化等一系列问题。简单地放弃土地财政并转向税收，可能带来一系列风险。土地财政不应简单放弃，而应随着城市化的推进、完成而不断升级乃至逐渐退出。在此之前，土地财政不应轻言放弃。保障房制度，可以利用土地财政为劳动力的城市化提供原始资本。本文试图以“信用”为主线，重新评价“土地财政”的功过，思考完全抛弃“土地财政”可能带来的风险，探讨改进“土地财政”的可行路径。

中国土地制度问题与改革

（刘守英，《国际经济评论》，2014 年 03 期）

在妨碍城乡发展一体化的体制中，城乡二元土地制度是影响城乡平等发展的最重要制度安排。这一制度的基本特征是：城乡二元的土地权利体系；城乡土地拥有不同的配置方式；土地增值收益在城乡之间分配严重不公；土地管制缺陷造成城乡不平等发展。由此带来一系列严重问题：农地转用一律实行征地，城乡一体化形成土地国有化；土地城镇化与人口城镇化不匹配；集体建设用地合法市场通道基本关闭，农村发展空间压缩；宅基地法律规定滞后于现实，既不利于农民实现宅基地财产权，也不利于土地管理；土地增值收益城乡分配不合理程度加剧。改革二元土地制度结构、促进城乡一体化发展，需从以下方面着手：改革权利不平等的城乡二元土地所有制结构；建立城乡统一的建设用地市场；切实推进征地制度改革；改革和完善宅基地制度；建立公平共享的土地增值收益分配制度；推进城乡结接部地区的土地制度创新。

坚定不移走中国特色新型城镇化道路

（徐绍史，《人民日报》，2014 年 3 月 17 日）

有序推进农业转移人口市民化，统筹推进户籍制度改革和基本公共服务均等化。按照尊重意愿、自主选择，因地制宜、分步推进，存量优先、带动增量的原则，以农业转移人口为重点，兼顾高校和职业技术院校毕业生、城镇间异地就业人员和城区城郊农业人口，促进有能力在城镇稳定就业和生活的常住人口有序实现市民化。全面放开建制镇和小城市落户限制，有序放开城区人口 50 万—100 万的城市落户限制，合理放开城区人口 100 万—300 万的大城市落户限制，合理确定城区人口 300 万—500 万的大城市落户条件，严格控制城区人口 500 万以上的特大城市人口规模，到 2020 年努力实现 1 亿左右农业转移人口和其他常住人口在城镇落户。加快推进基本公共服务均等化，努力实现城镇义务教育、就业服务、基本养老、基本医疗、保障性住房等基本公共服务覆盖城镇常住人口。

新型城镇化建设的五大任务

（徐宪平，《中国发展观察》，2014 年 4 月 21 日）

有序推进农业转移人口市民化。目前，我国城镇常住人口中有 2 亿多农民工及其随迁家属。农民工已经成为中国产业工人的主体，但他们未能享受城镇居民的待遇，城镇内部出现了新的二元结构矛盾，也带来农村留守儿童、妇女和老人突出的问题，给经济和社会发展造成一些风险隐患。要按照尊重意愿、自主选择、因地制宜、分类推进、存量优先、带动增量的原则，以农业转移人口为重点兼顾其他常住人口，统筹户籍制度改革和基本公共服务均等化，把促进有能力在城镇稳定就业和生活的常住人口有序地实现市民化作为首要任务。一方面通过实施差别化的落户政策，全面放开建制镇和小城市落户限制，有序放开城区人口 50 万—100 万的城市落户限制，合理放开城市人口 100 万—300 万的大城市的落户限制，合理确定城区人口300万—500万的大城市的落户条件，严格控制城区人口500万以上的特大城市的人口规模。到2020年努力实现1亿左右农业转移人口和其他常住人口在城镇落户。2014年我们要求各类城镇要因地制宜地制定农业转移人口落户的具体标准，特大城市要实行居民制，并向社会公开、公布，引导农业转移人口和他们的预期。另一方面要通过建立居住证制度，以居住证为载体，与居住年限等条件挂钩，稳步推进城镇的义务教育、就业服务、基本养老、基本医疗、保障性住房等公共服务，覆盖城镇常住人口。

深化财税体制改革 建立现代财政制度

（楼继伟，《求是》，2014年20期）

现代财政制度在体系上应建立全面规范、公开透明的预算制度，公平统一、调节有力的税收制度，中央和地方事权与支出责任相适应的制度；在功能上要坚持公共财政的定位，体现市场在资源配置中起决定作用和更好发挥政府作用的要求，不“越位”、不“缺位”，发挥财政制度稳定经济、提供公共服务、调节分配、保护环境、维护国家安全等方面的职能；在机制上应符合国家治理体系与治理能力现代化的新要求，形成公开透明、权责对等、有效制衡、运行高效、可问责、可持续的制度安排。

中国住房发展与制度改革的目标取向
——建立城乡一体的中国住房体系

（倪鹏飞，《天津社会科学》，2015 年 03 期）

住房关乎人类生存和发展，住房制度对住房问题的解决发挥着基础性和决定性的作用。目前我国农村住房大量空置，城镇住房供应总体不足，农村和城镇内部均面临住房分布严重不均的局面。我国城乡住房制度存在严重的分割和不足，尽管农村住房制度曾经适应过去的国情，城镇住房制度自改革开放以来也进行了多次改革，但都已难以适应未来城乡一体、城市中国的发展目标。应通过构建城乡一体的住房制度体系、住房供应体系、住房基本制度和配套制度，政府与市场相结合，共同推动我国住房制度改革和住房市场发展。

地票制度实验与效果

（黄奇帆，《学习时报》，2015 年 05 期）

党的十八届三中全会提出建立城乡统一的建设用地市场。2015 年 1 月，中央就农村土地征收，集体经营性建设用地入市，宅基地制度改革试点等工作发布了指导意见。这是推进新一轮农村土地制度改革的顶层设计。近年来，重庆市按照中央赋予统筹城乡综合配套改革试验区的要求，探索建立地票交易制度并付诸实践，受到社会广泛关注。

改革开放后的第一次城市会议
——1978 年全国第三次城市工作会议

（王黎锋，《中国共产党历史上召开的历次城市工作会议》，《党史博采（纪实）》，2016 年 07 期）

党的十一届三中全会作出把党的工作重心转移到社会主义现代化建设上来的战略决策。此后，中央加强了对城市经济工作的领导。改革开放伊始，国务院就在北京召开了全国第三次城市工作会议，就城市发展制定了一系列的方针、政策。这次会议是城市建设历史性转折的一个新起点。

1978 年 4 月，党中央批转了这次会议制定的《关于加强城市建设工作的意见》（以下简称《意见》）。《意见》指出，党的十一届三中全会以来，我国城市进入了一个新的发展阶段。随着改革、开放和城乡经济的迅速发展，城镇数量大幅度增加，开始进入依照城市规划进行建设的科学轨道，城市建设出现了新中国成立以来从未有过的好形势。各级政府加强了对城市建设工作的领导，建成了一大批住宅和城市基础设施骨干工程，不同程度地改善了投资环境和生活环境，城市面貌有了较大改善。同时也必须看到，目前城市建设中仍然存在着很多突出问题，与发展经济和不断改善人民生活的要求不相适应。城市建设工作必须按照建设具有中国特色的社会主义的要求和对内搞活经济、对外实行开放的方针，努力同我国经济、社会发展和整个经济体制改革的进程相适应，保持一个稳定、合理的发展速度。

《意见》明确了城市建设的七项任务：提高对城市和城市建设重要性的认识，坚持城市建设与经济协调发展；建立合理的城镇体系，走有计划发展的道路；搞好城市规划，加强规划管理；改革城市建设体制，增强活力，提高效益；加强城市基础设施建设，创造良好的投资环境和生活环境；管好用好城市建设资金，充分发挥投资效益；城市政府要集中力量搞好城市的规划、建设和管理。

其对城市建设的重要意义还在于：一是提出了控制大城市规模、发展中小城镇的城市工作基本思路，首次明确了应“提高对城市和城市建设重要性的认识”，指出城市是我国经济、政治、科学、技术、文化、教育的中心，在社会主义现代化建设中起着主导作用。城市建设是形成和完善城市多种功能、发挥城市中心作用的基础性工作。这一定位表明中央对城市工作的重视程度与前两次城市工作会议已不可等量齐观。二是首次将城市发展规划定义为刚性规划，规定城市规划一经批准，必须认真执行，不得随意改变，基本建立了此后 30 多年时间中城市规划的基本架构。三是协调了“骨头”和“肉”的关系，规定在 47 个城市试行从上年工商利润中提取 5%作为城市维护和建设资金，首次为城市建设建立了稳定的资金渠道。

进一步深化住房制度改革

（秦虹，《学习时报》，2017 年 12 月 27 日）

经过长期努力，中国特色社会主义进入了新时代，我国社会主要矛盾已经转化为人民日益增长的美好生活需要和不平衡不充分的发展之间的矛盾。社会主要矛盾变化要求我们着力在发展上提质量和补短板。在住房发展方面，就是要深化住房制度改革，按照中央经济工作会议提出的要求，加快建立多主体供应、多渠道保障、租购并举的住房制度。发展住房租赁市场特别是长期租赁，保护租赁利益相关方合法权益，支持专业化、机构化住房租赁企业发展。完善促进房地产市场平稳健康发展的长效机制，保持房地产市场调控政策连续性和稳定性，分清中央和地方事权，实行差别化调控。

著作介绍

▼

《中国户籍制度改革》

（殷志静、郁奇虹著，中国政法大学出版社 1996 年出版）

为了对中国户籍制度改革有科学的、总体的把握，作者先后走访了与户籍制度改革紧密相关的国务院十六个部门，相继到户籍制度改革或领先一步、或难度较大、又具有鲜明地方特色的包括京津沪在内的十八个省市区进行调研，召开了近百次关于户籍制度改革的研讨会、座谈会。本书凝结了他们大量的关于户籍制度改革的心血与智慧。为了使户籍制度改革思想更具系统性和科学性，使之操作性更强，作者又在大量阅读和借鉴古今中外户籍管理成功经验的基础上充实了相应的内容，使本书更具实际意义和理论色彩。

《中国：国家发展与地方财政》

（黄佩华等 著，中信出版社 2003 年出版）

2000 年开始，黄佩华带领世界银行组织的工作小组，在河北、甘肃以及湖南和江苏进行了一些实地研究，对地方政府的财政情况、公共设施和公共服务尤其是基础教育和医疗等做了深入考察，得出了一系列颇具研究和政策价值的发现，并提出了一整套具有操作性的建议。本书最主要的成果是，分税制改革是一个不完整的集权化改革，因为中央政府在集中地方财权的同时，并没有集中由地方政府执行的支出责任，即地方政府的事权。诸如农村基础教育、医疗卫生以及社会保障等开支巨大的事权仍然留在地方，这就造成了财权和事权的不对等。这种状况可以通过两个途径来解决，一个当然是上收这些支出责任到省级或中央政府，另一个是中央政府通过财政转移支付的办法，补贴地方政府对这些支出责任的开支。

《地方政府与地方财政建设》

（沙安文、沈春丽主编，中信出版社 2005 年出版）

本书是“中国财政部、加拿大国际开发署和世界银行学院财政培训项目”在云南大理举行的“地方财政建设国际研讨班”论文集。在本书中，国内外财政专家分析了地方政府的责任与组织、地方财政与预算管理、中央政府与地方政府间的财政转移支付政策、地方政府的资本投入和筹资、城市和农村公共服务的提供，以及地方政府的绩效监管等问题；深入探讨了中国尤其是中国西部省市和广大农村地区地方政府管理与财政建设的改革内容和方向。

《公私合作制的中国试验》

（余晖、秦虹主编，世纪出版集团 2005 年出版）

本书是国内第一份关注中国公用事业发展的研究报告，从理论和国际比较的视野介绍了公私合作制的经济和法律框架，回顾了国内十几年来公私合作制的实施进展及其经验教训，对市政公用事业发展的前景进行了预测，进而提出了完善正式制度的政策思路。推行公私合作制的直接动因来自财政压力、垄断势力和低效率，深层动因来自公用事业部门的两难选择。如何有效率地提供普遍服务，既能保障公共产品的公共性质，又能够促使企业通过利润改善提高效率，是各国在公用事业部门制度改革过程中面临的困境。公私合作制便成为各国公用事业部门改革实践中的一种尝试。

《城市基础设施投融资制度演变与创新》

（何佰洲、郑边江著，知识产权出版社 2006 年出版）

本书以制度为主线，运用制度经济学的相关理论，系统研究了我国城市建设起步阶段和转轨阶段基础设施投融资制度的演变与创新。本书认为，我国基础设施投融资模式的创新，其根本含义是由计划经济向市场经济的制度转变，新型投融资方式对原有制度体系产生了影响，这就需要一个良好的制度环境来保护这些新型的投融资方式得以正常运作，因此，需要完善相应的制度保障。然后，文章从理论上对基础设施投融资制度创新问题进行了全面的探讨，从树立企业的投资主体地位，到基础设施主权制度的变迁，以及基础设施投融资管理体制的演变，描述了我国城市基础设施投融资制度从计划到市场的变迁轨迹，提出了构建三层次基础设施投融资管理体制的思路。鉴于位于中间层次的地方政府融资平台的重要性，本书在最后一部分对地方投融资平台的构建方案进行了全面的设计，将理论思想转化为现实工具，增强了实用性。

《财政转移支付和政府间事权财权关系研究》

（卢中原编，中国财政经济出版社 2007 年出版）

地方政府的投融资行为归根结底取决于财权事权是否匹配。本书是中国国务院发展研究中心宏观经济研究部与日本财务省综合政策研究室的合作研究成果，共分两篇，第一篇是财政转移支付研究，第二篇是政府间事权和财权关系研究。每篇报告都出自行业资深专家，代表当时研究的高度，对于了解地方政府投资行为成因具有重要价值。

《城镇基础设施投融资》

（祁玉清著，社会科学文献出版社 2019 年出版）

本书从理论、政策、实务三个角度，重点分析了城镇基础设施的市场特征和投融资特性，论述了改革开放以来，我国建立的市场化城镇基础设施投融资体系，匹配不同需求的多元化、多层次投融资工具，以及实践运用的投融资模式，为提高城镇基础设施领域的资金配置效率、服务水平和风险治理能力提供了理论基础。主要内容包括：我国城镇基础设施投资总体情况，投融资体制变化特点，城镇基础设施多层次融资市场及融资渠道分析，包括企业债、公司债券、非金融企业债务融资工具、信托等融资工具等，保险资金、产业投资基金在基础设施建设中的作用和发展，新金融监管政策影响。地方平台公司发展与转型，政府与社会资本合作在城镇基础设施中的应用，典型案例的融资模式、物有所值和财政承受能力分析等。

重要文献索引

▼

政策文件

《国务院批转全国城市规划工作会议纪要》,《中华人民共和国国务院公报》，1980 年 20 期。

《中共中央、国务院关于地市州党政机关机构改革若干问题的通知》，中国改革信息库，1983 年 2 月 15 日。

《国务院关于农民进入集镇落户问题的通知》,《中华人民共和国国务院公报》，1984 年 26 期。

《中共中央关于科学技术体制改革的决定》,《中华人民共和国国务院公报》，1985 年 09 期。

《国务院关于加强城市建设工作的通知》,《中华人民共和国国务院公报》，1987 年 13 期。

《国务院关于印发在全国城镇分期分批推行住房制度改革实施方案的通知》,《中华人民共和国国务院公报》，1988 年 06 期。

《国务院办公厅关于转发国务院住房制度改革领导小组鼓励职工购买公有旧住房意见的通知》,《中华人民共和国国务院公报》，1988 年 06 期。

《国务院关于批准国家高新技术产业开发区和有关政策规定的通

知》，《中华人民共和国国务院公报》，1991 年 09 期。

《国务院办公厅转发国务院住房制度改革领导小组关于全面推进城镇住房制度改革意见的通知》，《中华人民共和国国务院公报》，1991 年 46 期。

《国务院关于严格审批和认真清理各类开发区的通知》，《中华人民共和国国务院公报》，1993 年 11 期。

《国务院批转民政部关于调整设市标准的报告》，《中华人民共和国国务院公报》，1993 年 12 期。

《中共中央关于建立社会主义市场经济体制若干问题的决定》，《中华人民共和国国务院公报》，1993 年 28 期。

《建设部关于印发〈建设部 1994 年实施“安居工程”意见〉的通知》，《中国房地产》，1994 年 07 期。

《国务院关于深化城镇住房制度改革的决定》，《中国房地产》，1994 年 10 期。

《国务院办公厅关于转发国务院住房制度改革领导小组国家安居工程实施方案的通知》，《中华人民共和国国务院公报》，1995 年 03 期。

《国务院办公厅转发国家教委等部门关于加快解决教职工住房问题意见的通知》，《中华人民共和国国务院公报》，1995 年 07 期。

《国家高新技术产业开发区外高新技术企业认定条件和办法》，《中华人民共和国国务院公报》，1996 年 15 期。

《中共中央、国务院关于进一步加强土地管理切实保护耕地的通知》，《中华人民共和国国务院公报》，1997 年 16 期。

《国务院批转公安部小城镇户籍管理制度改革试点方案和关于完善农村户籍管理制度意见的通知》，《中华人民共和国国务院公报》，1997 年 20 期。

《中国人民银行关于加大住房信贷投入支持住房建设与消费的通知》,《城市开发》,1998年06期。

《中共中央、国务院关于促进小城镇健康发展的若干意见》,《中华人民共和国国务院公报》,2000年24期。

《国务院住房制度改革领导小组、建设部、国家税务局关于印发〈城镇住宅合作社管理暂行办法〉的通知》,中华人民共和国住房和城乡建设部网站,2001年3月6日。

《建设部关于制止贱价出售公有住房的紧急通知》,住建部网站,2001年10月23日。

《建设部、全国总工会关于印发解决城镇居住特别困难户住房问题的若干意见的通知》,住建部网站,2001年10月29日。

《国家高新技术产业开发区高新技术企业认定条件和办法》,《中华人民共和国国务院公报》,2001年11期。

《国务院批转公安部关于推进小城镇户籍管理制度改革意见的通知》,《中华人民共和国国务院公报》,2001年15期。

《国务院关于加强国有土地资产管理的通知》,《中华人民共和国国务院公报》,2001年19期。

《国家计委关于印发促进和引导民间投资的若干意见的通知》,《中华人民共和国国务院公报》,2002年26期。

《国务院办公厅关于做好农民进城务工就业管理和服务工作的通知》,《中华人民共和国国务院公报》,2003年05期。

《中国人民银行关于进一步加强房地产信贷业务管理的通知》,《中华人民共和国国务院公报》,2003年09期。

《关于进一步加强与规范各类开发区规划建设管理的通知》,上海市人民政府网站,2003年9月2日。

《国务院办公厅关于清理整顿各类开发区加强建设用地管理的通知》,《中华人民共和国国务院公报》，2003年25期。

《国务院关于促进房地产市场持续健康发展的通知》,《中华人民共和国国务院公报》，2003年27期。

《中共中央关于完善社会主义市场经济体制若干问题的决定》,《中华人民共和国国务院公报》，2003年34期。

《关于清理整顿现有各类开发区的具体标准和政策界限的通知》，商务部网站，2004年3月5日。

《国土资源部、监察部关于继续开展经营性土地使用权招标拍卖挂牌出让情况执法监察工作的通知》,《国土资源通讯》，2004年05期。

《国务院关于加大工作力度进一步治理整顿土地市场秩序的紧急通知》，自然资源部网站，2004年9月30日。

《国务院关于深化改革严格土地管理的决定》,《中华人民共和国国务院公报》，2004年35期。

《国务院办公厅转发建设部等部门关于做好稳定住房价格工作意见的通知》,《中华人民共和国国务院公报》，2005年19期。

《国务院关于解决农民工问题的若干意见》,《中华人民共和国农业部公报》，2006年04期。

《商业银行房地产贷款风险管理指引》，中国政府网，2006年6月30日。

《国务院办公厅转发建设部等部门关于调整住房供应结构稳定住房价格意见的通知》,《中华人民共和国国务院公报》，2006年19期。

《中共中央、国务院批准〈第二次城市工作会议纪要〉》，中国经济网，2007年6月12日。

《国务院关于解决城市低收入家庭住房困难的若干意见》,《中华人民共和国国务院公报》，2007年26期。

《国务院办公厅关于促进房地产市场健康发展的若干意见》，中国政府网，2008年12月23日。

《全面推进城市和国有工矿棚户区改造》，住建部网站，2010年1月14日。

《关于加强经济适用住房管理有关问题的通知》，住建部网站，2010年4月27日。

《关于加快发展公共租赁住房的指导意见》，住建部网站，2010年6月13日。

《关于保障性安居工程资金使用管理有关问题的通知》，中国政府网，2010年11月16日。

《关于加强保障性安居工程质量管理的通知》，住建部网站，2011年5月20日。

《国务院关于印发投资管理体制近期改革方案的通知》，中国政府网，2011年9月1日。

《国务院办公厅关于保障性安居工程建设和管理的指导意见》，中国政府网，2011年9月30日。

《国务院办公厅关于积极稳妥推进户籍制度改革的通知》，《中华人民共和国国务院公报》2012年07期。

《关于开展各类开发区清理整改前期工作的通知》，中国政府网，2012年12月28日。

《国务院关于促进海关特殊监管区域科学发展的指导意见》，《中华人民共和国国务院公报》，2012年32期。

《国务院关于加快棚户区改造工作的意见》，中国政府网，2013年7月12日。

《国务院办公厅关于进一步加强棚户区改造工作的通知》，2014 年 8 月 4 日。

《国务院办公厅关于促进国家级经济技术开发区转型升级创新发展的若干意见》，中国政府网，2014 年 11 月 21 日。

《国务院关于进一步推进户籍制度改革的意见》，《中华人民共和国国务院公报》，2014 年 22 期。

《住房城乡建设部关于加快培育和发展住房租赁市场的指导意见》，住建部网站，2015 年 1 月 14 日。

《住房城乡建设部、财政部、人民银行关于放宽提取住房公积金支付房租条件的通知》，住建部网站，2015 年 1 月 29 日。

《发展改革委、国土资源部环境保护部、住房城乡建设部关于促进国家级新区健康发展的指导意见》，中国政府网，2015 年 4 月 15 日。

《国务院关于继续积极稳妥地进行城镇住房制度改革的通知》，中国政府网，2015 年 12 月 20 日。

《国务院关于进一步做好城镇棚户区和城乡危房改造及配套基础设施建设有关工作的意见》，《中华人民共和国国务院公报》，2015 年 20 期。

《国务院办公厅关于印发加快海关特殊监管区域整合优化方案的通知》，《中华人民共和国国务院公报》，2015 年 26 期。

《国务院关于深入推进新型城镇化建设的若干意见》，《中华人民共和国国务院公报》，2016 年 06 期。

《国务院办公厅关于加快培育和发展住房租赁市场的若干意见 》，《中华人民共和国国务院公报》，2016 年 06 期。

《国务院关于加强城市建设工作的通知》，中国政府网，2016 年 10 月 19 日。

《国务院办公厅关于完善国家级经济技术开发区考核制度促进创新驱动发展的指导意见》,《中华人民共和国国务院公报》,2016 年 11 期。

《科技部、财政部、国家税务总局关于修订印发〈高新技术企业认定管理办法〉的通知》,《中华人民共和国国务院公报》,2016 年 15 期。

《国务院办公厅关于加快培育和发展住房租赁市场的若干意见》,《中华人民共和国国务院公报》,2016 年 18 期。

《国务院办公厅关于印发推动 1 亿非户籍人口在城市落户方案的通知》,《中华人民共和国国务院公报》,2016 年 30 期。

《国务院办公厅关于促进开发区改革和创新发展的若干意见》,《中华人民共和国国务院公报》,2017 年 06 期。

《关于在人口净流入的大中城市加快发展住房租赁市场的通知》,住建部网站,2017 年 7 月 20 日。

《国务院关于河北雄安新区总体规划(2018—2035 年)的批复》,《中华人民共和国国务院公报》,2019 年 02 期。

《国务院关于促进综合保税区高水平开放高质量发展的若干意见》,《中华人民共和国国务院公报》,2019 年 05 期。

《国务院关于推进国家级经济技术开发区创新提升打造改革开放新高地的意见》,《中华人民共和国国务院公报》,2019 年 16 期。

《国务院办公厅关于完善建设用地使用权转让、出租、抵押二级市场的指导意见》,《中华人民共和国国务院公报》,2019 年 21 期。

《国务院办公厅关于支持国家级新区深化改革创新加快推动高质量发展的指导意见》,中国政府网,2020 年 1 月 17 日。

《国务院关于促进国家高新技术产业开发区高质量发展的若干意见》,《中华人民共和国国务院公报》,2020 年 21 期。

《民政部、国家发展和改革委员会关于印发〈“十四五”民政事业发展规划〉的通知》，中国政府网，2021年6月18日。

《国家发展改革委印发关于进一步做好基础设施领域不动产投资信托基金（REITs）试点工作的通知》，国家发改委网站，2021年7月8日。

《国务院办公厅关于加快发展保障性租赁住房的意见》，《中华人民共和国国务院公报》，2021年20期。

法律规章

《国务院发布〈中华人民共和国国务院关于经济特区和沿海十四个港口城市减征、免征企业所得税和工商统一税的暂行规定〉的通知》，《中华人民共和国国务院公报》，1984年28期。

《国务院关于行政区划管理的规定》，《中华人民共和国国务院公报》，1985年03期。

《城市商品房预售管理办法》，《中国房地产》，1995年01期。

《关于颁布〈个人住房贷款管理办法〉的通知》，中国人民银行网站，1998年5月9日。

《建设部、国务院住房制度改革领导小组、财政部关于印发〈城镇经济适用住房建设管理办法〉的通知》，住建部网站，2001年8月21日。

《建设部、发展改革委、监察部、财政部、国土资源部、人民银行、税务总局关于印发〈经济适用住房管理办法〉的通知》，中国政府网，2007年12月1日。

《行政区划管理条例》，《中华人民共和国国务院公报》，2018年32期。

《中华人民共和国土地管理法》，法律出版社，2019年版。

《行政区划管理条例实施办法》,《中华人民共和国国务院公报》,2020年08期。

《中华人民共和国城市房地产管理法》,法律出版社,2022年版。

期刊文章

石逸,《深化投资和金融体制的改革,适时稳步地发展长期资金市场——中国投资学会第二次理论讨论会综述》,《中国金融》,1987年12期。

王先进,《论城市土地使用制度改革》,《中国土地科学》,1988年第2期。

周一星、于艇,《对我国城市发展方针的讨论》,《城市规划》,1988年03期。

周兆熊、杨林才,《洪庙乡农民集资建镇的尝试》,《财经研究》,1989年03期。

周一星,《论中国城市发展的规模政策》,《管理世界》,1992年06期。

徐安达,《中国农民第一城——龙港》,《中外房地产导报》,1997年17期。

余化良、黄公度,《世纪丰碑"沙角B"》,《开放导报》,2000年04期。

陈岩松、王巍,《关于城市经营的研究与思考》,《城市规划》,2002年02期。

王勇、李广斌、钱新强,《国内城市经营研究综述》,《城市问题》,2004年01期。

田雪杨、朱道林,《从"使用费"到"年租金"——抚顺市实行国有土地租赁制的发展历程》,《中国土地》, 2004 年 06 期。

田丽红、李国军、崔玉彬,《论杭州湾跨海大桥项目的运作模式》,《石家庄铁道学院学报》, 2005 年S1 期。

贾康、孙洁,《公私伙伴关系(PPP)的概念、起源、特征与功能》,《财政研究》, 2009 年 10 期。

贾康、刘微,《"土地财政": 分析及出路》,《财政研究》2012 年 01 期。

赵先立、李子君,《地铁经济中的公私合作——北京地铁 4 号线项目的运营、经验和意义》,《城市观察》, 2012 年 05 期。

邓全伦,《重庆土地生意》,《时代周报》, 2013 年 3 月 22 日。

周溪舞,《沙角B电厂的建厂模式》, 政协深圳市委员会, 2013 年 4 月 23 日。

赵燕菁,《土地财政: 历史、逻辑与抉择》,《城市发展研究》, 2014 年 01 期。

刘守英,《中国城乡二元土地制度的特征、问题与改革》,《国际经济评论》, 2014 年 03 期。

楼继伟,《深化财税体制改革　建立现代财政制度》,《求是》, 2014 年 20 期。

黄奇帆,《地票制度实验与效果》,《学习时报》, 2015 年 05 期。

江宜航,《农村集体经营性建设用地入市破冰——浙江德清敲下农村集体经营性建设用地入市第一槌》,《中国经济时报》, 2015 年 9 月 9 日。

刘金君,《"中国农民第一城" 崛起之原因探析》,《第一届罗山人文学术研讨会会议论文集》, 2016 年 5 月 18 日。

王黎锋,《中国共产党历史上召开的历次城市工作会议》,《党史博采（纪实）》，2016 年 07 期。

图书著作

《当代中国》丛书编辑部编，《当代中国的固定资产投资管理》，北京：中国社会科学出版社，1989 年版。

曹尔阶、李敏新、王国强著，《新中国投资史纲》，北京：中国财政经济出版社，1992 年版。

殷志静、郁奇虹著，《中国户籍制度改革》，北京：中国政法大学出版社，1996 年版。

E. S. 萨瓦斯著，周志忍等译，《民营化与公私部门的伙伴关系》，北京：中国人民大学出版社，2002 年版。

黄佩华等著，《中国：国家发展与地方财政》，北京：中信出版社，2003 年版。

刘维新著，《中国城镇发展与土地利用》，北京：商务印书馆，2003 年版。

沙安文、沈春丽主编，《地方政府与地方财政建设》，北京：中信出版社，2005 年版。

余晖、秦虹主编，《公私合作制的中国试验》，上海：上海人民出版社，2005 年版。

何佰洲、郑边江著，《城市基础设施投融资制度演变与创新》，北京：知识产权出版社，2006 年版。

卢中原主编，《财政转移支付和政府间事权财权关系研究》，北京：中国财政经济出版社，2007 年版。

中共广东省委党史研究室编著，《中共广东历史简明读本》，广州：广东省出版集团、广东人民出版社，2011 年版。

赵福军、汪海著，《中国PPP理论与实践研究》，北京：中国财政经济出版社，2015 年版。

中国城市和小城镇改革发展中心编，《中国城镇化进程中的土地管理制度改革》，北京：社会科学文献出版社，2019 年版。

祁玉清著，《城镇基础设施投融资：理论、政策与实务》，北京：社会科学文献出版社，2019 年版。

中国城市改革与发展大事记

▼

1978 年

3 月 6 日，国务院在北京召开了全国第三次城市工作会议，就城市发展制定了一系列的方针、政策。会议通过了《关于加强城市建设工作的意见》，明确在全国 47 个城市试行从上年工商利润中提取 5%作为城市维护和建设资金，首次为城市建设建立了稳定的资金渠道，成为我国城市建设上的一个新起点。

9 月 7 日，国家建委召开的城市住宅建设工作会议启动了住房商品化改革探索。

1979 年

7 月 1 日，五届全国人大二次会议通过《中华人民共和国中外合资经营企业法》，提出对中外合营企业征收土地使用费。

8 月 28 日，国务院批准国家计委、国家建委、财政部《关于基本建设投资实行贷款办法的报告》，这一改革迈出了我国城市建设投融资市场化改革的重要一步，对我国投资体制改革乃至经济体制改革都产生了重要的影响。

1980 年

3 月 2—11 日，全国城市房产住宅工作会议明确指出，要结合落实城市私房政策，鼓励私人建房。

4 月 2 日，邓小平发表《关于建筑业和住宅问题的谈话》，提出建筑业是国民经济支柱产业和住房制度改革的构想。

6 月 22 日，中共中央、国务院批转国家建委党组《全国基本建设工作会议汇报提纲》，宣布我国将实行住房商品化政策。

7 月 26 日，国务院颁布《关于中外合营企业建设用地的暂行规定》，对中外合营企业用地场地使用费的计算、水平、具体标准确定以及使用费的投资方式等进行详细规定。

9 月 3 日，公安部、国家粮食局、国家人事局联合颁发《关于解决部分专业技术干部的农村家属迁往城镇由国家供应粮食问题的规定》，允许高级专业技术干部，有重大发明创造，在科研、技术以及专业工作上有特殊贡献的专业技术干部的家属迁往城镇落户。

10 月 5—15 日，国家建设委员会在北京召开全国城市规划工作会议，提出关于征收城镇土地使用费的方案。

12 月 9 日，国务院批转《全国城市规划工作会议纪要》，明确指出“控制大城市规模，合理发展中等城市，积极发展小城市，是我国城市发展的基本方针”。

1981 年

1 月 14 日，国务院发布《关于同意浙江省将吴兴等五县并入湖州等五市给浙江省人民政府的批复》，批准浙江省吴兴、嘉兴、绍兴、金华、衢县 5 地撤县设市试验。

12月24日，广东省人大常委会颁布《深圳经济特区土地管理暂行规定》，规定自1982年1月1日起各类用地的使用年限及各类用地每年必须缴纳的土地使用费标准。

1982年

12月4日，五届全国人大五次会议通过新修订的《中华人民共和国宪法》，其中第十条第一款明确规定城市的土地属于国家所有，第四款规定任何组织或者个人不得侵占、买卖或者以其他形式非法转让土地。

1983年

2月15日，中共中央、国务院印发《关于地市州党政机关机构改革若干问题的通知》，提出通过地市合并等方式积极推行市领导县体制。

3月6日，辽宁省抚顺市颁布《征收土地使用费的暂行办法》，为计费方便，决定从1984年1月1日起全面征收土地使用费。

5月18日，民政部和劳动人事部向国务院提交《关于地市机构改革中的几个重要问题的请示报告》，肯定了撤县设市模式，提出县改市的具体标准（内部掌握），并首次使用地级市和县级市表述。

6月4日，城乡建设环境保护部发布《城镇个人建造住宅管理办法》，第一次在经济运行体系和法制领域载入了私人建房的规章制度，赋予了私人建房以合法性。

1984年

1月1日，中共中央印发《关于一九八四年农村工作的通知》，决定省级行政单位可选若干集镇进行试点，允许务工、经商、办服务业的农民自理口粮到集镇落户，实质上是允许农村劳动力自由流动。

5月4日，中共中央、国务院批转《沿海部分城市座谈会纪要》，提出要兴办新的经济技术开发区。

10月11日，国务院批转城乡建设环境保护部《关于扩大城市公有住宅补贴出售试点的报告》，指出全面改革城市现行住房制度，扩大公有住宅补贴出售试点。

10月13日，国务院颁布《关于农民进入集镇落户问题的通知》，允许到集镇务工、经商、办服务业的农民和家属只要具备一定条件就可在集镇落户，口粮自理，这是我国开展户籍制度改革的第一个规范性文件，标志着严格的二元户籍制度开始松动。

10月24日，党的十二届三中全会通过《中共中央关于经济体制改革的决定》，明确公共设施建设是地方政府的主要职能之一，对地方政府加强基础设施建设和改善投资环境发挥了积极的指导作用。

11月15日，国务院发布《关于经济特区和沿海十四个港口城市减征、免征企业所得税和工商统一税的暂行规定》。

12月14日，国家计委、财政部、中国人民建设银行发布《关于国家预算内基本建设投资全部由拨款改为贷款的暂行规定》，确定从1985年起全面推行“拨改贷”，称为“财政预算基本建设贷款”。这是基本建设管理体制的一项重大改革。

1985年

1月15日，国务院发布《关于行政区划管理的规定》。

2月8日，国务院颁布《中华人民共和国城市维护建设税暂行条例》，取消1979年开征的城市维护费，改征城市维护建设税，并在全国113个城市试行收取“市政公用设施配套费”和“城市公用设施增容费”，进一步扩大了城市建设的资金来源。

3月13日，中共中央发布《关于科学技术体制改革的决定》，提出要在全国选择若干智力资源密集的地区，采取特殊政策，逐步形成具有不同特色的新兴产业开发区。

7月13日，公安部颁布《关于城镇暂住人口管理的暂行规定》，对流动人口实行《暂住证》《寄住证》制度，公民开始拥有在非户籍地长期居住的合法性，标志着城市暂住人口管理制度走向健全。

9月6日，六届全国人大常委会第十二次会议通过《中华人民共和国居民身份证条例》，开始施行身份证制度，表明我国户籍管理工作转向人户结合的管理模式。

1986年

1月15日，国务院住房制度改革领导小组办公室召开第一次住房制度改革工作会议，确定研究总体改革方案、修改房改试点方案等。

4月19日，国务院批转民政部《关于调整设市标准和市领导县条件报告的通知》，首次明确了撤县设市在人口规模、经济规模两方面的指标。

6月25日，六届全国人大常委会第十六次会议通过《中华人民共和国土地管理法》，这是新中国成立后我国在土地管理方面颁布的第一部法律，标志着我国土地管理工作开始纳入依法管理的轨道。

1987年

5月21日，国务院发布《关于加强城市建设工作的通知》，首次提出了城市建设综合开发原则，开辟了城市和桥梁“贷款建设，收费还款”模式。

7月9—11日，17个城市城镇住房制度改革试点工作座谈会在北京召开，讨论了住房制度改革的一些基本原则和政策研究并部署了试点的有关工作。

12月1日，深圳市首次公开拍卖一宗8588平方米地块50年的使用权，敲响我国拍卖土地使用权的“第一槌”，从此拉开了我国城市土地使用制度改革的序幕。

1988年

1月15日，国务院在北京召开全国住房制度改革工作会议。

4月12日，七届全国人大一次会议通过《中华人民共和国宪法（修正案）》，删除了《中华人民共和国宪法》第十条第四款中土地不得出租的条款，以国家根本大法的形式规定土地使用权可以依照法律的规定转让。

4月13日，中央决定撤销广东省海南行政区，海南从广东省分离。

4月26日，海南省人民政府挂牌成立，并将海南设立为经济特区，这成了我国唯一一个省级经济特区，也是我国面积最大的经济特区。

5月20日，国务院批准《北京市新技术产业开发试验区暂行条例》。

7月16日，国务院发布《关于印发投资管理体制近期改革方案的通知》，这是我国改革开放以来第一个投资体制改革的方案，从七个方面明确了具体的改革设计，为我国城市建设投融资指明了方向。

9月27日，国务院颁布《中华人民共和国城镇土地使用税暂行条例》，将土地使用费改为土地使用税。

12月29日，七届全国人大常委会第五次会议修订《中华人民共和国土地管理法》，明确规定国家依法实行国有土地有偿使用制度。

1989 年

5 月，七届全国人大二次会议指出，继续推进城镇居民住房制度改革，通过逐步实行住房商品化，促进建筑业及其他相关产业的发展。

5 月 12 日，国务院印发《关于加强国有土地使用权有偿出让收入管理的通知》，明确土地使用权有偿出让收入在中央和地方的分层比例，并规定留规地方财政的 60%主要用于城市建设和土地开发，专款专用，开启了我国城市建设的土地融资模式。

9 月 15 日，公安部颁布《临时身份证管理暂行规定》。

9 月 27 日，国家土地管理局颁布《城镇土地定级规程》，并在南京、宁波、大连等城市进行基准地价评估试点，为有偿出让提供依据。

10 月 31 日，国务院发出《关于严格控制“农转非”过快增长的通知》，要求各地审批“农转非”必须严格控制在国家下达的“农转非”计划指标内，即使符合国家政策规定但没有指标的，各地公安机关也要暂停办理。

12 月 26 日，七届全国人大常委会第十一次会议通过《中华人民共和国城市规划法》，以法律的形式明确“控制大城市规模、合理发展中等城市和小城市”的城市发展方针，同时首次对地级市与县级市的设置标准做出区分。

1990 年

3 月 20 日—4 月 5 日，七届全国人大三次会议提出要积极稳妥地推进住房制度的改革。

5 月 19 日，国务院颁布《中华人民共和国城镇国有土地使用权出让和转让暂行条例》，改变了过去单一的行政划拨供地制度，初步打开了国有土地使用权有偿出让和转让的口子。

6月2日，国务院发布《关于开发和开放浦东问题的批复》。

1991年

3月6日，国务院发布《关于批准国家高新技术产业开发区和有关政策规定的通知》，提出在当时各地已经建立的地方高新区中认定21个为国家级高新区。

4月9日，七届全国人大四次会议通过《关于国民经济和社会发展十年规划和第八个五年计划纲要的报告》，指出搞好住房制度和社会保障制度的改革，是合理引导消费、深化企业改革，保持人民生活的重大措施。

6月7日，国务院发布《关于继续积极稳妥地进行城镇住房制度改革的通知》。

10月7—10日，第二次全国住房制度改革工作会议在北京召开，国务院房改领导小组作了工作报告，提出认真总结经验，积极稳妥地推进城镇住房制度改革。

1992年

3月8日，国务院颁布《划拨土地使用权管理暂行办法》，规定划拨土地使用者，不得转让、出租、抵押土地使用权。

5月17日，国务院批转民政部《关于调整设市标准的报告》，首次对地级市与县级市的设置标准做出区分。

7月4日，国务院批转建设部等部门《关于解决我国城市生活垃圾问题的几点意见》，提出多渠道筹措资金解决城市生活垃圾无害化处理。

7月31日，国家土地管理局下发《关于严格依法审批土地的紧急通知》，重申要严格依法审批土地，提出加强成片土地开发和地价管理。

1993年

4月28日，国务院发布《关于严格审批和认真清理各类开发区的通知》，开始清理、整顿开发区。

11月14日，党的十四届三中全会通过《中共中央关于建立社会主义市场经济体制若干问题的决定》，划分了政府和社会投资的边界，将建设项目分为竞争性、基础性、公益性三类，并明确了各类项目的出资主体及管理办法，标志着我国城市建设投融资改革进入新的阶段。

12月31日，中共中央办公厅发布《关于制止低价出售公有住房问题的通知》，严禁低价售房、突击售房。

1994年

3月17日，国家开发银行成立，成为包括城市基础设施在内的重大基础设施建设项目的重要融资渠道。

3月22日，八届全国人大二次会议通过《中华人民共和国预算法》，其中第二十八条明确规定，除法律和国务院另有规定外，地方政府不得发行地方政府债券，这一规定直接切断了城市政府从金融市场直接获取建设资金的渠道。

3月25日，国务院第十六次常务会议审议通过《中国21世纪议程》，提出要适当控制大城市增长过快的势头，发展大城市的卫星城；积极适当发展中小城市；大力发展小城镇。

5月21日，建设部印发《实施“安居工程”意见》，对1994年实施“安居工程”提出了相关意见。

7月5日，八届全国人大常委会第八次会议审议通过《中华人民共和国城市房地产管理法》，具体明确了国有土地使用权出让、地价评估、公布和土地市场交易制度。

1995 年

1 月 1 日，《中华人民共和国预算法》正式实施。

2 月 5 日，国务院办公厅转发《国务院住房制度改革领导小组国家安居工程实施方案的通知》，标志着国家安居工程正式启动实施。

6 月 1 日，建设部发布《开发区规划管理办法》。

6 月 16 日，国家安居工程实施工作会议强调，国家安居工程要和住房制度改革相结合，推动住房制度改革各方面要密切配合，抓紧工作，确保国家安居工程首战必胜。

1996 年

8 月 8 日，国务院办公厅转发国务院住房制度改革领导组《关于加强国有住房出售收入管理意见》。

1997 年

1 月 15—17 日，国家体改委等 11 部委组织召开的全国小城镇综合改革试点工作会议在浙江温州龙港镇举行。

4 月 15 日，中共中央、国务院《关于进一步加强土地管理切实保护耕地的通知》，要求冻结“县改市”。

6 月 10 日，《小城镇户籍管理制度改革试点方案》和《关于完善农村户籍管理制度意见的通知》正式颁布，允许已经在小城镇就业、居住并符合一定条件的农村人口及其家属办理小城镇常住居民户口。

6 月 18 日，重庆直辖市正式挂牌成立，宣布正式从四川省分离，接受中央直管。

1998年

2月17日，国家土地管理局颁布《国有企业改革中划拨土地使用权管理暂行规定》，提出补缴出让金、实行租赁制、作价入股、授权经营等多种有偿使用方式的制度探索。

4月26日，国土资源部发布《闲置土地处置办法》。

5月9日，中国人民银行颁布《个人住房贷款管理办法》，提出要规范个人住房贷款管理，维护借贷双方的合法权益。

7月3日，国务院颁布《关于进一步深化城镇住房制度改革加快住房建设的通知》，停止住房实物分配，逐步实行住房分配货币化。

7月22日，国务院批转公安部《关于解决当前户口管理工作中几个突出问题的意见》，指出北京、上海等全国特大城市、大城市人民政府对于到当地落户的，应当在制定具体政策时加以严格控制。

8月29日，九届全国人大常委会第四次会议修订通过《中华人民共和国土地管理法》，以耕地总量动态平衡和土地用途管制制度为核心的现行土地管理制度体系基本形成。

10月14日，党的十五届三中全会通过《中共中央关于农业和农村工作若干重大问题的决定》，提出发展小城镇是带动农村经济和社会发展的一个大战略，改革小城镇户籍制度逐渐成为各地主流。

1999年

1月5日，中共中央、国务院发布《关于地方政府机构改革的意见》，要求推进地市合并和撤地设市。

2月13日，国务院办公厅发布《关于加强基础设施工程质量管理的通知》，基础设施投资项目中开始试行招投标制和工程监理制。

6月5日，国务院正式批复《关于实施科教兴国战略加快建设中关村科技园区的请示》，原则同意加快建设中关村科技园区。

8月30日，九届全国人大常委会第十一次会议通过《中华人民共和国招标投标法》。

10月19日，国家计委发布《关于加强国有基础设施资产权益转让管理的通知》，成为基础设施对外招商引资的操作依据。

11月22日，民政部发布《关于调整地区建制有关问题的通知》，放宽了撤地设市时设立地级市的标准，促成撤地设市高峰。

2000年

1月1日，《中华人民共和国招标投标法》正式实施，基础设施、公用事业等项目的建设程度进一步规范，招标成为基础设施、公用事业等项目建设的必须法定程序。

5月27日，建设部发布《城市市政公用事业利用外资暂行规定》，为公用事业利用外资提供了明确指引。

6月13日，中共中央下发《关于促进小城镇健康发展的若干意见》，凡在县级市区、县人民政府驻地镇及县以下小城镇有合法固定住所、稳定职业或生活来源的农民，均可根据本人意愿转为城镇户口。

2001年

3月30日，国务院批转公安部《关于推进小城镇户籍管理制度改革的意见》，凡在县级市市区、县政府驻地及其他建制镇有合法固定住所、稳定的职业或生活来源的人员及与其共同居住生活的直系亲属，均可办理城镇常住户口，小城镇户籍制度改革从试点转向全面实施。

4 月 30 日，国务院发布《关于加强国有土地资产管理的通知》，第一次明确具体界定了国有土地招标、拍卖的范围，向经营性用地协议出让亮起“红灯”。

12 月 11 日，国家计委发布《关于印发促进和引导民间投资的若干意见的通知》，提出了支持民间投资的六个方面措施，为民间资本进入城市基础设施建设领域创造了条件。

2002 年

4 月 3 日，国土资源部第 4 次部务会议通过《招标拍卖挂牌出让国有土地使用权规定》，第一次明确规定，商业、旅游、娱乐和商品住宅等各类经营性用地，必须以招标、拍卖或者挂牌方式出让。

11 月 8—14 日，党的十六大报告提出，统筹城乡经济社会发展，建立以工促农、以城带乡长效机制，形成城乡经济社会发展一体化新格局的重大命题。要逐步提高城镇化水平，坚持大中小城市和小城镇协调发展，走中国特色的城镇化道路。

12 月 27 日，建设部印发《关于加快市政公用行业市场化进程的意见》，提出加快推进市政公用行业市场化进程，进入竞争机制，建立政府特许经营制度。

2003 年

1 月 5 日，国务院办公厅发出《关于做好农民进城务工就业管理和服务工作的通知》，提出加强对农民进城务工就业的管理和服务、取消对农民进城务工就业的不合理限制、切实解决拖欠和克扣农民工工资问题、改善农民工的生产生活条件、做好农民工培训工作、多渠道安排农民工子女就学等要求。

6 月 20 日，国务院公布《城市生活无着的流浪乞讨人员救助管理办法》，同时废止《城市流浪乞讨人员收容遣送办法》。

7 月 18 日，国务院办公厅发布《关于暂停审批各类开发区的紧急通知》，开展了对各类开发区的第二轮整顿。

8 月 12 日，国务院印发《关于促进房地产市场持续健康发展的通知》，第一次明确房地产是支柱产业。

2004 年

3 月 18 日，国土资源部和监察部联合下发《关于继续开展经营性土地使用权招标拍卖挂牌出让情况执法监察工作的通知》。

3 月 19 日，建设部颁布《市政公用事业特许经营管理办法》，这是市政公用行业“打破垄断，开放市场”的一份重要文件，对实施特许经营的若干行为做出了比较明确的规定。

4 月 29 日，国务院办公厅发布《关于深入开展土地市场治理整顿严格土地管理的紧急通知》，继续清理开发区，整顿规范土地市场。

7 月 16 日，国务院发布《关于投资体制改革的决定》。

10 月 21 日，国务院发布《关于深化改革严格土地管理的决定》，在国家层面的文件中第一次提及“增减挂钩”。

12 月 27 日，国务院办公厅颁布《关于进一步做好改善农民进城就业环境工作的通知》，重申要推进大中城市户籍制度改革，放宽农民进城就业和落户的条件。

12 月 31 日，中共中央、国务院印发《关于促进农民增加收入若干政策的意见》提出推进大中城市户籍制度改革，放宽农民进城就业和定居的条件。这是在国家政策文件中第一次提出进行大中城市户籍制度的改革。

2005年

2月19日，国务院出台《关于鼓励支持和引导个体私营等非公有制经济发展的若干意见》，明确提出了今后一个时期鼓励、支持和引导非公有制经济发展的总体要求。

3月26日，国务院办公厅印发《关于切实稳定住房价格的通知》。

6月7日，公安部颁布《中华人民共和国临时居民身份证管理办法》，自2005年10月1日起施行，1989年9月15日发布的《临时身份证管理暂行规定》同时废止。

10月11日，国土资源部发布《关于规范城镇建设用地增加与农村建设用地减少相挂钩试点工作的意见》，开始部署城乡建设用地增减挂钩试点工作。

12月31日，中共中央、国务院发布《关于推进社会主义新农村建设的若干意见》，要求推进户籍制度改革，逐步形成城乡统一的要素市场。

2006年

1月31日，国务院发布《关于解决农民工问题的若干意见》，在中小城镇和小城镇适当放宽农民工落户条件基础上，积极稳妥地解决符合条件的农民工在大城镇的户籍问题，同时抓紧解决好农民工的社会保障、公共服务、利益保护等问题。

5月24日，建设部等九部门制定《关于调整住房供应结构稳定住房价格的意见》，进一步整顿和规范房地产市场秩序（被称为“国六条”）。

8月31日，国务院下发《关于加强土地调控有关问题的通知》，针对当时宏观经济形势和土地管理中存在的问题，就综合运用经济、法律和行政手段加强土地调控作用做出一系列规定。

2007 年

3 月 16 日，十届全国人大五次会议通过《中华人民共和国物权法》，全面肯定了经营性土地使用权的招标拍卖挂牌出让制度。

8 月 7 日，国务院发布《关于解决城市低收入家庭住房困难的若干意见》，成为城镇住房保障加快发展的里程碑式标志。

9 月 28 日，国土资源部颁布修订后的《招标拍卖挂牌出让国有建设用地使用权规定》，将工业用地纳入招标拍卖挂牌出让的范围，结束了以往工业用地多以协议、划拨方式出让的历史。

10 月 15—17 日，党的十七大报告明确指出，加快建立覆盖城乡农民的社会保障体系，这为统筹城乡户籍一体化奠定了政策基础。报告提出，走中国特色城镇化道路，按照统筹城乡、布局合理、节约土地、功能完善、以大带小的原则，促进大中小城市和小城镇协调发展。

10 月 28 日，十届全国人大常委会第三十次会议通过《中华人民共和国城乡规划法》，删除“严格控制大城市规模、合理发展中等城市和小城市的方针”的城市发展方针。

2008 年

1 月 3 日，国务院发布《关于促进节约集约用地的通知》，明确指出土地闲置满一年不满两年的，按出让或划拨土地价款的 20%征收土地闲置费。

6 月 27 日，国土资源部发布《城乡建设用地增减挂钩试点管理办法》，为各试点地区实际工作的开展提供制度依据。

10 月 12 日，党的十七届三中全会审议通过《中共中央关于推进农村改革发展若干重大问题的决定》，明确我国总体上已经进入城乡经济社会发展一体化新格局的重要时期，要逐步实现农民工劳动报酬、子女就业、公共卫生、住房租购等与城镇居民享有同等待遇。

12月4日，重庆农村土地交易所正式挂牌成立，推出了“地票”交易制度，为农村集体建设用地流转提供平台。

12月20日，国务院办公厅出台《关于促进房地产市场健康发展的若干意见》，开启保障性安居工程建设。

2009年

10月12日，财政部发布《关于加快落实中央扩大内需投资项目地方配套资金等有关问题的通知》，明确地方政府配套资金可利用政府融资平台通过市场机制筹措。地方政府投融资平台有了中央政府的支持，短短一年多时间，数量快速增长，债务规模快速扩张。

12月5—7日，中央经济工作会议部署2010年经济工作的主要任务时提出，要把解决符合条件的农业转移人口逐步在城镇就业和落户作为推进城镇化的重要任务，放宽中小城市和城镇户籍限制。

12月31日，中共中央、国务院印发《关于加大统筹城乡发展力度进一步夯实农业农村发展基础的若干意见》，指出要深化户籍制度改革，加快落实放宽中小城市、小城镇特别是县城和中心镇落户条件的政策，促进符合条件的农业转移人口在城镇落户并享有与当地城镇居民同等的权益。

2010年

5月7日，国务院发布《关于鼓励和引导民间投资健康发展的若干意见》，被认为是改革开放以来国务院出台的第一份专门针对民间投资发展、管理和调控的综合性政策文件。

5 月 27 日，国务院批转国家发改委《关于 2010 年深化经济体制改革重点工作的意见》，把户籍制度改革列为 2010 年九大重点改革任务之一，提出进一步完善暂住人口登记制度，逐步在全国范围内实行居住证制度。

6 月 8 日，住房城乡建设部等七部门联合发布《关于加快发展公共租赁住房的指导意见》，完善住房供应体系，满足城市中等偏下收入家庭基本住房需求。

6 月 10 日，国务院发布《关于加强地方政府融资平台公司管理有关问题的通知》，对地方政府融资平台公司加强了监督管理，使政府投融资平台在数量与融资规模上加速膨胀的趋势得到抑制，进一步规范了政府投融资平台的运行。

2011 年

3 月 14 日，十一届全国人大四次会议通过《国民经济和社会发展第十二个五年规划纲要》，提出“十二五”时期全国城镇保障性安居工程建设 3600 万套。

6 月 8 日，《全国主体功能区规划》提出改革户籍管理制度，逐步统一城乡户口登记管理制度，加快推进基本公共服务均等化，逐步将公共服务领域各项法律法规和政策与现行户口性质相剥离。

6 月 30 日，浙江舟山群岛新区设立。

8 月 22 日，安徽省撤销地级巢湖市，成为全国第一个被撤销的省辖市。

2012年

2月23日，国务院办公厅发出《关于积极稳妥推进户籍管理制度改革的通知》，指出要落实放宽中小城市和小城镇落户条件的政策，引导非农产业和农村人口有序向中小城市和建制镇转移，逐步实现城乡基本公共服务均等化。

6月1日，国土资源部修订并印发《闲置土地处置办法》，规定对未动工开发满两年的土地实行无偿收回。

11月8—14日，党的十八大报告明确提出，要加快改革户籍制度，有序推进农业转移人口市民化，努力实现城镇基本公共服务常住人口全覆盖，建立市场配置和政府保障相结合的住房制度，加强保障性住房建设和管理，满足困难家庭基本需求，科学规划城市群规模和布局，增强中小城市和小城镇产业发展、公共服务、吸纳就业、人口集聚功能。

12月25日，国家发改委、国土资源部发布《关于开展各类开发区清理整改前期工作的通知》，开始了开发区第三轮整改。

2013年

1月24日，民政部批准吉林扶余和云南弥勒两县改为县级市，撤县设市开始恢复。

2月3日，国务院批转国家发改委、财政部、人社部《关于深化收入分配制度改革的若干意见》，指出实行全国统一的社会保障卡制度、全国统一的纳税人识别号制度、全民医保体系、农业转移人口市民化机制、全国统一的居住证制度，努力实现城镇基本公共服务常住人口全覆盖。

2月28日，国土资源部印发《开展城镇低效用地再开发试点指导意见》，在上海、江苏等10个省市开展城镇低效用地再开发利用试点。

7月4日，国务院出台《关于加快棚户区改造工作的意见》，要求2013年至2017年改造各类棚户区1000万户，全面开启棚户区改造工作。

11月12日，党的十八届三中全会审议通过《中共中央关于全面深化改革若干重大问题的决定》，要求推进农业转移人口市民化，逐步把符合条件的农业转移人口转为城镇居民，同时对进城落户的农民给予与城镇居民同等的社会保障，并要求城乡社会保障体系衔接，为农业转移人口市民化提供财政支持。

12月12日，首次中央城镇化工作会议召开，明确要求把城市群作为主体形态，促进大中小城市和小城镇合理分工、功能互补、协同发展。

2014年

3月16日，《国家新型城镇化规划（2014—2020年）》要求健全农业转移人口落户制度和实施差别化落户政策。到2020年努力实现1亿人左右农业转移人口和其他常住人口在城镇落户。该规划明确将“以城市群为主体形态，推动大中小城市和小城镇协调发展”作为规划编制指导思想之一。

5月22日，国土资源部印发《节约集约利用土地规定》，是我国首部专门就土地节约集约利用进行规范和引导的部门规章。

7月24日，国务院颁布《关于进一步推进户籍制度改革的意见》，提出进一步调整户口迁移政策，统一城乡户口登记制度，全面实施居住证制度，加快建设和共享国家人口基础信息库，稳步推进城镇基本公共服务覆盖全部常住人口，标志着新一轮户籍改革的开启。

8月31日，十二届全国人大第十次会议通过新修订的《中华人民共和国预算法》，明确赋予地方政府适度举债权。

9月12日，国务院印发《关于进一步做好为农民工服务工作的意见》，围绕有序推进农民工市民化的发展方向，明确了今后一个时期推进农业转移人口享受城镇基本公共服务均等化的指导思想、基本原则、总体目标和政策措施。

9月21日，国务院印发《关于加强地方政府性债务管理的意见》提出赋予地方政府依法适度举债权限。

9月23日，财政部发布《关于推广运用政府和社会资本合作模式有关问题的通知》，提出推广运用政府和社会资本合作模式，要做好制度设计和政策安排。

10月29日，国务院印发《关于调整城市规模划分标准的通知》，进一步调整户口迁移政策，并调整了城市规模划分标准和城镇人口统计口径，推动实施差别化落户政策。

11月16日，国务院发布《关于创新重点领域投融资机制鼓励社会投资的指导意见》，提出在公共服务、资源环境、生态建设、基础设施等重点领域进一步创新投融资机制，充分发挥社会资本特别是民间资本的积极作用。

11月21日，《国务院办公厅关于促进国家级经济技术开发区转型升级创新发展的若干意见》发布。

11月29日，财政部印发《政府和社会资本合作模式操作指南（试行）》，用于规范政府、社会资本和其他参与方开展政府和社会资本合作项目的识别、准备、采购、执行和移交等活动。

12月2日，中共中央办公厅、国务院办公厅发布《关于农村土地征收、集体经营性建设用地入市、宅地基制度改革试点工作的意见》，标志“三块地”改革进入试点阶段。

12 月 18 日，国家发改委发布《关于开展政府和社会资本合作的指导意见》出台，提出了实施PPP的基本原则、项目范围及模式、工作机制和规范管理方法。

2015 年

4 月 15 日，发展改革委、国土资源部、环保部、住建部发布《关于促进国家级新区健康发展的指导意见》。

4 月 25 日，国家发改委等六部门发布《基础设施和公用事业特许经营管理办法》，办法适用于能源、交通运输、水利、环境保护、市政工程等基础设施和公用事业等广泛领域的特许经营活动。

9 月 8 日，浙江省德清县洛舍镇砂村村首次公开拍卖一宗 20 亩村级集体土地 40 年使用权，率先敲响农村集体经营性建设用地使用权入市“第一槌”。

9 月 10 日，国土资源部、国家发改委、科技部、工信部、住建部和商务部联合发布《关于支持新产业新业态发展促进大众创业万众创新用地的意见》，及时供给产业用地政策、调整供地结构、创新供地方式。

10 月 21 日，国务院第 109 次常务会议通过《居住证暂行条例》，规定公民离开常住户口所在地，到其他城市居住半年以上，凡符合有合法稳定就业、合法稳定住所或连续就读条件之一的，可以依照本条例申领居住证，这为实现社会福利和公共服务向常住人口属地化供给提供工作平台。

12 月 18—21 日，中央经济工作会议在北京召开，提出“三去一降一补”的重点任务，房地产去库存是其中之一。

12 月 20—21 日，中央召开城市工作会议明确要求要以城市群为主体形态，科学规划城市空间布局，实现紧凑集约、高效绿色发展。

12月31日，国务院办公厅印发《关于解决无户口人员登记户口问题的意见》，彻底解决“黑户”问题。

2016年

2月2日，国务院发布《关于深入推进新型城镇化建设的若干意见》，加快落实户籍制度改革政策，全面实行居住证制度，推进城镇基本公共服务常住人口全覆盖，加快建立农业转移人口市民化激励机制。并提出完善设市标准和市辖区设置标准，将具备条件的县和特大镇有序设置为市。

5月17日，国务院办公厅出台《关于加快培育和发展住房租赁市场的若干意见》，成为培育和发展住房租赁市场的纲领性文件。

7月5日，中共中央、国务院印发《关于深化投融资体制改革的意见》，鼓励政府和社会资本合作，通过特许经营、政府购买服务等方式，在交通、环保、医疗、养老等领域采取单个项目、组合项目、连片开发等多种形式，扩大公共产品和服务供给。

7月27日，国务院印发《关于实施支持农业转移人口市民化若干财政政策的通知》，明确建立健全支持农业转移人口市民化的财政政策体系。

9月30日，国务院办公厅印发《推动1亿非户籍人口在城市落户方案》，要求存量优先，带动增量，统筹设计协同推进，除极少数超大城市外，全面放宽农业转移人口落户条件。

10月27日，国务院办公厅印发《地方政府性债务风险应急处置预案》，预案按照债务风险事件的性质、影响范围和危害程度等情况，把地方政府性债务风险事件划分为特大、重大、较大、一般四个等级，并针对不同等级给出了对应的应急处置措施。

10月28日，国土资源部发布《产业用地政策实施工作指引》，系统梳理了当前实施的各项新型产业发展用地政策，为新产业用地提供“政策工具包”和使用说明书。

2017年

2月6日，国务院办公厅发布《关于促进开发区改革和创新发展的若干意见》。

5月28日，财政部发布《关于坚决制止地方以政府购买服务名义违法违规融资的通知》，提出严格按照规定范围实施政府购买服务，严格规范政府购买服务预算管理，严禁利用或虚构政府购买服务合同违法违规融资。

10月18—24日，党的十九大报告指出，要以城市群为主体构建大中小城市和小城镇协调发展的城镇格局，加快农业转移人口市民化，并在义务教育、就业服务、基本养老、基本医疗卫生、住房保障等城镇基本公共服务一体化方面提出了要求。

2018年

3月6日，中共中央办公厅印发《关于人大预算审查监督重点向支出预算和政策拓展的指导意见》，明确提出积极稳妥化解累积的地方政府债务风险，坚决遏制隐性债务增量，决不允许新增各类隐性债务。

3月9日，国家发改委印发《2018年推进新型城镇化建设重点任务》，提出全面放宽城市落户条件，继续落实1亿非户籍人口在城市落户方案，加快户籍制度改革落地步伐。

3月13日，国家发改委公布《关于实施2018年推进新型城镇化建设重点任务的通知》，指出继续开展撤县设市，稳步推进撤县（市）设区，以及落实非县级政府驻地特大镇设市。

12月19—21日，中央经济工作会议提出构建房地产市场健康发展长效机制的要求。之后，稳地价、稳房价、稳预期的房地产长效管理调控机制逐步建立。

2019年

3月31日，国家发展改革委印发《2019年新型城镇化建设重点任务》，提出城区常住人口100万—300万的Ⅱ型大城市要全面取消落户限制；城区常住人口300万—500万的Ⅰ型大城市要全面放开放宽落户条件，并全面取消重点群体落户限制。至此，中国超过80%的城市将取消落户的限制。

4月24日，自然资源部更新发布《产业用地政策实施工作指引（2019年版）》，进一步完善近年来的各项产业用地政策和最新规定。

5月28日，国务院发布《关于推进国家级经济技术开发区创新提升打造改革开放新高地的意见》。

7月6日，国务院办公厅印发《关于完善建设用地使用权转让、出租、抵押二级市场的指导意见》，土地二级市场进入规范发展新阶段。

7月30日，中共中央政治局召开会议首次提出不将房地产作为短期刺激经济的手段。

8月26日，十三届全国人大常委会第十二次会议修订《中华人民共和国土地管理法》，“集体经营性建设用地入市”成为最大亮点。

9月25日，浙江省龙港撤镇设市，成为特大镇设市的首例成功案例。

12月3日，民政部制定《行政区划管理条例实施办法》。

2020 年

1 月 17 日，国务院印发《办公厅关于支持国家级新区深化改革创新加快推动高质量发展的指导意见》。

3 月 1 日，国务院发布《关于授权和委托用地审批权的决定》，要求在严格保护耕地、节约集约用地的前提下，赋予省级人民政府更大用地自主权。

3 月 30 日，中共中央、国务院发布《关于构建更加完善的要素市场化配置体制机制的意见》，提出推进土地要素市场化配置。

4 月 3 日，国家发改委印发《2020 年新型城镇化建设和城乡融合发展重点任务》，提出城区常住人口 300 万以下城市全面取消落户限制，城区常住人口 300 万以上城市基本取消重点人群落户限制，农业转移人口等非户籍人口在城市便捷落户。

7 月 17 日，国务院印发《关于促进国家高新技术产业开发区高质量发展的若干意见》。

9 月 7 日，住建部就《住房租赁条例（征求意见稿）》向社会公开征求意见，从立法层面对住房租赁市场发展进行规范。

12 月 16—18 日，中央经济工作会议召开，将解决好大城市住房突出问题作为重点任务之一。

12 月 25 日，中共中央办公厅、国务院办公厅印发《关于促进劳动力和人才社会性流动体制机制改革的意见》，全面取消城区常住人口 300 万以下的城市落户限制，全面放宽城区常住人口 300 万至 500 万的大城市落户条件。

2021年

3月7日，国务院发布《关于进一步深化预算管理制度改革的意见》，提出遏制隐性债务增量，妥善处置和化解隐性债务存量，清理规范地方融资平台公司，对失去清偿能力的要依法实施破产重整或清算，进一步明确了债务危机管控的路径。

3月11日，十三届全国人大四次会议通过《关于国民经济和社会发展第十四个五年规划和2035年远景目标纲要的决议》，提出“完善住房市场体系和住房保障体系”的住房政策方向。

4月8日，国家发改委印发《2021年新型城镇化和城乡融合发展重点任务》，提出推动进城就业生活5年以上和举家迁徙的农业转移人口、在城镇稳定就业生活的新生代农民工、农村学生升学和参军进城的人口等重点人群便捷落户。

5月24日，《“十四五”民政事业发展规划》要求严格稳慎把握设区市下辖县（市）改区，有序推动县改市和特大镇设市。

6月24日，国务院办公厅出台《关于加快发展保障性租赁住房的意见》，首次从国家层面明确了以“公租房、保障性租赁住房和共有产权住房”为主体的住房保障体系。

2022年

1月4日，中共中央、国务院印发《关于做好2022年全面推进乡村振兴重点工作的意见》，加快推进以县城为重要载体的城镇化建设。加强普惠性、基础性、兜底性民生建设，推动基本公共服务供给由注重机构行政区域覆盖向注重常住人口服务覆盖转变。

6月21日，国家发改委发布《“十四五”新型城镇化实施方案》。

7月7日，住建部、国家发改委印发《“十四五”全国城市基础设施建设规划》，对“十四五”期间统筹推进城市基础设施建设作出全面系统安排。

10月13日，住建部办公厅、国家发改委办公厅、财政部办公厅发出《关于做好发展保障性租赁住房情况年度监测评价工作的通知》。

10月16—22日，党的二十大提出，推进以人为核心的新型城镇化，加快农业转移人口市民化。以城市群、都市圈为依托构建大中小城市协调发展格局，推进以县城为重要载体的城镇化建设。坚持人民城市人民建、人民城市为人民，提高城市规划、建设、治理水平，加快转变超大特大城市发展方式，实施城市更新行动，加强城市基础设施建设，打造宜居、韧性、智慧城市。

12月15—16日，中央经济工作会议提出，要坚持房子是用来住的、不是用来炒的定位，加强预期引导，探索新的发展模式，坚持租购并举，加快发展长租房市场，推进保障性住房建设，支持商品房市场更好满足购房者的合理住房需求，因城施策促进房地产业良性循环和健康发展。

图书在版编目（CIP）数据

城市改革与发展 / 史育龙，王大伟主编. -- 北京：中国工人出版社，2024. 6. -- ISBN 978-7-5008-8019-6

Ⅰ. F299.297

中国国家版本馆CIP数据核字第2024U8Y795号

城市改革与发展

出 版 人	董　宽
责任编辑	王晨轩　左　鹏
责任校对	张　彦
责任印制	栾征宇
出版发行	中国工人出版社
地　　址	北京市东城区鼓楼外大街 45 号　邮编：100120
网　　址	http://www.wp-china.com
电　　话	（010）62005043（总编室） （010）62005039（印制管理中心） （010）62382916（工会与劳动关系分社）
发行热线	（010）82029051　62383056
经　　销	各地书店
印　　刷	北京印刷集团有限责任公司
开　　本	710 毫米 × 1000 毫米　1/16
印　　张	34
字　　数	380 千字
版　　次	2024 年 9 月第 1 版　2024 年 9 月第 1 次印刷
定　　价	102.00 元